Elogios para *O Desafio da Liderança, 6ª Edição*

"Agora em sua 6ª edição, *O Desafio da Liderança* resistiu ao tempo por uma boa razão — é um dos melhores livros que você lerá sobre o tema. Uma leitura imprescindível!"

—**Ken Blanchard,** coautor de *O Novo Gerente Minuto* e *Liderança de Alto Nível*

"Como pode um livro chegar ao seu 30º aniversário e permanecer relevante? Fácil! Os autores nunca pararam de crescer, aprendendo com seus clientes, com o arcabouço que tiveram e um com o outro. Eles preenchem as páginas deste livro com as melhores histórias, exemplos e lições memoráveis. O melhor guia para aqueles prestes a adentrar o campo da liderança, ou mesmo para aqueles que o leram três décadas atrás!"

—**Beverly Kaye,** fundadora da Career Systems International e coautora de *Love 'Em or Lose 'Em, Help them Grow or Watch Them Go*

"Se você for novato na jornada de liderança, um CEO experiente ou professor da área, este clássico atemporal sobre liderança deve ser consultado com frequência!"

—**Harry Kraemer Jr.,** ex-presidente e CEO da Baxter International; professor de gestão estratégica da Northwestern University's Kellogg School of Management

"*O Desafio da Liderança* é um livro que não vai apenas alavancar sua carreira, mas é também uma importante ferramenta para levar uma vida melhor. Jim e Barry reuniram as melhores ideias sobre liderança. Todo líder deveria desfrutar do presente que é *O Desafio da Liderança.*"

—**Howard Behar,** ex-presidente (aposentado) da Starbucks Coffee

"Eu amo *O Desafio da Liderança*! Este é o livro sobre o tema que recomendo a todos os meus clientes. A 6ª edição proporciona o melhor de todos os mundos: 1. Contém o conhecimento atemporal que Jim e Barry acumularam por mais de 25 anos — foi e ainda é um clássico de nosso campo. 2. Foi atualizado para retratar como os conceitos de liderança dos autores podem ser mais bem aplicados no mundo atual, sob constante mudança."

—**Marshall Goldsmith,** autor dos best-sellers *Reinventando o Seu Próprio Sucesso, MOJO* e *O Efeito Gatilho*

CB008007

"Sou fã — e seguidor — de *O Desafio da Liderança* há quase 25 anos, e seus princípios são tão relevantes hoje quanto o foram no passado. Neste clássico sobre a área, Kouzes e Posner identificaram e trouxeram à tona práticas inestimáveis que são tanto perspicazes quanto funcionais."

> **—Patrick Lencioni,** presidente do The Table Group; autor dos best-sellers *Os 5 Desafios das Equipes e A Maior de Todas as Vantagens*

"Ninguém havia até então narrado as práticas da verdadeira liderança tão bem quanto *O Desafio da Liderança*, e esta edição atualizada aborda de maneira eficaz como ser um excelente líder no século XXI."

> **—Chip Conley,** autor do best-seller do *New York Times Emotional Equations* e gerente-geral de hospitalidade e estratégia do Airbnb

"*O Desafio da Liderança* é um livro clássico, perspicaz e atraente. Todas as posições de liderança possuem os próprios desafios, mas nem todos os líderes sabem como administrá-los. Caso esteja olhando para o Excel como líder e precise de um conselho sintetizado e de fácil compreensão: *O Desafio da Liderança*, de Jim Kouzes e Barry Posner, é o livro para você. Ele não apenas o ajudará a se tornar um grande líder como auxiliará sua equipe a realizar tarefas extraordinárias. Compre, leia e viva este livro. Depois, compre mais um exemplar, para aqueles que realmente se importam com liderança."

> **—Lolly Daskal,** fundadora e presidente da Lead From Within, autora de *The Leadership Gap: What Gets Between You and Your Greatness*

"Se eu pudesse recomendar apenas uma das dezenas de milhares de livros sobre liderança, *O Desafio da Liderança* seria, com certeza, minha primeira opção, e por uma margem ampla. Esta 6ª edição é marcadamente alicerçada na última, mas permanece com a cara de Jim Kouzes e Barry Posner — um trabalho complexo em sua estrutura, mas brilhante em sua simplicidade e prático de se ler. *O Desafio da Liderança* é o livro sobre a área mais profícuo já escrito; tenho todas as edições e cada uma consegue sempre ser melhor do que a anterior."

> **—Thomas A. Kolditz,** doutor e diretor do Doerr Institute for New Leaders da Rice University

"*O Desafio da Liderança* é mais atual agora do que nunca. Jim e Barry continuam a fornecer provas convincentes e exemplos de liderança que incorporam nossa humanidade e capacidade de colaborar de maneira íntima com o próximo. Este livro exerce uma função importante em fortalecer nossa fé nas possibilidades inerentes à vida institucional, não importando o quão caótico seja o cenário momentâneo. Recomendo fortemente este livro."

—**Peter Block,** autor de *Consultoria Infalível* e *The Empowered Manager*

"Kouzes e Posner não inventaram a liderança; mas, em determinados momentos, parece que sim. Como Alice Waters está para a cozinha ou Paul McCartney, para a música, Kouzes e Posner desenvolveram uma disciplina e abordagem sobre liderança que os mantêm acima dos outros. Com a 6ª edição de *O Desafio da Liderança*, os autores, além de atualizarem sua pesquisa, a trouxeram, novamente, à vida. *O Desafio da Liderança, 6º Edição*, não só nos ensina a fazer coisas extraordinárias, como o próprio livro é extraordinário."

—**Richard A. Moran,** doutor e presidente do Menlo College e autor de *The Thing About Work, Showing Up and Other Important Matters*

"Durante mais de 25 anos, *O Desafio da Liderança* me guiou pelo autoconhecimento e desenvolvimento como líder e me ajudou a alcançar resultados melhores — todas as vezes! Esta nova edição aprimora um modelo extraordinário e anteriormente testado, enfatizando a importância e o valor de manter sua equipe e aqueles ao seu redor engajados. No meu negócio, ser um líder melhor e capacitar novos líderes significa melhorar a saúde das pessoas e de suas famílias. Quando enfermeiras estão mais engajadas e possuem apoio, os pacientes são mais saudáveis! *O Desafio da Liderança*, com esta atualização contemporânea, permite que eu cuide dos pacientes, famílias e comunidades a que servimos. Com tantos livros sobre liderança por aí, este é o ÚNICO de que você precisa."

—**Lori Armstrong,** MSN, RN, NEA-BC, enfermeira-chefe do Kaiser Permanente Santa Clara Medical Center

"O que mais me atrai em *O Desafio da Liderança, 6º Edição*, é o puro entusiasmo em colocar o tema em prática. A arte de liderar envolve reunir pessoas para uma causa comum. Ser líder requer comprometimento com o bem maior. Ambas as atividades são fáceis de resolver, mas difíceis de implementar. Nesta maravilhosa nova edição, Jim Kouzes e Barry Posner oferecem conselhos reais — a base de pesquisas sólidas —, que nos guiam na direção correta. Excelente material!"

—**John Baldoni,** presidente do Baldoni Consulting LLC; autor de *Lead with Purpose, Lead Your Boss* e *Lead By Example*

"*O Desafio da Liderança* é escrito para líderes que querem transformar organizações em tempos turbulentos para a saúde. Estes estudos de caso e pesquisas sobre As Cinco Práticas e Os Dez Compromissos de Liderança apresentam maneiras muito proveitosas de ser visionário, inovador, colaborativo e engajado com os funcionários. Toda enfermeira é uma líder — do leito à sala de reuniões —, e todas serão competentes seguindo o trabalho de *O Desafio da Liderança*. Recomendo a TODOS!"

—**Susan Herman,** DNP, MSN, RN, NEA-BC, CENP, 2015 presidente da Assoc. of CA Nurse Leaders e VP Patient Care Services & CNO, San Joaquin Community Hospital/Adventist Health

"*O Desafio da Liderança* não trata de teoria. Trata de discernimento básico, ancorado em uma pesquisa rigorosa e extensa. E, para mim, o discernimento mais profundo é muito simples: a importância de definir seus valores pessoais e justificar seu estilo de liderança por meio deles. Como líder de uma grande organização de vendas, vi em primeira mão o quão poderoso este tipo de liderança autêntica é em todos os níveis."

—**Mark Madgett,** SVP e Chefe da Agência New York Life

JAMES M.
KOUZES

BARRY Z.
POSNER

O DESAFIO DA LIDERANÇA

Sexta Edição

Como *Fazer Acontecer* em Sua Empresa

ALTA BOOKS
E D I T O R A
Rio de Janeiro, 2018

Produção Editorial	**Produtor Editorial**	**Produtor Editorial (Design)**	**Marketing Editorial**	**Vendas Atacado e Varejo**
Editora Alta Books	Thiê Alves	Aurélio Corrêa	Silas Amaro marketing@altabooks.com.br	Daniele Fonseca Viviane Paiva comercial@altabooks.com.br
Gerência Editorial Anderson Vieira	**Assistente Editorial** Adriano Barros		**Ouvidoria** ouvidoria@altabooks.com.br	
Equipe Editorial	Aline Vieira Bianca Teodoro Ian Verçosa	Illysabelle Trajano Juliana de Oliveira Kelry Oliveira	Paulo Gomes Thales Silva Viviane Rodrigues	
Tradução Carolina Gaio	**Revisão Gramatical** Jana Araujo Wendy Campos	**Diagramação** Lucia Quaresma		

Dados Internacionais de Catalogação na Publicação (CIP) de acordo com ISBD

K88d	Kouzes, James M.
	O desafio da liderança: como fazer acontecer em sua empresa / James M. Kouzes, Barry Z. Posner ; traduzido por Carolina Gaio. - Rio de Janeiro : Alta Books, 2018.
	400 p. ; 17cm x 24cm.
	Inclui índice. ISBN: 978-85-508-0375-3
	1. Administração de empresas. 2. Liderança. I. Posner, Barry Z. II. Gaio, Carolina. III. Título.
2018-1086	CDD 658.401 CDU 658.011.2

Elaborado por Odilio Hilario Moreira Junior - CRB-8/9949

Rua Viúva Cláudio, 291 — Bairro Industrial do Jacaré
CEP: 20970-031 — Rio de Janeiro - RJ
Tels.: (21) 3278-8069 / 3278-8419
www.altabooks.com.br — altabooks@altabooks.com.br
www.facebook.com/altabooks

ALTA BOOKS
E D I T O R A

SUMÁRIO

PRÁTICA 4

PRÁTICA 5

Sumário

Fazendo Acontecer em Sua Empresa

O DESAFIO DA LIDERANÇA trata de como os líderes motivam as pessoas a realizarem grandes feitos nas organizações. Aborda as práticas adotadas pelos líderes para transformar valores em ações, visões em realidade, obstáculos em inovações, isolamento em solidariedade e riscos em recompensas. Discute a liderança que cria o ambiente em que as pessoas convertem desafios em sucessos notáveis.

A publicação desta edição de *O Desafio da Liderança* marca o 30º aniversário do lançamento da primeira edição. Passamos quase quatro décadas juntos pesquisando, prestando consultoria, lecionando e escrevendo sobre o que fazem os líderes em sua melhor forma e como as pessoas podem se tornar líderes melhores. Estamos honrados com a recepção que tivemos no mercado técnico e no empresarial, e afirmamos que estudantes, educadores e profissionais continuam descobrindo que *O Desafio da Liderança* possui conceitos aplicáveis e proveitosos.

Repetimos hoje a mesma pergunta básica que fizemos em 1982, quando iniciamos nossa jornada para entender a liderança exemplar: *O que você fez em sua melhor performance como líder?* Conversamos com homens, mulheres, jovens e idosos, representando modelos de organização distintos em diversos níveis e nas mais variadas funções possíveis, oriundos de todos os continentes. As histórias, comportamentos e ações que descreveram resultaram na criação da estrutura das Cinco Práticas de Liderança® descritas neste livro. Quando o líder alcança bons desempenhos, ele Modela o Estilo, Inspira uma Visão Comum, Questiona o Processo, Capacita os Outros para a Ação e Anima os Corações.

O Desafio da Liderança é baseado em evidências. A análise de milhares de estudos de caso e milhões de respostas a pesquisas resultou na estrutura das Cinco Práticas de Liderança. As centenas de exemplos neste livro sobre pessoas reais realizando tarefas reais fundamentam a natureza prática do modelo. Cada capítulo fornece dados atuais e autênticos sobre o impacto que o comportamento dos líderes exerce no envolvimento e desempenho da equipe.

A cada nova edição, ficamos mais convictos das ações de liderança que fazem a diferença. Reiteramos o que ainda é importante, descartamos o que não é e adicionamos novas informações. Atualizamos a estrutura e aprimoramos a linguagem e o ponto de vista de maneira a tornar o livro altamente significativo para as circunstâncias e condições atuais. E nos tornamos mais exímios a respeito das melhores práticas dos líderes. Quanto mais pesquisamos e escrevemos sobre liderança, mais confiantes ficamos de que ela está ao alcance de todos. As oportunidades de liderar são ilimitadas.

A cada nova edição, abordamos também um novo público e, às vezes, até mesmo uma nova geração de líderes emergentes. Essa oportunidade nos motiva a reunir novos casos, examinar novas descobertas e conversar com pessoas de quem ainda não ouvimos falar. Encoraja-nos a testar a relevância de nossos resultados: esse modelo de liderança ainda funciona? Se começássemos tudo de novo, encontraríamos novas atividades de liderança? Eliminaríamos alguma delas? A respeito dessas perguntas, somos auxiliados pelos contínuos dados empíricos fornecidos pela versão online do *Leadership Practices Inventory.*® Esse inventário, que corrobora as Cinco Práticas de Liderança, fornece mais de 400 mil respostas anualmente e nos mantém alertas e focados em identificar os comportamentos que fazem acontecer.

Sabemos que você enfrenta questões vexatórias que não apenas tornam a liderança mais urgente, mas também exigem que seja mais consciente e criterioso sobre liderar. Outras pessoas estão olhando para você, esperando ajuda para descobrir o que devem fazer e como podem se desenvolver para ser líderes. Você não deve apenas a si mesmo se tornar o melhor líder possível. Deve isso aos seus seguidores. Eles também esperam que você faça o seu melhor.

Um Mapa para os Líderes

Como se tornar o tipo de líder que as pessoas querem seguir? Como você consegue que outras pessoas, por livre e espontânea vontade, caminhem juntas em busca de uma visão comum? Como mobilizá-las para quererem lutar por objetivos compartilhados? Esses são apenas alguns dos tópicos cruciais que abordamos em *O Desafio da Liderança*. Pense no livro como um mapa para orientar sua jornada. Pense nele como um manual em que poderá consultar quando quiser dicas e conselhos sobre como fazer acontecer e seguir em frente.

O Capítulo 1 traz dois estudos de caso sobre experiências de superação na liderança. Essas histórias ocorreram em locais e indústrias diferentes, envolvendo funções, pessoas e estilos distintos, mas ambas ilustram como as Cinco Práticas se aplicam sempre que você aceita o desafio da liderança. O capítulo continua com uma visão geral das Cinco Práticas e ilustra empiricamente que essas atividades fazem a diferença.

Perguntar aos líderes sobre seus melhores desempenhos é importante, mas é apenas metade da história. Liderança diz respeito a um relacionamento entre líderes e seguidores. Um quadro mais completo da liderança se desenvolve quando você entende o que as pessoas procuram em alguém que elas *escolhem* seguir. No Capítulo 2, revelamos as características que as pessoas mais valorizam em seus líderes e compartilhamos suas opiniões, explicando por que elas são importantes.

Os dez capítulos seguintes descrevem os Dez Compromissos da Liderança — os comportamentos essenciais que os líderes empregam para fazer acontecer — e explicam os princípios conceituais que sustentam cada uma das Cinco Práticas. Trazemos evidências de nossa pesquisa e de outros estudiosos para endossar essas práticas, fornecer exemplos de pessoas reais que demonstram cada uma delas no seu cotidiano e prescrever recomendações específicas sobre o que você pode fazer para tornar cada prática pessoal. Uma seção Faça Acontecer conclui cada um desses capítulos, indicando o que você precisa fazer para tornar o hábito de liderança uma parte contínua e natural de seu repertório comportamental e atitudinal. Seja o foco seu próprio aprendizado ou o desenvolvimento de seus seguidores — subordinados diretos, equipe, colegas, gerente, membros da comunidade e afins —, você pode agir imediatamente com cada uma de nossas recomendações. Elas não exigem orçamento ou aprovação de ninguém. Só requerem seu compromisso pessoal e disciplina.

No Capítulo 13, pedimos a todos que aceitem a responsabilidade pessoal como um modelo de liderança. Ao longo de seis edições, continuamos a defender a visão de que liderança é um negócio para todos. O primeiro lugar para procurá-la é dentro de você. Aceitar o desafio da liderança exige reflexão, prática, humildade e saber aproveitar todas as oportunidades para fazer a diferença. Como fazemos em todas as edições, fechamos com esta conclusão: liderança não é um assunto da mente. É um assunto da alma.

Recomendamos que você leia primeiro os Capítulos 1 e 2; mas, depois disso, não há uma ordem rígida para seguir pelo restante do livro. Vá aonde seus interesses estiverem. Escrevemos este material para auxiliá-lo no seu desenvolvimento como líder. Basta lembrar que cada prática e compromisso de liderança é fundamental. Embora possa pular partes do livro, você não pode negligenciar nenhum dos alicerces da liderança.

* * *

O domínio dos líderes é o futuro. Seu trabalho é a transformação. Sua contribuição mais significativa não são os resultados de hoje, mas o desenvolvimento em longo prazo das pessoas e instituições para que se adaptem, mudem, prosperem e cresçam. Nossa aspiração contínua é que este livro contribua para a revitalização das organizações, criação de novos empreendimentos, renovação de comunidades sadias e para maior respeito e compreensão do mundo. Também esperamos fervorosamente que ele enriqueça sua vida e a de sua comunidade e família.

A liderança é importante, não apenas em sua carreira ou dentro de sua organização, mas em todos os setores, comunidades e países. Precisamos de mais líderes exemplares, e precisamos deles mais do que nunca. Muito trabalho extraordinário precisa ser feito. Precisamos de líderes que nos unam e inflamem.

O encontro com o desafio da liderança é pessoal e diário para todos. Sabemos que se tem o desejo e a jornada para liderar, você pode. É você que impulsiona o desejo. Faremos nosso melhor para continuar guiando a jornada.

James M. Kouzes
Orinda, Califórnia

Barry Z. Posner
Berkeley, Califórnia

Abril de 2017

O QUE OS LÍDERES FAZEM E O QUE OS OUTROS ESPERAM

CAPÍTULO 1

Quando os Líderes Estão em Sua Melhor Forma

PARA BRIAN ALINK, a revolução digital é tão profunda quanto foi a Revolução Industrial.[1] A maneira como as organizações resolvem problemas, impulsionam inovações e as propagam para milhões de pessoas, de maneira tão rápida e eficiente, está mudando drasticamente o ambiente de trabalho, o mercado e a comunidade. Entretanto, mesmo que esses fatores sejam motivadores, outro fator o anima ainda mais: a possibilidade de aprender a ser um líder ainda mais eficaz nesse novo contexto.[2]

A oportunidade para fazê-lo aconteceu quando solicitaram que Brian aperfeiçoasse como as transações de crédito da Capital One Financial Corporation atendiam a clientes em todos os canais. Esse desafio era diferente dos outros, pois se tratava de "como mudamos a mentalidade dos líderes no ramo dos cartões de crédito para usar primeiramente uma abordagem digital quando o foco é a manutenção. Tratava-se de resolver problemas reais que causam descontentamento, ansiedade ou frustração aos clientes e de como podemos melhorar os serviços".

Quando Brian assumiu sua atual função como vice-presidente administrativo da Card Digital Channels, começou a trabalhar com uma equipe recém-formada. "Isso nos deixou muito inseguros sobre o que fazíamos", reconheceu ele, e assim Brian passou as primeiras semanas em reuniões com executivos e outros líderes que conheciam a experiência do cliente, para "ouvir, aprender, entender o contexto e mergulhar na situação". Ele teve o mesmo relacionamento individual com sua equipe. Guiá-los nesse processo inicial de construção de relacionamentos foi uma filosofia de liderança muito proveitosa ao longo dos anos: "O início de uma jornada como essa", disse, "baseia-se no relacionamento interpessoal".

> É sobre saber quem são essas pessoas que trabalham comigo, conhecer seus valores, o que gostam de fazer, com o que se importam e o que representam. Inclusive, adoro a oportunidade de me apresentar — não como líder, estrategista, analista ou o que quer que seja —, mas como alguém que está com eles como um ser humano que constrói uma experiência de vida e tenta fazer do mundo um lugar melhor.

Brian convocou toda a equipe de liderança para uma reunião de quatro horas. Começou explicando como tentava construir um ambiente de confiança:

> É o tipo de ambiente em que realizamos o melhor trabalho de nossas vidas, em que queremos realmente fazer a diferença, em que nos sentimos comprometidos e desejamos realizar algo importante, com um significado pessoal para nós.
>
> A confiança é fruto da compreensão dos valores individuais, das nossas experiências e do que defendemos. Para que ocorra, precisamos estar vulneráveis e receptivos. Então, podemos nos apoiar nesses valores e na confiança.

Brian descobriu que toda vez que teve essa conversa com uma nova equipe, a experiência foi "mágica". Sem exceções, as pessoas foram sinceras e compartilharam seus desafios pessoais umas com as outras. Como Brian afirma, todos contam com desafios em suas vidas, e são esses momentos difíceis que moldam quem são as pessoas e o que defendem. "O que impulsiona todos nós", diz Brian, "é realizar algo significativo para aqueles com quem trabalhamos; isso realmente as ajuda a crescer e fazer o melhor para as pessoas ao nosso redor. Queremos ter o mesmo tipo de influência sobre nossos clientes".

Através dessas reuniões iniciais, Brian e sua equipe esclareceram suas visões e valores compartilhados. Eles desenvolveram uma estratégia essencial e determinaram como operariam. Com esse esforço colaborativo, todos na equipe sentiam que haviam criado sua abordagem juntos e desenvolvido o domínio para tal.

Brian e sua equipe de liderança prepararam e coordenaram uma reunião geral que incluiu sua equipe imediata e as equipes externas da Card Customer Experience. Eles acompanharam todos através do processo vivenciado por sua equipe, em seguida lançaram o novo plano e engajaram todos — desenvolvedores, engenheiros de software, designers etc. — para concentrarem-se no objetivo. Essa abordagem ajudou a dissipar grande parte das preocupações e ambiguidades. Brian observou: "Comuniquei claramente que a equipe de liderança estava emocionalmente comprometida, ofereceria suporte a todos e estaria presente para ajudar a equipe inteira a realizar um grande e significativo feito."

No entanto, eles não queriam que isso fosse uma prioridade apenas para a equipe de relacionamento com os clientes. Eles precisavam tornar a ideia de ajudar os clientes a se familiarizar mais com ambientes digitais e ter experiências melhores uma visão comum em todo o ramo de cartões de crédito. Eles queriam que todos os setores — design de produto, política de crédito, fraude, cobrança, linhas de crédito, cartões perdidos ou roubados e outras funções — se integrassem. A equipe de Brian organizou reuniões com líderes de toda a empresa, compartilhou seus objetivos, mostrou em que os clientes enfrentavam problemas, forneceu dados precisos e explicou como poderiam trabalhar juntos para criar experiências melhores para os consumidores.

Por mais essencial que seja criar uma perspectiva e atender à própria equipe vertical, Brian disse-nos que é igualmente importante fazer o mesmo com seus colaboradores e aqueles que não são diretamente gerenciados por você:

> Fazer com que os líderes próximos à nossa área nos ajudem e em seguida lhes atribuir o crédito por isso não diminui minha liderança ou a contribuição da minha equipe. Essa é uma maneira poderosa de obter muito mais inteligência, consensualidade e suporte para algo maior, no qual todos precisamos trabalhar. Ao fazer isso, obtemos êxito para todos.

Entendendo que motivar pessoas a colaborar nem sempre é fácil, Brian ofereceu recursos técnicos da própria equipe para fazer com que outras pessoas o ajudassem. Fez um discurso convincente: "Ganharemos se ajudarmos os outros a vencer. Temos que conceder para ganhar. Se motivarmos toda a organização, conseguiremos algo muito maior do que teríamos sozinhos... Ser humilde e permitir que outros se destaquem gera muitas formas de recompensa". A equipe de Brian criou momentos em que líderes de outras partes da organização se reuniam para mostrar seu trabalho. Esses debates motivaram outros e os orgulharam, proporcionaram reconhecimento público e crédito pelas contribuições feitas.

Embora o foco da abordagem de liderança da equipe de relacionamento com o cliente seja inspirar, ficar em segundo plano e dar o devido crédito aos outros, Brian garante que os colaboradores sejam retribuídos com a energia necessária para continuar contribuindo. Ele e sua equipe realizam *stand up meetings* [reuniões "em pé", em sentido simbólico e, eventualmente, também literal] semanais, nas quais destacam o trabalho de todos e analisam problemas, sucessos, lições aprendidas e, até mesmo, fracassos sofridos. Aqueles que trabalham em locais afastados participam por vídeo. Durante essas reuniões, a equipe de liderança procura "momentos de elogio", nos quais enfatizam comportamentos exemplares na frente de todos. Quando ouvem ou veem algo que vale destacar, alguém diz: "Vamos fazer uma pausa momentânea. Esse foi um maravilhoso exemplo do que nos esforçamos para realizar." Quando as pessoas veem os casos de sucesso e ouvem o feedback positivo, ficam motivadas.

"Ao trabalhar para transformar uma empresa em uma organização digital focada no cliente", disse-nos Brian, "é muito importante estruturar o escopo da liderança como uma missão que transcenda os limites empresariais. Os clientes não sabem com qual parte da organização lidam! Restringir o modelo de liderança apenas à equipe subordinada limita o escopo e a eficácia que um líder tem na transformação da complexa jornada do cliente em uma organização".

Essa é definitivamente uma filosofia de liderança para uma nova era. É uma visão completa, mais inclusiva e ampla do que muitos vivenciaram no passado, e produz resultados. Em menos de um ano, esse esforço colaborativo na Capital One aprimorou inúmeras experiências de clientes. Por exemplo, os clientes economizaram centenas de milhares de horas em chamadas no ano de 2016, resultantes de experiências digitais aperfeiçoadas e pontos de contato. A proporção de chamadas relativas a problemas de contas começou a diminuir constantemente até o nível mais baixo desde o início do levantamento — um importante fator de eficiência para os negócios. Ao mesmo tempo, o percentual de recomendações da Capital One atingiu recordes históricos.

* * *

Para Anna Blackburn, "o alinhamento dos valores foi o maior impulsionador" em seu primeiro emprego, na Beaverbrooks the Jewelers Ltda., uma varejista doméstica do Reino Unido. Dezoito anos depois, esses mesmos valores a conduziram a diretora executiva — primeiro membro não familiar e primeira mulher a ocupar essa função. Honrar valores também está no coração da Experiência de Superação em Liderança de Anna.[3]

Fundada em 1919, a Beaverbrooks tem uma longa e distinta história. Hoje, opera em 70 lojas, sua presença online é significativa e possui cerca de 950 funcionários. Não é apenas voltada para oferecer aos clientes joias e relógios de qualidade, mas também se orgulha muito de sua dedicação em "enriquecer vidas". A Beaverbrooks contribui com 20% dos lucros após impostos para organizações de caridade e investe pesado em seus parceiros — o que lhe rendeu reconhecimento pelo *The Sunday Times* (o jornal nacional de domingo mais vendido da Grã-Bretanha) por 13 anos consecutivos como uma das 100 melhores empresas para se trabalhar.

A indicação de Anna como CEO ocorreu em um momento turbulento. Seu antecessor, um membro da família, deixou a empresa para focar outros empreendimentos. A empresa se afastou um pouco de sua estratégia e cultura principais, e os colaboradores não estavam se adaptando aos novos padrões. Os 15 anos na empresa, contudo, prepararam Anna para o desafio. Começando no setor de vendas, ela atuou em quase todos os cargos e funções, trabalhou em unidades na Inglaterra e na Escócia e passou cinco anos na equipe executiva.

Nada disso significava saber o que as pessoas esperavam dela nessa nova posição. Uma de suas primeiras ações foi enviar uma pesquisa convidando todos na Beaverbrooks a opinar sobre quais qualidades mais gostariam de ver no novo CEO. Na conferência anual de gerentes seguinte, Anna compartilhou os resultados da pesquisa. As pessoas queriam que ela fosse "honesta, inspiradora, competente, inclinada para o futuro, carinhosa, ambiciosa e solidária", disse ela, e prometeu-lhes que faria tudo o que pudesse para atender às expectativas.

Essas ações foram uma prévia de como Anna pretendia ser uma líder colaborativa e inclusiva, e seus próximos passos reforçaram sua intenção. Por exemplo, ao longo dos anos, as operações da Beaverbrooks tornaram-se cada vez mais complexas e estruturadas, e as pessoas perderam o senso de propriedade dos negócios. Em vez de mudar radicalmente a direção da empresa, Anna implementou transformações que "estavam dentro do contexto de fortalecer os pontos fortes", declarou.

> A organização retomou os princípios básicos e manteve as coisas simples. Quando as estratégias são falhas, geralmente perde-se a conexão com a pessoa que faz a verdadeira diferença em seu negócio. Eles precisavam comprar e entender o impacto que causavam.

Uma grande desconexão observada por Anna foi que, embora a Beaverbrook fizesse parte da lista de melhores empresas do *The Sunday Times* ano após ano, os lucros foram relativamente baixos. Convicta de que "possuir um excelente ambiente de trabalho certamente acrescenta para o resultado final", Anna estabeleceu "provar que um excelente ambiente de trabalho pode ser realmente lucrativo". No entanto, ela não estava interessada na lucratividade da Beaverbrooks. Ela nos contou que:

> A Beaverbrooks é um modelo de negócio consciente. Quanto mais bem-sucedidos formos financeiramente, melhor poderemos cuidar das pessoas que trabalham para nós e apoiar a comunidade. Quanto mais bem-sucedidos, mais poderemos fazer o bem.

Parte do que precisava ser feito, Anna acreditava, era transparecer a prestação de contas e criar um senso ampliado de responsabilidade compartilhada: "Precisávamos que todos fizessem sua parte em transformar a cultura no que ela precisava ser. Uma pessoa não pode consertar, desenvolver ou expandir uma cultura". Quando o feedback para o nível executivo indicou que eles trabalhavam de forma muito isolada e desconectados das unidades, Anna apresentou novas maneiras de criar maior colaboração e sinergia. As reuniões mensais da equipe executiva, por exemplo, voltaram-se muito mais para as estratégias, e as reuniões trimestrais do gerente sênior e do escritório corporativo abordavam as decisões operacionais e o reconhecimento dos sucessos vivenciados nas lojas.

Anna manteve a divisão da equipe assim como o presidente Mark Adlestone fizera: reuniões em pequenos grupos com objetivos predeterminados, cerca de oito pessoas com funções similares. Anualmente, são 14 grupos — seis para equipes de vendas e dois para os demais: gestores, gerentes assistentes, supervisores e executivos. As reuniões duram metade do dia e incluem discussões sobre o que é funcional, o que não é, e reconhecem os sucessos individuais.

Dado o feedback dos grupos predeterminados, Anna concebeu uma nova estrutura de abordagem dos negócios, um conceito que chamou de

Os Três Pilares. São descritos como três pilares alicerçados sobre uma base sólida e encabeçados por um cabeçalho. Na base, está o propósito da Beaverbrooks: "Enriquecer Vidas". No cabeçalho, o nome da empresa. O primeiro pilar é chamado de "Atendimento ao Cliente e Vendas"; o segundo, "Sucesso Financeiro"; e o terceiro, "Otimização do Ambiente de Trabalho". Anna explica: "A questão principal é que os três pilares estejam alinhados. Se um pilar for mais alto que os outros, o teto cai".

Outra das principais iniciativas de Anna foi atualizar o Beaverbrooks Way, documento de uma página, originalmente publicado em 1998, que codificava o propósito e os valores da Beaverbrooks. Os valores não mudaram, mas o documento estava confuso e incompleto. "Não havia nada sobre ser joalheiro e os valores da família não eram mencionados", disse-nos Anna. "Também estavam abertos à interpretação individual, em vez de indicar o que significam na Beaverbrooks". Anna queria que o maior número possível de pessoas fornecesse informações revisadas sobre o Estilo Beaverbrooks, e passou 12 meses coletando informações. Questionou grupos focais, conversou com os gerentes de trainee e enviou formulários de feedback para todas as unidades e departamentos.

Anna recebeu comentários extensos e, com a ajuda dos gerentes regionais, criou um documento de suporte que apresentaram na reunião anual da empresa. Na introdução desse livreto de 32 páginas, Anna escreveu:

> Recebi muitos feedbacks sobre o que vocês esperam do Estilo Beaverbrooks daqui em diante. Vocês solicitaram linguagem clara e simples, explicações sobre nossos valores e comportamentos, e relatórios mais objetivos. Este documento é resultado do feedback [...] Inclui "O Estilo Beaverbrook" (quem somos, o que fazemos, por que existimos e nossos valores) e destaca nossos comportamentos — basicamente. Nossos comportamentos são definidos por exemplos que trazem nossa cultura à vida.

Assim como sua atenção é voltada para o desempenho dos negócios, Anna também leva a sério o desejo de seus colaboradores por um líder solidário e apoiador. Por exemplo, ela nos contou: "Encontramos tantos pretextos quanto foi possível para comemorar os sucessos. Acho importante que as pessoas se sintam reconhecidas, recompensadas e valorizadas pela diferença que fazem". De revisões trimestrais com gerentes regionais a reuniões informais, Anna administra seu tempo para dar destaque a quem faz as coisas certas. Como dizem no Estilo Beaverbrooks: "Quando reconhecemos o que funciona bem e geramos sucesso, é mais provável que repitamos o comportamento que antes de tudo o criou". Manter hábitos que produzem sucesso vale a pena. No ranking mais recente do *Sunday Times*, a Beaverbrooks foi o maior varejista da lista. Os lucros também estavam em alta, provando que é possível ter um negócio lucrativo com um excelente ambiente de trabalho.

Dadas as suas experiências, qual é a lição de liderança mais importante que Anna transmitiria aos líderes emergentes? "Ser um exemplo é absolutamente fundamental", afirma. "É algo que sempre fiz, durante toda minha carreira, no setor de vendas ou no escritório executivo. Pessoas que influenciam comportamentos cruciais para o sucesso nos negócios inspiram os outros."

Cinco Práticas de Liderança®

Ao assumir seus desafios de liderança, Brian e Anna aproveitaram a oportunidade para implementar mudanças na organização. E, embora suas histórias sejam excepcionais, não são diferentes de inúmeras outras. Orientamos pesquisas mundiais há mais de 30 anos e descobrimos que tais conquistas são comuns. Quando pedimos aos líderes que nos informem sobre suas Experiências de Superação em Liderança — que acreditam representar seus padrões individuais de excelência —, existem milhares de histórias de sucesso como as de Brian e Anna. Nós os encontramos em empresas e organizações sem fins lucrativos, agricultura, mineração, manufatura, serviços públicos, bancos, saúde, governo, educação, artes e serviço comunitário. Esses líderes são funcionários e voluntários, jovens e idosos, homens e mulheres. A liderança desconhece fronteiras raciais, religiosas, étnicas e culturais. Líderes estão em todas as cidades e países, em todas as funções e organizações. Podemos encontrar lideranças exemplares em todos os lugares para os quais olharmos. Também descobrimos que, em organizações excelentes, todos, independentemente de título ou posição, são encorajados a agir como líderes. Nesses lugares, as pessoas não acreditam apenas que todos podem fazer a diferença; mas agem de maneira a desenvolver seus talentos, incluindo a liderança. Elas não aceitam os muitos mitos que as impedem de desenvolver suas capacidades e organizações de criar culturas de liderança.[4]

Um dos maiores mitos sobre liderança é que algumas pessoas possuem o "dom" e outras, não. Um mito decorrente é o de que, se você não tem o "dom", não pode aprender. Nenhum dos dois poderia estar mais longe da verdade empírica. Depois de refletir sobre suas Experiências de Superação de Liderança, as pessoas chegam à mesma conclusão que Tanvi Lotwala, contador da Bloom Energy: "Todos nascemos líderes. Todos possuímos qualidades de liderança enraizadas. Tudo o que precisamos é poli-las e trazê-las à tona. É um processo contínuo nos desenvolvermos como líderes; mas, a menos que assumamos os desafios de liderança que nos são apresentados diariamente, não nos tornaremos melhores".

Começamos a perguntar às pessoas no início dos anos 1980 o que faziam quando estavam em seu "melhor desempenho" ao liderar outras pessoas, e continuamos a fazer essa pergunta a pessoas de todo o mundo. Depois de analisar milhares dessas experiências de liderança, descobrimos que, independentemente de horários e ambientes, os indivíduos que guiam os outros em jornadas pioneiras seguem caminhos surpreendentemente semelhantes. Embora cada experiência fosse única em sua expressão individual, havia comportamentos e ações nitidamente semelhantes. Ao fazerem acontecer nas organizações, os líderes se envolvem no que chamamos de Cinco Práticas de Liderança®:

▶ Modele o Estilo

▶ Inspire uma Visão Comum

▶ Questione o Processo

▶ Capacite os Outros para a Ação

▶ Anime os Corações

Essas práticas não são competências particulares de indivíduos que estudamos, tampouco essas pessoas pertencem a um grupo restrito de estrelas brilhantes. Liderança não diz respeito à personalidade, mas ao comportamento. As Cinco Práticas estão disponíveis para qualquer um que aceite o desafio de liderança — o desafio de levar pessoas e organizações a lugares onde nunca estiveram. É o desafio de transformar o ordinário em extraordinário.

A estrutura das Cinco Práticas de Liderança não é um acidente momentâneo na história. Ela resistiu ao teste do tempo. O *contexto* do assunto mudou drasticamente ao longo dos anos; seu *conteúdo,* não muito. Os comportamentos e práticas fundamentais dos líderes permaneceram essencialmente os mesmos, e são tão relevantes hoje quanto quando começamos a estudar o tema. A verdade de cada Experiência de Superação de Liderança, multiplicada milhares de vezes e substanciada empiricamente por milhões de respondentes e centenas de acadêmicos, estabelece as Cinco Práticas da Liderança como um "sistema operacional" para líderes em todos os lugares.

No restante deste capítulo, apresentamos cada uma das Cinco Práticas e fornecemos breves exemplos que demonstram como os líderes, assim como Brian e Anna, em várias circunstâncias, utilizam-nas para alcançar realizações extraordinárias. Quando você explorar as Cinco Práticas mais detalhadamente nos Capítulos 3 a 12, encontrará inúmeras amostras das experiências reais de pessoas que assumiram o desafio da liderança.

Modele o Estilo   Os títulos são reconhecidos, mas é ao comportamento que se atribui o respeito. Quando Terry Callahan pergunta: "Como posso ajudá-lo?", é exatamente o que quer dizer. Um exemplo disso aconteceu enquanto era vice-presidente do Miller Valentine Group, um fornecedor de soluções imobiliárias. Eles precisavam promover um importante evento de inauguração em tempo recorde e isso exigia um trabalho de "todas as mãos no convés". O que mais surpreendeu a equipe foi quando Terry tirou a jaqueta, arregaçou as mangas, desceu e sujou-se ao "colocar a mão na massa". "Terry me ensinou que a liderança não é baseada em títulos e cargos", disse um de seus subordinados diretos, "mas em responsabilidade e promoção de um exemplo positivo".[5]

Esse sentimento reverberou em todos os casos que coletamos. "No fim das contas", Toni Lejano, gerente de recursos humanos da Cisco, lembrou-se de sua Experiência de Superação, "liderança se resume a como seu comportamento influencia as mudanças". Líderes exemplares sabem que, se quiserem se comprometer e alcançar os mais altos padrões, devem ser modelos do comportamento que esperam dos outros.

Para, de fato, *Modelar o Estilo,* você deve antes de mais nada ser objetivo a respeito de seus princípios. Deve *esclarecer os valores, encontrando a própria voz.* Quando entende quem você é e quais são seus valores, consegue lhes dar voz. Como Alan Spiegelman, consultor de gestão de patrimônio da Northwestern Mutual, explicou: "Antes de liderar outras pessoas, é necessário saber bem quem você é e quais são seus principais valores. Uma vez que souber disso, pode dar voz a esses valores e se sentir à vontade para compartilhá-los com os outros."

Arpana Tiwari, gerente sênior de uma das maiores varejistas de e-commerce do mundo, descobriu que: "Quanto mais converso com as pessoas sobre meus valores, mais claros eles se tornam para mim". Ela percebeu, no entanto, que seus valores não eram os únicos relevantes. Todos na equipe possuem princípios que orientam suas ações e, como líder, você deve *expressar os valores comuns do grupo.* Isso requer envolver todos na criação dos valores. Ao fazê-lo, observou Arpana, "fica mais fácil modelar os princípios com os quais todos concordaram". Outro benefício percebido foi que "também é menos difícil confrontar as pessoas quando tomam decisões que não estão alinhadas. Quando um valor é violado, os líderes devem intervir, ou correm o risco de dar a entender que isso não é importante". Portanto, os líderes devem *dar o exemplo.* As ações são muito mais importantes do que as palavras quando os colaboradores querem determinar o quão sério os líderes realmente são em relação ao que dizem. Palavras e ações devem ser coerentes.

Inspire uma Visão Comum   Indivíduos descrevem suas Experiências de Superação em Liderança como momentos em que imaginaram um futuro empolgante e altamente atraente para suas organizações. Eles tinham visões e sonhos do que *poderia* ser. Tinham absoluta fé em seus sonhos pessoais e estavam confiantes em suas habilidades para realizar feitos extraordinários. Toda organização, todo movimento social, começa com uma visão. É a força que cria o futuro.

Líderes *veem o futuro, imaginando possibilidades vibrantes e dignificantes*. É necessária uma apreciação do passado e uma projeção clara dos resultados antes mesmo de iniciar qualquer projeto; da mesma forma como um arquiteto desenha uma planta ou um engenheiro constrói um protótipo. Como Ajay Aggrawal, gerente de projetos de tecnologia da informação (TI) da Oracle, disse: "É necessário conectar-se com o que é significativo para os outros e criar a crença de que as pessoas podem conquistar algo grandioso. Caso contrário, elas podem deixar de achar que seu trabalho é significativo e que suas contribuições são parte do todo."

Não é possível obrigar o comprometimento; você precisa inspirá-lo. Você deve *arregimentar outras pessoas para uma visão comum, evocando as aspirações compartilhadas*. Stephanie Capron, vice-presidente de recursos humanos da Ritzman Pharmacies, contou-nos como essa empresa familiar, com mais de 25 unidades, pediu às pessoas de cada localidade e departamento que projetassem uma perspectiva do futuro e as reuniu para criar uma visão integrada (e uma nova marca). "Pintamos um quadro geral", disse ela, "e fizemos com que todos vissem esse quadro para que entendessem como era um bom serviço e qual era sua participação nele".[6] Muitas pessoas pensam que o trabalho do líder é ter a visão, quando, na realidade, é fazer com que as pessoas, como as da Ritzman Pharmacies, queiram se envolver no processo. Essa abordagem é muito mais eficaz do que pregar a perspectiva de uma pessoa.

Nesses tempos de mudança rápida e incertezas, os indivíduos querem seguir aqueles capazes de enxergar além das dificuldades de hoje e imaginar um futuro melhor. Como aponta Oliver Vivell, diretor sênior de desenvolvimento corporativo da SAP: "Os outros precisam se ver como parte dessa visão, capazes de contribuir para abraçá-la e torná-la pessoal". Os líderes forjam uma unidade de propósito mostrando aos seus constituintes como o sonho é comum a todos e ao bem comum.

Quando você expressa seu entusiasmo e empolgação pela visão, inflama a mesma paixão nos outros. Como Amy Matson Drohan, gerente sênior de equipe de sucesso do cliente da ON24, refletiu sobre sua Experiência de Superação em Liderança: "Você não pode propagar uma visão na qual não acredita". Em última análise, ela observou: "A emoção do líder brilha e convence a equipe de que a visão é digna de seu tempo e apoio".

Questione o Processo   Questionar é crucial para a grandeza. Cada caso de superação de liderança envolveu mudanças do *status quo*. Nenhuma pessoa alcançou um melhor desempenho mantendo as coisas do mesmo jeito. Independentemente das especificidades, todas envolviam superação de adversidades e adoção de oportunidades para crescer, inovar e melhorar.

Líderes são pioneiros dispostos a se aventurar pelo desconhecido. No entanto, não são os únicos criadores ou inventores de novos produtos, serviços e processos. A inovação origina-se mais da escuta que do discurso, de olhar constantemente para fora de si e de sua organização para descobrir produtos, processos e serviços inovadores. Você precisa *buscar oportunidades, tomando a iniciativa e olhando para fora, à procura de soluções e de melhorias inovadoras.*

Os líderes não ficam à toa esperando que o destino seja generoso; eles se aventuram. Assumir riscos foi o que Srinath Thurthahalli Nagaraj relembrou a respeito de sua melhor (e primeira) Experiência de Superação em Liderança, na Índia, com a Flextronics: "Quando as coisas não funcionaram como o esperado", explicou Srinath, "continuamos experimentando e desafiando as ideias uns dos outros. Você tem que abrir espaço para o fracasso e, mais importante, para a oportunidade de aprender com ele". Ao trocar o cenário, Srinath foi capaz de levar o projeto adiante.

Como inovação e mudança envolvem *experimentar e arriscar,* sua principal contribuição será criar um clima de experimentação, reconhecer boas ideias, apoiá-las e se dispor a desafiar o sistema. Uma maneira de lidar com os riscos e fracassos potenciais da experimentação é *engendrar constantemente pequenas vitórias e aprender com a experiência*. Pierfrancesco Ronzi, como gerente de engajamento da McKinsey and Company, em Londres, recorda o enorme sucesso do processo de auferir crédito de um cliente bancário no norte da África, o que significou dividir o projeto em partes para que pudessem encontrar um ponto de partida, determinar o que seria eficaz e ver como aprenderiam ao avançar. "Mostrar a eles que conseguimos fazer acontecer", disse ele, "foi um impulso significativo para sua confiança no projeto e sua disposição em permanecerem envolvidos".

Há uma forte correlação entre o processo de aprendizado e a abordagem dos líderes para fazer com que coisas extraordinárias aconteçam. Líderes sempre aprendem com seus erros e fracassos. A vida é o laboratório do líder, e os líderes exemplares a utilizam para realizar o maior número possível de experimentos. Kinjal Shah, gerente sênior da Quisk, contou-nos sobre sua melhor performance: "Me ensinou muito. Tropecei muitas vezes, me levantei, sacudi a poeira, aprendi com os erros e tentei fazer melhor da vez seguinte. Aprendi muito, e a experiência definitivamente me tornou um líder melhor."

Capacite os Outros para a Ação   Grandes sonhos não se tornam realidade através das ações de uma única pessoa. Alcançar a grandeza requer esforço de equipe. Requer confiança sólida e relacionamentos duradouros. Requer colaboração de grupo e responsabilidade individual que começa, como afirmou Sushma Bhope, cofundadora da Stealth Technology Startup: "Com a capacitação das pessoas ao seu redor." Ela concluiu, assim como muitas outras pessoas, ao rever suas melhores experiências, que "ninguém poderia ter feito sozinho. Era essencial estar aberto a todas as ideias e dar voz a todos no processo de tomada de decisão. O único princípio norteador do projeto era que a equipe deveria prevalecer sobre qualquer integrante".

Líderes *estimulam a colaboração, promovendo a confiança e facilitando os relacionamentos*. Você deve engajar a todos aqueles que farão o projeto funcionar — e, de alguma forma, que irão angariar os resultados. A general Wendy Masiello, diretora da Agência de Gerenciamento de Contratos de Defesa dos EUA, articulou a importância de ser "uma equipe, uma só voz" para mais de 600 líderes em sua Conferência Mundial de Treinamento. Para explicar, ela pediu que todos que tivessem contratos com a Lockheed Martin ficassem de pé, o que foi um terço da sala. Ela disse: "Olhe ao redor, para as pessoas com quem você precisa se reunir durante a conferência. Durante as sessões, sentem-se juntos, reúnam-se e compartilhem experiências e conhecimentos." Em seguida, ela pediu que se levantassem aqueles que trabalhassem com a Boeing, depois, com a Northrop Grumman, Raytheon e outras. A cada vez, ela dizia a mesma mensagem, e era possível ouvir os suspiros quando as pessoas reconheciam que não estavam operando como "uma equipe, uma só voz". Como Wendy observou: "Isso só será alcançado quando tivermos desenvolvido relacionamentos sólidos uns com os outros".[7]

Os líderes compreendem que os colaboradores não têm o melhor desempenho ou não ficam motivados por muito tempo caso se sintam debilitados, dependentes ou alienados. Quando você *fortalece os outros, aumentando a autodeterminação e desenvolvendo competências,* eles tornam-se mais propensos a dar tudo de si e exceder as próprias expectativas. Omar Pualuan, chefe de engenharia da RVision, refletindo sobre sua experiência pessoal de liderança, reconhece que "deixar cada membro da equipe contribuir para o plano do projeto e fazer com que se sinta parte dele é a ferramenta mais importante para o sucesso".

Concentrar-se em servir às necessidades dos outros em vez das próprias torna o líder mais confiável. Quanto mais as pessoas confiam em seus líderes e na equipe, mais assumem riscos, fazem mudanças e seguem em frente. Os líderes precisam criar um ambiente no qual, como nos disse Ana Sardeson, gerente de programa de materiais da Nest: "Os indivíduos sintam-se confortáveis para expressar suas opiniões, pois assim a equipe se sente capacitada para agir. Esse nível de conforto com a tomada de decisões é fundamental para criar um espaço propício para a colaboração." Ela explicou: "Quando a conversa muda de um silo para um espaço aberto e colaborativo, os relacionamentos se tornam mais fortes e resilientes." Quando as pessoas são confiáveis e possuem mais informações, arbítrio e autoridade, estão muito mais propensas a usar suas energias para produzir resultados brilhantes.

Anime os Corações   A subida ao topo é árdua e íngreme, deixa as pessoas exaustas, frustradas e desiludidas, e, muitas vezes, tentadas a desistir. Atos genuínos de cuidado atraem as pessoas. Uma lição importante, conta Denise Straka, vice-presidente de seguros corporativos da Calpine, da qual tirou sua Experiência de Superação em Liderança, foi: "As pessoas querem estar confiantes de que seus gerentes acreditam nelas e em sua capacidade de dar conta de um trabalho. Querem se sentir valorizadas por seus empregadores, e reconhecer uma conquista é uma ótima maneira de demonstrar seu valor."

Líderes *reconhecem as contribuições, demonstrando apreço pela excelência individual.* Isso pode ocorrer de um para um ou entre muitas pessoas. Pode se originar de gestos dramáticos ou simples ações; de canais informais, assim como da hierarquia formal. Eakta Malik, associado sênior de pesquisa clínica de uma empresa global de acessórios médicos, tendo percebido que muitas pessoas não se sentiam suficientemente valorizadas e não tinham espírito de equipe, organizou alguns happy hours patrocinados pela empresa, voltados "para a equipe se descontrair, conhecer uns aos outros em um nível pessoal e criar um espírito de comunidade". Ela reconheceu publicamente o trabalho árduo de seus colegas de equipe em reuniões quinzenais, o quê, explicou ela: "Realmente melhora o clima. Eu achava que receber elogios em um projeto parecia melhor quando vinham de um diretor ou gerente, mas aprendi que elogiar alguém não necessariamente se liga a um título para ser significativo."

Ser um líder requer demonstrar apreço pelas contribuições dos indivíduos e criar a cultura de *celebrar os valores e as vitórias, criando o espírito da comunidade.* Uma lição que Andy Mackenzie, diretor de operações da BioCardia, aprendeu com sua Experiência de Superação em Liderança foi: "Garantir que você e a equipe estejam se divertindo. Nem todos os dias serão divertidos; mas, se tudo for penoso, não vale a pena sair da cama."

Encorajamento é, curiosamente, um negócio sério, porque diz respeito a como você vincula visível e comportamentalmente as recompensas ao desempenho. Celebrações e rituais, quando feitos de uma maneira autêntica e sincera, constroem um forte senso de identidade coletiva e espírito comunitário que pode levar um grupo através de tempos extraordinariamente difíceis. Como Deanna Lee, diretora de estratégia de marketing da MIG, nos disse: "Reunir uma equipe depois de um importante marco reforça o fato de que mais coisas podem ser realizadas juntas do que separadas. Engajar-se mutuamente fora do ambiente de trabalho também aumenta a conexão pessoal, o que gera confiança, melhora a comunicação e fortalece os laços dentro da equipe."

Reconhecimentos e celebrações precisam ser pessoais e personalizados. Como Eddie Tai, diretor de projetos da Pacific Eagle Holdings, percebeu: "Não há como fingir". Ao nos contar sobre suas experiências, ele observou: "Incentivar o Coração pode muito bem ser o trabalho mais difícil de qualquer líder, porque requer a maior honestidade e sinceridade". Ainda assim, essa prática de liderança, ele afirma, "pode ter o impacto mais significativo e duradouro naqueles que toca e inspira".

* * *

Estas Cinco Práticas de Liderança — Modele o Estilo, Inspire uma Visão Comum, Questione o Processo, Capacite os Outros para a Ação e Anime os Corações — oferecem um *sistema operacional* do que as pessoas estão fazendo como líderes quando estão no seu melhor, e há evidências empíricas abundantes de que essas práticas de liderança são importantes. Centenas de estudos relataram que As Cinco Práticas de Liderança fazem uma diferença positiva no engajamento e no desempenho de pessoas e organizações.[8] Isso é destacado na próxima seção, e mais pesquisas que suportam esse sistema operacional são relatadas em capítulos subsequentes.

As Cinco Práticas Fazem a Diferença

O comportamento exemplar do líder faz uma diferença profundamente positiva no comprometimento e motivação das pessoas, no seu desempenho no trabalho e no sucesso de suas organizações. Essa é a conclusão definitiva de analisar as respostas de quase três milhões de pessoas em todo o mundo usando o *Inventário de Práticas de Liderança* (LPI) para avaliar com que frequência seus líderes se envolvem nas Cinco Práticas da Liderança Exemplar. Os líderes que usam com mais frequência as Cinco Práticas de

Liderança são consideravelmente mais eficazes do que suas contrapartes do que as usam com menos frequência.

Nesses estudos, os relatórios diretos do líder completam o LPI, indicando com que frequência observam seu líder envolvendo-se em comportamentos específicos associados às Cinco Práticas de Liderança. Além disso, eles respondem a dez questões relacionadas a (a) seus sentimentos sobre o local de trabalho, por exemplo, níveis de satisfação, orgulho e comprometimento, e (b) avaliações sobre seu líder em relação a confiabilidade e eficácia geral. Existe uma relação inequívoca entre o grau de envolvimento das pessoas e a frequência na qual observam seus líderes usando as Cinco Práticas de Liderança, conforme mostrado na Figura 1.1. Quase 96% dos subordinados diretos que são mais engajados (ou seja, o terço superior da distribuição) indicam que seus líderes *muito frequentemente* ou *quase sempre* usam as Cinco Práticas de Liderança. Em contraste, menos de 5% dos subordinados diretos estão altamente envolvidos quando indicam que seus líderes raramente usam as Cinco Práticas de Liderança (na melhor das hipóteses, apenas *de vez em quando*). O impacto diferencial é enorme.

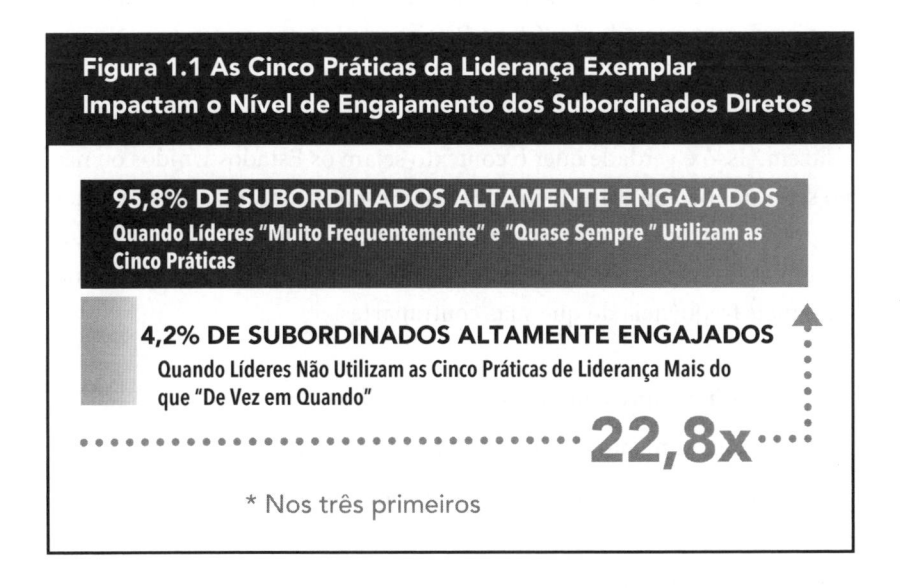

Figura 1.1 As Cinco Práticas da Liderança Exemplar Impactam o Nível de Engajamento dos Subordinados Diretos

95,8% DE SUBORDINADOS ALTAMENTE ENGAJADOS
Quando Líderes "Muito Frequentemente" e "Quase Sempre " Utilizam as Cinco Práticas

4,2% DE SUBORDINADOS ALTAMENTE ENGAJADOS
Quando Líderes Não Utilizam as Cinco Práticas de Liderança Mais do que "De Vez em Quando"

22,8x

* Nos três primeiros

Além disso, os entrevistados oferecem informações sobre quem são e seu contexto organizacional. Análises multivariadas mostram que características individuais *combinadas* com o contexto organizacional explicam menos de 1% da distribuição relacionada aos níveis de engajamento de seus relatórios, enquanto As Cinco Práticas de Liderança representam quase 40%. A maneira como seus líderes se comportam influencia significativamente o engajamento, independentemente de quem são os subordinados diretos (por exemplo, idade, sexo, etnia ou formação) ou suas circunstâncias (por exemplo, cargo, mandato, área, setor ou nacionalidade). A maneira como o líder se comporta é o que faz a diferença para explicar por que as pessoas trabalham com afinco, compromisso, orgulho e produtividade.

Quanto mais usar As Cinco Práticas da Liderança Exemplar, mais provável será influenciar positivamente outras pessoas e a organização. É a isso o que todos os dados conduzem: se quiser ter um impacto significativo nas pessoas, empresas e comunidades, é prudente investir na aprendizagem dos comportamentos que permitem que você se torne o melhor líder possível. Além disso, os dados mostram claramente que o quão fortemente os relatórios diretos "recomendam seu líder a um colega" relaciona-se diretamente ao grau de uso relatado das Cinco Práticas de Liderança.

Muitos estudiosos documentaram que os líderes que se envolvem com as Cinco Práticas de Liderança são mais eficazes do que aqueles que não o fazem.[9] Isso é verdade quer o contexto sejam os Estados Unidos ou não, no setor público ou privado, ou dentro de escolas, organizações de saúde, empresas, prisões, igrejas e assim por diante. Aqui estão apenas alguns exemplos do impacto de líderes que usam as Cinco Práticas de Liderança com mais frequência do que suas contrapartes:

- ▶ Criam equipes com desempenho melhor
- ▶ Geram aumento de vendas e níveis de satisfação do cliente
- ▶ Fomentam lealdade renovada e maior comprometimento organizacional
- ▶ Melhoram a motivação e a vontade de trabalhar com afinco
- ▶ Possibilitam altos níveis de satisfação do paciente e atendem mais efetivamente às necessidades dos membros da família

▶ Promovem altos níveis de envolvimento de alunos e professores nas escolas

▶ Aumentam a quantidade de membros de suas congregações religiosas

▶ Reduzem as taxas de absenteísmo, rotatividade e abandono

▶ Influenciam positivamente o rendimento de recrutamento

Enquanto as Cinco Práticas de Liderança Exemplar não explicam *completamente* por que os líderes e suas organizações são bem-sucedidos, é muito nítido que seu envolvimento faz uma grande diferença, não importa quem você é ou onde está. Seu comportamento como líder é importante, e ele conta muito. Além disso, as avaliações da eficácia do líder por seus subordinados diretos, e pelos outros, correlacionam-se diretamente com a frequência com que as Cinco Práticas de Liderança são usadas.

Considere essas descobertas em um nível macro. Os pesquisadores examinaram o desempenho financeiro das organizações em um período de cinco anos e compararam aquelas que os colaboradores classificaram como tendo líderes seniores ativamente adeptos das Cinco Práticas de Liderança versus as organizações cujos líderes estavam significativamente menos engajados. O embasamento: o crescimento do lucro líquido foi quase 18 vezes maior, e o crescimento do preço das ações foi quase três vezes maior para as organizações de capital aberto cuja liderança se envolveu fortemente com as Cinco Práticas de Liderança.[10]

Os Dez Compromissos da Liderança Exemplar

Incorporados às Cinco Práticas da Liderança Exemplar, há compromissos que servem de base para se tornar um líder exemplar. Nós os chamamos de Os Dez Compromissos da Liderança Exemplar (Tabela 1.1). Eles se concentram em comportamentos e ações com os quais você precisa se sentir confortável para adotar. Esses dez compromissos servem como modelo para explicar, compreender, apreciar e aprender como os líderes fazem coisas extraordinárias nas organizações, e cada um deles é discutido em profundidade nos Capítulos 3 a 12. Antes de nos aprofundarmos em cada um desses compromissos, vamos considerar a liderança do ponto de vista do colaborador. Liderança, afinal, é um relacionamento. O que as pessoas procuram em um líder? O que as pessoas querem de alguém cuja direção elas estariam *dispostas* a seguir?

TABELA 1.1
As Cinco Práticas e os Dez Compromissos de Liderança Exemplar

1. Esclareça os valores, encontrando a própria voz e expressando os valores comuns.
2. Dê o exemplo, alinhando as ações com os valores comuns.

3. Preveja o futuro, imaginando possibilidades vibrantes e dignificantes.
4. Arregimente outras pessoas para uma visão comum, evocando as aspirações compartilhadas.

5. Busque oportunidades, tomando a iniciativa e olhando para fora, à procura de soluções e de melhorias inovadoras.
6. Experimente e arrisque, engendrando constantemente pequenas vitórias e aprendendo com a experiência.

7. Estimule a colaboração, promovendo a confiança e facilitando os relacionamentos.

8. Fortaleça os outros, aumentando a autodeterminação e desenvolvendo competências.

9. Reconheça as contribuições, demonstrando apreço pela excelência individual.

10. Celebre os valores e as vitórias, criando o espírito da comunidade.

CAPÍTULO 2

Credibilidade é a Base da Liderança

A CONCLUSÃO INESCAPÁVEL a partir da análise de milhares de Experiências de Superação em Liderança é que *todo mundo tem uma história para contar*. Além disso, essas experiências são muito mais *parecidas* do que diferentes, em termos de ações, comportamentos e processos, independentemente do contexto. Os dados claramente desafiam os mitos de que liderança é algo que você encontra apenas nos níveis mais altos das organizações e da sociedade, e que se reserva a apenas poucos homens e mulheres carismáticos. A noção de que existem poucas pessoas notáveis que podem levar os outros à grandeza é simplesmente errada. Da mesma forma, é errado supor que líderes florescem apenas em determinados tipos de organização (grandes, pequenas, já reconhecidas, novas, de economias estabelecidas ou de certos setores, funções e áreas). A verdade é que liderança é um conjunto identificável de técnicas e habilidades disponíveis para todos. É porque há muitos — não poucos — líderes que coisas extraordinárias acontecem regularmente nas organizações, especialmente em tempos de grande incerteza.

Outra verdade crucial integrante de todas as situações e ações de liderança é que as Experiências de Superação em Liderança nunca são histórias sobre performances solo. Líderes nunca fazem acontecer sozinhos. Líderes mobilizam os *outros a* quererem lutar por aspirações compartilhadas, e isso significa que, fundamentalmente, *liderança é um relacionamento*. A liderança é um relacionamento entre aqueles que aspiram a liderar e os que escolhem segui-los. Você não tem um sem o outro. Para liderar de forma eficaz, você precisa apreciar plenamente a dinâmica fundamental do relacionamento seguidor-líder. Um relacionamento seguidor-líder caracterizado por medo e desconfiança nunca produzirá algo de valor duradouro. Um relacionamento caracterizado por respeito mútuo e confiança superará as maiores adversidades e deixará um legado relevante.

É exatamente isso que Yamin Durrani nos contou sobre seu relacionamento com Bobby Matinpour, gerente de marketing da National Semiconductor, agora parte da Texas Instruments, que entrou logo após a empresa ter passado por uma reorganização substancial seguida de demissões em massa. "Em toda a empresa havia uma falta geral de motivação, sentimento de desconfiança, insegurança e todos cuidavam dos próprios interesses", disse Yamin. "Nosso grupo em particular sofria de baixa motivação, já que não confiávamos uns nos outros. Eu temia ir ao escritório e havia muita competição interna, que levava a falhas na comunicação."

Bobby percebeu que teria que convencer as pessoas a confiar umas nas outras. Sua primeira iniciativa foi sentar-se individualmente com membros da equipe para entender seus desejos, necessidades e planos. Durante o primeiro mês, passou a maior parte do tempo aprendendo e tentando entender ao que cada pessoa aspirava e gostava de fazer. Ele realizava reuniões individuais semanais com os integrantes da equipe, fazia perguntas e ouvia atentamente o que tinham a dizer. "Seu estilo amigável e abordagem honesta e direta", disse Yamin, "levaram os membros da equipe a se abrir e se sentir seguros. Ele nunca agia como se soubesse de tudo e estava aberto a aprender coisas novas com a equipe. Bobby entendeu que não conseguiria ganhar o respeito da equipe sem respeitar e permitir a liberdade de apropriação de seus projetos. Bobby expandiu a comunicação dentro da equipe, especialmente ao incentivar maiores interações presenciais".

Nas reuniões gerenciais, quando uma pergunta era feita, embora ele mesmo pudesse responder, Bobby costumava a encaminhar a um de seus membros, afirmando, por exemplo: "Yamin é especialista nesse assunto. Vou deixá-lo responder a essa pergunta." Durante a conferência anual de vendas, da qual participaram centenas de funcionários da empresa, ele permitiu que o membro mais jovem da equipe fizesse a apresentação do grupo, enquanto toda a equipe estava de pé atrás do apresentador para responder às perguntas. Yamin observou que:

> Sendo novo no grupo, Bobby poderia facilmente ter caído na armadilha de tentar se provar contribuindo individualmente em projetos, ou agindo como um guardião do fluxo de informações; no entanto, optou por confiar projetos a sua equipe e aceitou seus conselhos quanto à abordagem para assumir determinados projetos. Ele nunca impôs suas ideias. Em outras palavras, "sou o senhor da razão" não fazia seu estilo. Ele incentivou os membros da equipe a tomarem iniciativa e agirem como consultores em projetos, e possibilitou que a responsabilidade ficasse com membros individuais.

Os resultados da liderança de Bobby foram significativos. A receita da unidade aumentou em 25% e o pipeline de produtos transbordou de ideias. O espírito de equipe decolou, as pessoas se sentiram engajadas e um senso geral de colaboração e trabalho em equipe se desenvolveu. "Eu, particularmente, nunca havia me sentido tão empoderado e confiante", disse-nos Yamin. "Com essa experiência, percebi que os grandes líderes transformam seus seguidores em líderes."

Como Bobby demonstrou tão bem na maneira como se concentrou nos outros e não em si mesmo, o sucesso em liderança, no trabalho e na vida são o resultado de quão bem as pessoas trabalham e se divertem juntas. Como a liderança é um processo recíproco entre os líderes e seus colaboradores, qualquer discussão sobre liderança deve apreciar a dinâmica desse relacionamento. Estratégias, táticas, habilidades e práticas são inúteis sem uma compreensão das aspirações humanas fundamentais que conectam líderes e seus colaboradores.

Modele o Estilo, Inspire uma Visão Comum, Questione o Processo, Capacite os Outros para a Ação e Anime os Corações são as práticas de liderança que emergem de milhares de experiências de superação em liderança. No entanto, elas ilustram apenas um retrato parcial da prática, porque os líderes não fazem coisas extraordinárias acontecerem sozinhos. O quadro completo requer compreensão e apreciação do que os colaboradores esperam de seus líderes. São as pessoas a quem aspira liderar que lhe conferem o status de líder. As pessoas escolhem, diariamente, se vão seguir e comprometer completamente seus talentos, tempo e energia. No final das contas, os líderes não decidem quem lidera, os seguidores o fazem.

Liderança é algo que você experimenta em uma interação com outro ser humano. Essa experiência varia de líder para líder, de equipe para equipe e de dia para dia. Não há dois líderes exatamente iguais, não há duas equipes exatamente iguais e não há dois dias na vida de líderes e equipes exatamente iguais. O grande potencial de liderança é descoberto e libertado quando você procura entender os desejos e expectativas de seus seguidores e quando age em relação a eles de maneira condizente com suas normas e imagem do que um líder exemplar é e faz. O que os líderes dizem que fazem é uma coisa; o que os seguidores dizem querer e como os líderes atendem a essas expectativas, outra. Saber o que as pessoas querem de seus líderes é a única maneira de completar o quadro de como os líderes podem construir e manter o tipo de relacionamento que fará com que coisas extraordinárias aconteçam.

O que as Pessoas Procuram e Admiram em Seus Líderes

Para entender liderança como um relacionamento, investigamos as expectativas que os colaboradores têm dos líderes.[1] Ao longo dos anos, pedimos que as pessoas nos contassem os traços pessoais, características e atributos que procuram e admiram em uma pessoa a quem estariam *dispostas a seguir*. As respostas corroboram e enriquecem o quadro que emergiu dos melhores estudos de liderança pessoal.

Nossa pesquisa sobre o que os colaboradores esperam dos líderes começou originalmente ao estudar milhares de empresários e executivos do governo. Em resposta às questões *discursivas sobre* o que procuraram em uma pessoa a quem estariam *dispostos* a seguir, centenas de diferentes valores, traços e características foram relatados.[2] A avaliação subsequente de conteúdo por críticos independentes, seguida por análises empíricas adicionais, reduziu esses itens a uma lista de verificação de 20 atributos, que chamamos de Características de Líderes Admirados (CAL — *Characteristics of Admired Leaders*).

Usando a CAL, pedimos às pessoas que selecionassem as sete qualidades que "mais procuram e admiram em um líder, alguém cujas orientações elas seguiriam *voluntariamente*". A palavra-chave na frase anterior é "voluntariamente". Uma coisa é seguir alguém porque você acha que precisa, "senão...", e outra é seguir um líder porque você *quer*. O que as pessoas esperam de um indivíduo que seguiriam, não porque precisam, mas porque querem? O que é preciso para ser o tipo de líder que os outros querem seguir, com entusiasmo e de forma voluntária?

Mais de 100 mil pessoas em todo o mundo responderam à lista de verificação da CAL. Os resultados da pesquisa foram notáveis em sua consistência ao longo dos anos, como os dados da Tabela 2.1 ilustram. Existem alguns "testes de caráter" essenciais pelos quais os indivíduos devem passar antes que os outros estejam dispostos a lhes conceder a designação de *líder*.

Embora todas as características recebam votos, o que significa que todas são importantes para determinadas pessoas, o que é mais evidente e marcante é que, há mais de três décadas, há apenas quatro qualidades que sempre receberam mais de 60% dos votos (com exceção de inspirador, em 1987, que foi avaliada em 58%). Apesar de todas as drásticas mudanças no mundo, o que as pessoas mais procuram em um líder tem se mantido incrivelmente estável.

Tabela 2.1 Características dos Líderes Admirados

Porcentagem de Escolha das Características pelos Entrevistados ao longo dos Períodos de Tempo*

Característica	1987	1995	2002	2007	2012	2017
Honesto	83	88	88	89	89	84
Competente	67	63	66	68	69	66
Inspirador	58	68	65	69	69	66
Visionário	62	75	71	71	71	62
Inteligente	43	40	47	48	45	47
Mente aberta	37	40	40	35	38	40
Confiável	33	32	33	34	35	39
Solidário	32	41	35	35	35	37
Justo	40	49	42	39	37	35
Direto	34	33	34	36	32	32
Cooperador	25	28	28	25	27	31
Ambicioso	21	13	17	16	21	28
Preocupado	26	23	20	22	21	23
Determinado	17	17	23	25	26	22
Corajoso	27	29	20	25	22	22
Fiel	11	11	14	18	19	18
Inventivo	34	28	23	17	16	17
Maduro	23	13	21	5	14	17
Autocontrolado	13	5	8	10	11	10
Independente	10	5	6	4	5	5

*Nota: Como pedimos que as pessoas selecionassem sete características, os totais ultrapassam 100%.

Para a maioria das pessoas seguir voluntariamente alguém, elas querem um líder que acreditem ser:

▶ Honesto

▶ Competente

▶ Inspirador

▶ Visionário

Além disso, essas mesmas quatro características se classificam consistentemente no topo *em diferentes países,* como mostrado pelos dados da Tabela 2.2. Também descobrimos que o ranking não varia significativamente de acordo com cultura, etnia, função organizacional, hierarquia, gênero, nível educacional e faixa etária (e falaremos um pouco mais sobre isso em breve).

Tabela 2.2 Características dos Líderes Admirados (CAL) em Todo o Mundo (Ordem de Classificação por País)

País	Honesto	Visionário	Inspirador	Competente
Estados Unidos	1	2	3	4
Austrália	1	2	3	4
Brasil	1	2	4	3
Canadá	1*	1*	3	4
China	3	2	1	4
Japão	1*	1*	4	3
Coreia	1*	1*	4	3
Malásia	1	2	4	3
México	1	2	3	4
Escandinávia	3	2	1	4
Singapura	4	2*	1	2*
Turquia	3	1	2	4
Emirados Árabes	1	2	3	4

* Empatados no ranking.

A avaliação dos atributos do líder admirado é muito consistente em centenas de entrevistas que realizamos pedindo às pessoas que nos falassem sobre o líder mais confiável que já tiveram. Compare como as características honesto, competente, inspirador e visionário estão embutidas no que Melinda Jackson, recrutadora corporativa de uma empresa multinacional de tecnologia, contou-nos sobre seu líder mais admirado: "Eu me lembro de seu profundo conhecimento do trabalho, sua visão clara para o futuro, seu incrível apoio e seu cuidado com aqueles ao seu redor, e sua autenticidade mordaz. Ela acreditava incondicionalmente no que fazíamos e liderou com um fervor que encorajou até mesmo meus colegas mais pessimistas a seguirem-na." Essas histórias e características de líderes admirados espelham as ações que as pessoas descrevem em suas melhores experiências de superação em liderança. As Cinco Práticas de Liderança Exemplar e os comportamentos de pessoas admiradas como líderes são perspectivas complementares sobre o mesmo assunto. Quando estão no auge, os líderes estão fazendo mais do que apenas obter resultados. Também estão respondendo às expectativas comportamentais de seus colaboradores, ressaltando que o relacionamento está a serviço de um propósito e das pessoas.

Ao combinarmos os temas sobre sermos honestos, competentes, inspiradores e visionários no texto dos capítulos subsequentes sobre as Cinco Práticas de Liderança, você verá com mais detalhes como os líderes exemplares respondem às necessidades de seus colaboradores. Por exemplo, ser considerado honesto é essencial se um líder for Modelar o Estilo. A prática de liderança de Inspirar uma Visão Comum requer um líder inspirador e visionário. Para um líder que Questione o Processo, ser dinâmico é uma necessidade. Confiabilidade, muitas vezes um sinônimo de honestidade, desempenha um papel importante em como o líder Capacita os Outros para a Ação, assim como a própria competência do líder. Da mesma forma, líderes que reconhecem e celebram contribuições e realizações significativas — que Animam os Corações —, aumentam a compreensão e o comprometimento de seus seguidores com a visão e os valores. Quando os líderes demonstram capacidade em todas as Cinco Práticas de Liderança, mostram aos outros que têm a competência para fazer coisas extraordinárias acontecerem.

Vamos examinar por que cada uma dessas características é essencial para criar um relacionamento sustentável entre aqueles que estariam dispostos a seguir e aqueles que aspiram a liderar os outros. Também descobriremos no processo a base sobre a qual os líderes devem construir esse relacionamento.

Honestidade   Em todas as pesquisas que realizamos, a honestidade é selecionada com mais frequência do que qualquer outra característica de liderança. Em geral, surge como o fator mais importante na relação entre o líder e o seguidor. As porcentagens variam, mas a classificação final, não. Em primeiro lugar, as pessoas querem um líder que seja honesto.

É claro que em qualquer situação em que as pessoas queiram seguir alguém — seja no campo de batalha, na sala de reuniões, no escritório da frente ou na área de produção —, primeiro querem ter certeza de que o indivíduo é digno de sua confiança. Elas querem ter certeza de que a pessoa é verdadeira, ética e que tem princípios. Quando as pessoas falam sobre as qualidades que admiram nos líderes, muitas vezes usam "integridade" e "fé" como sinônimos de honestidade. Não importa qual é o cenário, as pessoas querem estar totalmente confiantes em seus líderes e ter plena confiança de que precisam acreditar que eles são indivíduos de caráter autêntico e integridade sólida. Que mais de 80% dos seguidores querem que seus líderes sejam honestos acima de tudo é uma mensagem que todo líder deve levar a sério. "Afinal", explicou Jennifer McRae, engenheira da cidade de San Jose: "Por que você quereria seguir alguém se suspeitasse que mente ou o tenta enganar? A honestidade é a base da confiança e você tem que acreditar que tudo o que o líder fala e sabe é verdade."

De todas as qualidades que as pessoas procuram e admiram em um líder, a honestidade é de longe a mais pessoal. As pessoas querem que seus líderes sejam honestos, porque a honestidade de um líder é também reflexo de sua própria honestidade. É a qualidade que mais pode melhorar ou prejudicar a reputação pessoal. Se você segue alguém que é universalmente visto como detentor de um caráter impecável e uma integridade inabalável, é provável que seja visto da mesma forma. Se seguir alguém considerado desonesto e antiético, sua própria imagem ficará manchada. Além disso, há talvez outra razão, mais sutil, pela qual a honestidade está no topo. Quando as pessoas seguem alguém que acreditam ser desonesto, percebem que comprometem a própria integridade. Com o tempo, não só perdem o respeito pelo líder, como também por si mesmas. Como Anand Reddy, gerente de engenharia sênior da Intel, explicou: "Uma falha na honestidade contamina a equipe, prejudica a confiança entre as pessoas e quebra a coesão do grupo. Além disso, ninguém quer seguir um líder que não é honesto."

A honestidade está fortemente ligada a valores e ética. Os colaboradores apreciam os líderes que se baseiam em princípios importantes. As pessoas se recusam resolutamente a seguir aqueles que não defendem as próprias crenças. A confusão sobre os valores do líder gera estresse. Não conhecer as crenças do líder contribui para o conflito, a indecisão e a rivalidade política. As pessoas simplesmente não confiam em líderes que não podem ou não querem se expor ou que não vivem de acordo com um conjunto claro de valores, ética e padrões. Você realmente é tão bom quanto sua palavra aos olhos daqueles a quem deseja liderar.

Competência   Para abraçar uma causa alheia, as pessoas devem acreditar que o líder é competente para guiá-las pelo caminho para o futuro. Elas precisam ver o líder como capaz e eficiente. "A competência é importante", explicou Kevin Schultz, associado de segurança da PricewaterhouseCoopers LLP, "porque é difícil seguir na cara e coragem alguém que não sabe o que está fazendo". Se as pessoas duvidarem das habilidades do líder, não se engajarão prontamente. Estudos apontam que quando as pessoas percebem seu líder como incompetente, rejeitam o indivíduo e sua posição hierárquica.[3]

Competência de liderança refere-se ao histórico do líder e à sua capacidade de realizar tarefas. Esse tipo de competência inspira confiança — o líder será capaz de guiar toda a organização, grande ou pequena, na direção à qual precisa ir. Outro benefício, como Rebecca Sanchez, analista de orçamento do governo local, apontou: "Eu me torno um seguidor melhor porque tenho confiança de que meu líder sabe do que fala e o que nos pede para fazer."

No entanto, como Brian Dalton, gerente financeiro da Rocket Fuel, observou: "Não se espera que um líder seja um especialista em tudo, porque, se fosse, por que mesmo precisaria de seguidores? Em vez disso, espera-se que um líder tenha uma compreensão competente da organização e seja capaz de recrutar e fazer perguntas instrutivas e perspicazes para aqueles que são especialistas em suas áreas." Quando as pessoas falam sobre um líder competente, não se referem especificamente às suas habilidades a respeito das técnicas principais da operação. As pessoas exigem um nível básico de compreensão e experiência relevante nos fundamentos do setor, mercado ou ambiente de serviços profissionais, mas também sabem que, à medida que os líderes sobem na hierarquia da organização, não se pode esperar que sejam os mais competentes tecnicamente em uma especialidade operacional. As organizações são muito complexas e multifuncionais para que isso aconteça.

O tipo de competência demandada também parece variar de acordo com a posição do líder e a situação da organização. Por exemplo, espere habilidades em planejamento estratégico e formulação de políticas para aqueles que ocupam cargos de diretoria. Um líder alinhado, ou no ponto de contato com o consumidor ou cliente, normalmente tem que ser mais competente em relação ao produto, em comparação com alguém menos envolvido na prestação direta de serviços ou na fabricação de produtos. Um líder efetivo em uma empresa de alta tecnologia pode não precisar ser um exímio programador, mas deve compreender as implicações comerciais do intercâmbio eletrônico de dados, redes, computação em nuvem e internet.

Para que as pessoas tenham confiança na competência de seu líder, precisam acreditar que ele conhece o negócio e entende a operação atual, a cultura e as pessoas da empresa. Precisam saber que o líder teve a amplitude de experiências que o capacitarão a liderar os desafios enfrentados pela organização naquele momento. É por isso que os líderes seniores tendem a ter uma exposição mais ampla a mais funções, mercados, países e culturas do que aqueles nos primeiros estágios da carreira. Quanto mais ampla a experiência, maior a probabilidade de sucesso em organizações e setores diversos.

Inspiração   As pessoas esperam que seus líderes sejam entusiasmados, enérgicos e otimistas sobre o futuro. Uma pessoa que é empolgada e apaixonada por possibilidades futuras transmite aos outros uma crença mais forte nessas possibilidades do que alguém que demonstra pouca ou nenhuma emoção. As pessoas são mais propensas a acreditar no que está dizendo porque percebem que *você* realmente acredita nisso. "O pior tipo de 'líder', na minha experiência", diz Amber Willits, especialista em marketing da Maxim Integrated, "é aquele que fica na frente de um grupo de pessoas ou de um indivíduo e dá zero de vida e energia aos seus sonhos. Desesperança e negatividade seguem esses tipos de mensagens. Como alguém pode se sentir motivado a ter o melhor desempenho se o líder não fornecer palavras de incentivo, otimismo e entusiasmo?"

Não é suficiente, no entanto, que o líder tenha um sonho. Um líder deve ser capaz de comunicar essa visão de forma a encorajar os outros a se comprometerem em longo prazo. Para uma supervisora de enfermagem, Ellen Vargas, isso se define como ser "contagiosamente entusiasmado". "Contagiei todo mundo com minha paixão", disse Ellen, "e, como eu estava muito interessada em como esse novo procedimento poderia mudar vidas, todos se engajaram". As pessoas anseiam encontrar um maior senso de propósito e valor em seu cotidiano laboral. Embora o entusiasmo, a energia e a atitude positiva do líder não alterem o trabalho em si, certamente tornam o ambiente mais aprazível. Quaisquer que sejam as circunstâncias, quando os líderes dão vida a sonhos e aspirações, as pessoas ficam muito mais dispostas a abraçar uma causa comum. Liderança inspiradora fala à necessidade das pessoas de ter significado e propósito em suas vidas.

Os líderes devem revigorar os espíritos de seus colaboradores e lhes dar esperança se voluntariamente se envolverem em coisas que nunca fizeram antes. Entusiasmo e empolgação são essenciais e sinalizam o compromisso pessoal do líder em perseguir um sonho. Se um líder não demonstra paixão por uma causa, por que mais alguém deveria? Além disso, ser animado, positivo e otimista oferece às pessoas a esperança de que o futuro pode ser mais brilhante.[4] Isso é crucial a qualquer momento, mas em tempos de grande incerteza, liderar com emoções positivas é absolutamente essencial para levar as pessoas para o alto e avante.

Quando as pessoas estão preocupadas, desanimadas, assustadas e inseguras sobre o presente, muitas vezes lutam para se concentrar nas possibilidades do amanhã, e a última coisa de que precisam é de um líder que alimente essas emoções negativas. O medo não persuade as pessoas a seguir em frente sendo inovadoras e se arriscando, mas as motiva a manter a cabeça baixa, preservar o *status quo* e se desviar do caminho. O medo pode gerar conformidade; mas nunca, comprometimento. Em vez disso, os líderes precisam comunicar com palavras, comportamentos e ações que acreditam que os obstáculos serão superados e os sonhos, realizados. "Trabalhar para alcançar uma visão compartilhada", diz Kathryn Trapani, coordenadora administrativa de uma organização de saúde universitária, "exige que os líderes levem as pessoas a sentirem no nível mais profundo que, juntando-se à causa, suas vidas e as dos outros ganharão sentido". As emoções são contagiosas, e as emoções positivas ressoam em toda a organização e nos relacionamentos com outros colaboradores. Para fazer acontecer em tempos extraordinários, os líderes devem fomentar a dedicação com emoções positivas.

Visão de Futuro   Sessenta e dois por cento dos recém-entrevistados no nosso levantamento de características de líderes admirados, em média, selecionaram a capacidade de olhar para frente como um dos traços de liderança mais procurados. As pessoas esperam que os líderes tenham um senso de direção e uma preocupação com o futuro da organização. Simplificando, diz a advogada recém-formada Sarah Holden: "Se os líderes quiserem acreditar que outros o seguirão, precisa lhes dizer para onde está indo e fazer com que todos sigam na mesma direção." Em comparação com todas as outras qualidades de liderança esperadas pelos colaboradores, essa é a que mais distingue os indivíduos como líderes, porque essa expectativa corresponde diretamente à capacidade de vislumbrar o futuro que as pessoas descreveram em suas melhores experiências de superação em liderança. Afinal, se a visão é simplesmente de um mesmo *status quo*, qual é o propósito desse líder? Os líderes não estão satisfeitos com as coisas como são hoje; eles se concentram em como as coisas deveriam ser no futuro.

Quer você chame esse futuro de prospecção, sonho, vocação, meta, missão ou interesse pessoal, a mensagem é clara: os líderes devem saber para onde estão indo se esperam que os outros se juntem a eles na jornada. Eles têm que ter um ponto de vista sobre o futuro definido para suas organizações, e precisam ser capazes de conectar esse ponto de vista às esperanças e sonhos de seus seguidores. Gloria Leung disse-nos que, como seu líder mais admirado no Hang Seng Bank (Hong Kong) era um visionário, "isso nos proporcionou a capacidade de caminhar com confiança para o futuro e fomentou valores compartilhados, porque todos sabíamos aonde íamos. Você não pode se concentrar nos detalhes a ponto de perder de vista o quadro geral. Os líderes devem ter um destino em mente quando pedirem aos outros que se juntem a eles em uma viagem rumo ao desconhecido.

Embora as outras três características críticas de liderança não variem muito em nível hierárquico, não é de surpreender que a importância de ser um visionário o faça. Nossas pesquisas envolvendo os níveis mais seniores das organizações indicam que quase 95% selecionam o vislumbramento do futuro como uma qualidade de liderança exigida, enquanto esse percentual cai para 60% entre as pessoas nas funções de supervisão da linha de frente. Para os universitários, essa característica está tipicamente entre as sete primeiras, mas não entre as quatro. Essa grande lacuna indica uma diferença importante nas expectativas vinculadas a amplitude, escopo e horizonte de tempo do trabalho. À medida que as pessoas sobem na hierarquia organizacional, sua perspectiva sobre o futuro precisa se expandir.

No entanto, a capacidade de ser prospectivo não significa que as pessoas esperam que seus líderes tenham o poder mágico de um clarividente. A realidade tem os pés fincados na terra. As pessoas querem que seu líder tenha uma orientação bem definida em relação ao futuro. Querem que comunique como a organização aparentará, que imagem passará e como será quando chegar ao destino em seis trimestres ou seis anos. Elas querem descrever isso detalhadamente para que se reconheçam ao chegar e para que tomem o rumo correto até esse destino.

Coerência com o Tempo e o Lugar Esses quatro pré-requisitos para a liderança — *honestidade, competência, inspiração* e *visão de futuro* — resistiram ao teste do tempo e da geografia, embora tenha havido mudanças modestas na ênfase. Por exemplo, ser honesto permanece no topo da lista, mas não é uma porcentagem tão alta quanto em épocas anteriores. Esse modesto declínio da *honestidade* como uma qualidade de liderança admirada se relaciona ao declínio nos níveis de confiança que as pessoas expressaram em líderes institucionais em todo o mundo.[5] As pessoas se tornaram mais cínicas sobre o que podem realmente esperar dos líderes, mas é importante notar que *honestidade* ainda permanece como a qualidade número um que as pessoas procuram em alguém que seguiriam.

A maior mudança nos percentuais está na relevância de *visão de futuro*, que diminuiu na porcentagem de pessoas que o selecionam. Mesmo assim, ainda está entre os quatro primeiros e claramente à frente em importância em comparação às características remanescentes.

As módicas mudanças nas preferências ressaltam a notável consistência da expectativa das pessoas em relação a uma ampla variedade de dimensões pessoais, organizacionais e culturais. As 20 características de líder não mudaram mais do que alguns pontos percentuais (para mais e para menos) desde a primeira rodada de dados coletados, há mais de 35 anos. As pessoas continuam querendo que seus líderes sejam transparentes, saibam o que estão fazendo e falando, demonstrem genuíno entusiasmo e uma perspectiva positiva, e tenham senso de direção.

Ao mesmo tempo, você deve compreender que o contexto é importante, e o ambiente externo influencia o que as pessoas procuram e admiram em um líder em qualquer momento, organização ou local específico, e em como você demonstraria essas características cruciais de liderança. As expectativas podem variar de organização para organização, função para função, grupo para grupo e nível para nível.

Por exemplo, os dados coletados em organizações de saúde geralmente salientam *cuidado* mais do que outras. Ser *fiel* aumenta drasticamente em importância quando se tratam de pessoas ligadas aos militares, enquanto *inteligente* recebe pontuações mais altas nos círculos acadêmicos e *maduro*, entre os idosos. Da mesma forma, pessoas em cargos de gerência escolhem *visionário* muito mais frequentemente do que aqueles em posições neutras. Profissionais de recursos humanos selecionam *solidário* mais frequentemente do que outros grupos, enquanto que os vendedores tendem a escolher *inspirador* com mais frequência do que suas contrapartes contábeis. Além disso, é provável que haja nuances e possivelmente diferenças sutis em como os líderes demonstram essas características em várias culturas. Pesar essas diferenças locais é importante, mesmo enquanto as quatro qualidades permanecem universais.

Juntando Tudo: A Credibilidade

Honesto, competente, inspirador e *visionário* são as características essenciais que as pessoas querem em um líder, alguém cuja direção seguiriam por escolha. Essas são a parte "portátil" do repertório de todo líder, e você precisa levá-las aonde quer que vá. Essa foi uma descoberta crescente ao longo de mais de três décadas de expansão econômica e recessão, nascimento da World Wide Web, globalização da economia, novas tecnologias, bolhas da internet, explosão da acessibilidade móvel, aumento do terrorismo, crises de imigração e refugiados, e ambiente político em constante mudança. Se você acredita que os líderes são fiéis a esses valores é outra questão, mas o que as pessoas gostariam de seus líderes é imutável.

Essa lista de quatro qualidades é útil em si, mas há uma implicação mais profunda revelada por nossa pesquisa. Essas características-chave compõem o que os especialistas em comunicação chamam de "credibilidade da fonte". Ao avaliar a credibilidade das fontes de informação — sejam apresentadores de notícias, vendedores, médicos, padres, executivos, militares, políticos, sejam líderes civis — os pesquisadores normalmente as avaliam baseados em três critérios: *credibilidade, perícia e dinamismo*. Quanto melhor as pessoas são avaliadas nessas dimensões, mais credibilidade percebida têm, como fontes de informação.[6]

Observe como essas três características são semelhantes às qualidades essenciais que as pessoas desejam de seus líderes — *honestidade, competência e inspiração* — três dos quatro principais itens selecionados em nossas pesquisas. Vincule a teoria aos dados sobre as qualidades admiradas do líder, e a conclusão surpreendente é que as pessoas querem seguir líderes que, mais do que tudo, são confiáveis. *Credibilidade é a base da liderança*. As pessoas devem poder, acima de tudo, acreditar em seus líderes. Para *voluntariamente* segui-los, as pessoas devem acreditar que sua palavra é confiável, que eles são pessoalmente apaixonados e entusiasmados com seu trabalho, e que têm conhecimento e habilidade para liderar.

As pessoas também devem acreditar que seus líderes sabem para onde estão indo e têm uma visão voltada para o futuro. *Ser visionário e ter uma prospecção* é o que realmente destaca os líderes das outras pessoas em uma organização. Espera-se que os líderes tenham um ponto de vista sobre o futuro e articulem possibilidades interessantes. As pessoas só vão segui-los quando estiverem confiantes de que eles sabem para onde estão indo.

A consistência e abrangência desses achados sobre as características de líderes admirados resultaram em nosso desenvolvimento da *Primeira Lei de Liderança de Kouzes-Posner*:

> Se Você Não Acredita no Mensageiro, Não
> Acreditará na Mensagem.

Os líderes devem sempre ser diligentes em resguardar sua credibilidade. Sua capacidade de assumir posturas firmes, desafiar o *status quo* e apontar novas direções depende de ser altamente confiável. Os líderes nunca devem dar sua credibilidade como garantida, independentemente dos períodos ou de suas posições. Para acreditar nas empolgantes possibilidades futuras apresentadas pelos líderes, as pessoas devem primeiro acreditar neles. Se você for pedir a outros que o sigam para um futuro incerto — que pode não ser realizado em sua vida —, e se a jornada exigir sacrifício, é imperativo que as pessoas acreditem em você. Todos os programas para desenvolver líderes, todos os cursos e aulas, todos os livros e áudios, todos os blogs e sites que oferecem dicas e técnicas são insignificantes, a menos que as pessoas que deveriam segui-los acreditem na pessoa que deveria liderar.

A Credibilidade Importa   Neste ponto, você pode questionar: "Conheço pessoas que estão em posições de poder — e conheço pessoas extremamente ricas —, mas os outros não as acham confiáveis. A credibilidade realmente importa? Isso faz diferença?" Essas são questões importantes, que justificam uma resposta. Para respondê-las, decidimos perguntar às pessoas cujas respostas importavam mais — os subordinados diretos do líder — e encontramos um forte apoio empírico à Primeira Lei de Liderança. Usando uma medida comportamental de credibilidade, pedimos aos entrevistados que pensassem sobre até que ponto seu gerente imediato exibia comportamentos de melhoria da credibilidade.[7] Descobrimos que, quando as pessoas atribuem a seu *gerente imediato* uma alta credibilidade, ficam significativamente mais propensas a:

▶ Ter orgulho de dizer aos outros que fazem parte da organização.

▶ Sentir um forte senso de espírito de equipe.

▶ Ver os próprios valores pessoais como consistentes com os da organização.

▶ Sentir-se ligadas e comprometidas com a organização.

▶ Ter um senso de propriedade da organização.

Quando as pessoas percebem que seu gestor tem baixa credibilidade, por outro lado, ficam significativamente mais propensas a:

▶ Produzir somente se cuidadosamente observadas.

▶ Ser motivadas principalmente pelo dinheiro.

▶ Dizer coisas boas sobre a organização publicamente, mas criticá-la em particular.

▶ Considerar procurar outro emprego se a organização tiver problemas.

▶ Sentir-se sem suporte e desvalorizadas.

O impacto significativo da credibilidade do líder nas atitudes e questões comportamentais dos funcionários é uma ordem clara para os líderes da organização: credibilidade faz a diferença, e os líderes devem levar isso para o lado pessoal. Lealdade, comprometimento, energia e produtividade dependem disso. E, apenas para enfatizar esse ponto, considere por um momento o que os pesquisadores que estudam soldados que servem em zonas de "combate corpo a corpo" descobriram sobre o que é preciso para influenciar as pessoas a arriscar ferimentos e até a morte para alcançar os objetivos da organização. As percepções dos soldados sobre a credibilidade de seu líder determinaram a extensão real da influência que ele exerce.[8] Isso marca um ambiente tradicionalmente hierárquico de comando e controle; pense no que isso significa para sua organização. Credibilidade vem em primeiro lugar e, também, em segundo.

A credibilidade vai muito além das atitudes dos funcionários. Ela influencia a fidelidade do cliente e do investidor, bem como a lealdade do funcionário. Em um extenso estudo sobre o valor econômico da fidelidade comercial, Frederick Reichheld e seus pares da Bain and Company descobriram que as empresas que se concentram na fidelidade dos clientes, funcionários e investidores geram resultados superiores em comparação àquelas que geram deslealdade. A deslealdade amorteceu o desempenho em impressionantes 25% a 50%.[9] A lealdade é claramente responsável pela criação extraordinária de valor. Então, o que explica a lealdade nos negócios? Quando os pesquisadores investigaram essa questão, nossa Primeira Lei de Liderança foi fundamentada em sua conclusão de que: "O ponto de equilíbrio da lealdade nos negócios — fidelidade de clientes, funcionários, investidores, fornecedores ou revendedores — é a integridade pessoal da equipe de liderança sênior e sua capacidade de colocar seus princípios em prática."[10]

O que É Credibilidade em Termos *Comportamentais?*   Os dados confirmam que a credibilidade é a base da liderança. Mas o que é credibilidade em termos comportamentais? Como você identifica quando a vê?

Fizemos essa pergunta a dezenas de milhares de pessoas em todo o mundo, e a resposta é essencialmente a mesma, independentemente de como se expressam em uma empresa versus outra ou em um país ou cenário versus outro. Aqui estão algumas das frases comuns que as pessoas usam para descrever como identificam a credibilidade quando a veem:

- ▶ "Eles praticam o que pregam."
- ▶ "Vale o que está escrito."
- ▶ "Suas ações são condizentes com suas palavras."
- ▶ "Eles colocam a mão na massa."
- ▶ "Eles cumprem suas promessas."
- ▶ "Eles fazem o que dizem que vão fazer."

Esse último comentário é a resposta mais frequente. Quando se trata de decidir se um líder é crível, as pessoas primeiro ouvem suas palavras, depois observam seus atos. Elas leem o que está escrito e depois observam as ações. Ouvem as promessas sobre os recursos para apoiar as iniciativas de mudança e depois esperam para ver se o dinheiro e os suprimentos serão condizentes. Ouvem as promessas sobre cumprimento de prazos e depois procuram provas de que os compromissos foram mantidos. Quando palavras e ações são congruentes, "crível" é o julgamento proferido. O julgamento para quando as pessoas não enxergam consistência é que o líder é, na melhor das hipóteses, pouco confiável ou, na pior, hipócrita.

Quando seus líderes praticam o que pregam, as pessoas estão mais dispostas a confiar-lhes seus meios de subsistência, e até mesmo suas vidas. Essa percepção fornece uma receita direta para os líderes sobre de estabelecer a credibilidade. *Esta é a Segunda Lei de Liderança de Kouzes-Posner:*

FDVF: Faça o que Diz que Vai Fazer [DWYSYWD: *Do What you Say you Will Do*].

Essa definição de credibilidade do senso comum corresponde diretamente a uma das Cinco Práticas de Liderança Exemplar identificadas nos casos de liderança pessoal. O FDVF possui dois elementos essenciais: *dizer* e *fazer*. Para ter credibilidade em seus atos, os líderes devem ser claros sobre suas crenças; devem saber o que representam. Essa é a parte relacionada a "dizer". Então, devem colocar em prática o que dizem: agir de acordo com suas crenças e "fazer". A prática do Modele o Estilo está diretamente ligada a essas duas dimensões da definição de credibilidade comportamental das pessoas. Essa prática inclui ser claro sobre um conjunto de valores e ser um exemplo desses valores para os outros. Essa vivência consistente de valores é o que significa ser autêntico, e é uma maneira comportamental de demonstrar honestidade e confiabilidade. As pessoas confiam e seguem mais prontamente líderes cujos feitos e palavras coincidem.

Para ganhar e sustentar a autoridade moral para liderar, é essencial Modelar o Estilo. Devido a essa importante conexão entre palavras e ações, optamos por iniciar a discussão das Cinco Práticas de Liderança com uma análise completa dos princípios e comportamentos que dão vida a Modele o Estilo.

MODELE O ESTILO

PRÁTICA 1

MODELE O ESTILO

- Esclareça os valores, encontrando a própria voz e expressando os valores comuns.

- Dê o exemplo, alinhando as ações com os valores comuns.

CAPÍTULO 3

Esclareça os Valores

"QUEM É VOCÊ?" Essa é a primeira pergunta que seus colaboradores querem que você responda por eles. Sua jornada de liderança começa quando você começa a encontrar a resposta e é capaz de expressá-la. Para Sumaya Shakir, diretora de estratégia de TI da Amtrak, foi aí que, em uma empresa anterior, sua Experiência de Superação em Liderança começou.

Sumaya nos contou que na primeira vez que se envolveu com sua equipe achou as pessoas hostis e combativas. Ela ficou surpresa com sua falta de respeito. Não foi o tipo de recepção que esperava. Em vez de ser dissuadida por essa reação, no entanto, resolveu quebrar as barreiras que tornavam a equipe disfuncional e transformá-la em uma equipe colaborativa de estrelas. Ela entendeu que o ponto de partida não seria tanto eles, mas ela. Então, nos contou como determinava o que era importante para ela e por quê:

> Tive que me questionar sobre o que eu defendia,
> o que era importante para mim, quais abordagens
> seguiria, o que comunicaria e quais eram as minhas
> expectativas. Eu tinha que conhecer e acreditar

> primeiro em mim mesma. Muitas coisas me vieram
> à mente de uma só vez, mas tive que me concentrar
> nos valores centrais que queria representar.

Sumaya montou uma lista de princípios básicos e compartilhou seus valores com cada um de seus colegas. Em vez de dizer a todos o que queria deles, afirmou claramente quais eram seus valores e quais critérios de desempenho exigia de si mesma todos os dias. Ela comunicou abertamente seus valores, nas próprias palavras, e ofereceu à equipe uma compreensão vívida do tipo de pessoa que ela era e do que poderiam esperar dela. Ao compartilhar e explicar seus valores, as pessoas ficaram mais bem preparadas para entender o raciocínio por trás de suas ações e decisões. Saber o que ela defendia e o porquê possibilitou, Sumaya descobriu, que os outros explorassem os próprios valores e os tornassem transparentes para seus companheiros de equipe. Como resultado, ela disse: "Conseguimos construir um conjunto de valores compartilhados que permitiram que a equipe trabalhasse unida e de forma eficaz."

Os casos de Experiência de Superação em Liderança que coletamos são, em essência, as histórias de indivíduos, como Sumaya, que foram claros sobre seus valores pessoais e entenderam como isso lhes dava coragem para atravessar situações difíceis e fazer escolhas complexas. As pessoas esperam que seus líderes falem sobre questões de valores e consciência. Para falar, no entanto, você tem que ter algo a dizer. Para defender suas crenças, você precisa conhecê-las. Para pôr em prática o que prega, tem que ter uma teoria consistente para tornar real. Para fazer o que diz, você tem que saber o que quer dizer.

Você tem que se comprometer com *Esclarecer valores*. Ao iniciar sua jornada de liderança, é essencial que você:

- ▶ *Encontre a própria voz*
- ▶ *Expresse os valores comuns*

Tornar-se um líder exemplar exige que você compreenda plenamente os valores profundamente arraigados — crenças, padrões, ética e ideais

— que o impulsionam. Você tem que escolher de forma livre e honesta os princípios que usará para guiar suas decisões e ações. Tem que expressar seu eu autêntico ao comunicar genuinamente suas crenças de maneiras que representem exclusivamente quem você é.

Além do mais, observe que os líderes não falam apenas por si mesmos quando falam sobre os valores que guiam suas ações e decisões. Quando os líderes expressam com paixão o compromisso com a qualidade, a inovação, o serviço ou algum outro valor central, não estão apenas dizendo: "Acredito nisso". Eles também se comprometem em nome de uma organização inteira. Eles estão dizendo "*Todos* acreditamos nisso." Portanto, os líderes devem não apenas ter clareza sobre seus princípios norteadores pessoais, mas também certificar-se de que haja um acordo sobre o conjunto de valores compartilhados entre todos que lideram. Além disso, eles devem responsabilizar os outros por esses valores e padrões.

Encontre a Própria Voz

O que você diria se alguém lhe perguntasse: "Qual é sua filosofia de liderança?" Você está preparado para declará-la agora mesmo? Se não está, deveria. Se está, você precisa reafirmar isso diariamente.

Antes que possa se tornar um líder confiável — alguém que conecta a "fala" com a "ação" —, você primeiro precisa encontrar sua voz autêntica, a expressão mais genuína de quem é. Se não a encontrar, você terminará com um vocabulário que pertence a outra pessoa, pronunciando palavras escritas por algum redator de discursos ou imitando a linguagem de algum outro líder, que não tem a ver com você. Se as palavras que fala não lhe pertencem, mas a outra pessoa, você não será, em longo prazo, capaz de ser consistente em palavras e ações. Não terá integridade para liderar.

Essa foi a lição mais valiosa que Michael Janis, diretor de marketing estratégico da Agilent Technologies, percebeu ao refletir sobre sua jornada de liderança. "Depois de pesquisar, procurar e copiar os comportamentos dos líderes, na esperança de adquirir magicamente seus pontos fortes e talentos — encontrar sucesso e exaustão no processo", explicou ele, "descobri que a verdadeira força e talento na liderança vêm de mim, de quem eu sou". A identificação de valores pessoais o ajudará, como ajudou Michael, a definir sua filosofia de liderança.

Talvez você acredite que ninguém realmente se importa com sua voz. Pense novamente, porque esse comentário crítico de um analista financeiro é típico do que tantas pessoas relataram sobre seus supervisores:

> Quando os líderes não compreendem a própria
> filosofia de liderança pessoal, sua comunicação
> e suas ações ficam confusas. Além disso, se
> sua filosofia de liderança não for clara, sua
> equipe não saberá quais valores e crenças devem
> guiar suas ações quando enfrentarem desafios
> diários. Essa confusão levará a baixos níveis de
> comprometimento, pois as pessoas não são capazes
> de identificar ou apoiar os valores do líder.

Para encontrar sua voz, você precisa descobrir com o que se importa, o que o define e o que o faz ser quem é. Você tem que explorar seu eu interior. Só podemos ser autênticos quando lideramos de acordo com nossos princípios mais significativos. Caso contrário, estaremos apenas agindo de forma mecânica. Ivar Kroghrud, o estrategista-chefe da QuestBack, deu um passo adiante ao criar um "manual do usuário" de uma página para que as pessoas entendessem seus valores. Ele relata que a resposta foi "100% positiva". Ivar descobriu que se abrir dessa maneira faz os outros se abrirem também, permitindo que ambos se conheçam desde o começo, evitando os mal-entendidos e conflitos típicos.[1]

Quando você não expressa sua filosofia de liderança em palavras e ações, enfraquece o envolvimento e a eficácia seus e de sua equipe. Quando perguntamos aos líderes se eles são claros sobre sua filosofia de liderança, aqueles que se classificam entre os 20% melhores nesse comportamento têm atitudes de trabalho inteiramente diferentes de seus colegas nos 20% piores. Suas pontuações em atributos como orgulho de sua organização, compromisso com o sucesso da organização, disposição para trabalhar com afinco e eficácia geral são mais de 110% mais altas do que daquelas que relatam que não são muito claros sobre sua filosofia de liderança.

Além disso, os resultados de seus subordinados diretos são igualmente drásticos. Aqueles que classificam seus líderes entre os 20% melhores em termos de clareza de sua filosofia de liderança têm sentimentos significativamente mais favoráveis sobre seu local de trabalho do que aqueles cujos líderes foram classificados entre os 20% piores. Por exemplo, suas respostas em algumas dimensões específicas são:

- ▶ 130% mais altas em "sentir um forte senso de espírito de equipe"
- ▶ 122% mais altas em "orgulho em contar aos outros que trabalho para esta organização"
- ▶ 126% mais altas em "ser claro sobre o que se espera de mim"
- ▶ 115% mais altas em "disposição para trabalhar mais e por mais horas se o trabalho exigir"
- ▶ 135% mais altas em "gerenciamento de confiança"
- ▶ 122% mais altas em "sentir que estou fazendo a diferença"

A evidência é clara: para ser o mais eficaz possível, todo líder deve aprender a encontrar a voz que representa quem é. Respostas à questão de como os subordinados diretos concordam ou discordam de que "em geral, meu supervisor é um líder eficaz" fornecem uma prova inegável de que ser claro sobre quem você é e o que defende é essencial. Aqueles que classificam seus líderes entre os 20% melhores ao serem claros sobre sua filosofia de liderança os avaliam como quase 140% mais eficazes do que os líderes classificados por seus subordinados diretos entre os 20% piores nesse comportamento crítico de liderança.

Esses dados ressaltam o que um supervisor da linha de frente nos disse que queria desesperadamente que seu gerente fizesse:

> Ao olhar para dentro e entender quais valores e crenças são mais importantes para ele, meu gerente seria capaz de compartilhá-los com nossa equipe

usando as próprias palavras e mensagens. Esclarecer
sua filosofia de liderança ajudaria nossa equipe
a se identificar e apoiar os valores e crenças que
compõem o estilo de liderança de meu gerente.
Além disso, ao ter um estilo de liderança que é
verdadeiramente seu, e não de outra pessoa, suas
ações se alinham com as crenças e valores que
compartilha. Meu gerente seria capaz de construir
um consenso em torno da filosofia de liderança.

Ele precisa extrair feedback da equipe sobre
quais valores e crenças são coletivamente mais
importantes para nós. Ao fazer isso, meu gerente
estaria construindo unidade na equipe, em vez de
forçar sua filosofia mal concebida e mal pensada
sobre nós. Ter toda a equipe apoiando a filosofia
asseguraria consistência em seu trabalho e manteria
a credibilidade dentro de nossa organização.

É por essas razões que o programa de desenvolvimento de liderança
da Yum! Brands, a maior empresa de restaurantes do mundo em termos
quantitativos (KFC, Pizza Hut e Taco Bell), fundamenta-se principalmente
em pedir aos participantes para olharem para dentro de si. Seu ponto de
vista é que você não está apto a construir e liderar uma equipe até que tenha
trabalhado arduamente consigo mesmo.[2] Ruthy Ladonnikov, analista de
conformidade comercial da Genentech, contou-nos como isso se aplicava
para ela: "Meus valores e paixões são os condutores de meus argumentos
e opiniões, e a autoconsciência desses valores é necessária se eu quiser influenciar os outros." Ela percebeu que conhecer seus valores fundamentais
fez com que ela "ficasse mais confiante em falar com os outros e transmitir
autenticidade".

Liderar os outros começa por liderar a si mesmo, e você não pode fazer
isso até que seja capaz de responder a essa questão fundamental sobre quem
você é. Quando esclarece seus valores e encontra sua voz, também encontra
a confiança interior necessária para assumir a responsabilidade por sua vida.

Deixe Seus Valores O Guiarem   Após sete anos de pesquisa rigorosa, um estudo marcante das observações de mais de 100 CEOs e mais de 8 mil de seus funcionários descobriu que os líderes que eram claros sobre seus valores entregavam retornos até cinco vezes maiores para suas organizações, em detrimento de líderes de caráter duvidoso.[3] Essa constatação, à qual o consultor de administração Fred Kiel se refere como "reputação forte", coincide com o que Courtney Ballagh nos disse: "Você encontra sua voz ao deixar que seus valores o guiem e depois os compartilhando com os outros." Como supervisora de vendas de uma loja de acessórios de moda da Michael Kors, Courtney disse-nos que, ao trabalhar no varejo, "é muito comum contratar funcionários de diferentes origens étnicas, idades, níveis educacionais e diferentes graus de comprometimento. Mas, desde que você seja honesto, aberto e disposto a ouvir seus valores, será capaz de encontrar um denominador comum". Ela descreveu uma situação em que inicialmente não se dava bem com Tracey, uma de suas associadas de baixo desempenho. Tendo se acostumado com suas opiniões, Courtney se reuniu com Tracey, falou sobre seus valores e a convidou a fazer o mesmo.

> Ajudei Tracey a expressar suas razões sobre objetivos e motivos para ela trabalhar na loja, além de ter a oportunidade de conversar comigo sobre seus valores. Essas duas etapas foram fundamentais na correção de nossa relação de trabalho e no sucesso futuro da equipe. Aprendi que nem todas as pessoas que encontra no local de trabalho pensarão como você e abordarão os problemas da mesma forma — portanto, ao afirmar nossos valores compartilhados e encontrar as vozes uns dos outros, poderemos nos comunicar com mais eficiência e construir níveis de confiança incomparáveis. O resultado dessa situação foi que minha relação de trabalho com Tracey se tornou muito mais forte, e a produtividade geral e o moral da loja aumentaram.

Um valor é uma crença duradoura, que os acadêmicos rotineiramente dividem em duas categorias: meios e fins.[4] No contexto do nosso trabalho sobre liderança, usamos o termo *valores para nos* referir às crenças aqui e agora sobre como se devem realizar as coisa — em outras palavras, significa valores. Usaremos o termo *visão* nos Capítulos 5 e 6, para indicar os valores finais de longo prazo que líderes e colaboradores pretendem alcançar. Liderança requer ambos.

Valores são seu arcabouço pessoal. Eles influenciam todos os aspectos de sua vida: por exemplo, julgamentos morais, compromissos com metas pessoais e organizacionais, a maneira como você responde aos outros. Eles servem como guias para a ação e estabelecem os parâmetros para as centenas de decisões que toma todos os dias, consciente e subconscientemente. Eles informam as prioridades que você definiu e as decisões que toma. Eles indicam quando dizer sim e quando dizer não. Também ajudam a explicar as escolhas que você faz e por que as faz. Ser claro sobre seus valores o ajuda a ter um desempenho melhor em circunstâncias difíceis.[5] Você raramente considera ou age conforme opções que vão contra seu sistema de valores. Se fizer isso, é com senso de conformidade, em vez de compromisso.

Se você acredita, por exemplo, que a diversidade enriquece a inovação e o serviço, então sabe o que fazer se as pessoas com visões diferentes forem cortadas ao oferecer novas ideias. Se você valoriza a colaboração em relação à realização individual, saberá o que fazer quando seu melhor vendedor ignorar as reuniões da equipe e se recusar a compartilhar informações com os colegas. Se valoriza independência e iniciativa em vez de conformidade e obediência, é mais provável que conteste algo que seu gerente disser quando acreditar que não está certo.

Sem dúvida, nesses tempos caóticos, ter um conjunto de valores profundamente arraigados permite que os líderes se concentrem e façam escolhas entre uma infinidade de teorias concorrentes, demandas e interesses. A seção de operações de Paul di Bari dentro dos Serviços de Engenharia assumiu a nova responsabilidade pela segurança física da instalação de cerca de 240 mil quilômetros quadrados do Veterans Affairs Palo Alto Healthcare System. Isso significava contratar um novo técnico para gerenciar o sistema de segurança e estabelecer um novo relacionamento entre ele e o contratante. Para fazer o trabalho funcionar, Paul convocou uma reunião com o novo técnico e contratante para descobrir o status do sistema de acesso atual, qualquer projeto aberto e qualquer tarefa prevista. Ele usou essa reunião para falar seus valores sobre como a equipe recém-desenvolvida funcionaria, sua visão de futuro e expectativas para todas as partes. Seus valores em torno de cronogramas, preparações, submissões e execução de projetos, por exemplo, exigiriam atenção mais detalhada do que no passado. Ele também esperava que criassem um novo senso de responsabilidade. "Era imperativo para o sucesso em longo prazo desse programa e dessa nova equipe que eu explicasse claramente quais eram meus valores, estilo de gerenciamento de projetos e expectativas", disse-nos Paul.

Paul teve que estabelecer sua voz como líder, declarando claramente os objetivos e metas de gestão, bem como seus princípios de liderança. Ao defini-los sem ambiguidades, estabeleceu um patamar para o desempenho futuro e criou um termômetro com o qual avaliar a responsabilidade. "Teria sido muito fácil para mim", disse Paul, "sentar e supervisionar o programa a distância; mas, para conquistar a confiança e o respeito de todas as partes envolvidas, tive que estabelecer um senso de credibilidade por meio de minha ética de trabalho. Como Paul era seguro em relação a seus valores, achou relativamente fácil falar sobre eles e, posteriormente, usá-los no estabelecimento de padrões e expectativas. O tom que Paul definiu no início forneceu orientações sobre como seus colaboradores agiriam e tomariam decisões.

Como a experiência de Paul ilustra, valores são guias. Eles lhe fornecem uma bússola para navegar no curso de seu cotidiano. Clareza de valores é essencial para saber quais são o norte, sul, leste e oeste. Quanto mais claro você for sobre seus valores, mais fácil será para você e para todos os outros se comprometerem com o caminho escolhido e permanecer nele. Esse tipo de orientação é especialmente importante em tempos voláteis e instáveis. Quando há desafios diários que podem tirá-lo do curso, é crucial que tenha alguns métodos para entender para qual lado o vento sopra.

Diga com Suas Próprias Palavras   As pessoas só podem falar a verdade quando expressam sua verdadeira opinião. Se apenas imitar o que os outros estão dizendo, ninguém pode se comprometer com você, porque não sabem quem *você* é e no que *você* acredita. Raymond Yu descobriu isso da maneira mais difícil, quando ele foi, em suas palavras, "rebaixado" de sua posição de gerência por causa de uma reorganização, que tanto o frustrou quanto diminuiu sua autoestima. "Nunca encontrei minha voz", explicou ele.

Com o benefício do tempo e da reflexão, Raymond percebeu que havia "andado pelo caminho errado". "Eu só gerenciava, não liderava", disse--nos ele. Raymond usara seu gerente como modelo, com consequências inesperadas: "Em vez de encontrar minha própria voz, papagaei e usei frequentemente seu nome e autoridade para levar projetos adiante. Em retrospecto, desisti de minhas oportunidades de liderar simplesmente sendo um canal para ele." Aproveitando que ele não precisava estar em uma função de gerência para liderar, Raymond prometeu a partir de então "encontrar minha voz com base em meus valores pessoais para me tornar um líder exemplar".

As técnicas e ferramentas que preenchem as páginas dos livros de administração e liderança — incluindo este — não substituem o que é importante para você. Depois de saber as palavras que quer dizer, você também deve dar voz a elas. Deve ser capaz de expressar suas opiniões para que todos saibam que é você quem está falando, e não outra pessoa.

Neste livro há muitos dados científicos e empíricos para embasar a importância de cada uma das Cinco Práticas de Liderança Exemplar. No entanto, tenha em mente que a liderança também é uma arte e, assim como acontece com qualquer outra forma de arte — seja pintar, tocar um instrumento, dançar, atuar ou escrever —, é um meio de expressão pessoal. Para se tornar um líder exemplar, você tem que aprender a se expressar de maneiras exclusivamente suas.

Andrew Levine encontrou uma maneira de expressar sua voz individual e, ao fazê-lo, ajudou seus colegas a fazerem o mesmo. Andrew foi o mentor principal no Young Storytellers. Ele é apaixonado por oferecer uma atmosfera didática que estimula a imaginação das crianças que orienta e se importa profundamente com todos os voluntários. Um desses voluntários, Pranav Sharma, disse-nos que os valores pessoais de Andrew se harmonizam perfeitamente com a missão do Young Storytellers e explicou como essa articulação o influenciou: "Andrew tinha uma voz única entre os mentores. Seu exemplo levou-me a expor valores que ele compartilhava com a organização. Ele me ajudou a entender o que significava para as crianças ter uma voz única."

Pranav uniu-se a uma aluna da quinta série chamada Rachel e foi encarregado de guiá-la para escrever uma história original em um formato de roteiro de dez páginas, mas ele estava tendo problemas para fazer com que Rachel se concentrasse em sua história. Enquanto outros mentores faziam progressos nas histórias de suas crianças, Pranav sentia que Rachel não estava muito motivada. O fato de Pranav ter se ausentado algumas vezes durante o programa de oito semanas por causa das exigências do local de trabalho não ajudou a situação. Andrew estava visivelmente frustrado com a falta de interesse de Pranav e de alguns outros mentores no programa.

Andrew remediou a situação em duas etapas. Primeiro, pediu-lhes para pensar por que se juntaram ao Young Storytellers e falou-lhes por que ele era leal ao programa. Pediu-lhes que abandonassem o programa se não estivessem fazendo do Young Storytellers uma prioridade, o que futuras ausências tornariam aparente. Em segundo lugar, pediu-lhes que olhassem para o programa pela perspectiva do aluno do quinto ano. O que as crianças esperam de seus mentores? Ele sugeriu que parassem de se preocupar se eram qualificados como mentores ou se as crianças gostariam deles. Tudo o que era necessário, Andrew explicou, era estar presente e conversar com elas. Pranav disse:

> Andrew estava certo. Ele nos pedia para afirmar nossos valores compartilhados e encontrar nossa voz. O que Andrew estava fazendo era nos pedir para reexaminar as razões pelas quais nos juntamos ao Young Storytellers. Ele queria que incorporássemos os valores da organização, que incluíam palavras como lealdade, compromisso, paixão e paciência. Ele queria que construíssemos um relacionamento com as crianças conversando com elas. A única maneira de fazer uma diferença única na vida de uma criança era encontrando

minha própria voz. Eu tinha que a encontrar para causar uma impressão indelével no meu aprendiz.

A lição aqui é como Andrew deu tempo a Pranav, e a todos os outros mentores, para redescobrir como seus valores pessoais se mesclavam com os da organização. Contando-lhes sua história e por que ele era apaixonado por ser um mentor do Young Storytellers, ajudou-os a encontrar as palavras para expressar suas razões exclusivas para se importarem com o Young Storytellers, com sua missão e, especialmente, com as crianças que orientavam. Andrew não lhes disse no que acreditar, contou-lhes sobre suas crenças, pedindo-lhes que encontrassem em seus valores suas razões para se envolverem com a organização. Através dessa reflexão, eles descobriram suas vozes, encontrando as palavras necessárias para atingir crianças como Rachel e ajudá-las a desenvolver suas histórias pessoais.

Você não pode liderar através dos valores ou palavras de outra pessoa. Você não pode liderar a experiência de outra pessoa. Só é possível liderar por conta própria. Se não forem seu estilo ou suas palavras, não é você — é apenas um ato mecânico. As pessoas não seguem sua posição ou técnica, mas você. Se você não é o artigo genuíno, pode realmente esperar que os outros o queiram seguir? Para ser um líder, você precisa despertar para o fato de que não precisa copiar alguém, ler um roteiro escrito por outra pessoa nem usar o estilo dos outros. Em vez disso, deve ser livre para escolher o que deseja expressar e a maneira como o fazer. Na verdade, você tem uma responsabilidade para com seus colaboradores de se expressar de maneira autêntica, de uma forma que eles imediatamente reconheceriam como sua.

Ao pensar em expressar valores autenticamente, Kerry Ann Ostrea, gestora da Niantic, compartilhou uma analogia sobre ter certeza de que "o que você assume" se alinha com quem você é. "O que quero dizer", explicou ela, "é que quando você vai às compras, pode ver algo de que gosta e que parece bom, mas é realmente preciso experimentar para ver como fica em você. Estilo não é a única coisa que importa; também deve 'vestir' o usuário". Quando você se olha no espelho, tem que perguntar: Este sou eu? Ao se tornar um líder exemplar, pergunte a si mesmo: Essas palavras parecem ideais para mim?

Encontre Compromisso em Valores   Esclarecedores Shandon Lee Fernandes, ex-pesquisadora sênior do consulado-geral da República da Coreia em Mumbai, disse-nos que o primeiro passo em direção à liderança exemplar foi descobrir valores e crenças pessoais. Isso foi crítico, ela refletiu: "Somente quando os líderes descobrem e esclarecem o que esperam de si mesmos podem esperar que os outros os sigam. Quanto mais facilmente você puder explicar suas ações e o raciocínio por trás delas, mais possibilitará que outras pessoas façam uma conexão entre os valores e o caminho que precisam seguir em suas ações. A coesão intrínseca resulta em alinhamento externo." As opiniões de Shandon condizem com o que Bernie Swain descobriu, depois de entrevistar mais de uma centena de pessoas eminentes que ele representou como presidente do Washington Speakers Bureau: os líderes são autoconscientes. Ele diz que os líderes altamente bem-sucedidos têm uma voz interior à qual prestam atenção. Essa percepção lhes fornece uma compreensão de seus pontos fortes, limitações, preconceitos e motivações. Essa compreensão lhes fornece energia e paixão profundas, que eles constantemente atraem ao longo de suas vidas em sua busca por fazer acontecer.[6]

Os resultados da nossa pesquisa sustentam claramente essas conclusões e demonstram ainda que ser direto sobre os valores pessoais faz uma diferença significativa na forma como as pessoas se comportam no local de trabalho.[7] Em uma série de estudos de longo prazo em várias organizações, perguntamos aos gerentes até que ponto tinham clareza sobre seus valores pessoais e os de suas organizações. Eles também indicaram seu nível de comprometimento com a organização — isto é, até que ponto provavelmente permaneceriam e trabalhariam com afinco. Isso configurou um paradigma experimental clássico 2 × 2, como mostrado na Figura 3.1. O quadrante 1 representa aqueles que não são muito claros sobre seus valores pessoais ou sobre a organização; o quadrante 2, os que são relativamente claros sobre os valores de sua organização, mas não o são sobre seus valores pessoais. No quadrante 3 estão aqueles bem claros sobre valores pessoais e organizacionais e no quadrante 4, os que são claros sobre seus valores pessoais, mas não muito sobre os da organização. Os números são a pontuação média, em cada quadrante, referente ao comprometimento dos respondentes com a organização em uma escala de um (baixo) a sete (alto). Vê o padrão nas respostas? Percebe quem está mais comprometido baseado em conhecer sua clareza de valores pessoais e organizacionais?

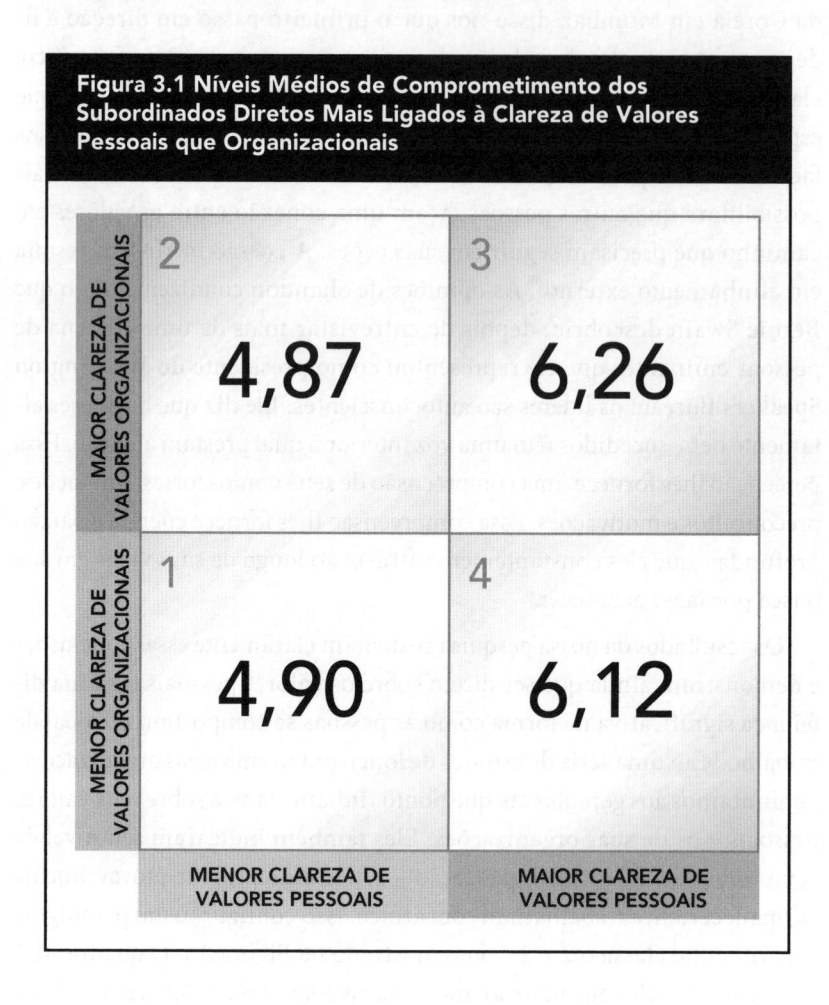

Figura 3.1 Níveis Médios de Comprometimento dos Subordinados Diretos Mais Ligados à Clareza de Valores Pessoais que Organizacionais

As pessoas que são diretas sobre seus valores pessoais (quadrantes 3 e 4) são significativamente mais comprometidas do que aquelas que ouviram a ladainha organizacional, mas nunca a própria voz interior (quadrante 2) ou do que as que não têm clareza sobre seus valores pessoais, nem os de sua organização (quadrante 1). O que é ainda mais revelador é que não há diferenças estatisticamente significativas nos níveis de comprometimento entre os quadrantes 3 e 4. Em outras palavras, os valores pessoais impulsionam o compromisso e são os meios para aumentar a motivação e a produtividade. Os resultados para satisfação no trabalho, intenção de rotatividade e orgulho organizacional são semelhantes aos encontrados quando perguntados sobre os níveis de comprometimento.[8]

As pessoas mais talentosas, independentemente de idade, formação, área ou cargo, concentram-se em torno de organizações nas quais elas podem ansiar trabalhar todos os dias porque seus valores "funcionam" nesse tipo de ambiente organizacional. Os melhores funcionários são atraídos por empresas que se alinham com quem eles são.[9] Julie Sedlock, vice-presidente sênior da Aéropostale, repete a seguinte observação: "Adoro vir trabalhar aqui. Não consigo pensar em um dia em 20 anos que não quisesse acordar e vir trabalhar." Ela explica que, quando você compartilha os valores da empresa, "quer ir trabalhar, trabalhar arduamente e atingir as metas que a organização definiu".

O comprometimento é mais forte quando se baseia no alinhamento com valores pessoais. As pessoas que têm mais clareza a respeito de seus valores pessoais estão mais bem preparadas para fazer escolhas baseadas em princípios — incluindo decidir se os princípios da organização se encaixam com os seus, e se aderem e ficam, ou saem! Em muitas organizações, há uma enorme lacuna entre o que a organização diz ser valorizado e o grau em que os funcionários acreditam que podem aplicar esses valores a seu trabalho diário.[10]

Afirmar Valores Compartilhados

Liderança não trata apenas dos *seus* valores. Trata também dos valores dos seus colaboradores. Assim como seus valores impulsionam seu nível de comprometimento com a organização, seus valores pessoais determinam o grau de comprometimento deles. Eles estarão significativamente mais engajados em um ambiente no qual acreditam que podem permanecer fiéis a suas crenças. Embora seja essencial esclarecer seus valores, compreender os dos outros e criar um alinhamento em torno de valores que todos compartilhem é igualmente crítico.

Valores compartilhados são a base para a construção de relações de trabalho produtivas e genuínas. Líderes exemplares honram a diversidade de seus vários grupos, mas também enfatizam valores comuns. Eles não tentam fazer com que todos estejam de acordo em tudo. Esse objetivo é irreal, talvez até impossível. Além disso, alcançá-lo negaria as vantagens reais da diversidade. No entanto, os líderes baseiam-se no acordo. Para dar o primeiro passo, depois um segundo e terceiro, as pessoas devem ter um parâmetro comum de compreensão. Afinal, se não há acordo sobre valores, o que exatamente é o líder a que todos se adequarão? Se as discordâncias sobre os valores fundamentais continuarem, o resultado é um conflito intenso, falsas expectativas e capacidade reduzida. Os líderes garantem que, através do processo de afirmação de valores compartilhados, todos estejam alinhados — para revelar, fortalecer e responsabilizar a todos pelo que "nós" valorizamos.

Hilary Hall nos contou sobre como seu gerente ajudou as pessoas a avaliar seus valores, o que criou uma base de valores compartilhados que resultaram em um espírito de camaradagem e propósito comum. Na General Electric, ela fazia parte de uma equipe multinacional de auditoria interna, que consistia em um alemão, dois norte-americanos, um bielo-russo e um indiano. Antes mesmo de começar a tarefa do projeto, o gerente pediu que preenchessem um questionário, que cobria tópicos sobre onde eles cresceram, a comida favorita, os hobbies e assim por diante. Havia também questões que se aprofundavam um pouco mais, perguntando sobre o tipo de trabalho de que gostavam e do que não gostavam, o papel que geralmente desempenhavam nas equipes e o que respeitavam nos gerentes e pares. O gerente reuniu a equipe e eles compartilharam suas respostas. Pensando naquela experiência, Hilary percebeu que estava fazendo o que líderes exemplares fazem: afirmando valores compartilhados. "Nosso gerente alinhou a equipe em torno de um conjunto comum de valores — pessoais e profissionais — e mostrou-nos também o que era importante para ele", disse ela.

O desempenho da equipe sofre quando os membros não se alinham com os valores comuns. Os indivíduos perdem facilmente contato uns com os outros e trabalham de acordo com seus padrões pessoais, o que resulta em motivação e comprometimento com objetivos de trabalho assimétricos. Pesquisas confirmam essas experiências. Organizações com fortes culturas corporativas baseadas em valores compartilhados superam outras empresas por uma margem enorme. Sua receita e taxa de criação de empregos crescem mais rapidamente, e seu desempenho de lucro e preço das ações são significativamente maiores.[11]

Matt Ryan, diretor de estratégia global do Starbucks, sustenta essa afirmação: "Conectamos com sucesso o percentual de parceiros em uma determinada loja que entendem que cumprimos nossos valores em relação a seu desempenho. Somos capazes de ver uma melhoria muito distinta de mercado na performance da loja (isto é, vendas nas mesmas lojas), controlando todas as outras variáveis, quando os parceiros acreditam que fazemos a coisa certa em termos de valores." Essas decorrências fazem uma diferença significativa nos resultados.[12] Descobertas semelhantes aplicam-se a organizações do setor público. Dentro de agências e departamentos mais eficazes, há fortes acordos e sentimentos intensos entre funcionários e gerentes sobre a importância de seus valores e sobre como esses valores são mais bem implementados.[13]

Valores compartilhados fazem uma diferença significativa e positiva em atitudes e comprometimento no trabalho. Em nossos estudos, envolvendo centenas de organizações, mostramos que valores compartilhados promovem níveis elevados de motivação e sentimentos intensos de eficácia pessoal. Eles promovem orgulho, altos níveis de fidelidade à empresa (menor rotatividade) e trabalho em equipe, além de reduzir os níveis de estresse e tensão no trabalho.[14]

Periodicamente, tomar o pulso da organização para verificar a clareza dos valores e o consenso vale a pena. Renova o compromisso. Envolve a equipe e a organização na discussão, esclarecimento, revisão e reafirmação dos valores que são mais relevantes para um público em transformação (como diversidade, acessibilidade, sustentabilidade e assim por diante). Richard Sasser, gerente de área da Divisão de Aviação da Austin Commercial, possui uma caneca de café branca em sua mesa na qual escreveu seus sete valores.[15] Quando as pessoas perguntam sobre as palavras em sua xícara de café, Richard sempre diz: "Bem, você perguntou..." e então ele nos contou como "isso leva a uma oportunidade de compartilhar meus valores pessoais e leva a outra pessoa a considerar o que é mais importante para ela. Nessas conversas, geralmente entramos em um consenso sobre nossos valores compartilhados e o propósito por trás do que fazemos juntos".

Uma vez que as pessoas tenham clareza sobre os valores do líder, sobre os próprios valores e sobre os valores compartilhados, sabem quais são as expectativas da equipe e sentem que podem contar uns com os outros. Consequentemente, trabalham de forma mais produtiva, são mais inovadoras, gerenciam níveis mais altos de desafio e lidam melhor com problemas de equilíbrio entre trabalho e vida pessoal.

Dê às Pessoas Razões para Se Importar   Embora seja importante que os líderes articulem com franqueza os princípios que os sustentam, os valores que os líderes defendem devem ser condizentes com as aspirações de seus colaboradores. Líderes que defendem valores que não representam o coletivo não são capazes de mobilizar pessoas a agir como um. Tem que haver uma compreensão compartilhada das expectativas mútuas. Os líderes devem ser capazes de obter consenso sobre uma causa comum e um conjunto comum de princípios.

O alinhamento entre valores individuais, de grupo e organizacionais gera uma tremenda energia. Intensifica compromisso, entusiasmo e motivação. As pessoas têm razões para se preocupar com seu trabalho e, por causa disso, tornam-se mais eficientes e satisfeitas, experimentando menos estresse e tensão. Como Courtney Ballagh relembrou sua experiência na Michael Kors com sua associada Tracey: "Ao nos conhecermos em um nível pessoal, identificamos nossos valores compartilhados e demos a cada pessoa um motivo para se importar com mais do que consigo mesma. O moral aumentou significativamente e a loja funcionou melhor como um todo." Valores compartilhados são as bússolas interiores que permitem às pessoas agirem de forma independente e interdependente. As pesquisas revelam que as pessoas acham que as organizações e seus líderes deveriam passar mais tempo conversando sobre valores uns com os outros.[16]

Nicole Matouk trabalhava com o departamento de registros estudantis da faculdade de direito da Universidade de Stanford, quando a reitora associada solicitou feedback sobre como as coisas estavam indo e o que poderiam fazer para proporcionar aos alunos uma experiência mais livre de problemas. Nicole sentiu que todos tiveram a oportunidade de falar sobre os temas sobre os quais sentiam necessidade, e todos tiveram tempo suficiente e igual para se expressar sem qualquer pressão ou medo de represália. O que ela lembra mais vividamente é que, embora a reitora associada tenha feito muitas perguntas, ela "não teve que se esforçar para pensar nas perguntas que queria fazer ou em como relacionaria o que discutíamos aos nossos objetivos, porque seus valores guiavam suas perguntas."

> Enquanto conversávamos, percebi que ela me conduzia por uma direção específica, mas não parecia manipuladora. Isso foi muito mais poderoso para mim do que ler sobre os valores do manual da universidade. Eu gerava respostas às suas perguntas, então percebi que aquilo era algo em que eu acreditava, não apenas com o que concordava. Essa reunião não somente ajudou nossa equipe individualmente a gerar respostas que estavam alinhadas com nossos valores e com os valores do departamento, mas também nos ajudou a afirmar nossos valores compartilhados como um departamento. Saímos dessa reunião mais unidos e com a consciência de que todos trabalhávamos em prol de um mesmo objetivo, em vez de nos agarrarmos uns aos outros por tempo e atenção.

A experiência de Nicole reafirma que quando as pessoas acreditam que seus valores e os da organização se alinham, são mais leais. A qualidade e precisão da comunicação e a integridade do processo de tomada de decisão aumentam quando as pessoas se sentem parte da mesma equipe. Nossa pesquisa, junto com as descobertas de outras pessoas, revela claramente que, quando há congruência entre valores individuais e organizacionais, há um retorno significativo para os líderes e suas organizações.

Conversas e discussões, como as da faculdade de direito, lembram as pessoas de por que se importam com o que fazem. Essas trocas renovam o compromisso e reforçam os sentimentos de que todos estão na mesma equipe, o que é especialmente crítico em locais de trabalho geograficamente distribuídos. O alinhamento resultante entre os valores dos líderes e dos colaboradores aumenta a clareza de expectativas. Essa transparência enriquece a capacidade das pessoas de fazer escolhas, permite que lidem de maneira mais eficaz com situações difíceis e estressantes, e aprimora sua compreensão e apreciação das escolhas feitas por outras pessoas.

Conversas sobre valores também permitem que as pessoas encontrem mais significado em seu trabalho. Quando você conversa com os membros de sua equipe sobre seus valores e quando facilita uma conversa sobre valores que podem criar entre si, os ajuda a ver como o trabalho que fazem se conecta com quem são. Você os ajuda a estabelecer uma conexão muito mais profunda com o trabalho do que ocorreria através de discussões de tarefas e regras. Você também cria um contexto no qual eles podem se conectar mais profundamente uns com os outros.

Forje a União, Não A Force Quando os líderes buscam consenso em torno de valores compartilhados, os colaboradores são mais positivos e produtivos. Não se pode exigir união; em vez disso, você a forja envolvendo pessoas no processo, fazendo-as sentir que você está genuinamente interessado em suas perspectivas e que elas podem falar livremente com você. Para que estejam abertas a compartilhar suas ideias e aspirações, elas têm que acreditar que você será cuidadoso e construtivo na busca por um terreno comum. Não é de surpreender que as pessoas que relatam que seus gerentes se envolvem em diálogos sobre valores sentem um senso significativamente mais forte de eficácia pessoal do que indivíduos que sentem que precisam lutar por conta própria para descobrir quais são as prioridades e princípios e como devem se comportar.

Erika Long, gerente sênior de recursos humanos (RH) da Procter & Gamble, entrou na empresa como estagiária e ficou imediatamente impressionada com a forma como os líderes demonstraram seus valores e os princípios centrais da empresa nas decisões tomadas. Ela diz:

> Líderes da P&G constantemente afirmam esses valores. Sempre que se deparam com uma decisão difícil, procuram o PVP [Propósito, Valores e Princípios da empresa] para orientar suas ações. Eu me encontrei com o diretor de vendas das regiões de Hong Kong e Taiwan. Perguntei a ele como ele se certifica de que está sempre tomando as decisões corretas de negócios. Ele disse simplesmente: "Olho para o PVP. Ele orienta a maneira como faço negócios. Se eu estiver em uma situação que conflite com essas diretrizes, simplesmente a abandono."

Erika diz: "As pessoas que trabalham na P&G têm orgulho de dizer isso, e todos sentem que fazem parte de algo especial. Seus valores centrais se alinham com os da organização." As pessoas que não têm certeza ou estão confusas sobre como devem operar tendem a se desviar, se desligar e se afastar. A energia que entra no enfrentamento e, possivelmente, na luta contra valores incompatíveis, prejudica o bem-estar pessoal e a produtividade organizacional.

"Quais são nossos princípios fundamentais?" e "em que acreditamos?" estão longe de ser questões simples. Um estudo relatou 185 expectativas comportamentais diferentes sobre o valor da integridade.[17] Mesmo com valores comumente identificados, pode haver pouca concordância sobre o significado das declarações de valores. A lição aqui é que os líderes devem envolver seus colaboradores em um diálogo sobre valores. Uma compreensão compartilhada de valores emerge de um processo, não de um pronunciamento.

Essa foi precisamente a experiência de Charles Law na American Express, quando foi designado para lançar uma campanha de marketing com uma equipe de seis colegas de diferentes etnias e funções corporativas. No início, o progresso foi lento, pois conflitos frequentes derrubavam o moral da equipe. Cada membro da equipe concentrou-se em seus objetivos individuais, sem considerar os interesses dos outros. Diferenças entre eles levaram à desconfiança e, pior ainda, de acordo com Charles, como ele tinha a menor experiência dos membros do grupo, os integrantes da equipe eram céticos sobre sua competência para liderar.

Charles viu que a equipe precisava concordar com um conjunto compartilhado de valores para funcionar bem. Ele observou que não era tão importante o que era considerado ou rotulado como um valor em particular, mas a consonância de todos com sua importância e significado. Uma de suas ações iniciais foi unir as pessoas apenas para esse propósito. Eles poderiam chegar a entendimentos comuns e compartilhados sobre quais eram suas principais prioridades e valores, e o que isso significava na prática. Ele se sentou e ouviu cada membro da equipe individualmente, depois relatou as opiniões de todos na reunião seguinte do grupo. Ele incentivou discussões abertas e trabalhou com quaisquer mal-entendidos.

A última coisa que Charles queria que eles sentissem era que ele estava impondo seus valores a eles, então cada pessoa falava sobre seus valores pessoais e o raciocínio por trás deles. Dessa forma, eles foram capazes de identificar os valores que eram importantes para o grupo. Charles explicou:

> Com um conjunto de valores compartilhados,
> criados em consenso, todos se esforçam para
> trabalhar juntos, como uma equipe, rumo ao
> sucesso. Valores compartilhados criaram uma
> diferença positiva em atitudes e desempenho no
> trabalho. Minha ação fez com que meus colegas
> trabalhassem com mais afinco e enfatizassem o
> trabalho em equipe e o respeito uns pelos outros,
> o que resultou em um melhor entendimento
> das capacidades de cada um para atender
> adequadamente às expectativas mútuas.

Charles entendeu que os líderes não podem impor seus valores aos membros da organização. Em vez disso, devem ser proativos ao envolver as pessoas no processo de criação de valores compartilhados. A propriedade dos valores aumenta exponencialmente quando os líderes engajam ativamente uma ampla gama de pessoas em seu desenvolvimento. Os valores compartilhados são o resultado de ouvir, valorizar, criar consenso e resolver conflitos. Para as pessoas entenderem os valores e chegarem a um acordo, devem participar do processo. A união é forjada, não forçada.

Valores partilhados com frequência são muito mais do que slogans publicitários. São fortemente apoiados e amplamente endossados em crenças sobre o que é importante para as pessoas que os detêm. Os colaboradores devem ser capazes de enumerar os valores e ter interpretações comuns de como colocá-los em prática. Eles devem saber como seus valores influenciam como realizam seus trabalhos e como contribuem diretamente para o sucesso organizacional. Marwa Ahmed, gerente sênior de programa/operações de gás da PG&E (Pacific Gas & Electric), contou-nos como comunicou claramente seus valores à sua equipe, e então, ela disse:

> Perguntei sobre seus valores e o que achavam dos valores da empresa. A partir dessas discussões, criamos os valores compartilhados da equipe. Na minha reunião semanal, instituí a prática de contar histórias sobre uma situação pessoal em que apliquei meus valores na minha vida pessoal e profissional. Depois de algumas semanas, os membros da minha equipe começaram a compartilhar as deles e, com o tempo, o alinhamento dos valores pessoais das pessoas com os da equipe aumentou.

Uma voz unificada a respeito dos valores resulta de descoberta e diálogo. Os líderes devem oferecer uma oportunidade para os indivíduos se engajarem em uma discussão sobre o significado dos valores e sobre o que a organização representa na influência de suas crenças e comportamentos pessoais.

TOME UMA ATITUDE
Esclareça os Valores

O primeiro passo na jornada para uma liderança exemplar é esclarecer seus valores — descobrindo as crenças fundamentais que guiarão suas decisões e ações no caminho do sucesso e da relevância. Essa jornada envolve uma exploração do território interno em que sua verdadeira voz reside. É essencial que você se coloque nesse caminho, porque é o único caminho para a autenticidade. Além disso, você deve escolher esse caminho porque seus valores pessoais direcionam seu comprometimento com a organização e o propósito ao qual ela serve. Você não pode fazer o que diz se não souber em que acredita. Nem pode fazer o que diz se não acredita no que está dizendo.

Embora a clareza dos valores pessoais seja essencial para todos os líderes, não é suficiente por si só. Isso porque os líderes não falam apenas por si mesmos, mas pelos seus colaboradores, também. Deve haver acordo sobre os valores que todos se comprometerão a defender. Valores compartilhados dão às pessoas razões para se importarem com o que fazem, fazendo uma diferença significativa e positiva nas atitudes e no desempenho no trabalho. Um entendimento comum de valores compartilhados emerge de um processo, não de um pronunciamento; a unidade surge através de diálogo e debate, seguida de compreensão e compromisso. Os líderes devem responsabilizar a si mesmos e aos outros pelo conjunto de valores que compartilham.

Modelar o Estilo começa *ao esclarecer os valores, encontrando a própria voz e expressando os valores comuns.* Isso significa que você deve:

1. Identificar os valores que usa para orientar escolhas e decisões.

2. Encontrar sua maneira autêntica de falar sobre o que é importante para você.

3. Ajudar os outros a articular por que fazem o que fazem e com o que se importam.

4. Fornecer oportunidades para as pessoas falarem sobre seus valores com outros da equipe.

5. Construir consenso em torno de valores, princípios e padrões.

6. Certificar-se de que as pessoas adiram aos valores e padrões acordados.

CAPÍTULO 4

Dê o Exemplo

STEVE SKARKE PRONTAMENTE admite que não estava preparado para o trabalho quando foi escolhido para ser o gerente da Kaneka Texas Corporation. Depois de defender seus valores e o que ele acreditava que a organização deveria representar, começou a se concentrar em como poderia fazer a diferença através de suas ações de liderança.

Por exemplo, ao longo dos anos, a equipe de gerenciamento vinha discutindo a visão de se tornar uma "fábrica de classe mundial". Eles debateram as características definidoras de uma fábrica de classe mundial e concordaram que uma forte cultura de segurança e boas práticas domésticas deveriam estar no topo da lista. Olhando em volta, Steve pôde ver claramente que as condições de limpeza em Kaneka não correspondiam a esse ideal. Na verdade, sempre que tinham uma visita pendente de um cliente, Steve tinha que lembrar a todos de fazerem um esforço extra para a limpeza. Isso incluía o envio de pessoas para a coleta de lixo na fábrica, estacionamento e estradas. Steve sabia que tinha que haver uma maneira de tornar a limpeza parte de sua rotina.

Fora da empresa, depois do almoço, um dia, Steve parou em uma loja de ferragens, comprou um balde de plástico de aproximadamente 8l e colocou as palavras "Fábrica de Classe Mundial" em sua lateral. Quando voltou para a fábrica, andou por ela e começou a pegar o lixo. Logo, o balde estava transbordando. Ele carregou o balde de lixo pela sala de controle principal e, enquanto todos observavam atentamente, esvaziou-o em uma lata de lixo. Então saiu pela outra porta, sem dizer nada. A notícia espalhou-se rapidamente porque o gerente estava na fábrica com um balde, pegando lixo.

Cada vez que Steve se aventurava com o balde, certificava-se de que fosse notado. Não demorou muito para que mais baldes aparecessem, com outros gerentes saindo para a fábrica para recolher lixo todos os dias, dando o exemplo para todos seguirem. Logo, sempre que Steve passava pela sala de controle, os operadores perguntavam quanto lixo ele conseguia encontrar. Quando o balde enchia, ele andava pelo escritório do supervisor e o segurava para inspeção. O processo iniciado por Steve, seu exemplo difícil de ser entendido, logo se tornou a norma.

Além da remoção real do lixo, as ações de Steve começaram a gerar muita discussão e novas ideias sobre como poderiam facilitar o trabalho de limpeza da fábrica. Para facilitar a coleta de detritos, as lixeiras removidas anteriormente foram colocadas de volta nas áreas centrais. Os funcionários de operações concordaram em mantê-las e tiveram ainda mais ideias para organizar melhor suas áreas de trabalho. Os técnicos de manutenção começaram a carregar baldes para manter as peças junto com os recipientes de lixo para facilitar e agilizar a limpeza. Durante esse período, a fábrica lançou um novo programa, chamado "My Machine", no qual cada operador recebeu um equipamento para manter limpo e aprendeu como funcionava para garantir seu manejo adequado.

"Ao simplesmente decidir nos aventurar e começar a catar lixo," disse-nos Steve, "eu modelava o estilo, alinhando minhas ações com o valor compartilhado de ter uma fábrica limpa. Também me ajudou a 'encontrar minha voz' em torno dessa questão muito importante de limpeza. Tornei essa questão pessoal para todos. Em pouco tempo, muitos outros passaram a dar o mesmo exemplo."

A história de Steve ilustra o segundo compromisso do Modele o Estilo — líderes *dão o exemplo.* Eles aproveitam todas as oportunidades para mostrar aos outros, com o próprio exemplo, que estão profundamente comprometidos com os valores e aspirações que adotam. Ninguém vai acreditar que você fala sério até vê-lo fazendo o que pede aos outros. Ou você lidera pelo exemplo ou não lidera nada. É assim que fornece as evidências de que está pessoalmente comprometido. É como torna seus valores tangíveis.

No Capítulo 2, anunciamos que nossa pesquisa revelou consistentemente que *credibilidade é a base da liderança.* As pessoas querem seguir um líder em quem possam acreditar. Mas o que faz um líder ser confiável? Quando as pessoas definiam credibilidade em termos comportamentais, diziam-nos que significava "fazer o que você diz que vai fazer" — ou FDVF. Este capítulo sobre dar exemplo trata da parte que diz respeito ao *fazer.* Ele trata de fazer o que você diz, praticar o que prega, arcar com compromissos, cumprir promessas e colocar suas palavras em prática.

Ser um líder exemplar exige viver os valores. Você tem que colocar em ação o que você e os outros acreditam. Você tem que ser o exemplo para os outros seguirem. E, como lidera um grupo de pessoas — não apenas a si mesmo —, você também precisa garantir que as ações de seus colaboradores sejam consistentes com os valores compartilhados da organização. Uma parte importante do seu trabalho é educar os outros sobre o que a organização representa, por que essas coisas importam e como servem à organização de forma autêntica. Como líder, você ensina, treina e orienta os outros a alinharem suas ações com os valores compartilhados, porque você também é responsabilizado pelas ações deles, não apenas pelas suas.

A fim de *dar o exemplo,* você precisa:

▶ *Viver os valores comuns*
▶ *Ensinar os outros a alinharem os valores*

Ao praticar esses aspectos essenciais, você se torna um modelo exemplar para o que a organização defende e cria uma cultura na qual todos se comprometem a se alinhar com os valores comuns.

Viva os Valores Comuns

Líderes são os embaixadores de suas organizações no que tange aos valores comuns. Sua missão é representar os valores e padrões para o resto do mundo, e é seu dever oficial servir aos valores com o melhor de suas habilidades. As pessoas assistem a todas as suas ações e determinam se você está falando sério sobre o que diz. Você precisa estar consciente das escolhas que faz e das ações que toma, porque elas indicam os princípios que os outros usam para concluir se você faz o que diz.

Destacar o poder do exemplo pessoal do líder nunca é o suficiente. Os pesquisadores descobriram que os líderes que persistem em atingir metas organizacionais, promovem a organização para pessoas externas e internas e iniciam mudanças construtivas no local de trabalho têm muito mais probabilidade de ter subordinados diretos que exibem os mesmos comportamentos do que os líderes que não estabelecem esse tipo de exemplo. Esse efeito é mais forte quando o líder é mais visível para os subordinados diretos e considerado um modelo digno.[1] Pesquisas sobre "integridade comportamental" demonstram claramente que o alinhamento entre as palavras e ações de um líder tem um impacto poderoso sobre o quanto os colaboradores confiam no líder e em seus níveis subsequentes de desempenho.[2] Portanto, esclarecer os valores e as expectativas de desempenho que você tem para si mesmo comunica aos colaboradores o que provavelmente espera deles. Ao dar o exemplo, os líderes incorporam valores comuns, o que tem como efeito ensinar os outros a alinhar os próprios valores.

A experiência de Poonam Jadhav ilustra como essa pesquisa é verdadeira. Como gerente de crédito do Banco Central da Índia, ela trabalhou com dois gerentes diferentes; o primeiro proferiu um discurso muito inspirador e motivador no dia em que assumiu, deixando claro o que esperava de todos. No entanto, a motivação e o comprometimento da equipe diminuíram rapidamente, porque ele não praticava o que pregava. Os funcionários da filial perceberam que ele apenas pregava valores, mas não os seguia. Então, lentamente pararam de acreditar nele e, depois, em suas mensagens.

Não surpreendentemente, esse gerente do banco não durou muito tempo. O sucessor era alguém que, explicou Poonam, praticava uma liderança exemplar:

> Ele realmente deu o exemplo sendo muito comprometido com seus valores, trabalho, equipe e organização. Ele foi claro sobre seus valores, os pregou e os seguiu. Teve como objetivo fornecer um excelente serviço ao cliente. Se percebesse que um cliente estava esperando há muito tempo, porque sua equipe estava ocupada atendendo a outros, ele ia até o cliente e perguntava como o poderia ajudar. Sua maneira de lidar com as situações nos tornou mais sensatos e responsáveis por nossas ações. A mesma equipe, desmotivada pelo chefe anterior, estava agora mais animada e entusiasmada para realizar o trabalho rapidamente e com alta qualidade. Olhando para sua sinceridade, comprometimento e dedicação, cada membro da equipe começou a dedicar mais de 100% de si para o trabalho.

Se você deseja obter os melhores resultados, pratique o que prega. John Michel, autor de *The Art of Positive Leadership* e general de brigada aposentado da Força Aérea, disse: "Aqueles que servem sob um general efetivo sabem bem que ele não pediria nada de outros que não faria primeiro ele mesmo." Ele aponta George Washington, primeiro presidente dos Estados Unidos e comandante-chefe durante a Guerra Revolucionária Norte-americana, como exemplo. Apesar das trágicas condições de inverno em 1777 e das tropas desmoralizadas após uma série de perdas contra os britânicos na Filadélfia, os homens nunca desistiram. Por que, John pergunta? "É em grande parte por causa do exemplo inspirador e altruísta de seu líder. Ele não pedia aos membros do seu exército para fazerem qualquer coisa que ele não faria. Se estivessem com frio, ele estava com frio. Se passassem fome, ele passava fome. Se estivessem desconfortáveis, ele também escolhia sentir o mesmo desconforto."[3]

Como mostra a Figura 4.1, há uma relação substancial e drástica entre a medida em que as pessoas confiam no gerenciamento da organização e a frequência com que encontram seus líderes seguindo promessas e compromissos. Há um aumento de seis vezes nos níveis de confiança entre a parte inferior e a superior da faixa na qual as pessoas relatam que seus líderes *fazem o que dizem que farão.*

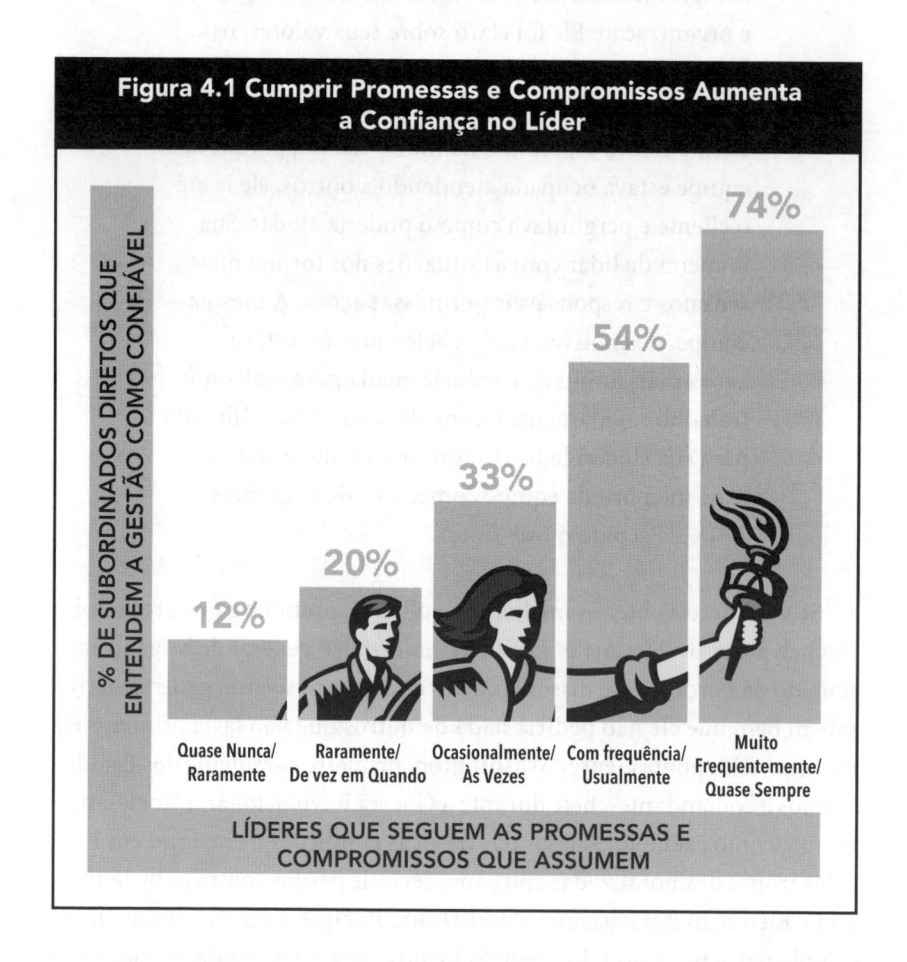

Figura 4.1 Cumprir Promessas e Compromissos Aumenta a Confiança no Líder

As ações de envio de sinal mais significativas que você pode realizar para demonstrar que vive os valores são: como gasta seu tempo e no que presta atenção, a linguagem (palavras e frases) que usa, a maneira como lida com incidentes críticos e a abertura para o feedback.[4] Essas ações tornam visível e tangível seu compromisso pessoal com um modo de ser comum. Cada um deles oferece a chance de mostrar onde você está em termos de princípios. Por mais simples que pareçam, lembre-se de que, às vezes, a maior distância a percorrer é a da boca aos pés.

Gaste Seu Tempo e Atenção com Sabedoria   Como gasta seu tempo é o indicador único mais claro do que é importante para você. Os colaboradores usam essa métrica para julgar se você está de acordo com os padrões adotados. Gastar tempo com o que diz ser importante mostra que você acredita em suas palavras. Quaisquer que sejam seus valores, eles precisam aparecer em seu calendário e pautas de reuniões para que as pessoas acreditem que são significativos.

Se você valoriza o serviço dos outros, por exemplo, e diz que os operadores da loja são importantes, deve se encontrar com eles em seus postos de trabalho. Se diz que está focado em consumidores (ou clientes, pacientes, alunos, eleitores ou seguidores), deve gastar seu tempo com eles. Se a produtividade e o desempenho de vendas forem importantes, é necessário aparecer nas reuniões de vendas. Se a inovação é essencial, você deve visitar os laboratórios e participar de discussões de código aberto online. Estar "lá" diz mais sobre o que você valoriza do que qualquer e-mail, tuíte ou vídeo.

Abhijit Chitnis nos contou sobre sua experiência na Accenture trabalhando com um líder cujas ações "personificavam verdadeiramente os valores que defendia" e sobre os resultados extraordinários que sua equipe alcançou sob essa liderança. Sua equipe, de cinco pessoas, trabalhando em Mumbai, juntamente com uma equipe global de oito pessoas de Boston e Irlanda, enfrentou alguns desafios ao concluir um sistema de business intelligence que um cliente precisava para emitir seus relatórios financeiros anuais. Para finalizar o combinado a tempo, eles teriam que fazer um trabalho extra, deixando de lado os planos de Ano-Novo com familiares e amigos.

Quando o gerente sênior de entrega do compromisso com o cliente, que já estava de férias, ouviu falar sobre isso, cancelou os planos e voltou ao trabalho, embora não fizesse parte dessa equipe específica de entregas. Ele ficou com a equipe, dia e noite, durante dois dias, enviando uma mensagem poderosa de que estava comprometido com a equipe, o projeto e o cliente. Para Abhijit e seus colegas, as ações do líder aumentaram substancialmente seus níveis pessoais de engajamento e o moral de toda a equipe: "Levamos muito a sério cada uma das palavras de nosso líder, porque acreditamos e confiamos mais nele, e porque nos mostrou que realmente vive cada palavra que diz." Tudo isso aconteceu porque um líder colocou seus valores em prática e forneceu, diz Abhijit, "uma evidência incrivelmente forte da importância da ideia de modelar o estilo".

Os líderes devem definir o ritmo de viver de acordo com valores comuns. Se não vivem os valores, não têm credibilidade quando os pregam. Além disso, sem credibilidade, os valores esvaziam-se de sentido, tornam-se não mais do que meras palavras em uma página. Tyrone O'Neill, diretor de marketing de clientes da Optus (Austrália), levou a sério essa ideia e demonstrou não apenas como é importante dar o exemplo, mas também como isso permite que os outros vivam os próprios valores.[5]

Após anos de crescimento estelar, a Optus enfrentou sérios desafios, à medida que o setor se transformava. Encarregado do trabalho de melhorar significativamente a retenção e o engajamento dos clientes, Tyrone percebeu que era necessária uma mudança fundamental nos hábitos psíquicos e operacionais da organização. No coração de seu projeto para realizar essa mudança estava um valor claramente articulado e compartilhado de foco no cliente. No entanto, como as pessoas já estavam incrivelmente ocupadas, não prestavam muita atenção a essa nova iniciativa. Portanto, Tyrone voltou sua atenção para mudar o comportamento das pessoas, começando com sua equipe. Todos os membros da equipe que não estavam oficialmente voltados para o cliente receberam uma lista de clientes que deveriam contatar para realizar uma pesquisa de satisfação.

Um de seus gerentes disse-nos que todos odiavam os telefonemas no início, mas as ações de Tyrone ajudaram a mudar sua perspectiva. Tyrone começou a telefonar e pesquisar clientes pessoalmente, mesmo depois de horas de trabalho. Ele visitava o call center e ouvia as chamadas de pesquisa. Discutia os resultados da pesquisa com os operadores. Ele fazia "mystery shopping" [pesquisa de cliente oculto] aos finais de semana para espiar o que seus funcionários de linha de frente vivenciavam no contato com os clientes. Então ele voltava na segunda-feira e compartilhava seus relatórios com a equipe. Simplificando, como um de seus colaboradores disse: "Tyrone lidera pelo exemplo."

> Ele nos mostrou como colocar nosso valor
> do foco no cliente em ação. Ele entrou nas
> trincheiras conosco e fez tudo o que pôde para
> chegar o mais próximo possível do maior número
> possível de clientes para saber o que pensavam e
> sentiam. Ele tomou o assunto nas próprias mãos
> para resolver os problemas que viu. O efeito
> foi que todos queriam se envolver e imitar seu
> comportamento. Inicialmente, todos tínhamos
> desculpas para não fazer as ligações ou seguir
> adiante em outras iniciativas do programa de
> mudança. Mas sua empreitada pessoal mudou tudo.

As experiências de Abhijit e Tyrone ressaltam a importância da Regra de Ouro quando se trata de liderança: apenas peça aos outros para fazer algo que você está disposto a fazer sozinho. Como os líderes usam seu tempo mostra aos outros que levam a sério sua dedicação ao grupo, a tarefa e os valores comuns. Você não pode simplesmente tornar suas palavras reais. É preciso um processo, que muitas vezes significa arregaçar as mangas e fazer parte, não estar à parte, da ação.

Veja Como Fala Tente falar sobre uma organização por um dia sem usar as palavras *funcionário, gerente, chefe, supervisor, subordinado* ou *hierarquia.* Você pode achar esse exercício quase impossível, a menos que tenha feito parte de organizações que usam outros termos — como *associados, tripulação, elenco, equipe, parceiros* ou até mesmo *colaboradores.* O léxico corporativo pode facilmente prender as pessoas a um modo particular de pensar sobre papéis e relacionamentos.[6]

Líderes exemplares entendem e estão atentos à linguagem porque apreciam o poder das palavras. As palavras não apenas dão voz à mentalidade e às crenças da pessoa; também evocam imagens do que esperam criar com os outros e como esperam que as pessoas se comportem. As palavras que as pessoas escolhem usar são metáforas para conceitos que definem atitudes, comportamentos, estruturas e sistemas.[7] Gary Hamel, um dos pensadores de negócios mais influentes e céticos do mundo, ressalta que "os objetivos da administração geralmente são descritos em palavras como 'eficiência', 'vantagem', 'valor', 'superioridade', 'foco' e 'diferenciação'. Por mais importantes que sejam esses objetivos, não têm o poder de despertar os corações humanos... [e os líderes] devem encontrar maneiras de infundir atividades comerciais mundanas com ideais mais profundos e tocantes, como honra, verdade, amor, justiça e beleza".[8]

Como usar a linguagem conscientemente para refletir um conjunto único de valores é entendido claramente no DaVita. Sua linguagem especial começa com o nome da empresa, uma adaptação de uma frase em italiano que significa "dar vida", que foi selecionada pelos DaVitans (como os funcionários da empresa chamam a si mesmos). Todos os dias, em todas as clínicas de diálise, os DaVitans trabalham com afinco para dar vida àqueles que sofrem de doença renal.

Na DaVita, memoráveis frases de efeito infundem conversas diárias e reforçam os valores e práticas de gestão da empresa. A máxima dos Três Mosqueteiros, "Um por todos e todos por um", por exemplo, permeia a cultura da empresa e reforça a ideia de que todos da DaVita estão juntos, cuidando uns dos outros. Os funcionários são todos "companheiros de time" — preparados para colocar um dinheirinho em um copo na mesa de reunião se usarem a palavra "especial". Eles se referem à empresa como "Vila". Companheiros de time se tornam "cidadãos" da Vila quando estão dispostos a "atravessar a ponte" e assumir um compromisso público com a comunidade. Todos os membros da equipe de liderança sênior cruzaram a ponte como parte de seu ritual simbólico de passagem para esses papéis. O slogan da empresa, "GSD" (*get stuff done* — fazer as coisas acontecerem), incorpora sua ênfase de longa data na realização e excelência operacional, e o maior elogio para cumprimentar um colega de equipe é dizer que ele ou ela é "bom em GSD".

Javier Rodriguez, diretor executivo da DaVita, Kidney Care, diz que uma rápida olhada em sua linguagem pode parecer apenas retórica ou um jogo de palavras. Ele sente que é exatamente o oposto:

As palavras que usamos, apesar de simples em essência, são carregadas de significado. Criam imagens e comunicam história, tradições e crenças. Como a linguagem é difundida na organização, temos o benefício adicional de servir como alinhamento cultural e uma "prova de fogo" para os comportamentos — como na medicina humana, um órgão rejeitará palavras e ações inconsistentes.

A linguagem comunica claramente uma mensagem além do significado literal de suas palavras e frases. Em seu livro *Words Can Change Your Brain* [sem publicação no Brasil], Andrew Newberg e Mark Waldman mostram que "uma única palavra tem o poder de influenciar a expressão de genes que regulam o estresse físico e emocional".[9] Palavras positivas fortalecem áreas nos lobos frontais, promovendo o funcionamento cognitivo do cérebro e construindo resiliência. Por outro lado, a linguagem hostil e as palavras raivosas enviam sinais de alarme ao cérebro, como proteção contra qualquer ameaça à sobrevivência, e bloqueiam parcialmente os centros de lógica e raciocínio cerebrais.

A linguagem e as palavras usadas pelos líderes afetam as imagens que têm de si e as respostas das pessoas ao que acontece a seu redor. Elas ajudam a construir o enquadramento em torno das visões de mundo das pessoas, por isso é essencial estar atento à sua escolha de palavras. Quadros fornecem o contexto para pensar e falar sobre eventos e ideias e focar a atenção dos ouvintes em certos aspectos do assunto. Quadros influenciam como as pessoas veem e interpretam o que acontece ao redor. Por exemplo, termos como *chefe-subordinado, de cima para baixo* e *superiores-inferiores* formam um quadro hierárquico em torno de uma discussão sobre relacionamentos nas organizações. As palavras *colegas, companheiros de equipe* e *parceiros* formam um quadro diferente, mais colaborativo, em torno do mesmo tema. "Ver como fala" assume um significado totalmente novo a partir dos momentos em que seu professor o repreendeu na escola por usar uma palavra inadequada. Agora, trata de dar um exemplo para os outros sobre como precisam pensar e agir.

Faça Perguntas com Propósito   Quando você faz perguntas, envia seus colaboradores a jornadas mentais. Suas perguntas escolhem o caminho no qual as pessoas seguirão e focarão sua busca por respostas. As perguntas também permitem que as pessoas saibam o que é mais importante para você. Ao perguntar, por exemplo: "O que fez hoje para formar parceria com um colega e entregar o trabalho?" você envia um sinal sobre a importância da colaboração. Se, por outro lado, perguntar: "O que fez hoje para reduzir os custos dos negócios?" você envia uma mensagem muito diferente. Ambas são questões legítimas, mas indicam prioridades muito distintas. As perguntas são mais um indicador tangível de quão sério você é sobre as crenças que adota. Perguntas direcionam o foco para os valores que merecem atenção e para quanta energia deve ser dedicada a eles.

Perguntas desenvolvem pessoas. Elas as ajudam a escapar da armadilha de seus modelos mentais ao ampliar suas perspectivas e suas respostas, assumindo a responsabilidade por seus pontos de vista. Fazer perguntas relevantes também força você a ouvir atentamente o que seus seguidores estão dizendo. Essa ação demonstra seu respeito por suas ideias e opiniões. Se está genuinamente interessado no que as outras pessoas pensam, precisa perguntar sua opinião, especialmente antes de dar a sua. Perguntar o que os outros pensam facilita a participação em qualquer decisão e, em última instância, determina e, consequentemente, aumenta o apoio a essa decisão.

Quando Joshua Fradenburg foi contratado para levantar uma loja de artigos esportivos no norte da Califórnia, percebeu que todos os funcionários precisavam contribuir para criar maneiras de melhorar as vendas. Josh procurou abertamente conselhos, perguntando: "O que você acha que a loja faz bem? Em que acha que precisamos atuar?" Ele nunca criticou uma ideia, preferindo fazer perguntas de acompanhamento que permitissem um pensamento mais produtivo. Josh incentivou sua equipe a oferecer sugestões sobre merchandising, promoções de vendas e estoque. Por exemplo, embora a maior parte de sua equipe tivesse de 15 a 18 anos, ele pediu a cada um que fosse até a parede de produtos e escolhesse quais esquis ou snowboards queriam. Então ele os fez escolher seus equipamentos e botas. Depois de dar-lhes alguns minutos para tomar suas decisões, Josh perguntou-lhes em que estavam pensando quando decidiram. Ele pediu que fechassem os olhos e imaginassem como seria usar o novo equipamento: "Sinta o frio. Ouça o assobio do vento. Respire o ar fresco da montanha." Suas perguntas levaram-nos a pensar sobre como a maioria das pessoas tomava uma decisão de compra com base em critérios emocionais (e não técnicos). Como todos os líderes exemplares, Josh usou perguntas focadas para reformular o pensamento da equipe e sua abordagem de vendas.

Pense nas perguntas que você costuma fazer em reuniões, encontros individuais, telefonemas e entrevistas. Como ajudam a esclarecer e a se comprometer com valores comuns? Em que você gostaria que cada um de seus seguidores prestasse atenção todos os dias? Seja intencional e decidido sobre as perguntas que faz. Quando você não está por perto, que perguntas os outros devem imaginar que vai fazer quando voltar? Que indícios fornece com sua pergunta que mostram como as pessoas estão tomando decisões alinhadas com seus valores? Que perguntas você deve fazer se quiser que as pessoas se concentrem em integridade, confiança, satisfação do cliente, qualidade, inovação, crescimento, segurança e responsabilidade pessoal? Na Tabela 4.1, fornecemos algumas perguntas que você poderia fazer propositalmente todos os dias para demonstrar a importância de alguns valores comuns.

Tabela 4.1 Fazer Diariamente Perguntas com Propósito	
EQUIPE	*O que você fez hoje para ajudar um colega?*
RESPEITO	*O que você fez hoje para reconhecer o trabalho de um colega?*
APRENDIZADO	*Que erro você cometeu na semana passada e o que aprendeu com ele?*
MELHORIA CONTÍNUA	*O que você fez na semana passada que o tornou melhor do que antes?*
FOCO NO CLIENTE	*O que você mudou na semana passada a partir de sugestões de clientes?*

Quaisquer que sejam seus valores comuns, crie um conjunto de perguntas rotineiras que levará as pessoas a refletir sobre os valores comuns e o que elas fizeram todos os dias para colocá-los em prática.

Peça Feedback Como você pode saber que está fazendo o que diz (que é a definição, em termos *comportamentais,* de credibilidade) se nunca pedir feedback sobre seu comportamento? Como você pode esperar alinhar suas palavras e ações se não obtiver informações sobre como os outros as veem? Pedir feedback lhe dá uma perspectiva sobre você que só os outros podem ver. Com esse insight, você tem a oportunidade de fazer melhorias.

O processo de feedback atinge uma tensão entre duas necessidades humanas básicas: a de aprender e crescer versus a de ser aceito do jeito que é.[10] Consequentemente, até mesmo o que parece ser uma sugestão branda, gentil ou relativamente inofensiva pode deixar uma pessoa com raiva, ansiosa, ofendida ou profundamente ameaçada. Uma razão importante pela qual a maioria das pessoas, especialmente aquelas em posições de liderança, não é proativa em pedir feedback é o medo de se sentir exposta — como imperfeita, sem saber tudo, por não ser tão boa em liderança quanto deveria ser ou por não estar à altura da tarefa. Simplesmente não há maneira de contornar o fato de que você não pode crescer como líder sem obter feedback. Pesquisadores descobriram que pessoas que buscam feedback negativo (ao contrário de suas autopercepções) têm um desempenho melhor (nesse caso, mais chances de receber bônus financeiros) do que aquelas que apenas ouvem pessoas que veem suas qualidades positivas. "Estar ciente de suas fraquezas e deficiências", dizem eles, "goste ou não, é fundamental para a evolução".[11]

Ed Beattie, gerente-geral da Chorus (Nova Zelândia), está sempre à procura de feedback.[12] "Não há nenhum feedback que Ed não escute seriamente", disse-nos um de seus subordinados diretos. "Ele não quer que seguremos nada, nem mesmo feedback sobre seu desempenho pessoal. Ele quer saber o que está acontecendo — de bom, ruim e feio. Todo mundo tem a possibilidade de abordá-lo abertamente e com franqueza, sem medo de que ele fique com raiva ou na defensiva."

Bonnie Barger, vice-presidente de estratégia e operações de pedido em dinheiro da Oracle, assumiu um compromisso pessoal e público para buscar feedback e perguntar a outras pessoas como suas decisões as afetavam. Sua cúpula anual de crédito e cobrança foi um momento de credibilidade para ela e um ponto de virada com sua equipe, segundo ela:

> Foi uma chance de demonstrar a eles que eu quis dizer o que disse. Comecei a discussão examinando a nova direção do modelo de negócios da empresa, por que era importante passar por essa transformação. Eu disse que não tinha todas as respostas e pedi a ajuda deles. Acabou sendo um dia muito bom e, embora exaustivo e, às vezes, tenso, todos nos sentimos muito aliviados de poder conversar abertamente uns com os outros. Muitos vieram até mim depois e me agradeceram por dar esse tom. Ao nos abrirmos e pedirmos feedback, conseguimos alcançar um entendimento entre toda a equipe, que, de outra forma, seria impossível.

A autorreflexão, a disposição de buscar feedback e a capacidade de se engajar em novos comportamentos baseados nessas informações são preditivos de sucesso futuro em cargos gerenciais.[13] Você não pode aprender muito se não estiver disposto a descobrir mais sobre o impacto de seu comportamento no desempenho daqueles a seu redor. É sua responsabilidade como líder continuar perguntando aos outros: "Como estou indo?" Se não perguntar, provavelmente não lhe dirão. O Dr. John C. Brocklebank, vice-presidente sênior do SAS, achou o feedback de sua equipe *Leadership Practices Inventory* incrivelmente valioso.[14] Ao avaliar que obter feedback pode ser desconfortável para algumas pessoas porque expõe "vulnerabilidades" e, ao mesmo tempo, perceber que a disposição para ser vulnerável é o que torna um líder autêntico, John decidiu compartilhar o que aprendeu e o que pretendia fazer para se tornar um líder melhor. Em seu blog, descreveu o feedback como algo que o deixava "humilde e iluminado", e pediu que continuassem lhe dando suas opiniões sobre o progresso dele; ele agradeceu especificamente a sua equipe por esse presente.

Um benefício adicional de facilitar o feedback das pessoas é que você aumenta a probabilidade de elas aceitarem comentários honestos seus. É preciso ser sincero em seu desejo de melhorar a si mesmo e demonstrar que está aberto para saber como os outros o veem. No entanto, lembre-se de que, se não fizer nada com o feedback recebido, as pessoas provavelmente deixarão de fornecê-lo a você. Elas são susceptíveis a acreditar que você é arrogante o suficiente para pensar que é mais esperto do que todo mundo ou que simplesmente não se importa com o que alguém tem a dizer. Qualquer um desses resultados prejudica seriamente sua credibilidade e sua eficácia como líder.

Ensine os Outros a Alinhar Valores

Você não é o único modelo na organização. Todos deveriam dar o exemplo. Alinhe palavras e ações em todos os níveis e em todas as situações. Seu papel é certificar-se de que seus seguidores cumpram as promessas que vocês acordaram. As pessoas observam como você considera os outros responsáveis por viver os valores comuns e como reconcilia os desvios do caminho escolhido. Elas estão prestando atenção ao que os outros dizem e fazem, e você também deveria. Não é só o que *você* faz para demonstrar consistência entre palavras e ações.

Cada membro da equipe, parceiro e colega é um emissor de sinais sobre o que é valorizado. Portanto, você precisa procurar oportunidades para ensinar não apenas pelo seu exemplo, mas também assumindo o papel de professor e coach. Por exemplo, em vez de lidar com algumas contas de clientes para uma contratação recente com pouca instrução tática, Cheryl Chapman, gerente sênior de operações de clientes de um fabricante global de memória flash, passou várias horas diárias com essa pessoa fornecendo uma análise abrangente de processos, ações e lógica por trás de certas decisões. Ela incentivou o novo funcionário a ser sempre honesto com o cliente, mesmo em situações difíceis. Quando um problema de qualidade

levava a problemas de entrega de produtos que afetavam as metas financeiras de fim de trimestre do cliente, Cheryl orientou o funcionário a ter
uma conversa franca com o cliente em relação à causa raiz, ação corretiva
e etapas seguintes. Cheryl certificou-se de que esse novo funcionário, junto com outros membros da equipe, tivesse os mesmos padrões e valores,
especialmente nas interações com os clientes.

Para os subordinados diretos, há uma correlação muito forte entre como
avaliam a eficácia geral de seus líderes e a frequência com que os relatam
"gastando tempo e energia assegurando que as pessoas com quem trabalha
adiram aos princípios e padrões acordados". Os 25% dos líderes mais bem
avaliados por seus subordinados diretos como pessoas que põe em prática
seus valores compartilhados têm classificações favoráveis em atitudes
no ambiente de trabalho como comprometimento, motivação, orgulho e
produtividade, em média, 115% mais altas do que aqueles vistos por seus
subordinados diretos como menos engajados (25% com menor avaliação)
nesse comportamento de liderança.

Líderes exemplares sabem que as pessoas aprendem lições a partir de
como as pessoas lidam com eventos não planejados e planejados no cronograma. Sabem que as pessoas aprendem com as histórias que circulam
nos corredores, na sala de descanso, no refeitório, no andar de varejo e nas
redes sociais. Líderes exemplares sabem que o que é medido e reforçado
é o que é feito. Se você pretende criar uma cultura de alto desempenho,
precisa prestar atenção em angariar pessoas que compartilham os valores
que defendem. Para mostrar aos outros o que espera e garantir que se responsabilizem, você precisa enfrentar incidentes críticos, contar histórias
e garantir que os sistemas organizacionais reforcem os comportamentos
que deseja que eles repitam.

Enfrente Incidentes Críticos   Você não pode planejar tudo sobre seu
dia. Mesmo os líderes mais disciplinados não conseguem impedir a intrusão
do inesperado. Problemas acontecem. Incidentes críticos — ocorrências
fortuitas, particularmente em momentos de estresse e desafio — são uma
parte natural da vida de todo líder. Eles oferecem, no entanto, momentos
significativos de aprendizado para líderes e colaboradores. Incidentes críticos

apresentam oportunidades para os líderes ensinarem lições importantes sobre normas apropriadas de comportamento.

Sharada Ramakrishnan voltou de suas férias curtas para assumir o comando da equipe de um novo projeto na Capgemini, para descobrir que um dos membros planejava sair de férias durante uma semana crítica do projeto. Sua reação imediata, ela disse, foi recusar o pedido em branco. Então, ela percebeu que, como líder, precisava pensar não apenas no projeto, mas também nos membros de sua equipe: "Eu sabia que todos eles tinham direito a férias, especialmente quando eu tinha acabado de tirar um período." No entanto, uma crise de recursos significava que menos desenvolvedores naquela semana afetariam suas entregas e cronogramas. Sharada decidiu conceder o pedido, embora soubesse que isso exigiria que ela fizesse um trabalho de desenvolvimento adicional naquela semana. Ela entendeu que, ao fazer isso, daria um exemplo de como a equipe poderia se ajudar e ajudar uns aos outros durante qualquer crise, e esse incidente mudou completamente a perspectiva da equipe a respeito dela. Para ilustrar o impacto, ela ofereceu o seguinte exemplo.

> O indivíduo que estava de férias trabalhou horas extras e transferiu para mim os detalhes antes de sair de férias. Ele também garantiu que ficaria de prontidão para quaisquer esclarecimentos dos quais eu pudesse precisar ao lidar com seus códigos.
> A atitude de todos os outros membros da equipe começou a mudar em relação a mim quando perceberam que eu estava fazendo o que disse que faria. Permaneci com minha equipe, mesmo quando não era necessário, tomei iniciativa, demonstrei minha disposição em resolver seus problemas e ajudá-los a alcançar seus objetivos.

Há momentos críticos, como o que Sharada enfrentou, quando os líderes devem comunicar claramente o que é crucial e o que requer a atenção de todos. É exatamente isso que Emily Singh experimentou ao trabalhar com a fusão de duas equipes de negócios em uma fabricante de bens de consumo.[15] As equipes foram um pouco competitivas e Emily não era totalmente confiável. Para reverter essa situação, ela começou estabelecendo um tom de comunicação contínua com todos os envolvidos. Realizou reuniões frequentes, incentivando discussões abertas e tornando seguro para todos expressar seus sentimentos sobre o trabalho e a nova configuração da equipe. Na construção da confiança, ela compartilhou informações e experiências dos próprios clientes, solicitando feedback sobre as experiências dos outros, buscando e incorporando seus conselhos sobre como lidar com as alocações de clientes. Como um de seus subordinados diretos explicou: "Teria sido fácil para ela escolher favoritos, mas ela optou por fazer a coisa certa — suas palavras e ações eram consistentes — e, afinal, isso atingiu a todos de cima para baixo e os fez acreditar que estávamos juntos."

Incidentes críticos são aqueles eventos na vida dos líderes que oferecem a chance de improvisar enquanto ainda permanecem fiéis ao roteiro. Embora não possam ser explicitamente planejados, é útil ter em mente, como Sharada e Emily fizeram, que a maneira como você lida com esses incidentes — como alinha ações e decisões a valores comuns — fala muito sobre o que é importante.

Conte Histórias As histórias são uma ferramenta poderosa para ensinar às pessoas o que é importante e o que não é, o que funciona e o que não funciona, o que é e o que poderia ser.[16] Através de histórias, os líderes transmitem lições sobre valores comuns, definem a cultura e fazem com que os outros trabalhem juntos. Paul Smith, ex-diretor de pesquisa de consumidores e comunicações da Procter & Gamble, e autor de *Lead with a Story* [sem tradução no Brasil] explica por que contar histórias é tão importante para os líderes:

> Você não pode simplesmente pedir que as pessoas
> "sejam mais criativas", "se motivem" ou "comecem a
> amar seu trabalho". O cérebro humano não funciona
> dessa maneira. Mas você pode levá-las até lá com
> uma boa história. Não é possível nem mesmo pedir
> que as pessoas sigam as regras, porque ninguém lê
> o livro de regras. Mas as pessoas vão ler uma boa

> história sobre um cara que quebrou as regras e foi
> demitido ou uma mulher que as seguiu e conseguiu
> um aumento. E isso seria mais eficaz do que ler o
> livro de regras, de qualquer maneira.[17]

O autor de administração Steve Denning aprendeu em primeira mão como as histórias podem mudar o curso de uma organização quando ele era diretor do programa de gestão do conhecimento do Banco Mundial. Depois de tentar todas as formas tradicionais de levar as pessoas a mudar seu comportamento, Steve descobriu que as histórias simples eram a maneira mais convincente de comunicar as mensagens essenciais dentro da organização. "Nada mais funcionou", disse Steve. "Gráficos deixam os ouvintes perplexos. A prosa permanece não lida. O diálogo é muito trabalhoso e lento. Vez após vez, quando confrontados com a tarefa de persuadir um grupo de gerentes ou funcionários da linha de frente em uma grande organização a se entusiasmarem com uma grande mudança, descobri que a narrativa era a única coisa que funcionava."[18] Em um clima de negócios obcecado por apresentações em PowerPoint, gráficos e tabelas complexas, e longos relatórios, a narrativa parece para alguns uma forma de suavizar temas áridos. É tudo menos isso. Os dados suportam a experiência de Paul e Steve com a narrativa. Pesquisas mostram que quando os líderes querem comunicar padrões, as histórias são um meio de comunicação muito mais poderoso.[19] As pessoas se lembram mais rapidamente e com maior precisão de histórias — mais do que se lembram de declarações de políticas corporativas, dados sobre desempenho e até mesmo de uma história mais os dados.

Contar histórias tem sido uma parte da vida de Phillip Kane desde que era criança, e ele levou a tradição da família para sua vida profissional. No início de sua carreira, precisando encontrar uma maneira de se conectar pessoalmente com funcionários na Goodyear Tire & Rubber Company, começou a escrever para sua equipe toda sexta-feira. A carta, intitulada simplesmente "A semana", começava como uma recapitulação dos destaques do trabalho da semana anterior. Mas logo se transformou em "uma comunicação que tratava menos do que fazemos e mais do como fazemos — o que, para mim, é tão ou mais importante", explicou Phillip. Agora, como diretor comercial de principais mercados da Pirelli Industrial SpA, Phillip usa histórias para ajudar a superar segmentações culturais e linguísticas, usando experiências humanas comuns para unir as pessoas. A narração de histórias, acredita Phillip, oferece uma estrutura para relacionar a mensagem a uma realidade — algo que as pessoas encontram em suas vidas que pode ser uma ponte para o ponto principal — e oferece a ele a chance de liderar através de um exemplo, em vez de se expressar simplesmente como se entoasse uma pregação.

Contar histórias, como Phillip sabe, tem outro benefício duradouro. Isso força você a prestar muita atenção ao que acontece a seu redor. Quando você escreve ou conta uma história sobre alguém com quem seus ouvintes se identificam, eles ficam muito mais propensos a ver a si mesmos fazendo a mesma coisa. As pessoas raramente se cansam de ouvir histórias sobre si mesmas e sobre as pessoas que conhecem. Essas histórias se repetem, e suas lições se espalham por toda parte.

Reforçar Através de Sistemas e Processos Bert Wong, CEO da joint venture nipo-americana Fuji Xerox Singapore, percebeu que sua equipe e empresa dependiam demais dele. "Eu liderava uma orquestra de pessoas que apenas seguiriam a mim", disse-nos Bert. "Quando eu estava fisicamente presente, a empresa via crescimento, mas quando eu estava ausente, os negócios sofriam proporcionalmente. Iniciativas seriam seguidas com excelente execução, mas o ponto de partida e a força motriz sempre se originariam de mim." Bert iniciou um processo plurianual de criação de uma organização sustentável, na qual todos compartilhavam e operavam sob um conjunto comum de valores. Embora muitos inicialmente tenham desafiado sua abordagem, a persistência de Bert levou à criação dos quatro valores centrais da Fuji Xerox Singapore: *Espírito de Luta, Inovação e Aprendizagem, Colaborar para Competir e Cuidado e Preocupação.*

Bert apreciou, no entanto, que entender esses valores e concordar com eles eram apenas os primeiros passos. O próximo desafio foi torná-los um modo de vida, garantindo que os valores centrais desempenhassem um papel fundamental na orientação das decisões e ações cotidianas dos membros da organização. Ele sabia que todos os processos e sistemas organizacionais tinham que reforçá-los. Por exemplo, sempre que ganhavam um contrato, Bert fazia questão de atribuir o sucesso a viver os valores centrais. Ele começou a falar sobre os valores em todas as reuniões. A empresa estabeleceu um Prêmio de Melhor Profissional do Ano, votado por colegas, para dar reconhecimento às pessoas que materializaram os Valores Fundamentais da FX Singapore. Para reforçar o valor do Colaborar para Competir, por exemplo, diferentes departamentos começaram a compartilhar indicadores-chave de desempenho (KPIs) semelhantes. Em pontos em que anteriormente os departamentos financeiro e de vendas se chocavam com frequência, eles unificaram os KPIs de ambos, reforçando o valor da colaboração e dando ao departamento de finanças participação na conquista de contratos.

A Fuji Xerox Singapore gradualmente começou a ver as mudanças dentro da organização. Com os Valores Centrais reforçados em suas atividades diárias de trabalho, as pessoas começaram a internalizar os valores em tudo o que faziam. O que começou como a jornada de liderança pessoal de Bert acabou levando à institucionalização de um conjunto de princípios que guiavam as decisões e ações de todos.

Lou Gerstner, creditado por salvar a IBM após um ressuscitamento e depois revigorar a empresa quase falida quando assumiu a presidência e o cargo de CEO, em 1993, foi recentemente questionado: "Qual é a importância dos valores na manutenção das empresas?"[20] Lou respondeu: "Acho que os valores são realmente importantes, mas também acho que valores demais são apenas palavras." Se você observar os relatórios anuais de dez grandes empresas, o que chama a atenção, explicou ele, é que "quase todas as missões são as mesmas. Mas quando você entra nessas empresas, muitas vezes percebe que as palavras não se traduzem em prática". Por exemplo, uma empresa pode dizer que o trabalho em equipe é crítico, mas o desempenho individual gera bons níveis de remuneração, ou a qualidade do serviço é considerada vital, mas é medida apenas anualmente. Lou explicou: "Se as práticas e os processos dentro de uma empresa não orientam a execução de valores, as pessoas não entendem. A questão é, você cria uma cultura de comportamento e ação que realmente demonstra esses valores e um sistema de recompensas para aqueles que aderem a eles?"

Todos os líderes exemplares entendem que você precisa reforçar os valores fundamentais que são essenciais para construir e sustentar o tipo de cultura que deseja.[21] Medidas-chave de desempenho e sistemas de recompensa estão entre os muitos métodos disponíveis para você. Recrutamento, seleção, integração, treinamento, informação, retenção e sistemas de promoção são outras maneiras significativas de ensinar as pessoas a promulgar valores e a alinhar decisões. As normas e práticas de sua equipe e organização enviam sinais sobre o que é valorizado e o que não é; portanto, devem ser consistentes com os valores e padrões comuns que você tenta ensinar.

TOME UMA ATITUDE

Dê o Exemplo

Uma das partes mais difíceis de ser um líder é que você está sempre em evidência. As pessoas estão sempre o observando, falando sobre você e testando sua credibilidade. É por isso que definir o exemplo *certo* é tão importante, assim como é essencial fazer uso de todas as ferramentas que você tiver disponíveis.

Os líderes enviam sinais de várias formas, e os colaboradores os leem como indicadores do que é certo fazer e do que não é. Como você gasta seu tempo é o melhor indicador do que é importante para você. O tempo é um bem precioso porque, uma vez passado, nunca é recuperável. Mas, se sabiamente investido, consegue retornos por anos. A linguagem que você usa e as perguntas que faz são outras formas poderosas de moldar as percepções do que você valoriza. Você também precisa de feedback para saber se está fazendo o que diz ou se suas mensagens são ambíguas.

Esteja consciente de que não é só o que você faz que importa. Você é avaliado também pela consistência das ações dos seus colaboradores com os valores comuns, então deve ensinar aos outros como dar o exemplo. Incidentes críticos — essas ocorrências aleatórias na vida de todas as organizações — oferecem momentos significativos de aprendizado. Eles oferecem a você a oportunidade de transmitir lições em tempo real, não apenas na teoria ou na sala de aula. Incidentes críticos geralmente se tornam histórias, e as histórias estão entre as ferramentas de ensino mais influentes que você tem.

(continua)

Lembre-se de que o que você reforça é o que recebe mais atenção. Você tem que manter as anotações para as pessoas saberem como estão se saindo e para melhorar a maneira como o fazem. Também deve recompensar o comportamento apropriado se espera que as pessoas o repitam.

Para Modelar o Estilo, você deve *dar o exemplo, alinhando as ações com os valores comuns*. Isso significa que você deve:

1. Manter seus compromissos e cumprir suas promessas.

2. Certificar-se de que seu calendário, reuniões, entrevistas, e-mails e todas as outras formas de gastar seu tempo reflitam o que você diz ser importante.

3. Fazer perguntas objetivas que mantenham as pessoas constantemente focadas nos valores e prioridades mais essenciais.

4. Transmitir exemplos de comportamento exemplar através de histórias vívidas e memoráveis que ilustram como as pessoas são e deveriam se comportar.

5. Pedir publicamente o feedback de outras pessoas sobre como suas ações as afetam.

6. Fazer alterações e ajustes com base no feedback que recebe; caso contrário, as pessoas deixarão de se preocupar em oferecê-lo.

INSPIRE UMA VISÃO COMUM

PRÁTICA 2

INSPIRE UMA VISÃO COMUM

- Veja o futuro, imaginando possibilidades vibrantes e dignificantes.

- Arregimente outras pessoas para uma visão comum, evocando as aspirações compartilhadas.

CAPÍTULO 5

Veja o Futuro

EM UMA REUNIÃO tarde da noite da equipe de Anh Pham, o clima estava inspirado. O jantar acabara de chegar e todos estavam alegres. Os membros da equipe estavam sorrindo e brincando. O nível de energia era alto. Parecia "mágico", disse-nos Anh. Ele esteve imaginando esse tipo de momento por algum tempo.

Essa cena leve é difícil de imaginar, considerando que apenas alguns meses antes de todos estavam em conflito. Anh era gerente de engenharia da Analog Devices e a empresa passara por uma grande mudança organizacional. Sob a nova iniciativa estratégica, várias divisões foram dissolvidas, a alta administração se embaralhou e o escritório satélite em que a equipe de Anh estava localizada sofreu grandes cortes. O número de funcionários caiu 30%. O moral despencara e Anh achava cada vez mais difícil conseguir que sua equipe se concentrasse em seu trabalho de desenvolvimento de produtos. A produtividade sofreu quando as pessoas começaram a se preocupar mais com seus empregos e com a direção da equipe do que com o trabalho em si.

Anh sabia que algo precisava acontecer. Ele percebeu que a equipe precisava de orientação, mas não achava que esse fosse seu trabalho. O novo gerente-geral, no entanto, não tinha sido muito eficaz, na opinião de Anh, em "lidar com o moral baixo da equipe ou articular uma visão clara para o nosso futuro". Determinado a corrigir a situação, Anh pensou seriamente em uma estratégia e visão orientadora para a equipe, e compartilhou isso em uma reunião com seu gerente. Seu apelo apaixonado causou uma boa impressão e, na revisão trimestral seguinte, Anh subiu ao pódio para definir a visão.

Anh começou pedindo desculpas pela falta de comunicação anterior, particularmente no que tangia às demissões. Ele explicou por que tinha sido necessário desinvestir certas linhas de negócios, concentrar-se em sua principal competência e aplicar seus talentos para resolver os problemas mais desafiadores de seus clientes. Então, compartilhou sua mensagem apaixonada sobre o que projetava para o futuro coletivo:

> Somos uma potência de design. Todos e cada um de nós estão aqui porque queremos construir o melhor conversor, o sistema de comunicação mais rápido e o sensor automotivo mais inteligente. Essa é a nossa chance de fazer exatamente isso. Imagine o dia em que Apples, Ericssons ou Ciscos do mundo nos chamarão toda vez que sonharem com a próxima grande novidade. Eles pedirão nossa última tecnologia mais avançada e nosso jeito de resolver seus problemas com eficiência e elegância. Olhe nosso site hoje e você verá dispositivos analógicos — à frente do que é possível. Isso não acontecerá da noite para o dia, mas é nosso compromisso, e precisamos que todos façam de nossa visão uma realidade. Precisamos do seu talento e de sua dedicação e, acima de tudo, precisamos de você para alcançar seus sonhos e fazê-los acontecer.

"Minha mensagem foi como um tapa", disse-nos ele. "Do outro lado da sala, alívio e excitação substituíram os rostos preocupados. O clima tenso deu lugar a uma atmosfera relaxada e leve." Tanto Anh quanto sua equipe sabiam que um discurso não mudaria as coisas da noite para o dia. Mas sua mensagem lidava diretamente com a situação atual e apelava para o espírito competitivo dos membros da equipe e seu propósito comum de excelência técnica. Garner obteve apoio da equipe e da gerência sênior — exatamente do que precisavam no momento.

Chame como quiser — visão, propósito, missão, legado, sonho, aspiração, chamado ou interesse pessoal —, a intenção é a mesma. Se você vai ser um líder exemplar, tem que ser capaz de imaginar um futuro positivo, como a história de Anh ilustra. Quando visualiza o futuro que deseja para si mesmo e para os outros, e quando se sente apaixonado pelo legado que pretende deixar, é muito mais provável que dê o primeiro passo. No entanto, se você não tem a menor ideia de suas esperanças, sonhos e aspirações, a chance de assumir a liderança é pequena. Na verdade, você pode nem ver a oportunidade que está bem à sua frente.

Líderes exemplares são visionários — um componente de qualidade claramente esperado dos líderes. Eles projetam o futuro e olham além do horizonte, vendo maiores oportunidades. Imaginam que feitos extraordinários são possíveis e que algo nobre pode emergir do comum. Eles desenvolvem uma imagem ideal e única do futuro para o bem comum.

Mas tal visão não pertence apenas ao líder. Tem que ser uma visão comum. Todo mundo tem esperanças, sonhos e aspirações. Todo mundo quer que amanhã seja melhor que hoje. Visões comuns atraem mais pessoas, sustentam níveis mais altos de motivação e resistem a mais desafios do que aquelas exclusivas de apenas alguns. Você tem que ter certeza de que o que você pode ver também é algo que os outros podem.

Líderes assumem o compromisso de *Ver o Futuro* dominando estes dois fundamentos:

▶ *Imagine as possibilidades*
▶ *Encontre um propósito comum*

Você começa com o objetivo em mente, imaginando o que é possível. Encontrar um propósito comum inspira as pessoas a quererem tornar essa visão real.

Imagine as Possibilidades

"O ser humano é o único animal que pensa no futuro" (grifo dele), escreve Daniel Gilbert, professor de psicologia na Universidade de Harvard, conhecido por suas pesquisas sobre prospecção afetiva. "A maior conquista do cérebro humano é a capacidade de imaginar objetos e episódios que não existem no âmbito do real, e é essa capacidade que nos permite pensar no futuro... o cérebro humano é uma 'máquina de antecipação' e 'forjar o futuro' é a coisa mais importante que ele faz."[1]

Líderes são sonhadores. Líderes são idealistas. Líderes são pensadores da possibilidade. Todos os empreendimentos, grandes ou pequenos, começam com a crença de que o que hoje é apenas um anseio será, um dia, realidade. É essa crença que também sustenta líderes e seus colaboradores durante os tempos difíceis. Transformar possibilidades empolgantes em uma visão comum inspiradora está no topo da lista das responsabilidades mais importantes de todo líder.

Quando pedimos às pessoas para nos dizer de onde vêm suas opiniões, elas geralmente têm muita dificuldade em descrever o processo. Quando fornecem uma resposta, é tipicamente relacionada a uma sensação, sentimento ou instinto. Muitas vezes, não há lógica explícita nisso. Elas apenas se sentem seguras a respeito de algo, e esse sentido intuitivo deve ser totalmente explorado.[2] A previsão e a intuição não são atividades lógicas e são extremamente difíceis de explicar e quantificar. Alden M. Hayashi, ex-editor sênior da *Harvard Business Review,* que estudou a tomada de decisões executivas, relata: "Em minhas entrevistas com altos executivos conhecidos por seus instintos de negócios perspicazes, ninguém conseguia articular com precisão como eles rotineiramente tomavam decisões importantes que desafiavam qualquer análise lógica. Para descrever essa sensação vaga de saber algo sem saber exatamente como ou por que, eles usaram palavras como *julgamento profissional, intuição, instinto, voz interior* e *palpite,* mas não conseguiram descrever o processo muito além disso."[3] No entanto, os líderes que ele estudou concordaram que essas habilidades difíceis de descrever eram cruciais para a eficácia. Chegaram mesmo a dizer que era o "X da questão" que separa os melhores dos medíocres. De fato, intuição e visão, por definição, conectam-se diretamente. A intuição tem como raiz uma palavra latina que significa "olhar para".[4]

Visões são projeções de nossas crenças fundamentais e suposições sobre a natureza humana, tecnologia, economia, ciência, política, arte, ética e afins. Uma visão do futuro é muito parecida com um tema literário ou musical. É a mensagem primordial, persistente e abrangente que você quer transmitir, a melodia recorrente que você quer que as pessoas lembrem; e, sempre que repetida, lembra ao público de todo o trabalho. Todo líder precisa de um tema, um princípio de orientação em torno do qual possa organizar completamente uma estratégia. Qual é sua mensagem central? Qual é seu tema recorrente? O que você mais quer que as pessoas visualizem toda vez que pensam no futuro?

Pergunte às pessoas se seu líder "mostra a 'visão geral' daquilo que aspiramos a realizar". Pergunte-lhes com que frequência seu líder "descreve uma imagem convincente de como seria seu futuro". O que você descobrirá é que os líderes que mais se envolvem nesses comportamentos têm subordinados com as maiores pontuações positivas em relação à atitude no local de trabalho. Por exemplo, 73% daqueles que se referem a líderes nos dois comportamentos de liderança nos 10% superiores "concordam fortemente" que trabalharão mais e por mais horas se o trabalho exigir, em comparação com apenas 15% daqueles que se reportam aos líderes nos 10% inferiores. Menos de 8% dos subordinados dos líderes nos 10% superiores concordam fortemente com a afirmação: "As pessoas que fazem parte do grupo de trabalho dessa pessoa sentem que estão fazendo a diferença na organização."

Respostas à questão de como os subordinados concordam ou discordam de que "no geral, meu supervisor é um líder eficaz" fornecem provas inegáveis de que ser claro sobre o futuro é essencial. Apenas 6% daqueles que classificam seus líderes nos 10% inferiores sobre fornecer clareza sobre o futuro sentem que seu líder é eficaz. No entanto, os subordinados que classificam seus líderes nos 10% superiores nessa dimensão têm mais de 13 vezes mais chances de classificar seus líderes como eficientes. As descobertas são semelhantes à questão de com que frequência seu líder "mostra o 'quadro geral' e descreve uma imagem convincente do que o futuro poderia ser". Os subordinados fornecem classificações de eficácia quase 1,6 vezes maiores para os líderes nos 10% superiores nessa variável, em comparação com seus pares nos 10% inferiores. A mensagem principal dessas descobertas: todo líder deve aprender a comunicar uma visão de seu propósito maior.

Ser capaz de visualizar o futuro é decididamente importante e tem um tremendo impacto nos níveis motivacionais das pessoas e na produtividade no local de trabalho. Para muitos líderes, no entanto, imagens convincentes do futuro não são fáceis — a princípio. Felizmente, existem maneiras de aumentar sua capacidade de imaginar possibilidades interessantes e descobrir o tema central de sua vida e, potencialmente, das vidas de outras pessoas. Avanços surgem quando você *reflete* sobre seu passado, *cuida* do presente, *prospecta* o futuro e *expressa* sua paixão.

Reflita sobre Seu Passado Por mais contraditório que pareça, ao vislumbrar o futuro, primeiro você precisa olhar para o passado. Olhando primeiramente para trás, você vislumbra melhor e com mais clareza o horizonte do futuro. Entender o passado o ajuda a identificar temas, padrões e crenças que ressaltam por que você se importa com certos ideais e explica por que realizar essas aspirações é uma prioridade tão alta para você.[5] Essa foi precisamente a lição percebida por Jade Lui, na época, consultora de uma empresa de recrutamento australiana, que nos disse: "Para vislumbrar o futuro, primeiro precisei pesquisar meu passado sobre temas recorrentes ao longo da vida. Isso me dá clareza para identificar o quadro geral, mas também entender as tendências atuais." Na mesma linha, "ler a história" é o melhor conselho que Bob Rodriguez, diretor executivo e CEO da First Pacific Advisors, que investiu US$17 bilhões na empresa, diz sobre o que fazer para ser o melhor profissional de investimentos possível.[6] "Então, tornei-me um bom historiador", diz ele, "lendo tanto a história econômica e financeira quanto a geral".

Seu histórico pessoal é seu parceiro de viagem em todas as suas jornadas. Ele fornece orientação valiosa e informa as escolhas que deve fazer. Como dizem os historiadores John Seaman e George David Smith, sócios do Winthrop Group, "o trabalho dos líderes, a maioria concorda, é inspirar esforços coletivos e elaborar estratégias inteligentes para o futuro. A história é proveitosamente empregada em ambas as frentes".[7] Liderar considerando a história, eles sustentam, não é ser escravo do passado, mas reconhecer que há lições inestimáveis a serem aprendidas perguntando: "Como chegamos ao ponto em que estamos hoje?" Michael Watkins, vice-presidente do Instituto de Tecnologia da Califórnia, e notável estudioso sobre transições aceleradas, diz que, sem essa perspectiva, "você corre o risco de derrubar cercas sem saber por que foram colocadas. Munido da introspecção da história, você certamente sabe onde a cerca é necessária e onde colocá-la. Ou pode descobrir que há uma boa razão para deixá-la onde está".[8]

Quando você olha em primeiro lugar para seu passado, percebe o quanto sua vida tem sido repleta, e se torna mais consciente de todas as possibilidades que podem estar à frente. Olhar para trás permite que você entenda melhor que o tema recorrente central em sua vida existe há muito tempo. Outro benefício de olhar para trás antes de vislumbrar o futuro é que você ganha uma maior apreciação de quanto tempo pode levar para realizar as aspirações.

Nada disso significa dizer que o passado *é* seu futuro. Isso seria como dirigir olhando apenas no espelho retrovisor. Somente quando você olha profundamente para a história de toda a sua vida, entende coisas sobre si mesmo e seu mundo que não consegue compreender completamente olhando para o futuro como uma lousa em branco. É difícil, se não impossível, imaginar ir a um lugar em que nunca esteve, na realidade ou indiretamente. Fazer uma viagem a seu passado antes de explorar seu futuro torna a viagem muito mais significativa.

Cuide do Presente   As pressões diárias, o ritmo das mudanças, a complexidade dos problemas e a turbulência nos mercados globais muitas vezes mantêm sua mente refém e o fazem pensar que não tem tempo nem energia para se dedicar ao futuro. Mas cuidar do futuro não significa que você tenha que ignorar o que acontece no presente. Significa, no entanto, que precisa estar mais atento a isso.

Estar atento aos outros e a seu ambiente é vital, e um número crescente de líderes e organizações confia no poder da atenção plena.[9] Você tem que sair do piloto automático, acreditando que sabe tudo o que precisa saber, vendo o mundo através de categorias preestabelecidas, e não notando o que acontece a seu redor. Para aumentar sua capacidade de conceber soluções novas e criativas para os problemas de hoje, você precisa estar presente no presente. Tem que *parar, olhar* e *ouvir*. Como disse um dos gerentes seniores de desenvolvimento da IBM, Amit Tolmare, ele teve que aprender que "para imaginar o futuro, você precisa entender o presente. Você tem que ouvir sua equipe e sentir suas dores. Somente quando entender os desafios atuais será capaz de imaginar um amanhã melhor".

Reserve algum tempo todos os dias para parar de fazer "coisas". Crie um espaço em branco no seu calendário. Lembre-se de que seus dispositivos eletrônicos têm um botão de desligar. Pare de se manter em movimento. Então, comece a perceber mais do que está acontecendo ao seu redor agora. Em *Liderando a Revolução,* Gary Hamel, um dos pensadores de negócios mais influentes do mundo, observou que muitas pessoas não apreciam e compreendem o que está mudando em torno delas "porque estão no nível do solo, perdidas no meio de dados confusos e conflitantes". Ele diz: "Você tem que se dar tempo para voltar atrás e se perguntar: 'Qual é a grande história que permeia todos esses pequenos fatos?'"[10]

Olhe em volta de seu local de trabalho e comunidade. O que as pessoas estão fazendo que não fizeram há alguns anos? O que estão vestindo, usando e descartando? Como as pessoas interagem? Como os locais de trabalho e as comunidades parecem e se sentem diferentes, agora, comparados com o que já foram? Quais são as tendências atuais populares hoje em dia? Por quê?

Ouça seus seguidores. Quais são os temas da conversa? O que estão dizendo que precisam e querem? O que estão dizendo que os impede de fazerem seu melhor? O que acham que deveria ser mudado? Ouça também os sinais fracos, o que não está sendo dito. Ouça coisas que você nunca ouviu antes. O que tudo isso lhe diz sobre aonde as coisas estão indo? O que lhe diz sobre o que encontrará ao virar a esquina?

Quando promovido a gerente de produtos na Labo America, Gautam Aggarwal percebeu que, para enxergar o futuro, precisava cuidar do presente. Para desenvolver uma "visão clara do tipo de grupo que precisávamos ser e de como atingiríamos nossos objetivos", explicou Gautam, "entendi que a visão de um líder visionário precisa ser apoiada em fatos sobre o passado e o presente".

Uma das primeiras coisas que ele fez foi realizar um fórum aberto em que todos tiveram a "oportunidade de fornecer feedback sobre o que estávamos fazendo certo e o que precisava tanto de melhorias imediatas quanto de longo prazo". Ele queria aprender como eles percebiam a presença da linha de produtos no mercado na época e como a imaginavam de três a cinco anos no futuro, porque, como supôs, "todos teríamos que estar na mesma página sobre onde estamos hoje antes de podermos ir a qualquer lugar no futuro". Essas discussões forneceram a Gautam e a seus colegas uma avaliação realista de condições, forças e desafios atuais, além de ajudá-los a identificar e fazer escolhas sobre qual dos muitos caminhos promissores deviam seguir.

Para poder visualizar o futuro, você precisa perceber o que já está acontecendo. Você tem que identificar as tendências e os padrões e apreciar tanto o todo quanto as partes. Tem que ser capaz de ver a floresta *e* as árvores. Imagine o futuro como um quebra-cabeça. Você vê as peças e começa a entender como se encaixam, uma a uma, em um todo. Da mesma forma, com sua visão, precisa vasculhar os bits e bytes de dados que se acumulam diariamente e observar como formam uma imagem do que está por vir. Vislumbrar o futuro não é olhar para a bola de cristal de uma cartomante; mas prestar atenção às pequenas coisas que acontecem ao seu redor e ser capaz de reconhecer padrões que apontam para o futuro.

Prospecte o Futuro   Mesmo que você pare, olhe e ouça mensagens no presente, também precisa levantar a cabeça e olhar para o horizonte. Os líderes precisam estar atentos a desenvolvimentos emergentes em tecnologia, demografia, economia, política, artes, cultura popular e todos os aspectos da vida dentro e fora da organização. Eles têm que antecipar o que pode estar vindo do outro lado da colina e virando a esquina. Eles têm que prospectar o futuro.

Dan Schwab, como diretor de treinamento e desenvolvimento organizacional do Trust for Public Land, incentivou o pensamento sobre o futuro, perguntando às pessoas que contratavam novas orientações: "Onde você quer ver essa organização daqui a cinco anos? Dez anos a partir de agora?" Dan acreditava que "o maior presente que você pode dar a outras pessoas é ter um pensamento mais amplo do que elas imaginam". Ele foi, como muitos líderes entrevistados nos disseram, "o departamento de futuros da minha organização".

A liderança exige que você gaste um tempo considerável lendo, pensando e falando sobre a visão de longo prazo, não apenas para sua organização específica, mas também para os ambientes em que você atua. Esse imperativo se intensifica com o escopo e o nível de responsabilidade de sua posição.[11] Por exemplo, quando o papel é estratégico (como para um CEO, presidente ou diretor de desenvolvimento de negócios, por exemplo), a orientação temporal é mais ampla e orientada para o futuro do que quando o papel é mais tático (por exemplo, digamos, um supervisor de produção ou gerente de operações). Nossos dados sobre a importância percebida de *voltado para o futuro* como uma característica de liderança-chave varia de acordo com o nível organizacional, sendo quase sempre considerada vital pelos executivos seniores, mas menos importante para os gerentes de nível médio; apenas cerca de metade dos supervisores da linha de frente o consideram necessário. Menos de 50% dos estudantes universitários incluem essa característica em sua lista de quatro principais características de liderança admiradas. Claramente, aqueles com responsabilidades por projetos e resultados de longo prazo veem o crescente valor de poder olhar mais para o futuro.

Você precisa considerar o que vai fazer depois que o problema, tarefa, atividade, projeto ou programa atual estiver concluído. "O que mais?" deve ser uma pergunta que você frequentemente se faz. Se não está pensando sobre o que acontecerá após a conclusão do seu projeto de longo prazo, então você pensa no longo prazo da mesma forma que a maioria. Em outras palavras, você é superficial! O trabalho do líder é pensar no próximo projeto, e no seguinte, e no subsequente. Para incentivar essa perspectiva, a equipe de liderança de recursos humanos da Modern Terminals Limited (Hong Kong) dedica um tempo a cada ano para considerar não apenas "o que estamos fazendo certo?"; mas, mais criticamente, a questão: "O que poderíamos fazer de forma diferente para nos tornarmos uma equipe de recursos humanos ainda melhor?"[12] Eles incentivam todos a sonhar alto e compartilhar suas aspirações para o futuro.

Os pesquisadores mostraram como os líderes que se concentram no futuro atraem seguidores mais prontamente, induzem mais esforço e motivação intrínseca dos membros do grupo, promovem identificação, mobilizam ações coletivas e, finalmente, alcançam melhor desempenho em medidas de resultados individuais e organizacionais.[13] O futuro é onde a oportunidade está. Você deve gastar tempo pensando sobre o futuro e se tornar melhor em projetar nele. Seja lendo sobre tendências, conversando com futuristas, ouvindo podcasts, seja assistindo a documentários, desenvolver uma compreensão profunda de para onde as coisas vão é uma parte significativa do trabalho de qualquer líder. Seus seguidores esperam por você. É preciso que você gaste mais do hoje pensando no amanhã, se seu futuro for ser uma melhoria do presente. E, durante todo o processo de refletir sobre seu passado, cuidar do presente e prospectar o futuro, você também precisa manter contato com o que o move, com o que se importa, com onde está sua paixão.

Expresse Sua Paixão Qualquer um teria grandes dificuldades em imaginar possibilidades quando não se sente apaixonado pelo que faz. Visualizar o futuro exige que você se conecte com seus sentimentos mais profundos. Você tem que encontrar algo que seja tão importante que esteja disposto a dedicar seu tempo, sofrer os contratempos inevitáveis e fazer os sacrifícios necessários. Sem um desejo intenso, uma preocupação categórica, uma questão consumada, uma proposição séria, uma esperança mais amorosa ou um sonho acalentado, você não pode acender a faísca necessária para energizar aspirações e ações. Tem que recuar e se perguntar: "O que inflama minha alma? O que me tira da cama de manhã? O que me pegou e não me soltou?"

Líderes querem fazer algo significativo, realizar algo que ninguém mais conseguiu. Essa motivação — seu senso de significado e propósito — tem que vir de dentro. Ninguém pode impor uma visão automotivadora a você. É por isso que, assim como falamos sobre os valores, você deve primeiro esclarecer sua visão do futuro antes de poder contar com os outros para uma visão comum. Como é possível ver na Figura 5.1, a porcentagem de subordinados que concordam com a afirmação "No geral, essa pessoa é um líder eficaz" aumenta drasticamente com a frequência que eles dizem que seu líder "fala com uma convicção genuína sobre o significado e propósito mais elevados do nosso trabalho". As respostas dos colegas e gerentes desses mesmos líderes produzem resultados semelhantes. As pessoas têm melhor consideração por aqueles líderes que regularmente falam sobre o "porquê" do trabalho e não apenas sobre "o quê".

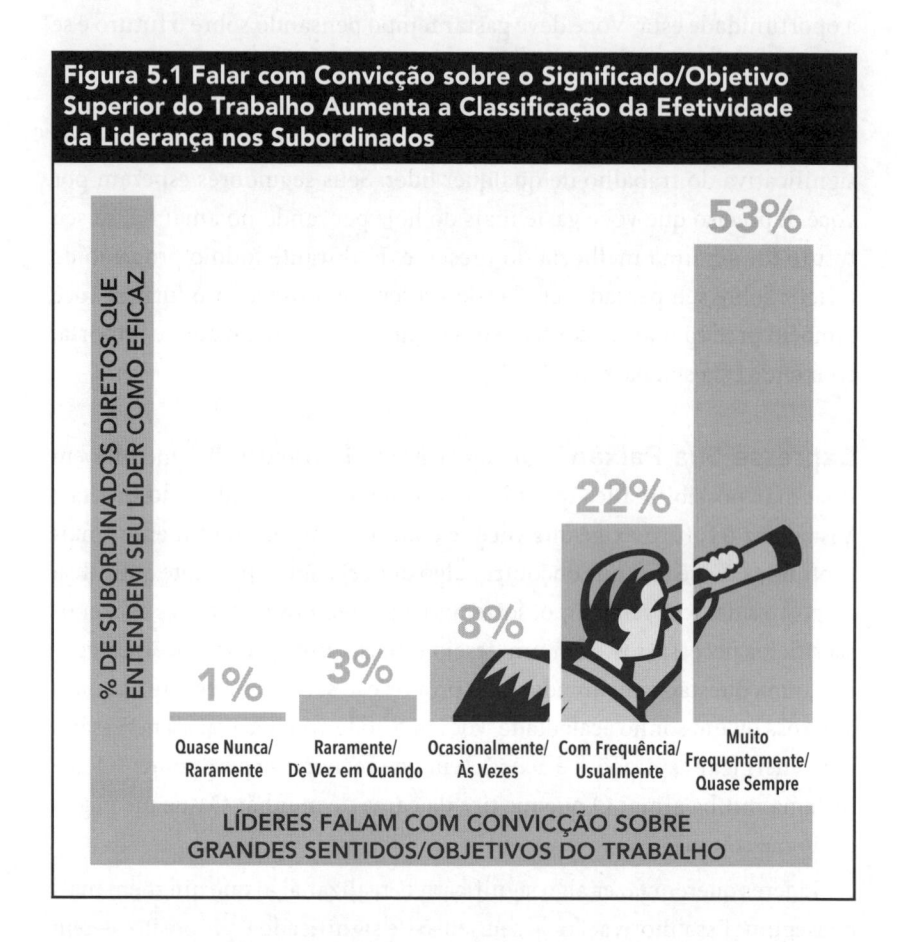

Figura 5.1 Falar com Convicção sobre o Significado/Objetivo Superior do Trabalho Aumenta a Classificação da Efetividade da Liderança nos Subordinados

Ter um forte senso de propósito — particularmente um que beneficie os outros e não apenas a si mesmo — tem um impacto profundo no seu desempenho e saúde. Quando as organizações transmitem um forte senso de propósito, há maior engajamento e desempenho financeiro mais forte do que quando as pessoas acham que o propósito falta. Por exemplo, os alunos com um objetivo na vida classificaram seus cursos como mais significativos do que os que não tinham um objetivo ou tinham apenas motivações extrínsecas, como ganhar mais dinheiro. Além disso, esses alunos persistiam por mais tempo quando as tarefas eram tediosas e, consequentemente, atingiam mais em seus cursos.[14] No ambiente de trabalho, as pessoas que acreditam em suas vidas e empregos têm um sentido mais ligado aos outros, exibem maior bem-estar psicológico, são mais criativas e engajadas e têm um melhor desempenho em seus empregos do que aqueles sem senso de significado e propósito.[15]

Significado e propósito importam se você busca melhores notas, persistência em seus esforços, maior bem-estar pessoal ou melhor desempenho organizacional. Como líder, se você quer ter o melhor desempenho possível, é importante que busque dentro de si mesmo e descubra o que dá significado e propósito ao seu trabalho e vida. Uma pesquisa da empresa de consultoria Deloitte confirma que ter um forte senso de propósito anda de mãos dadas com valores e crenças claras.[16]

Isso é exatamente o que Andrew Rzepa descobriu durante a própria Experiência de Superação em Liderança. Andrew foi presidente de um comitê de advogados em Manchester, na Inglaterra, por cerca de um mês, quando o Grupo de Procuradores Trainee organizou uma conferência para todos os trainees do Reino Unido que aconteceria em sua cidade. Não foi seu evento, mas dada a estreita filiação de sua organização local com o grupo nacional, Andrew decidiu que faria tudo o que pudesse para tornar a conferência um sucesso. Com três semanas, o número de matrículas era de apenas 75, então Andrew declarou aos colegas que faria tudo o que estivesse ao seu alcance para garantir que houvesse pelo menos 300 participantes.

"Falei apaixonadamente sobre como seria bom estar lá em um evento lotado e olhar em volta pensando o que tínhamos conseguido", disse-nos Andrew, e então perguntou aos membros do comitê se "eles estavam dispostos a se comprometer pessoalmente com a realização desse objetivo".

Andrew disse que, como a conferência não era um dos objetivos do comitê nem uma razão pela qual as pessoas haviam se juntado a ele, não teria ficado surpreso se a maioria tivesse dito não. "Para minha mais pura alegria", exclamou Andrew, "dezesseis dos 20 disseram que, sim, estavam dispostos a fazer tudo o que pudessem para tornar o evento um sucesso". E o fato de que havia alguns "hesitantes" realmente energizou todos os envolvidos. "Os membros do comitê eram mais apaixonados do que eu jamais vira", disse Andrew. No final, depois de todo seu trabalho, conseguiram reunir 316 participantes da conferência. A paixão de Andrew não apenas alimentou a própria motivação, mas também foi contagiante em fazer com que os outros trabalhassem o máximo que podiam para realizar uma possibilidade futura.

Quando você sente sua paixão, como Andrew, sabe que está em algo muito importante. Seu entusiasmo e movimentação respingam nos outros. Encontrar algo em que você acredita fortemente é a chave para articular uma visão em primeiro lugar. Uma vez que esteja em contato com esse sentimento interior, você pode olhar e pensar além das restrições de sua posição atual e ver as possibilidades disponíveis no futuro.

Encontre um Propósito Comum

Frequentemente, presume-se que os líderes têm a responsabilidade exclusiva de serem os visionários. Afinal, se focar o futuro segmenta os líderes, é compreensível que haja esse sentimento de que é tarefa deles embarcarem sozinhos em uma busca pela visão para descobrir o futuro de sua organização.

No entanto, os colaboradores realmente querem ouvir mais do que apenas a visão do líder. Embora seja uma expectativa dos líderes, eles não devem impor apenas sua visão do futuro aos outros. As pessoas querem ver os próprios ideais e aspirações, suas esperanças e sonhos, incorporados e apreciados. Elas querem se ver na imagem do futuro que o líder esboça.[17] A tarefa central dos líderes é inspirar uma visão *comum*, não vender sua visão pessoal do mundo. Você precisa imaginar o resultado final e ser capaz de comunicar sua visão de tal forma que seus seguidores encontrem uma maneira de alcançar suas esperanças e sonhos enquanto alcançam esse resultado. O que isso exige é encontrar um terreno comum entre as pessoas que precisam implementar a visão.

Amit Tolmare, gerente de desenvolvimento sênior da IBM, percebeu que "nenhum líder pode sonhar sozinho". Ele percebeu que alcançar sua visão só poderia acontecer quando a equipe possuísse o sonho. As pessoas se comprometem plenamente e só dão seu melhor se compartilham da mesma paixão que o líder, e é fundamental que imaginem as próprias aspirações na visão comum. Amit aprendeu que é mais provável que as pessoas se comprometam totalmente com a causa maior quando você as ouve profundamente, compreende seu verdadeiro chamado e as ajuda a alcançar suas aspirações. As pessoas gostam de ser ouvidas e querem ter um impacto significativo em seus trabalhos. Como líder, é muito importante encontrar esse propósito superior comum e apelar para o desejo interior das pessoas de fazer a diferença.

Ninguém gosta que lhe digam o que fazer ou aonde ir, não importa o quão certo seja. As pessoas querem fazer parte do processo de desenvolvimento da visão. Querem andar ao lado de seus líderes. Querem sonhar com eles, inventar com eles e se envolver na criação de seus futuros. A experiência de Omar Pualuan, chefe de engenharia da RVision, dá mais um testemunho dessa observação. Ele contou como criou o plano de negócios original para o projeto, mas "encontrou meus colegas de equipe apresentando soluções para problemas e expandindo a visão de maneiras que nunca concebi. Pegamos o que aprendemos, repetimos e testamos novamente, muitas vezes. Toda a equipe compartilhou uma profunda paixão e compromisso, e nossa visão comum criou um resultado muito mais espetacular. Minha visão não era mais apenas minha — tornou-se nossa, e a qualidade de nossa criação acabada refletia isso."

Não adote a postura de que as visões vêm de cima para baixo. Você tem que começar a envolver os outros em um diálogo coletivo sobre o futuro. Você não pode mobilizar pessoas para viajar de boa vontade para lugares aos quais elas não queiram ir. Não importa quão grandioso seja o sonho de um visionário individual, se os outros não virem nele a possibilidade de realizar suas esperanças e desejos, não seguirão voluntariamente ou com todo o coração. Você deve mostrar aos outros como eles também serão atendidos pela visão de longo prazo do futuro e como suas necessidades não satisfeitas serão atendidas. Como Theresa Lai, gerente-geral de recursos humanos da Modern Terminals Limited, explicou sobre seu processo: "Acreditamos que as pessoas terão um senso mais forte de propósito e conquista ao se alistarem em uma visão comum, que é a principal razão pela qual envolvemos todos os membros de nossa equipe no processo de visão de RH."

Ouça Profundamente os Outros Ao conhecer seus seguidores, ouvi-los e seguir seus conselhos, os líderes dão voz aos sentimentos de seus colaboradores. Eles são capazes de ficar diante dos outros e dizer com segurança: "Aqui está o que ouvi você dizer que quer para si mesmo. Veja como se alistar a uma causa comum atenderá às suas necessidades e interesses." Em certo sentido, os líderes erguem um espelho e refletem de volta para seus seguidores o que mais desejam.

Você precisa fortalecer sua capacidade de ouvir o que é importante para os outros. Os contornos de qualquer visão não aparecem milagrosamente para os líderes no isolamento da estratosfera da organização. Eles vêm de interações com funcionários no chão de fábrica, no laboratório ou refeitório. Eles são originários de conversas com clientes nas lojas de varejo. Vivem nos corredores, nas reuniões e até nas casas das pessoas.

Os melhores líderes são ótimos ouvintes. Ouvem atentamente o que as outras pessoas têm a dizer e como se sentem. Eles fazem perguntas boas (e, muitas vezes, difíceis), estão abertos a ideias diferentes das suas e até abrem mão de argumentos em apoio ao bem comum. Através de escuta intensa, os líderes percebem o que as pessoas querem, valorizam e sonham. Essa sensibilidade para os outros não é uma habilidade inferior. É uma habilidade humana verdadeiramente preciosa.[18]

Quando Melinda Jackson, recrutadora corporativa de uma empresa multinacional de tecnologia, percebeu que faltava coesão em sua nova equipe, assumiu o compromisso de agendar check-ins regulares com seus colegas, que geralmente começavam fazendo muitas perguntas sobre como estavam se saindo e depois, em suas palavras, "ouvia ativamente". Quando soube que nem todos se sentiam à vontade com ela, pediu feedback, tentou ser honesta sobre sua experiência e sentimentos, pediu desculpas e discutiu como seguir em frente. Melinda disse que ficou "chocada" com a forma como "ser vulnerável, dar feedback e criar espaço para que todos sejam ouvidos" permitiu que a equipe resolvesse problemas passados e fortalecesse seus relacionamentos. Essas conversas têm sido oportunidades para Melinda descobrir o que ela e seus colegas defendem, valorizam, desejam e esperam para o presente e o futuro.

Melinda também observa que ela aprende muito sobre as aspirações de seus colegas ao perguntar o que planejam fazer em suas noites e fins de semana e, em seguida, lembrar do que disseram e acompanhá-los após o fato. Ela intencionalmente faz isso quando os outros estão por perto e encoraja a conversa entre o grupo inteiro, vendo isso como uma oportunidade para aprofundar sua coesão como equipe. Como Melinda observa: "Você tem que escutar ativamente seus interesses, preocupações e as questões com as quais estão lidando, e determinar como ser responsivo."

Coisas extraordinárias podem acontecer quando os líderes ouvem — quando envolvem os funcionários na identificação de problemas, ouvem suas frustrações e suas aspirações, e encontram maneiras de responder com iniciativas que abordam essas preocupações. Gerar entusiasmo no ambiente de trabalho é possível quando os líderes prestam atenção ao que as pessoas querem e precisam.

Transforme em Compromisso   Quando você ouve profundamente, descobre o que confere sentido ao trabalho. As pessoas ficam em uma organização, revelou a pesquisa, porque gostam do trabalho que estão fazendo e o acham desafiador, significativo e com propósito.[19] Quando você ouve com sensibilidade as aspirações dos outros, descobre alguns temas comuns, que dão sentido ao trabalho e à vida.[20] As pessoas desejam:

- ▶ *Integridade:* Perseguir valores e objetivos análogos aos próprios
- ▶ *Objetivo:* Fazer uma diferença significativa na vida dos outros
- ▶ *Desafio:* Fazer um trabalho inovador
- ▶ *Crescimento:* Aprender e se desenvolver profissional e pessoalmente
- ▶ *Pertencimento:* Engajar-se em relacionamentos próximos e positivos

▶ *Autonomia:* Determinar o curso das próprias vidas

▶ *Significado:* Sentir-se confiável e reconhecido

Embora o interesse por significado e propósito tenha crescido conforme os millennials se tornaram o maior grupo demográfico no ambiente de trabalho, encontrar significado é um desejo universal entre todas as gerações, e tem sido um tópico de pesquisa e estudo por décadas. O que as pessoas querem não mudou drasticamente ao longo dos anos.[21]

Há mais motivos para trabalhar do que ganhar dinheiro. As pessoas querem seguir um propósito significativo, não apenas trocar seu trabalho por dinheiro. As pessoas têm um profundo desejo de fazer a diferença. Querem saber que fizeram algo neste mundo, que há um sentido para sua existência.[22] Se você quer liderar os outros, deve colocar princípios e objetivos à frente de todo o resto. A missão maior é a que *chama* a todos. Os melhores líderes organizacionais lidam com essa motivação humana comunicando o significado de longo prazo do trabalho da organização. Pesquisadores descobriram que 90% dos entrevistados que dizem que sua empresa tem um forte senso de propósito também dizem que tiveram um bom desempenho financeiro no último ano; e uma porcentagem semelhante diz que sua empresa tem um histórico de forte desempenho financeiro. Isso está em nítido contraste com aqueles que dizem que sua organização não tem um forte senso de propósito — apenas dois terços relatam que sua organização se saiu bem financeiramente no ano anterior ou sob uma perspectiva diacrônica.[23] Quando os líderes comunicam claramente uma visão comum de uma organização, enobrecem aqueles que trabalham em seu nome. Eles elevam o espírito humano.

Significado e propósito são vitais para todas as gerações no trabalho.[24] As pessoas nunca resistem por muito tempo quando o que fazem é trivial e sem importância. A geração mais jovem de funcionários exige que esse tema receba mais atenção do que as gerações anteriores lhe conferiram. Por exemplo, Niki Lustig, especialista sênior em desenvolvimento de aprendizagem e organização do Twitter, diz: "Uma das coisas que nos desafia o tempo todo é ajudar líderes e gerentes a definir o propósito da existência de sua equipe. Como isso funciona em termos de amarrar os objetivos das equipes ao trabalho que fazem e como se relaciona com a visão mais ampla da empresa?"[25] Para agir de acordo com esse desafio, Niki criou o *The Purpose Statement Workshop* [Workshop de Declaração de Propósito, em tradução livre] — um programa interativo que ajuda as equipes a elaborar seus propósitos. O processo inclui um trabalho preliminar em torno de nove questões relacionadas à finalidade individual, à singularidade da equipe e ao relacionamento entre a equipe e a organização.

Antes de participar do The Purpose Workshop, os membros da equipe leem as respostas uns dos outros para as nove perguntas e depois as discutem na sessão. Isso cria um senso de unidade, quando eles entendem em primeira mão por que seus colegas ingressaram na empresa. "Mesmo que nos deparemos com desafios e frustrações", diz Niki, "lembrar por que viemos aqui e o que nos propusemos a fazer, e ouvir isso de colegas e pares, é muito inspirador".

As pessoas se comprometem com causas, não com planos. De que outra forma você explica por que as pessoas se voluntariam para reconstruir comunidades devastadas por um tsunami, andam de bicicleta de São Francisco a Los Angeles para arrecadar dinheiro para combater a AIDS, resgatam pessoas de escombros de um prédio desmoronado depois de um terremoto ou dedicam-se em tempo integral para criar a próxima grande novidade quando a probabilidade de falha é muito alta? Steve Coats, sócio-gerente da International Leadership Associates, explica: "Os verdadeiros líderes criam uma cultura de grande desempenho e trabalho significativo. Eles ajudam as pessoas a ter orgulho de seu trabalho e tornam até o trabalho péssimo (pelos padrões de muitas pessoas) agradável. Os líderes fazem os outros se sentirem importantes e necessários." Ele diz que você não vai encontrar o segredo do esforço dedicado se concentrando simplesmente em salários, benefícios ou mesmo condições de trabalho deslumbradoras. Em vez disso, Steve defende: "Você tem que dar às pessoas oportunidades para fazer a diferença em algo com que elas se importam, torná-las agradáveis para elas e tratá-las com o respeito e a honra que merecem. Aprimore isso e observe a energia, a solução de problemas, a comunhão e a produção crescerem."[26]

Quando as pessoas fazem parte de algo que as eleva a níveis mais altos de motivação e moralidade, sentem-se revigoradas e mais comprometidas; sentem que o que elas fazem importa. Por exemplo, pesquisadores pediram que cerca de 2.500 trabalhadores analisassem imagens médicas como "objetos de interesse". Um grupo foi informado de que o trabalho seria descartado, enquanto o outro foi informado de que os objetos eram "células tumorais cancerígenas". Eles foram pagos por cada imagem analisada. O último que tinha "propósito" gastou mais tempo em cada objeto, ganhando em seguida 10% menos, em média, do que o grupo de "descarte" e a qualidade de seu trabalho foi substancialmente maior. Depois de entrevistar mais de 20 mil trabalhadores em todo o mundo, analisando 50 grandes empresas e realizando dezenas de experimentos, Lindsay McGregor e Neel Doshi, em seu livro *Primed to Perform* [sem tradução no Brasil], concluem: "O motivo de trabalharmos determina o quão bem o fazemos."[27]

Olhe Adiante em Tempos de Transformações

As pessoas costumam perguntar: "Como posso ter uma projeção do que vai acontecer daqui a cinco ou dez anos quando nem sei o que vai acontecer na próxima semana?" Essa questão chega ao cerne do papel que as visões desempenham na vida das pessoas. Nesse mundo cada vez mais volátil, ubíquo, complexo e ambíguo (VUCA), as visões são ainda mais importantes para a sobrevivência e o sucesso humanos do que quando os tempos eram calmos, previsíveis, simples e óbvios.

Pense nisso dessa maneira. Imagine que você está dirigindo pela Pacific Coast Highway, indo para o sul de São Francisco, em um dia ensolarado. As colinas estão à esquerda; o oceano, à direita. Em algumas curvas, as falésias mergulham a várias centenas de metros na água. A vista se estende por quilômetros e quilômetros. Você está navegando no limite de velocidade, uma das mãos no volante, inclinando o corpo para trás, melodias estridentes, sem se preocupar com o mundo. Você faz uma curva na estrada e, de repente, sem aviso, há um manto de neblina tão denso como você nunca viu. O que fazer?

Fizemos essa pergunta muitas e muitas vezes, e aqui estão algumas das coisas que as pessoas dizem:

▶ "Reduzo a velocidade."

▶ "Acendo as luzes."

▶ "Aperto minhas duas mãos contra o volante com mais força."

▶ "Fico nervoso."

▶ "Sento-me com as costas retas ou inclino-me para a frente."

▶ "Desligo a música."

Então você dá a volta na próxima curva da estrada; o nevoeiro se ergue e fica claro de novo. O que fazer? Sente-se e relaxe, acelere, apague as luzes, coloque a música de volta e aprecie a paisagem.

Essa analogia ilustra a importância da clareza de visão. Você consegue ir mais rápido quando está nublado ou quando está claro? Quão rápido você pode dirigir no nevoeiro sem arriscar a própria vida ou a de outras pessoas? Quão confortável você anda em um carro com outra pessoa que dirige rápido no nevoeiro? As respostas são óbvias, não? Você é mais capaz de ir rápido quando sua visão é clara. Quando é mais capaz de antecipar as mudanças e obstáculos na estrada. Há momentos em sua vida, sem dúvida, que você se vê dirigindo no nevoeiro, metaforicamente falando. Quando isso acontece, fica nervoso e inseguro sobre o que está à frente. Vai mais devagar. Entretanto, à medida que avança no caminho, ele se torna mais claro e, eventualmente, você pode acelerar novamente.

Uma parte muito importante do trabalho de um líder é remover o nevoeiro para que as pessoas possam ver mais à frente, antecipar o que pode estar vindo em sua direção e atentar para potenciais perigos ao longo da estrada. Visões claras destinam-se a inspirar esperança — esperamos que, apesar do nevoeiro e da tempestade, apesar dos obstáculos na estrada, apesar dos desvios inesperados e das avarias ocasionais, a tripulação chegue a seu destino ideal e único.[28]

Kyle Harvey, gerente de produção de produtos especiais da Caltronics Business Systems, compartilhou uma experiência enquanto trabalhava em uma empresa de semicondutores do Vale do Silício que reflete perfeitamente essa analogia de condução sob o nevoeiro. Ele e uma colega foram encarregados de criar materiais de marketing sobre a ampla gama de produtos da empresa. "No início, foi muito confuso", disse Kyle. "Minha colega parecia desinteressada no projeto, e você poderia ter dito que estávamos na parte mais densa do nevoeiro. Não havia visão para o projeto e não tínhamos direção."

Com pouco para mostrar depois de duas semanas, Kyle "desenvolveu uma visão sobre como abordar o projeto". Ele sabia que sua colega era extremamente artística e gostava de ser criativa, então encontrou maneiras de incorporar seus talentos e o que ela gostava de fazer ao projeto.

> Isso a impulsionou, e então nos envolvemos de verdade. Depois de dez ou 15 minutos explicando como poderia usar sua criatividade, ela começou a explicar como queria que o vídeo fosse. A neblina continuava subindo e a visão à frente ficava mais clara... Depois de um mês de trabalho no projeto, finalmente parecia que começávamos a dirigir mais rápido e deixamos a neblina para trás.

Cada um fez contribuições significativas, tornou-se extremamente focado e foi levado a alcançar o objetivo. Diz Kyle:

> A analogia do nevoeiro é especialmente forte para mim neste caso. Descobri que, quando nossa visão não estava clara, saíamos para o acostamento e não continuávamos a dirigir. No entanto, depois de encontrar maneiras de motivá-la e inspirá-la, estávamos de volta à estrada, passando pela neblina.

Para se tornar um líder, você deve ser capaz de imaginar o futuro. A velocidade de mudança não altera essa verdade fundamental. As pessoas querem seguir apenas aqueles que conseguem enxergar além dos problemas de hoje e visualizar um futuro melhor.

TOME UMA ATITUDE

Veja o Futuro

O papel mais importante da visão na vida organizacional é focar a energia humana. Para permitir que todos vejam com mais clareza o que está à frente, você deve ter e transmitir uma visão empolgante e enobrecedora do futuro. O caminho para a clareza da visão começa com a reflexão sobre o passado, passa ao cuidado com o presente e depois vai para a prospecção do futuro. As grades de proteção ao longo desse caminho são suas paixões — com o que você mais se importa.

Embora você tenha que ter clareza sobre sua visão antes de esperar que os outros a sigam, não pode levar os outros a lugares aos quais não querem ir. Se a visão deve atrair mais do que alguns poucos, deve ter apelo para interessar a todos. Somente visões *comuns* têm o poder magnético de sustentar o compromisso ao longo do tempo. Ouça as vozes de todos os seus colaboradores; ouça suas esperanças, sonhos e aspirações. Como uma visão compartilhada abrange anos e mantém todos focados no futuro, precisa ser mais do que o trabalho em questão, uma tarefa ou atividade. Tem que ser uma causa, algo significativo e que faça diferença na vida das pessoas. Não importa qual é o tamanho de sua equipe ou organização, uma visão comum define os interesses e dá direção e propósito à empresa.

Para Inspirar uma Visão Comum, você deve *ver o futuro, imaginando possibilidades vibrantes e dignificantes*. Isso significa que você deve:

1. Determinar o que o impulsiona e onde suas paixões se encontram, a fim de identificar com o que você se importa a ponto de imaginar como poderia ser melhor no futuro, obrigando-o a avançar.

(continua)

2. Refletir sobre suas experiências, procurando os principais temas em sua vida e entendendo o que você acha que vale a pena.

3. Parar, olhar e ouvir o que acontece agora — as tendências importantes, os principais tópicos de conversação e os descontentamentos sociais.

4. Gastar uma porcentagem maior do seu tempo com foco no futuro, imaginando as possibilidades emocionantes.

5. Ouvir profundamente dos outros o que é importante para o futuro *deles* e o que dá significado e propósito às suas vidas.

6. Envolver os outros na elaboração de uma visão comum do futuro. Não faça disso um processo de cima para baixo.

CAPÍTULO 6

Arregimente Outras Pessoas

JAN PACAS, DIRETOR ADMINISTRATIVO da Hilti Corporation, queria levar sua equipe a um lugar a que nunca foram antes.[1] Jan havia trabalhado em várias unidades da Hilti; mas, quando chegou à Austrália, encontrou, em suas palavras, "uma empresa bem mediana" em comparação às referências da Hilti International e dos colaboradores do setor na Austrália. "Era hora de definir uma direção objetiva", disse-nos ele, "algo que unisse a empresa, que nossos subordinados acreditassem e que os motivasse a trabalhar juntos em uma mesma direção. Queremos lutar constantemente por algo maior e melhor".

Jan sabia que desenvolver objetivos estratégicos não era suficiente. "Acho que muitas vezes as pessoas não conseguem traduzir a lógica empresarial em algo tangível e de fácil compreensão para a força de trabalho mais ampla", explicou ele. Eles precisavam traduzir sua estratégia em algo que todos pudessem ver e descrever facilmente. "Estamos Pintando a Austrália de Vermelho", foi o que inventaram. "Se você andar em qualquer ambiente de trabalho", disse, "verá uma enxurrada de azul, amarelo e verde — todos representando as cores de nossos concorrentes: Bosch, Makita, DeWalt, Hitachi e assim por diante. Definimos o quadro de que queríamos ver uma participação muito maior da marca vermelha da Hilti em todos os postos de trabalho."

O "Pintando a Austrália de Vermelho" pegou muito rápido. Quando assinaram um enorme contrato com a segunda maior empresa de locação de ferramentas da Austrália, todos os funcionários entenderam o que significava essa frase em termos muito concretos: todas as 140 locadoras de ferramentas azuis, amarelas e verdes tornaram-se 200 vermelhas. Todos os funcionários puderam ver que "Pintando a Austrália de Vermelho" significava que a marca da Hilti seria encontrada em casas, garagens e postos de trabalho de todos os seus clientes.

Líderes como Jan percebem que, para que as visões sejam convincentes, os funcionários, em todos os níveis, devem compreender seu significado. Jan acredita que, a menos que todos saibam o que a visão significa em termos concretos e tangíveis, ela é inútil. Ele afirma:

> Você deve expressá-la de maneira que todo gerente
> e funcionário possam dividi-la em conceitos
> específicos e relevantes. A visão deve apelar para a
> mente, o coração e as mãos das pessoas. Em relação
> à mente, significa entender de maneira lógica. Para
> o coração, envolver-se emocionalmente. E, para as
> mãos, ser prático, para que elas saibam o que fazer e
> estejam capacitadas para tal.

"Pintando a Austrália de Vermelho" forneceu um ponto de encontro que deixaria todos empolgados em fazer parte da empresa e desempenhar um papel em seu sucesso. "Há muitas pessoas que não fazem ideia de para onde a empresa está indo", afirma Jan e, consequentemente, "não vislumbram um futuro". Ao criar visões futuras otimistas, líderes fazem com que as pessoas sintam que são parte de algo especial. Eles se revigoram ao saber que sua organização está indo a algum lugar, não apenas fazendo o que sempre foi feito.

Nas experiências de superação em liderança que levantamos, as pessoas abordaram a necessidade de manter todos no projeto, focados, e de *arre-*

gimentar outras pessoas para uma visão comum, assim como Jan fez. Eles conversaram a respeito da comunicação e da construção do apoio para uma direção unificada sob a qual conduzir a organização. Esses líderes sabiam que, para conquistar realizações extraordinárias, todos deviam acreditar fervorosamente e se comprometer com uma visão comum.

Parte de incluir todos é construir uma base comum em que todos permaneçam. Igualmente importante é a emoção que os líderes expressam pela visão. Nossa pesquisa mostra que, além de esperar que os líderes sejam voltados para o futuro, os subordinados esperam que sejam *inspiradores*. As pessoas demandam muita energia e empolgação para manter o compromisso com um sonho distante. Líderes são uma fonte importante dessa energia. As pessoas não vão seguir alguém pouco entusiasmado. Elas apoiam com convicção os líderes que são *euforicamente* entusiasmados.

Esteja você mobilizando uma multidão ou um único indivíduo no ambiente de trabalho, *arregimentar outras pessoas* requer agir com base nestes dois aspectos essenciais:

- ▶ *Evocar as aspirações compartilhadas*
- ▶ *Estimular a visão*

Arregimentar outras pessoas consiste em inflamar paixão por um propósito e conduzi-las a persistir face a grandes dificuldades. Para que realizações extraordinárias aconteçam nas organizações, você precisa ir além da razão, envolver os corações e mentes de seus subordinados. Comece entendendo seus anseios mais intensos por algo significativo.

Evoque as Aspirações Compartilhadas

Em toda experiência de superação em liderança, os líderes abordam ideais. Expressam o desejo de mudanças drásticas em um ambiente de negócios típico. Visam a algo grandioso, magnífico, nunca antes realizado.

Visões tratam de esperanças, sonhos e aspirações. Tratam do forte desejo de conquistar algo além do bom, algo grande e extraordinário. Visões são ambiciosas. São expressões de otimismo. Você pode imaginar um líder que arregimenta pessoas em uma causa dizendo: "Eu gostaria que você se juntasse a mim para fazer o esperado, o que todo mundo faz"? Provavelmente não. As visões fomentam as pessoas a imaginar possibilidades motivacionais, tecnologias inovadoras e transformações revolucionárias na sociedade.

Ideais revelam preferências de valor superior. Eles representam as principais prioridades econômicas, tecnológicas, políticas, sociais e estéticas. Os ideais de paz mundial, liberdade, justiça, vida ativa, felicidade e respeito próprio, por exemplo, estão entre as maiores ambições da existência humana. São resultado do propósito maior, que ações práticas permitirão às pessoas alcançar em longo prazo. Ao enfocar os ideais, as pessoas adquirem um senso de significado e propósito do que empreendem.

Quando você transmite sua visão do futuro a seus subordinados, precisa falar a respeito de como farão a diferença no mundo, como terão um impacto positivo nas pessoas e nos acontecimentos. Você precisa mostrar a elas como podem realizar seus objetivos de longo prazo, arregimentando-se a uma visão comum. Precisa discursar acerca do significado e do propósito mais elevados do trabalho. Precisa descrever uma imagem convincente de como o futuro poderia ser quando as pessoas se engajam em uma causa comum.[2]

Partilhe Significado   Líderes exemplares não impõem suas visões do futuro às pessoas; mas libertam a que já vive em seus subordinados. Eles despertam sonhos, dão vida a eles e à crença de que podem alcançar algo grandioso. Quando comunicam uma visão comum, levam esses ideais para a coletividade. O que realmente atrai as pessoas, especialmente em tempos mais desafiadores e voláteis, é a empolgante possibilidade de seus atos desempenharem uma diferença profunda na vida de suas famílias, amigos, colegas, clientes e comunidades. Eles querem saber que suas ações importam.[3] Estudos desenvolvidos em 40 países (e 16 idiomas) diferentes descobriram que conectar funcionários aos objetivos aumentou seus níveis de engajamento e produtividade.[4]

Diante de objetivos hierárquicos bastante assustadores, a vice-presidente de benefícios de incapacidade e cuidados em longo prazo da Trustmark Companies, Nancy Sullivan, sentiu que sua equipe poderia sobreviver, mas para isso precisava agrupar seus subordinados além do plano segmentado. Ela precisava definir de maneira mais ampla o que realizariam juntos e por que isso faria diferença.

Nancy elaborou uma mensagem de visão em quatro páginas e a publicou onde todos se reuniam — na cozinha do escritório. Ela discursou em reuniões de equipe, reuniões da partição, individualmente e em conversas no corredor, com convicção genuína a respeito do significado e do propósito de seu trabalho, e como isso os ajudaria a ver a si mesmos como ela os via — como os melhores dos melhores. A mensagem não abordava apenas o que eles poderiam conseguir nos negócios, mas também o papel significativo que desempenhavam na vida de todos os seus subordinados. Aqui está parte da mensagem:

> Sonho com um lugar em nosso escritório em
> que a equipe de vendas tenha respeito e confiança
> em nossas decisões não apenas hoje, mas amanhã
> e sempre; e que nossas decisões não sejam
> constantemente questionadas. Um lugar em que
> nossos segurados confiem em nosso trabalho e
> sintam nosso compromisso autêntico em servi-
> -los bem quando mais precisarem. Em que nossos
> clientes confiem que nossas decisões não só
> cumprem o contrato; mas, o mais importante, são
> eticamente corretas e justas. Em que o único título
> que você ache adequado para apresentar
> seu companheiro de trabalho seja respeitado
> colega e amigo.

Sonho com um lugar onde as oportunidades de crescimento pessoal e profissional sejam comuns e constantes, pois os investimentos de tempo e energia decorrentes do engajamento pessoal são inexauríveis. Um lugar que não mais gerencie sinistros, mas tome decisões e iniciativas justas sobre situações de invalidez. Um lugar que não mais se paute por especialistas em sinistros, mas sim por profissionais em invalidez. Um lugar no qual os colegas e as autoridades públicas busquem soluções para problemas de invalidez. Um lugar em que a Trustmark seja a empresa número 1 em prestação de serviços a portadores de deficiências.

Todos os dias, ela enfatizava as excitantes possibilidades que o futuro reservava. A mensagem de Nancy tirou sua equipe da automatização das reclamações e lembrou-lhe da nobreza do que realizava. Concentrar-se no propósito e no significado do trabalho da divisão revigorou seus espíritos e, devido a essa visão, eles conseguiram superar as metas anuais pelo décimo ano consecutivo.

Os resultados experimentados pela equipe de Nancy são consistentes com os da pesquisa acerca do que ocorre quando as pessoas conectam o trabalho diário a um propósito significativo e transcendente. Por exemplo, os pesquisadores acompanharam a vida de quase 400 pessoas por um mês. Nesse período, completaram uma série de pesquisas sobre suas atividades, sobre como a vida era fácil ou difícil, sobre atitudes em relação a dinheiro, relacionamentos, tempo e variáveis relacionadas. Os participantes do estudo também foram questionados sobre o significado e a felicidade em suas vidas.[5] O que eles descobriram foi que "quando os indivíduos adotam o que chamamos de mentalidade de significado — isto é, buscam conexões, partilham com os outros e se orientam para um propósito maior — benefícios claros são consequência, incluindo melhor bem-estar psicológico, desempenho no trabalho e mais criatividade. Os trabalhadores que acham seus trabalhos significativos são mais engajados e menos propensos a deixar suas posições atuais".[6] Quando você deixa claro para as pessoas que seu trabalho faz a diferença — isto é, que ajudam os outros através do seu trabalho — você fortalece sua motivação intrínseca.

Da mesma forma, nossos dados revelam que líderes que são vistos com muita frequência ou quase sempre mostrando às pessoas como se envolver em uma visão comum podem ajudá-los a alcançar seus interesses de longo prazo são avaliados quase dezesseis vezes mais favoravelmente por seus subordinados diretos do que quando esse mesmo comportamento de liderança ocorre raramente, se é que acontece. Pesquisadores mostraram que enfatizam o "porquê" para as pessoas, como em "Por que estamos fazendo isso e por que isso importa?" ativa o sistema de recompensa do cérebro e aumenta não apenas os esforços das pessoas, mas também como eles se sentem sobre o que estão fazendo.[7] Por exemplo, considere a diferença para os funcionários do call center que ajudam as pessoas a resolver problemas versus os que tentam desligar o mais rápido possível. Esses últimos tentam apenas convencer os consumidores de que a empresa fez tudo o que podia, enquanto as primeiras procuram avidamente meios pelos quais a empresa pode ajudar.

Líderes ajudam as pessoas a verem que o que fazem é maior do que o que são e até do que o negócio em si. Seu trabalho pode ser algo nobre. Quando essas pessoas vão para a cama à noite, dormem mais tranquilas sabendo que os outros vivem uma vida melhor por causa do que fizeram naquele dia. Como mostra a Figura 6.1, o grau em que os subordinados sentem que fazem a diferença em sua organização aumenta sistematicamente com base no quanto seus líderes mostram às pessoas como realizar seus interesses de longo prazo ao se alinharem com uma visão comum.

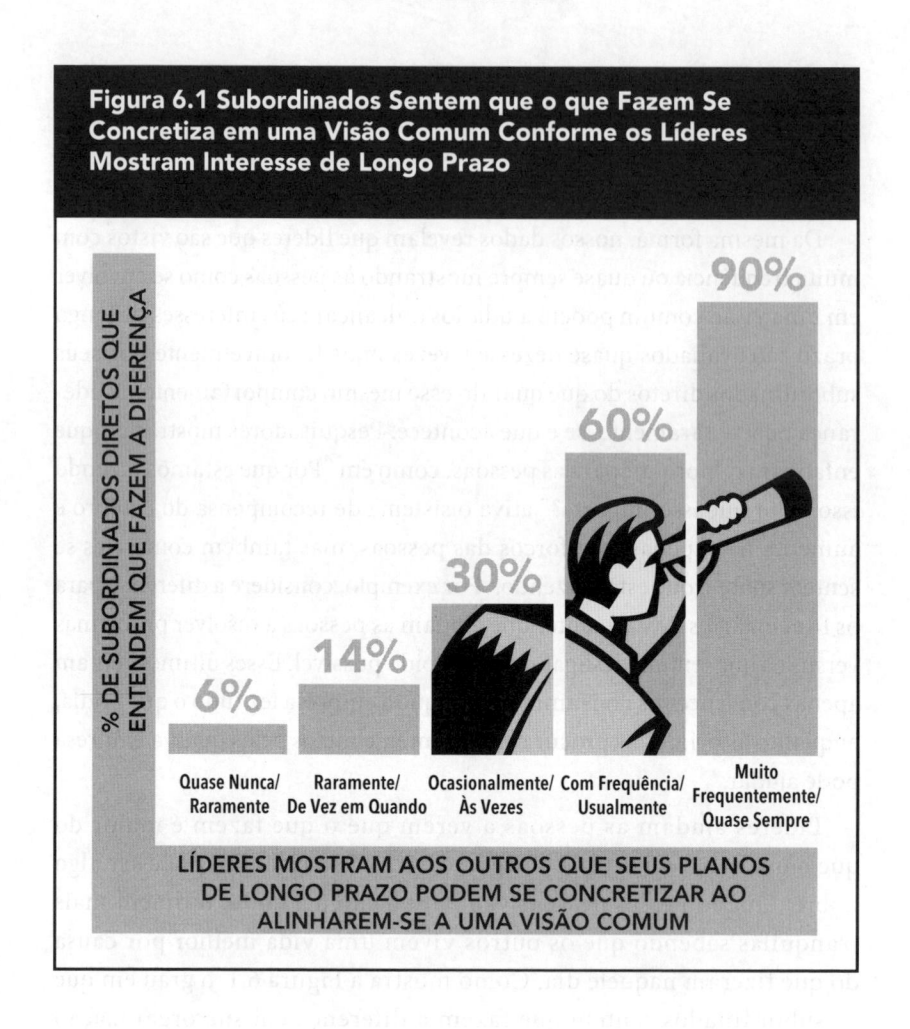

Figura 6.1 Subordinados Sentem que o que Fazem Se Concretiza em uma Visão Comum Conforme os Líderes Mostram Interesse de Longo Prazo

Tenha Orgulho de Ser Único Líderes exemplares, como Jan e Nancy, também comunicam o que torna seus colaboradores, grupo de trabalho, organização, produto ou serviço singulares e inigualáveis. Visões convincentes destacam-se, diferenciando "nós" de "eles" de forma a atrair e reter funcionários, voluntários, consumidores, clientes, doadores e investidores. O pesquisador de mercado Doug Hall descobriu que os níveis "drasticamente diferentes" de *distintividade* em um novo produto ou serviço aumentam a probabilidade de sucesso em mais de 350%. O mesmo é verdade para uma visão. Quanto mais original, maior a probabilidade de sucesso em conseguir que as pessoas compactuem.[8]

Não há vantagem em se trabalhar, comprar ou investir em uma organização que faz a mesma coisa que aquela do outro lado da rua ou no final do corredor. Dizer: "Bem-vindo à nossa empresa, somos como todas as outras" não faz gera entusiasmo. Quando as pessoas entendem como são verdadeiramente distintas e como se destacam na multidão, ficam muito mais ansiosas para participar e investir suas energias.

Sentir-se único promove um sentimento de orgulho.[9] Aumenta o respeito próprio e a autoestima de todos os associados à organização. Quando as pessoas se orgulham de trabalhar para sua organização e servem ao seu propósito, e quando sentem que o que estão fazendo é significativo, tornam-se embaixadores entusiastas no mundo exterior. Da mesma forma, quando consumidores e clientes se orgulham de possuir seus produtos ou usar seus serviços, são mais leais e mais propensos a recrutar e recomendar que seus amigos façam negócios com você. Quando os membros da comunidade se orgulham de ter você como vizinho, farão tudo o que puderem para que você se sinta bem-vindo.

Azmeena Zaveri aprendeu o quão importante é para as pessoas se orgulharem de serem únicas quando liderou uma equipe de voluntários para lidar com as vendas e finanças de uma livraria comunitária em Karachi, Paquistão. A livraria era uma instituição icônica, celebrada e querida, na qual as pessoas adoravam se reunir, socializar e aprender. Quando Azmeena concordou em assumir o papel de gestão financeira, no entanto, a livraria estava tentando sobreviver. Não fornecia mais um alto padrão de serviço, havia uma falta de consciência na administração das finanças e pouca motivação para a equipe ir além. O motivo do declínio, disse-nos Azmeena, "não foi a equipe ser incompetente ou incapaz de administrar as tarefas. A principal causa foi a falta de visão e direção recebidas. Meu objetivo era inspirar a equipe a fazer a livraria ser novamente o lugar ao qual as pessoas adoravam ir, não apenas por causa da grande coleção de livros, mas também pela vibração convidativa e pelo senso de comunidade".

Azmeena orientou os voluntários sobre formas de melhorar o processo de escrituração contábil, falou sobre como usar melhor os escassos recursos da loja e disse-lhes quanto os clientes confiavam na livraria como parte importante de suas vidas. Ao longo do processo, ela "enfatizou como a instituição confiava neles para sobreviver e reter seu significado para a comunidade, e como eles estavam em uma posição honrosa para não apenas servir a uma livraria, mas ser um ícone da comunidade com um legado estimado".

Concentrar-se na singularidade torna possível que as unidades menores dentro de grandes organizações, ou bairros individuais dentro das grandes cidades, tenham suas visões e ainda sirvam a uma visão coletiva maior. Embora cada unidade dentro de uma corporação, agência pública, instituição religiosa, escola ou associação voluntária deva se alinhar com a visão organizacional geral, cada um pode expressar seu propósito único dentro do todo maior e destacar suas qualidades mais distintas. Cada um pode se orgulhar de sua projeção ideal de futuro enquanto trabalha em direção ao futuro coletivo da organização maior.

Nos dias de hoje, porém, com a maior e mais recente ideia disponível em um nanossegundo ao toque de uma tecla ou tela, a diferenciação é cada vez mais difícil. Tudo começa a parecer e soar semelhante. É um mar de mesmice. As pessoas ficam entediadas mais rápido do que nunca. As organizações, novas e antigas, precisam trabalhar mais para se distinguir (e seus produtos) das outras ao redor. Você precisa estar sempre atento às maneiras como pode ser o farol que corta a névoa densa e orienta as pessoas na direção certa.

Alinhe Seu Sonho com o das Pessoas

Um exemplo clássico do aprendizado de unificar os ideais das pessoas, mover suas almas e elevar seus espíritos — e fazer o mesmo consigo — é a frase do falecido reverendo Martin Luther King Jr.: "Eu tenho um sonho." Repetida no feriado nacional dos Estados Unidos, marcando seu aniversário, lembra tanto a jovens quanto a idosos do poder de uma visão clara e edificante do futuro.[10]

Imagine que você estivesse lá naquele dia quente e úmido — 28 de agosto de 1963 — quando, nos degraus do Memorial Lincoln, em Washington, DC, diante de uma multidão de 250 mil pessoas, Martin Luther King Jr. proclamou seu sonho para o mundo. Imagine ouvir o Reverendo King enquanto milhares ao seu redor aplaudem, veneram e gritam. Finja que você é um repórter tentando entender por que esse discurso é tão poderoso e como King move tantas pessoas.

Pedimos a milhares de pessoas ao longo dos anos que fizessem exatamente isso; ouvissem suas observações e depois contassem-nos o que ouviram, como se sentiram e por que achavam que esse discurso ainda é tão comovente até hoje.[11] A seguir, uma amostra de suas observações:

- ▶ "Apelou para interesses comuns."
- ▶ "Falou sobre valores tradicionais da família, da igreja e do país."
- ▶ "Usou muitas imagens e metáforas com as quais o público se identificava. Elas eram familiares."
- ▶ "Mencionou elementos palpáveis a todos, como família e filhos."
- ▶ "Suas referências eram críveis. É difícil argumentar contra a Constituição ou a Bíblia."
- ▶ "Foi pessoal. Ele mencionou os próprios filhos, além de suas dificuldades."
- ▶ "Incluiu todos: diferentes partes do país, todas as idades, ambos os sexos e as principais religiões."
- ▶ "Usou muita repetição: por exemplo, ao dizer 'eu tenho um sonho' e 'deixe a liberdade nos envolver' várias vezes."
- ▶ "Falou sobre as mesmas ideias muitas vezes, mas de maneiras diferentes."
- ▶ "Foi positivo e esperançoso."
- ▶ "Embora positivo, não prometeu que seria fácil."
- ▶ "Mudou seu foco do 'eu' para 'nós'."
- ▶ "Falou com emoção e paixão. Foi algo que ele genuinamente sentia."

Essas reflexões revelam o segredo para o sucesso em arregimentar os outros. Para deixar os outros empolgados com o seu sonho, você precisa falar sobre seu significado e propósito. Tem que *lhes mostrar* como perceber os sonhos *deles*. Você tem que conectar sua mensagem aos seus valores, aspirações, experiências e vidas. Precisa lhes mostrar que não se trata de você, ou mesmo de sua organização, mas deles e suas necessidades. Você tem que fazer a conexão entre uma visão inspiradora do futuro e as aspirações e paixões pessoais das pessoas a quem você se dirigir.

Andrew Carton, professor da Universidade da Pensilvânia, ressalta a importância de líderes usarem *metáforas* para comunicar suas visões.[12] Isso é exatamente o que Martin Luther King Jr. fez ao descrever pessoas com características específicas (como crianças) e ações observáveis (como se sentar à mesa da irmandade). Como Drew observa:

> As metáforas transmitem informações sensoriais para formar uma imagem vívida do futuro, que os funcionários facilmente materializam. Ao longo dessas linhas, visões embasadas em metáforas são mais consistentes com o significado literal da palavra *visão*. Quando os líderes incluem imagens vívidas em suas comunicações, transportam os funcionários para o futuro e contam fragmentos de uma história convincente — que captura eventos que ainda precisam ser revelados.

Sua pesquisa descobriu que as palavras baseadas em imagens inspiram as pessoas. Por exemplo, as equipes foram encarregadas de desenvolver um protótipo de brinquedo. Uma visão comunicada dessa forma ("Nossos brinquedos... farão crianças arregalarem os olhos e pais orgulhosos sorrirem") desencadeou um desempenho mais forte do que uma visão com conteúdo semelhante, mas sem elas ("Nossos brinquedos... serão apreciados por todos os nossos clientes").[13] Você precisa enquadrar aspirações abstratas na aparência tangível do resultado, sensações e sentimentos que passará. Com essas imagens, as pessoas começam a fomentar uma paixão pessoal e a convicção sobre a visão que reflete seu líder.

Usar uma linguagem baseada em imagens e conectar aspirações pessoais e uma visão comum não é tarefa apenas de líderes de movimentos sociais ou de equipes de desenvolvimento de produtos. Aplica-se igualmente a equipes em locais de trabalho como o seu. Kent Christensen descobriu isso quando ingressou na primeira empresa após se graduar. Durante os primeiros meses integrando as operações da cadeia de suprimentos da Cisco, ele se sentiu um pouco perdido. Os gerentes iam e vinham, e as equipes entravam e saíam com muita frequência. Kent conhecia suas responsabilidades cotidianas como analista de negócios, mas não via como seu trabalho se encaixava no cenário mais amplo.

No entanto, as coisas mudaram quando um candidato interno assumiu o cargo de vice-presidente. Ele organizou uma reunião na prefeitura, apresentou-se a todos e discutiu a importância da cadeia de suprimentos dentro da empresa. O novo vice-presidente apresentou um slide que mudou a maneira como Kent se sentia em relação à organização e seu papel nela. Tinha quatro letras: VSEM, que significava Visão, Sistematização, Estratégia e Métricas. O vice-presidente descreveu como a visão da cadeia de suprimentos permitiria à Cisco otimizar os resultados dos clientes, capacitar todos na organização e fornecer um plano de ação. Ele enfatizou como todos tinham um papel importante a desempenhar e precisavam trabalhar de forma colaborativa dentro e entre organizações. Em decorrência dessa reunião, as coisas mudaram para Kent:

> Passei a ter uma abordagem completamente diferente da maneira como fazia meu trabalho. Essa visão comum ressoou em mim e me mostrou a luz onde havia apenas escuridão. Após a reunião geral, a energia do escritório era diferente. Houve um burburinho quando as começaram a se sentir parte do todo. As pessoas estavam felizes que as mudanças houvessem parado, mas parecia muito mais que isso. Parecia que todos tinham um propósito. Ter uma visão ajudou os gerentes e suas equipes a se inspirarem e se comprometerem com uma meta comum.

Ao mostrar aos outros como seu trabalho se conecta a um objetivo maior e ao alinhar as aspirações individuais às organizacionais, você faz as pessoas verem que são parte de um todo e as inspira a trabalhar juntas em direção a um objetivo comum.

Estimule a Visão

Parte de motivar os outros é alinhar seus ideais. Outra parte, demonstrada pela frase "Eu tenho um sonho", de Martin Luther King, é estimular a visão e lhe dar vida. Para arregimentar os outros, você precisa ajudá-los a *ver* e *sentir* como seus interesses e aspirações se alinham com a visão. Você precisa estruturar um quadro convincente do futuro, que permita aos participantes experimentar como seria viver e trabalhar em um futuro motivador e edificante. Essa é a única maneira de se tornarem suficientemente motivados internamente para comprometer suas energias individuais com a realização da visão.

Você não seria a primeira pessoa a pensar: "Mas não sou como Martin Luther King. Não posso fazer o que ele fez. Além disso, ele era um orador e eu não o sou. Seus seguidores estavam em uma marcha de protesto e os meus estão aqui para fazer um trabalho." Muitas pessoas não se consideram particularmente estimulantes e, com certeza, não são encorajadas a se comportarem assim nas organizações. Apesar do reconhecido poder de visões claramente comunicadas e convincentes, nossa pesquisa descobriu que as pessoas ficam mais desconfortáveis com inspirar uma visão comum do que com qualquer uma das outras quatro práticas de liderança. A maior parte de seu desconforto vem de ter que expressar suas emoções. Muitas pessoas acham difícil transmitir emoções intensas, mas não seja rápido demais em ignorar sua capacidade de fazê-lo.

A percepção das pessoas de si mesmas como desinteressantes está em nítido contraste com seu desempenho quando falam sobre suas melhores experiências de superação em liderança ou sobre seu futuro ideal. Ao relacionar conquistas mirabolantes ou grandes sucessos, as pessoas quase sempre são emocionalmente expressivas. Quando se fala de desejos intensos por um futuro melhor, a expressividade tende a vir naturalmente. E não importa qual idioma as pessoas falem. Quando se sentem apaixonadas por algo, deixam suas emoções à mostra.

A maioria das pessoas atribui a algo místico o processo de ser inspirador. Parecem vê-lo como sobrenatural, como uma graça ou dom concedido, muitas vezes referido como carisma. Essa suposição inibe as pessoas muito mais do que qualquer falta de talento natural para ser inspirador. Não é necessário ser uma pessoa carismática para inspirar uma visão comum. Você tem que *acreditar* e desenvolver as habilidades para transmitir sua crença. Sua paixão é o que traz a visão à vida. Se vai liderar, você tem que reconhecer que seu entusiasmo e expressividade estão entre seus aliados mais fortes em seus esforços para gerar comprometimento nos outros. Não subestime seus talentos.

Use Linguagem Simbólica "Esta foto representa minha visão para o desenvolvimento dos funcionários", disse-nos Cheryl Johnson. Cheryl é diretora assistente de recursos humanos da Universidade de Santa Clara, e a foto que mostrou foi de um mercado de produtos naturais repleto de pessoas ansiosas para comprar suas variedades favoritas de frutas e legumes. Ela explicou:

> Este mercado é uma parte vibrante da comunidade.
> O segredo para seu sucesso em longo prazo é
> atender às necessidades da comunidade ao oferecer
> produtos que as pessoas desejam, manter os itens
> frescos e sempre ter uma grande variedade de itens
> para escolher.
>
> Vejo o Employee Development como uma equipe
> que oferece uma variedade e seleção de itens e
> ofertas em constante mudança. Alguns de nossos
> clientes estarão com pressa e dificilmente perceberão
> o que oferecemos. Outros se demorarão para
> aproveitar e utilizar nossas ofertas. Em longo prazo,
> criaremos um mercado no qual as pessoas buscarão
> assistência, orientação, recursos e aprendizado.

Como qualquer loja, devemos estar sempre atentos aos desejos e necessidades de nossos clientes. Devemos estar dispostos a ser inovadores, a experimentar coisas novas e diferentes. Também devemos estar dispostos a mudar nossa seleção de produtos à medida que novas ofertas estiverem disponíveis ou for sua temporada. Além disso, devemos estar dispostos a constantemente selecionar nossas ofertas ultrapassadas e subutilizadas. Assim como um mercado contribui para uma comunidade saudável, forneceremos alimento para nosso campus. Nosso sustento se dará sob a forma de ideias criativas e novas para oportunidades de crescimento pessoal e profissional que nossos clientes e consumidores escolherão utilizar.

A metáfora do mercado de Cheryl é um exemplo vívido de como trazer uma visão à vida através da linguagem evocativa. Líderes como Cheryl abraçam o poder da linguagem simbólica para comunicar uma identidade compartilhada e dar vida a visões. Usam metáforas e analogias. Eles dão exemplos, contam histórias e relatam anedotas. Criam figuras de linguagem, fazem citações e recitam slogans. Eles permitem aos colaboradores imaginar as possibilidades — ouvi-las, senti-las e reconhecê-las.

James Geary, vice-curador da Fundação Nieman de Jornalismo da Universidade de Harvard, e um dos principais especialistas no uso da linguagem metafórica, relata que as pessoas usam uma metáfora a cada dez a 25 palavras, ou cerca de seis por minuto.[14] Metáforas estão em toda parte — há delas na arte, nos jogos e esportes, na guerra, na ficção científica, tecnologia, religião e espiritualidade. Elas influenciam o que e como as pessoas pensam, o que imaginam e criam, o que comem e bebem, o que consomem e compram, e em quem votam e como se juntam. Aprender a usar essas figuras de linguagem aumenta muito sua capacidade de arregimentar outras pessoas em uma visão comum do futuro.

Considere, por exemplo, o impacto intrigante da linguagem nos participantes de experimentos em que os pesquisadores lhes disseram para jogar Community Game ou Wall Street Game.[15] Nos dois cenários, as pessoas jogavam o mesmo jogo pelas mesmas regras. A *única* diferença foi que os experimentadores deram ao mesmo jogo nomes distintos. Dos que jogam o Community Game, 70% começaram a jogar cooperativamente e continuaram a fazê-lo também de forma independente. Dos que disseram que jogavam o Wall Street Game, ocorreu exatamente o oposto: 70% *não* cooperava, e os 30% que cooperaram pararam quando viram que outros não o faziam. Mais uma vez, lembre-se: o *nome, não o jogo* foi a única distinção!

Esse experimento demonstra poderosamente por que você deve prestar muita atenção à linguagem que usa. Você pode influenciar o comportamento das pessoas simplesmente conferindo à tarefa ou à equipe um nome que evoque o tipo de comportamento que ele supõe. Se quer que as pessoas ajam como comunidade, use uma linguagem que evoque senso comunitário. Se quer que ajam como negociadores nos mercados financeiros, use uma linguagem que se associe a essas imagens. O mesmo vale para qualquer outra visão que tenha para sua organização.

Crie Imagens do Futuro   Visões são imagens mentais; impressões e representações. Elas se tornam reais à medida que os líderes as expressam em termos concretos para seus colaboradores. Assim como arquitetos desenham plantas e engenheiros constroem protótipos, os líderes encontram formas de expressar as esperanças coletivas para o futuro.

Ao falar sobre o futuro, as pessoas normalmente usam termos como *previsão, foco, projeções, cenários futuros, pontos de vista* e *perspectivas*. O que todas essas expressões têm em comum é que são referências visuais. A palavra *visão* tem em sua raiz o verbo "ver". As declarações de visão, logo, não são declarações. São fotos — imagens de palavras. São imagens do futuro. Para as pessoas compartilharem uma visão, devem ser capazes de enxergá-las na mente.

Em nossos workshops e aulas, muitas vezes ilustramos o poder das imagens com esse exercício simples. Pedimos às pessoas para gritar a primeira coisa que vier à mente ao ouvir as palavras *Paris, França*. As respostas que surgem — a Torre Eiffel, o Louvre, o Arco do Triunfo, o Sena, a Notre-Dame, comida deliciosa, vinho e romance — são imagens de lugares e sensações reais. Ninguém evoca os quilômetros quadrados, a população ou o produto interno bruto de Paris. Por quê? Porque a maior parte das lembranças que temos de lugares ou eventos memoráveis se associa aos nossos sentidos — visões, sons, gostos, cheiros, sensações táteis e sentimentos.[16]

Então, o que isso significa para os líderes? Significa que, para arregimentar os outros e inspirar uma visão comum, você deve ser capaz de se basear nesse processo mental muito natural de criar imagens. Quando fala sobre o futuro, você precisa criar imagens com palavras para que os outros formem uma imagem mental de como as coisas serão quando estiverem no final da jornada. Ao falar sobre lugares em que nunca esteve, você deve ser capaz de imaginar como são. Você tem que imaginar as possibilidades.

Debbie Sharp, gerente de Aprendizado de Funcionários e Desenvolvimento Organizacional (ELOD) do Houston Community College, forma um quadro muito vívido da declaração de visão de sua organização.[17]

> Mais do que qualquer outra instituição de ensino superior, a faculdade comunitária é um negócio que muda vidas. Encontramos nossos alunos onde estão e os ajudamos a definir e alcançar seus objetivos. À medida que realizam seus potenciais, nós os ajudamos a brilhar!
>
> Antigamente, o acendedor se preocupava em acender as lâmpadas da rua enquanto o dia se desvanecia em noite. Nós, na ELOD, acendemos as lâmpadas do aprendizado, afugentando a escuridão da incerteza e da dúvida de nossos clientes.
>
> Quando perguntavam por que ele estava tão comprometido com essa tarefa repetitiva e corriqueira, respondia: "Faço isso pela luz que deixo para trás."
>
> Como profissionais de aprendizado e desenvolvimento, também somos acendedores, criando condições que alimentam a centelha

> de novas ideias e perspectivas. Por meio do encorajamento, questionamento ponderado e fornecimento de espaços seguros para a experimentação, inflamamos o pensamento inovador e a autodescoberta em nossos alunos.
>
> A luz que deixamos para trás ilumina os caminhos daqueles que tocamos, permitindo que espalhem sua luz por toda a faculdade.

Levar as pessoas a ver um futuro comum não requer poderes especiais. Assim como Debbie, você possui essa habilidade. Você faz isso toda vez que tira férias e compartilha as fotos com seus amigos. Se duvida de sua capacidade de pintar quadros com palavras, experimente este exercício: sente-se com alguns amigos próximos e conte-lhes sobre uma de suas férias favoritas. Descreva as pessoas que conheceu, aparência e sons dos lugares que frequentou, os cheiros e sabores da comida que comeu. Mostre-lhes as fotos ou vídeos, se os tiver. Observe as reações deles e as próprias. O que você e eles experimentam? A resposta é que as pessoas sempre relatam se sentirem energizadas e apaixonadas. Aquelas que ouvem sobre um lugar pela primeira vez costumam dizer coisas como: "Depois de ouvi-lo, eu gostaria de ir lá um dia." Não é isso que você quer que seus seguidores digam quando descrever sua visão do futuro?

Pratique a Comunicação Positiva   Para promover o espírito de equipe, criar otimismo, promover resiliência e renovar a fé e a confiança, os líderes olham o lado positivo. Eles mantêm a esperança viva. Fortalecem a crença de seus colaboradores de que as lutas da vida produzirão um futuro promissor. Tal fé resulta de um relacionamento íntimo e solidário, baseado na participação mútua no processo de renovação.

Os colaboradores procuram líderes que demonstrem uma crença entusiasta e genuína na capacidade dos outros, que fortaleçam a vontade das pessoas, forneçam meios para alcançá-las e expressem otimismo para o futuro. Os colaboradores querem líderes que continuem apaixonados apesar dos obstáculos e dos retrocessos. Nos tempos atuais de incerteza, urge a necessidade de líderes com uma abordagem positiva, confiante e proativa para a vida e para os negócios. Os pessimistas estagnam o progresso; não o iniciam.

Considere como Ari Ashkenazi, analista financeiro da Valin Corporation, teve experiências contrastantes com dois supervisores. A primeira, disse ele, sempre tentou manter o ânimo e ver o lado positivo, independente da situação. Mesmo quando um projeto não obtinha sucesso, contou Ari, ela lhes dizia que projetos futuros seriam melhores, contanto que continuassem trabalhando de forma árdua e inteligente.

> Isso me deu muita fé nela e me ajudou a não ficar frustrado durante meu trabalho quando as coisas nem sempre davam certo. Isso também teve o efeito de tornar mais fácil para mim tentar coisas novas, bem como lhe relatar notícias negativas, já que eu sabia que ela não iria se voltar contra mim ao ouvir notícias desagradáveis.

A segunda supervisora descrita por Ari ficava facilmente exasperada, e, quando ela estava irritada ou com raiva, deixava as pessoas notarem com bastante clareza. Tudo o que importava eram os números e resultados, e parecia que ela estava o vigiando se as coisas não saíssem como planejara inicialmente. O resultado de suas comunicações negativas, explicou Ari: "era fazer com que eu tentasse a evitar o máximo possível e omitir as informações negativas que ela precisava saber, só porque temia a reação que teria."

Pesquisadores que trabalham com redes neurais descobriram que quando as pessoas se sentem rejeitadas ou deixadas de lado, o cérebro ativa o mesmo local que registra a dor física.[18] Quando os líderes ameaçam e humilham as pessoas, usam táticas de intimidação e concentram-se exclusivamente nos problemas, ativam regiões no cérebro de seu público que fazem com que as pessoas queiram evitá-los. Além disso, as pessoas lembram-se dos comentários pessimistas muito mais frequentemente, com mais detalhes e intensidade do que de palavras encorajadoras. Quando as observações negativas se tornam uma preocupação, o cérebro de um funcionário perde a eficiência mental. Em contraste, uma abordagem positiva da vida amplia as ideias das pessoas sobre possibilidades futuras, e essas opções empolgantes se baseiam umas nas outras, de acordo com Barbara Fredrickson, professora de psicologia da Universidade da Carolina do Norte. Em sua pesquisa, descobriu que ser positivo faz as pessoas se abrirem, o que, consequentemente, faz com que vejam mais opções, tornando-as mais inovadoras. Indivíduos que desfrutam de mais positividade também são mais capazes de lidar com a adversidade e são mais resistentes em momentos de grande estresse.[19]

Expresse Suas Emoções   Ao explicar por que determinados líderes têm um efeito magnético, as pessoas geralmente os descrevem como carismáticos. Contudo, *carisma* tornou-se um termo tão excessivo e mal-usado que é quase inútil para descrever líderes. Ser carismático não é uma qualidade mágica nem espiritual. Como ser "inspirador", refere-se principalmente a como as pessoas se comportam.

Em vez de definir o carisma como um traço de personalidade, alguns cientistas sociais investigaram o que as pessoas fazem quando outras dizem que são carismáticas.[20] O que eles descobriram é que indivíduos que são percebidos como carismáticos são simplesmente mais animados do que as pessoas que não o são. Eles sorriem mais, falam mais rápido, pronunciam as palavras com mais clareza e movem a cabeça e o corpo com mais frequência. Ser enérgico e expressivo são descritores-chave do que significa ser carismático. O velho ditado de que o entusiasmo é contagiante é certamente verdadeiro para os líderes.

Despertar emoção tem outro benefício para os líderes: as emoções tornam as coisas mais memoráveis. Ao adicionar emoção às suas palavras e comportamento, você aumenta a probabilidade de que as pessoas se lembrem do que você diz. James McGaugh, professor de pesquisa em neurobiologia da Universidade da Califórnia, em Irvine, e um dos maiores especialistas em criação de memória, mostrou que "eventos emocionalmente significativos criam memórias mais fortes e duradouras".[21] Sem dúvida, você experimentou isso quando algo emocionalmente significativo lhe aconteceu — um trauma grave, como um acidente, ou uma surpresa alegre, como vencer um concurso.

Os eventos nem precisam ser reais para ser memoráveis. Eles podem simplesmente ser histórias. Por exemplo, em um experimento, James mostrou aos participantes uma série de 12 slides. Acompanhando a apresentação, havia uma história, uma linha para cada slide. Para um grupo, a narrativa foi bastante entediante; para o outro, estava emocionalmente comovente. Os participantes não sabiam no momento em que assistiram aos slides que seriam testados; mas, duas semanas depois, voltaram e fizeram uma avaliação sobre o quanto se lembravam dos detalhes de cada slide. Embora a memória dos sujeitos nos dois grupos não diferisse quanto aos primeiros e últimos slides, diferiu significativamente na lembrança dos intermediários. "Os sujeitos que ouviram a narrativa emocionalmente excitante lembraram melhor os detalhes nesses slides em particular" do que o grupo que ouviu a história neutra.[22]

A excitação emocional cria memórias mais fortes, e você não precisa de uma narrativa completa (ou slides); apenas palavras podem ser igualmente eficazes. Pesquisadores pediram aos sujeitos que aprendessem a associar pares de palavras. Algumas palavras emparelhadas foram escolhidas porque provocaram fortes respostas emocionais (como indicado por mudanças na resposta eletrostática da pele). Uma semana depois, as pessoas se lembravam melhor das palavras emocionalmente empolgantes do que das que não o eram.[23] Quer você ouça uma história ou uma palavra, é mais provável que se lembre das mensagens principais quando ligadas a algo que desencadeie uma resposta emocional. As pessoas são programadas para prestar mais atenção a coisas que as estimulam ou assustam.

Além disso, mostrar às pessoas um exemplo concreto é melhor do que lhes contar um princípio abstrato, que ainda as deixa do lado de fora, olhando para dentro. Por exemplo, estudos mostraram que uma história sobre uma menina faminta de sete anos do Mali levou as pessoas a doarem mais que o dobro do dinheiro que a mensagem sobre "a falta de alimentos no Malauí afetar mais de três milhões de crianças na Zâmbia".[24]

Faça com que as pessoas experienciem o que tenta lhes explicar, e elas entenderão de maneira mais profunda. Por exemplo, os treinadores que ajudam os voluntários a entender como as pessoas e suas famílias lidam com a perda costumam usar um exercício em que distribuem pacotes de fichas, pedindo aos voluntários que escrevam em cada um de seus cartões algo que amam e ficariam arrasados se perdessem. A lista geralmente inclui nomes dos membros da família (cônjuge, pais, filhos, irmãos, animais de estimação), atividades (caminhar, tocar música, viajar) ou experiências (ler, ouvir música, desfrutar de jantares gourmet, assistir ao pôr do sol). Então um treinador caminha ao redor da sala e aleatoriamente pega os cartões dos voluntários. Uma pessoa perde dois deles. Outro perde todos. A pessoa que perdeu dois perde mais dois. O efeito é drástico. Voluntários agarram seus cartões e lutam para não os deixar ir. Quando soltam as cartas, ficam visivelmente aborrecidos; alguns até se desesperam e choram.[25]

Esse exercício comovente diz muito sobre o quão influentes os líderes podem ser quando entram em contato com as emoções das pessoas, em vez de apenas dizer a elas o que fazer ou como se sentir. Se os treinadores tivessem apenas compartilhado os fatos, os voluntários poderiam ter compreendido conceitualmente as perdas que os residentes do manicômio sofreram, mas não de uma maneira que levaria à empatia genuína. Através desse exercício, eles experimentariam brevemente o mesmo tipo de perda de uma forma que nunca esqueceriam.

O aumento drástico no uso de tecnologia eletrônica também impacta a forma como as pessoas entregam mensagens. Mais e mais pessoas recorrem a seus dispositivos digitais e mídias sociais — de podcasts a webcasts, Facebook a YouTube — para informações e conexão. Como as pessoas lembram-se de coisas com alto conteúdo emocional, as mídias sociais têm o potencial de envolver mais pessoas do que e-mails, memorandos e apresentações do PowerPoint. Não é mais suficiente escrever um roteiro bom — você também precisa fazer um bom show.

Lembre-se de que o conteúdo, por si só, não faz a mensagem perdurar; o segredo é o quão bem você toca nas emoções das pessoas. Para estarem dispostas a mudar, as pessoas precisam sentir algo. Pensar não é suficiente para fazer as coisas acontecerem. Seu trabalho é fazer com que se sintam motivadas a mudar, e expressar emoções ajuda a fazer isso.[26]

Fale Genuinamente   Nenhuma dessas sugestões sobre ser mais expressivo terá qualquer valor se você não acreditar no que diz. Se a visão é de outra pessoa, e não sua, você terá dificuldades para arregimentar outras pessoas. Se tem dificuldade em se imaginar vivendo o futuro descrito na visão, você certamente não será capaz de convencer os outros de que deveriam se arregimentar para a tornar real. Se não está animado com as possibilidades, não pode esperar que os outros estejam. *O pré-requisito para arregimentar outras pessoas para uma visão comum é a autenticidade.*

Cathryn Meyer viu esse tipo de autenticidade materializada quando se espremeu em uma pequena sala de conferência com outros 20 voluntários em potencial para a orientação obrigatória de duas horas pelo Departamento de Reabilitação da Vida Humana da Peninsula Humane Society (PHS). Patrick, o chefe do Departamento de Vida Selvagem, e líder da reunião, era "um indivíduo despretensioso e de fala mansa, com piercings e tatuagens contrastando com seu uniforme oficial da PHS", contou-nos Cathryn. Veja como ela relatou a história:

> Patrick começou explicando como foi trabalhar para a organização e por que achava que o trabalho era significativo. Ele falou sobre sua história como ativista; como começou sua carreira como chef vegano antes de entrar na reabilitação da vida selvagem. Ele falou sobre sua crença profunda de que era possível coexistir com animais selvagens, mesmo em um mundo em que os seres humanos haviam destruído grande parte de seu habitat natural. Ele compartilhou que sentia que tinha a responsabilidade de devolver a esses animais o que tanto lhes foi tirado. Ele também falou sobre a importância da capacidade dos voluntários de tratar e liberar muitos animais de volta à natureza todos os anos.
>
> Apesar de Patrick não ser excessivamente animado, falou de modo genuíno e com uma ponderação que transmitiu sua paixão por seu trabalho. Ele prospectou uma imagem positiva do futuro, em que a vida selvagem prosperasse

ao lado dos seres humanos graças ao trabalho do departamento de vida selvagem e aos voluntários que lá trabalham. Ele foi capaz de solidificar o significado e o impacto do trabalho que cada voluntário realizava.

Cathryn também observou que aprendeu outra lição muito importante de sua experiência com Patrick. Foi uma lição sobre carisma. "Anteriormente, eu achava que a extroversão e a energia desenfreada eram pré-requisitos (ou pelo menos imensamente úteis) para uma liderança bem-sucedida. Agora sei que esse não é necessariamente o caso. A confiança silenciosa também funciona. Indivíduos introvertidos, como Patrick e eu, podem ser líderes eficazes. Tudo o que você precisa é de convicção, sinceridade e paixão."[27]

As pessoas mais críveis são aquelas que, como Patrick, têm uma profunda paixão. Não há mais divertido do que estar perto de alguém abertamente animado com a magia que pode acontecer. Não há ninguém mais determinado do que alguém que acredita fervorosamente em um ideal. Você é assim?

TOME UMA ATITUDE
Arregimente Outras Pessoas

Líderes apelam para ideais coletivos. Eles conectam os outros ao que é mais significativo na visão comum. Elevam as pessoas a níveis mais altos de motivação e moralidade e reforçam continuamente que podem fazer a diferença no mundo. Líderes exemplares falam sobre o que é único e singular a respeito da organização, fazendo com que os outros se sintam orgulhosos de fazer parte de algo extraordinário. Líderes exemplares entendem que não é sua visão pessoal do futuro que é importante; mas abraçar as aspirações que mais importam para seus colaboradores.

(continua)

Para que as visões sejam sustentáveis, devem ser convincentes e memoráveis. Os líderes devem dar vida a visões, materializando-as, para que os outros experimentem como seria viver e trabalhar nesse futuro ideal e único. Eles usam uma variedade de modos de expressão para tornarem concretas suas visões abstratas. Através do uso hábil de metáforas, símbolos, imagens de palavras, linguagem positiva e energia pessoal, os líderes geram entusiasmo e empolgação pela visão comum. Acima de tudo, os líderes devem estar convencidos do valor da visão comum e comunicar essa crença genuína aos outros. Eles devem acreditar no que dizem. A autenticidade é o teste crucial da convicção, e seus colaboradores o seguirão voluntariamente apenas quando acreditarem que você acredita.

Para Inspirar uma Visão Comum, você deve arregimentar outras pessoas para uma visão comum, evocando as aspirações compartilhadas. Isso significa que deve:

1. Conversar com seus seguidores e descobrir suas esperanças, sonhos e aspirações para o futuro.

2. Certificar-se de que seus colaboradores saibam o que torna seus produtos ou serviços únicos e especiais.

3. Mostrar aos colaboradores como se arregimentar em uma visão comum serve a seus interesses de longo prazo.

4. Ser positivo, otimista e caloroso ao falar sobre o futuro de sua organização, e fazer uso deliberado de metáforas, símbolos, exemplos e histórias.

5. Reconhecer as emoções dos outros e considerá-las importantes.

6. Deixar sua paixão mostrar de maneira genuinamente expressiva quem você é.

QUESTIONE O PROCESSO

QUESTIONE O PROCESSO

- Busque oportunidades, tomando a iniciativa e olhando para fora, à procura de soluções e de melhorias inovadoras.

- Experimente e arrisque, engendrando constantemente pequenas vitórias e aprendendo com a experiência.

CAPÍTULO 7

Busque Oportunidades

QUANDO ARISTOTLE VERDANT tornou-se gerente de projetos de marketing em uma empresa de redes de armazenamento, percebeu falhas graves no processo de gerenciamento de projetos da empresa. As metas e os objetivos do projeto foram definidos apenas de forma imprecisa, os resultados específicos de cada estágio do projeto não foram entregues no prazo e as alocações de capital e de recursos humanos eram rotineiramente excedidas. O resultado, disse ele, foi que "o pânico, o caos, as horas extras e os excessos orçamentários" caracterizaram a execução do projeto em toda a empresa.

Ao conversar com seus colegas de outras unidades de negócios, Aristotle descobriu que os problemas não eram exclusivos de seus projetos; eram comuns a outros. "Houve murmúrios ocasionais sobre a correção do processo", disse ele, "mas a apatia se aprofundou demais para que alguém pudesse mudar o *status quo* e assumir voluntariamente a tarefa hercúlea. Decidi enfrentar o desafio com a mudança". Ele abordou colegas que estavam igualmente frustrados com o processo e pediu-lhes que se juntassem a ele para identificar os fatores em toda a empresa que impediam seu trabalho.

Então eles precisariam de ideias sobre como consertar o sistema fracassado. "Os problemas que enfrentávamos não eram exclusivos de nossa empresa", disse Aristotle, "então a melhor maneira de obter o conhecimento necessário era olhar para fora de nossa organização".

Aristotle foi até sua ex-empresa pedir conselhos a um ex-colega, que compartilhou que eles tiveram problemas semelhantes no passado e que lentamente evoluíram seus processos para adotar práticas mais apropriadas. Sua equipe passou por treinamento especializado, que os ajudou a se reunirem em torno de um novo processo que a empresa agora seguia. Encorajado por essa percepção, Aristotle voltou ao seu gerente, que admitiu que o problema com o processo da organização era de toda a empresa e concordou em usar os fundos de desenvolvimento de funcionários do departamento para treinamento especial para a equipe de gerenciamento de projetos de marketing.

"O treinamento foi muito útil", disse Aristotle. "Todos puderam ver que a adoção do novo processo seria benéfica e produtiva, permitindo-nos administrar melhor as incertezas que enfrentamos em nossos projetos." No entanto, antes de lançar o novo processo que haviam criado, ele nos disse, mais trabalho era necessário.

> Precisávamos experimentar sua eficácia em nosso ambiente. Os experimentos trariam aprendizado prático, permitiriam corrigir o curso conforme necessário e administrar melhor o esforço de mudança. A melhor maneira de conseguir isso em um ambiente controlado era fazer projetos piloto que eram pequenos em escopo. Dois dos meus colegas voluntariamente se ofereceram para participar e liderar os projetos piloto. Por meio desses projetos piloto, monitoramos o progresso à medida que avançávamos por diferentes etapas, identificamos as armadilhas e usamos as soluções para ajustar continuamente o novo processo e personalizá-lo em nosso ambiente.

Os resultados foram notáveis. "Descobrimos que poderíamos reduzir consideravelmente os desvios no cronograma e os custos do projeto em 20%", disse Aristotle. "Os resultados levantaram o moral de todos os envolvidos. Todos os meus colegas estavam ansiosos para adotar o novo processo."

Às vezes, os desafios encontram os líderes e, outras, os líderes encontram os desafios; na maioria das vezes, é um pouco de cada um, como na situação de Aristotle. O que Aristotle fez é o que todos os líderes exemplares fazem. Ele olhou para fora, acompanhando as mudanças de tendências e permanecendo sensível às realidades externas. Persuadiu os outros a levar a sério os desafios e oportunidades que enfrentavam. Serviu como um catalisador para a mudança, desafiando o modo como as coisas eram feitas e convencendo os outros de que as novas práticas precisavam ser incorporadas para alcançar maiores níveis de sucesso.

Como a história de Aristotle, todos os casos de Experiência de Superação em Liderança tratam de saídas significativas do passado, fazer coisas que nunca foram feitas antes e ir a lugares ainda não descobertos. Mudança é o trabalho dos líderes. No mundo de hoje, o pensamento típico nos negócios é inaceitável, e os líderes exemplares sabem que precisam transformar a maneira como as coisas são feitas. Entregar resultados além das expectativas não pode ser alcançado com boas intenções. Pessoas, processos, sistemas e estratégias precisam mudar. Além disso, todas as mudanças exigem que os líderes busquem ativamente maneiras de melhorar as coisas — crescer, inovar e melhorar.

Líderes exemplares abraçam o compromisso de *buscar oportunidades* para garantir que coisas extraordinárias aconteçam. Eles se certificam de se envolver nestes dois aspectos essenciais:

▶ *Aproveite a iniciativa*
▶ *Exercite o ideal*

Às vezes os líderes agitam as coisas. Outras, aproveitam a incerteza que os rodeia. Independentemente disso, eles fazem as coisas acontecerem. Eles confiam ativamente em ideais para buscar ideias inovadoras além das fronteiras da experiência local.

Aproveite a Iniciativa

Quando as pessoas se lembram de suas melhores Experiências de Superação em Liderança, sempre pensam em momentos de desafio, turbulência e adversidade. Por quê? Porque dificuldades pessoais e corporativas fazem as pessoas ficarem cara a cara com quem são e o que são capazes de se tornar. Elas testam pessoas. Testam seus valores, desejos, aspirações, capacidades e habilidades. Exigem formas inovadoras de lidar com situações novas e difíceis. Elas também tendem a extrair o melhor das pessoas.

Enfrentar novos desafios sempre exige que as coisas sejam diferentes das atuais. Você não pode responder com as mesmas soluções antigas. Você deve mudar o *status quo*, que é o que as pessoas fizeram em suas Experiências de Superação em Liderança. Elas se encontraram com "desafios de mudança", como Aristotle tão bem observou em sua experiência.

Rosabeth Moss Kanter, presidente e diretora de Iniciativa de Liderança Avançada da Universidade de Harvard, investigou as práticas de recursos humanos e os projetos organizacionais das organizações que produzem inovação, buscando aprender o que fomentou e o que atrapalhou a inovação nas corporações. Nossos estudos e os dela foram feitos de forma independente, em diferentes regiões e períodos. Estávamos estudando liderança e ela, inovação. No entanto, chegamos a conclusões semelhantes: *a liderança está inextricavelmente conectada ao processo de inovação*, de trazer novas ideias, métodos ou soluções para a prática. Como Rosabeth explicou, inovação significa mudança e "mudança requer liderança... o 'motor principal' para impulsionar a implementação de decisões estratégicas".[1] Seus casos e os nossos são provas disso.

Não pedimos às pessoas que nos falassem sobre mudanças. Elas poderiam rever qualquer experiência de liderança. O que as pessoas escolheram para discutir foram as mudanças que fizeram em resposta aos desafios que enfrentaram. Sua escolha para falar sobre os tempos de mudança ressalta o fato de que a liderança exige a alteração do ambiente de negócios usual. Existe uma conexão clara entre desafio e mudança; e há uma conexão clara entre desafio e liderança eficaz. Quanto mais as pessoas veem seu líder "procurando fora dos limites formais de sua organização por formas inovadoras de melhorar", mais fortemente concordam que ele é eficaz. Da mesma forma, como ilustra a Figura 7.1, as classificações de eficácia dos líderes aumentam à medida que seus subordinados diretos as observam ativamente em busca de maneiras inovadoras de melhorar.

Figura 7.1 Os Líderes São Vistos pelos Subordinados como Mais Eficazes Quando Tomam a Iniciativa

O estudo da liderança é o estudo de como homens e mulheres guiam os outros através de adversidade, incerteza e outros desafios significativos. É o estudo de pessoas que triunfam contra adversidades esmagadoras, que tomam iniciativa quando há inércia, que confrontam a ordem estabelecida, que mobilizam indivíduos e instituições diante de uma resistência rígida. É também o estudo de como as pessoas, em tempos de constância e complacência, buscam ativamente desestabilizar o *status quo* e despertar os outros para novas possibilidades. Liderança, desafio e aproveitamento de iniciativas estão interligados. As situações do Humdrum simplesmente não estão associadas a performances premiadas.

Essa é a atitude que Robin Donahue levou para a equipe de engenharia de qualidade em uma empresa global de assistência médica ao lidar com vários problemas de não conformidade em seus produtos. Embora a área geral a ser melhorada tenha sido definida, a maneira como reduziriam as taxas de não conformidade, com uma meta de 20%, estava completamente à altura deles. Com esse objetivo, ela e seus colegas sentiram que poderiam questionar todas as partes de seus sistemas existentes, mas perceberam que isso seria insuficiente, e teriam que, nas palavras de Robin, "pensar fora da caixa, não aceitar práticas arraigadas e experimentar novas ideias". Eles começaram fazendo um brainstorming sobre "o que mudaríamos se fosse possível". Eles o acompanharam por meio de benchmarking com outros sites, tanto dentro quanto fora de sua organização, com o objetivo de obter novas perspectivas sobre suas questões. No final do ano, reduziram o número de relatórios de não conformidade, quase triplicando seu objetivo inicial. Robin sentiu que ser proativa, procurar coisas que poderiam ser melhoradas e estar disposta a olhar em volta (interna e externamente) buscando ideias "fomentou uma cultura de inquisitividade, inovação e aprendizagem".

Essa experiência lembrou Robin que a mudança é o negócio dos líderes. "Ter regulamentos não significa que você não possa fazer mudanças", disse ela. "Há sempre maneiras de melhorar o processo e você deve aceitá-las." A lição para os líderes é que você não pode simplesmente pular etapas quando se trata de fazer seu trabalho. Mesmo que esteja no caminho certo, é provável que seja atropelado se você apenas se sentar lá. Para fazer o melhor possível como líder, você deve aproveitar a iniciativa para mudar a maneira como as coisas são.

Faça Acontecer Ter um alto desempenho significa necessariamente trabalhar além da descrição de seu cargo e ver oportunidades onde os outros não as veem. Por exemplo, algumas práticas, políticas e procedimentos padrão são fundamentais para a produtividade e garantia de qualidade. No entanto, muitas são simplesmente questão de tradição, como Emily Taylor, trabalhando em serviços ao cliente para uma empresa europeia de serviços financeiros globais, identifica em sua Experiência de Superação em Liderança:

> Testemunhei como uma pessoa trabalhadora e
> sensata, como meu gerente, poderia se tornar tão
> arraigada a uma certa maneira de fazer as coisas

a ponto de achar difícil ver deficiências óbvias ou olhar para frente. Ele não conseguia ver, ou não queria, quão ineficiente era o sistema atual, e quão desastroso o modo manual de fazer as coisas seria se tivesse continuado.

Essa percepção me ajudou a entender como é importante para os líderes estarem constantemente à procura de oportunidades de melhoria, identificarem e desafiarem sistemas que não estão funcionando bem e promoverem um ambiente em que todos estejam abertos a compartilhar novas ideias.

Como Emily refletiu, novos empregos e tarefas são oportunidades ideais para fazer perguntas e desafiar o modo como se faz as coisas. São os momentos em que você deve perguntar: "Por que fazemos isso?" No entanto, não pergunte isso quando você é novo no trabalho. Faça disso uma parte rotineira de sua liderança. Faça perguntas que testem as suposições das pessoas, estimulem diferentes maneiras de pensar e abram novos caminhos a serem explorados. Fazer perguntas é a maneira de continuamente descobrir as melhorias necessárias, promovendo a inovação. Estudos de descobertas de negócios revelam que eles geralmente se originaram de alguém perguntando por que um problema existe e como resolvê-lo.[2] Seja proativo ao fazer perguntas que testem as suposições das pessoas, estimulem diferentes maneiras de pensar e abram novos caminhos a serem explorados.

A pesquisa mostra claramente que os gerentes com alta classificação em proatividade são avaliados por seus gerentes imediatos como líderes mais eficazes.[3] Os colegas de trabalho que avaliam seus pares como sendo de alta proatividade também os consideram os melhores líderes.[4] Resultados semelhantes sobre a conexão entre proatividade e desempenho foram encontrados entre empreendedores, funcionários administrativos e até estudantes universitários em busca de empregos. A proatividade consistentemente produz melhores resultados do que reatividade ou inatividade.[5] Usando amostras transculturais, descobrimos que os gerentes proativos pontuam acima da média na prática de liderança Questione o Processo, e essa inclinação independe de gênero e cultura local.[6] As pessoas têm melhor desempenho quando se encarregam da mudança. Como é dito no basquete, cem por cento dos arremessos que você *não faz* não vão acertar o aro.

Líderes querem fazer algo acontecer e, muitas vezes, são frustrados pela mentalidade de "se não está quebrado, não conserte". Eles ganham o respeito das pessoas ao redor quando questionam o *status quo*, surgem com ideias inovadoras, seguem com as mudanças que sugerem, obtêm feedback, entendem seus erros e aprendem com os fracassos. A importância de tomar a iniciativa foi a lição de Marina Iatomase quando assumiu uma tarefa muito ampla ao ingressar no grupo de finanças globais de serviços empresariais da HP. Sua equipe, disse ela, "me viu como um advogado que trabalhava para simplificar suas vidas e facilitar seu trabalho, enquanto meu chefe via meu desejo de melhorar o atual estado das coisas mesmo diante das adversidades. Mesmo sendo a mais jovem e recém-chegada à equipe, consegui liderar e fazer a diferença".

Os líderes não esperam permissão ou instruções específicas para começar. Eles fazem algo acontecer quando percebem o que não está funcionando, criam soluções para o problema, ganham adesão dos colaboradores e implementam o resultado desejado. Por exemplo, o Frappuccino da Starbucks chegou ao mercado porque uma gerente distrital, Dina Campion, estava frustrada com seus clientes indo às lojas dos concorrentes atrás de bebidas geladas. A Starbucks não oferecia o produto e a empresa recusou muitos pedidos para a bebida. Dina, no entanto, viu uma oportunidade e estava ansiosa para experimentar. Ela persuadiu uma colega em operações de varejo em Seattle a defender sua causa, e comprou um liquidificador para experimentar receitas da bebida. Eles não pediram permissão; apenas tomaram a iniciativa, fizeram o produto em uma das lojas de Dina e testaram-no com seus clientes. À medida que mais e mais pessoas solicitavam o produto, a empresa acabou sendo persuadida a investir na bebida e, depois de várias tentativas, levou-a ao mercado mais amplo. O Frappuccino tornou-se o novo lançamento de maior sucesso na história da empresa.[7]

Incentivar a Iniciativa nos Outros   A mudança requer liderança e cada pessoa, até o membro mais jovem da organização, pode impulsionar inovação e melhorias nos processos de uma equipe. John Wang, gerente de produtos da Visa, aprendeu a importância desse princípio em seu primeiro emprego depois da faculdade. Seu gerente promoveu uma atmosfera que apoiou a experimentação e a inovação, o que permitiu que John e outros encontrassem maneiras de melhorar os processos existentes e concluir suas tarefas de maneira mais rápida e eficiente. Uma dessas áreas era o processo de backup semanal do servidor de arquivos principal do grupo, que criava pendências por ser antiquado. John e seus colegas tomaram a iniciativa de pesquisar várias alternativas e recomendaram uma substituição bastante cara ao gerente.

O gerente ficou muito satisfeito por terem encontrado uma maneira de melhorar o processo de backup e mencionaram a descoberta ao seu gerente, que também aplaudiu sua iniciativa. "Esse encorajamento", relembrou John, "nos deu um feedback claro e positivo e a coragem de encontrar outras sugestões nos anos seguintes para melhorar nossos processos do departamento. De fato, esse episódio deu a todos o sinal claro de que as sugestões foram realmente bem-vindas". A lição que John levou a sério é aquela que os líderes apreciam profundamente: dar a todos da equipe a oportunidade de tomar a iniciativa resulta em mudanças positivas inesperadas. John diz: "Este é um princípio que tentei implementar em minha própria vida: dar às pessoas com quem trabalho uma chance de fazer as coisas de maneira diferente da que eu faria."

Azmeena Zaveri tinha visto como a tradição, junto com pressões diárias e demandas no ambiente empresarial, poderiam diminuir a inovação e a capacidade de responder a novas ideias, e admitiu como era fácil cair nessa mesma armadilha quando trabalhava com um grupo de voluntários para um centro comunitário local no norte da Califórnia. Ela percebeu que se preocupara com tarefas logísticas e de escritório, "certificando-se de que as atividades cada vez mais monótonas fossem feitas de forma correta e previsível", e que não estava suficientemente aberta a novas formas de pensar.

Para sair desse padrão, ela criou um novo fórum, que se reuniu após cada evento para debater sobre como poderiam fazer as coisas melhor no evento seguinte. Nesses fóruns, ela convidou a equipe a dar suas opiniões e suas sugestões para melhorar seu programa e a incentivou a compartilhar o que poderia ter lido ou experimentado em outros eventos. Ela também criou um diário digital para a equipe apresentar novas ideias, entrar nos detalhes do que eles decidiram experimentar e gerar um registro do que aprenderam com essas experiências. Azmeena e sua equipe entendem que nem tudo será bem-sucedido, mas, como diz ela: "tentar coisas novas era necessário para o programa melhorar e permanecer relevante em tempos de constante mudança."

Líderes aproveitam a iniciativa e a incentivam nos outros. Eles querem que as pessoas falem, ofereçam sugestões de melhoria e sejam honestas sobre suas críticas construtivas. Quanto maior a frequência com os subordinados indicam que seus líderes "desafiavam as pessoas a experimentarem maneiras novas e inovadoras de realizar seu trabalho", mais fortes eram seus sentimentos de realização e a crença de que faziam a diferença. Suas respostas à pergunta "Você trabalharia mais e por mais horas se o trabalho exigisse?" relacionam-se diretamente à medida que sentem que seus líderes lhes dão a oportunidade de tomar a iniciativa, como ilustrado na Figura 7.2.

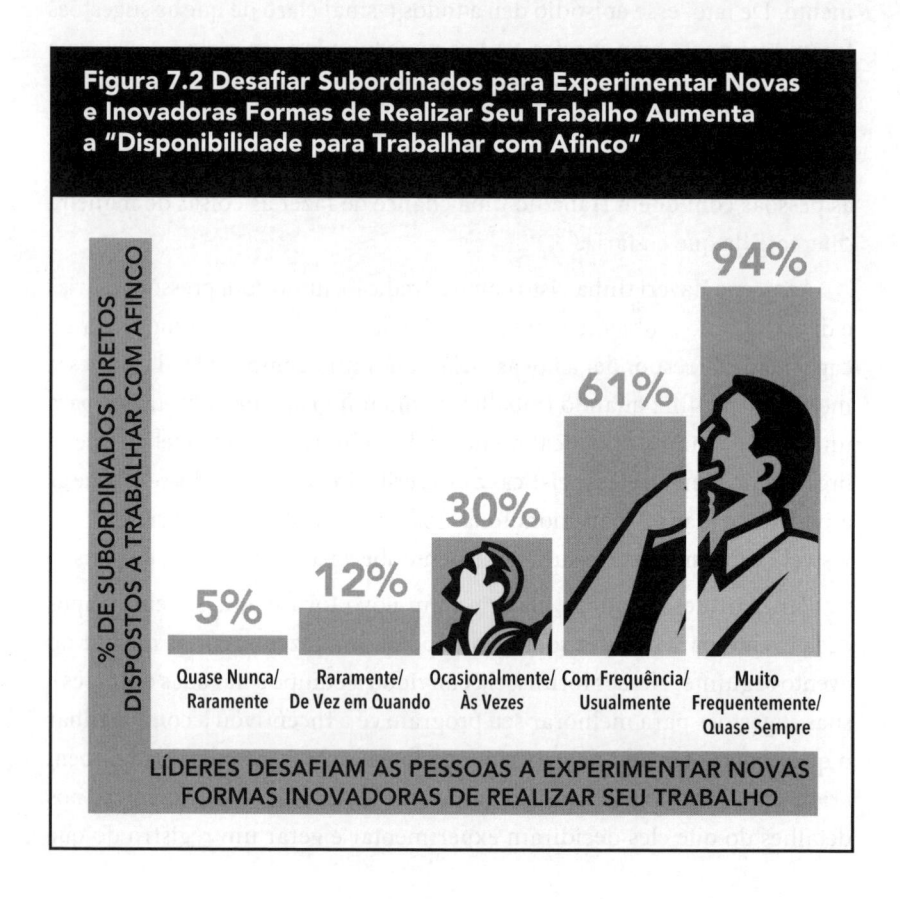

Figura 7.2 Desafiar Subordinados para Experimentar Novas e Inovadoras Formas de Realizar Seu Trabalho Aumenta a "Disponibilidade para Trabalhar com Afinco"

% DE SUBORDINADOS DIRETOS DISPOSTOS A TRABALHAR COM AFINCO

Quase Nunca/ Raramente	Raramente/ De Vez em Quando	Ocasionalmente/ Às Vezes	Com Frequência/ Usualmente	Muito Frequentemente/ Quase Sempre
5%	12%	30%	61%	94%

LÍDERES DESAFIAM AS PESSOAS A EXPERIMENTAR NOVAS FORMAS INOVADORAS DE REALIZAR SEU TRABALHO

As análises empíricas foram semelhantes quando os relatórios diretos avaliaram a frequência com que observavam seus líderes fazendo o mesmo *consigo* — isto é, "buscar oportunidades desafiadoras que testem as próprias habilidades e capacidades". Os níveis de comprometimento, motivação e produtividade por parte dos subordinados diretos aumentaram proporcionalmente com a frequência com que indicavam que os próprios líderes se desafiavam, assim como suas avaliações da eficácia de seu líder.

Você pode criar condições para que seus seguidores estejam prontos e dispostos a tomar a iniciativa em tempos tumultuados ou tranquilos. Primeiro, gere uma atitude capaz de fornecer oportunidades para que as pessoas ganhem o domínio em uma tarefa, um passo de cada vez. O treinamento é crucial para construir a capacidade das pessoas e sua confiança de que podem efetivamente responder e melhorar as situações difíceis que enfrentam. Além disso, encontre formas de as pessoas se expandirem. Ponha a barra gradualmente mais alto, mas a um nível em que as pessoas sintam que pode ser atingida. Suba-a muito e as pessoas falharão; se falharem com muita frequência, desistirão de tentar. Suba a barra um pouco de cada vez e, à medida que mais e mais pessoas acabarem dominando a situação e construindo a autoconfiança para continuar, mova-a mais alto.

Você também pode fomentar a iniciativa fornecendo acesso a modelos, especialmente entre pares, que são bem-sucedidos em enfrentar desafios. Nossos dados mostram que quanto mais as pessoas observam seus líderes como modelos para tomar iniciativas, testando habilidades e técnicas, e aprendendo com a experiência, melhor se sentem em seus ambientes de trabalho. Ao observar comportamentos exemplares, as pessoas obtêm insights sobre a natureza dinâmica da habilidade que tentam adquirir. Modelos positivos são necessários porque é impossível para alguém se destacar com base em algo negativo. Você só pode superar um exemplo positivo. Você pode saber 100 coisas para não fazer, mas se não sabe nem uma a fazer, não consegue executar muito bem a tarefa. Faça com que as pessoas se concentrem em uma ou duas habilidades que mais desejam aprender e procurem um indivíduo com quem seja bom aprender e interessante de imitar. Conecte pessoas com modelos com os quais possam aprender e ajude-as a dar os próximos passos para criar uma imagem mental de como executar as mesmas habilidades e internalizar por que é importante desenvolver essa competência.

Questione com Propósito   O propósito é uma fonte tremendamente poderosa de motivação, e as pessoas não podem perseverar por muito tempo sem ele.[8] Consequentemente, os líderes não questionam apenas pelo ato em si. Não se trata de agitar as coisas só para deixar as pessoas pisando em ovos. Indivíduos que reclamam de como as coisas estão indo, resmungam sobre o que não funciona bem, criticam novos pensamentos e inventos ou apontam problemas nas ideias dos outros sem oferecer alternativas, não estão questionando o processo nem liderando. Líderes exemplares questionam por causa do significado, com a intenção de realizar ações melhores. Os líderes desafiam, geralmente com grande paixão, porque querem que as pessoas tenham uma vida melhor. Eles acreditam fervorosamente que as vidas de todas as partes interessadas serão melhores quando processos, produtos, serviços, sistemas e relacionamentos forem continuamente aprimorados. Mas, para estarem totalmente envolvidas no desafio, as pessoas precisam saber o porquê. A significância prospera quando as pessoas entendem o propósito de sua organização e do trabalho que realizam.

A motivação mais forte para lidar com o desafio e as incertezas da vida e do trabalho vem de dentro das pessoas, e não de fora. Normalmente não vem de algo que os outros colocam em sua frente, como uma espécie de burro caminhando atrás da cenoura.[9] As evidências de nossa pesquisa e de estudos de muitos outros demonstram que, se as pessoas quiserem fazer o melhor quando desafiadas, precisam de motivação interna. Suas tarefas ou projetos devem ser intrinsecamente envolventes. Os pesquisadores desafiaram a suposição de que dar mais dinheiro às pessoas (por exemplo, fornecer ou aumentar incentivos financeiros) melhora significativamente o desempenho. O pensamento atual é de que recompensas contingentes (por exemplo, pagamento por desempenho) são uma proposta perdida.[10] Os estudos fornecem evidências convincentes de que a dependência de motivadores extrínsecos pode, na verdade, diminuir o desempenho e criar uma cultura de divisibilidade e egoísmo, precisamente porque diminui um senso interno de propósito.[11] Quando se trata de excelência, definitivamente o mote não é "o que é recompensado é feito"; é "o que *é* recompensador é feito".

Você nunca pode recompensar suficientemente as pessoas para se importarem — para se importarem com seus produtos, serviços, comunidades, famílias ou até mesmo com o resultado final. Afinal, por que as pessoas transcendem os próprios limites para fazer coisas extraordinárias? E, por falar nisso, por que fazem tantas coisas por nada? Por que se voluntariam para apagar incêndios, arrecadar dinheiro para causas dignas ou ajudar crianças carentes? Por que arriscam suas carreiras para iniciar um novo negócio ou arriscam sua segurança para mudar a condição social? Por que arriscam suas vidas para salvar outros ou defender a liberdade? Como as pessoas encontram satisfação em esforços que não dão muito retorno financeiro, opções, privilégios ou prestígio? Recompensas extrínsecas certamente não explicam essas ações. Líderes tocam corações e mentes das pessoas, não apenas suas mãos e carteiras.

Arlene Blum sabe em primeira mão a importância de questionar com um propósito. Arlene, que é doutora em química biofísica, passou a maior parte de sua vida adulta escalando montanhas. Ela completou mais de 300 subidas bem-sucedidas. Seu desafio mais significativo — e aquele pelo qual é mais conhecida — não era a montanha mais alta que já havia escalado. Foi o desafio de liderar a primeira equipe exclusivamente feminina de Annapurna I, a décima montanha mais alta do mundo. "A pergunta que todos fazem aos alpinistas é 'Por quê?'", Arlene explica:

> E quando descobrem a longa e difícil preparação envolvida, perguntam com mais insistência. Para nós, a resposta foi muito mais do que "por isso mesmo". Todos experimentamos a satisfação, a alegria e a calorosa camaradagem das alturas, e agora estávamos a caminho de um objetivo decisivo para um alpinista — o décimo pico mais alto do mundo. Mas, como mulheres, enfrentamos um desafio ainda maior do que a montanha. Tínhamos que acreditar em nós mesmas o suficiente para fazer a tentativa, apesar de convenções sociais e 200 anos de história da escalada, em que as mulheres eram geralmente relegadas à margem.[12]

Arlene sustenta que a paixão é a linha divisória que separa aqueles que fazem uma subida bem-sucedida dos que não o fazem: "Enquanto você acredita que o que está fazendo é significativo, pode superar o medo e a exaustão e dar o passo seguinte."[13]

Liderança apaixonada e com propósito é particularmente importante em tempos de alta incerteza. Quando o risco e a complexidade aumentam, as pessoas precisam mais de orientação e guia do que quando os tempos são mais seguros e simples. As pessoas precisam de um motivo para continuar buscando, lutando e superando. Essa razão precisa ser mais do que uma recompensa de curto prazo. Precisa ser algo mais sustentável. Ao desafiar as pessoas a crescer, inovar e melhorar, explique como isso beneficiará seus colegas, clientes, famílias e comunidades. Conecte o desafio ao bem maior. Dê-lhes um propósito com o qual se importar.

Exercite o Ideal

Em uma visita à costa acidentada do norte da Califórnia, deparamo-nos com conselhos importantes para os líderes. Impresso no topo de um panfleto descrevendo um trecho do Oceano Pacífico, estava este aviso: "Nunca dê as costas para o oceano." A razão pela qual você não pode virar e olhar para o interior, para ter uma visão da cidade, é porque uma onda capciosa pode surgir quando você está de costas e levá-lo para o mar, como muitos viajantes desavisados descobriram. Esse aviso contém bons conselhos para turistas e líderes. Quando você tira os olhos das realidades externas, voltando-se para dentro para admirar a beleza da própria organização, as águas turbulentas da mudança podem arrastá-lo.

Assim também funciona com a inovação: você deve sempre examinar as realidades externas. Inovação requer o uso de ideais. O irmão da *ideia* (a capacidade de apreender a natureza interna das coisas), o *ideal* (a consciência e compreensão das forças externas) vem através da receptividade. Isso porque os pesquisadores descobriram que as inovações vêm de praticamente todo lugar.[14] De acordo com um estudo global de CEOs, as fontes mais significativas de ideias inovadoras são descobertas fora da organização.[15]

Às vezes, as ideias vêm de clientes, às vezes de usuários líderes, às vezes de fornecedores, às vezes de parceiros de negócios e, outras, de laboratórios de P&D de outras organizações.

Os líderes devem sempre procurar ativamente os sinais mais imprecisos e ouvir atentamente os sinais mais fracos para antecipar o surgimento de algo novo no horizonte. É mantendo as portas abertas para a passagem de ideias e informações que você se torna conhecedor do que acontece ao seu redor. Ideias sem visão é como ver através de cortinas; você simplesmente não forma uma imagem completa.

Olhe Além de Seus Limites Anne Wong, diretora de marketing digital da Illumio, sempre foi flexível e insaciavelmente curiosa sobre o que acontece ao seu redor. Ela é conhecida por fazer muitas perguntas. Um de seus subordinados diretos a descreveu como "rígida em suas perguntas até compreender completamente o que está sendo discutido".[16] Uma explicação importante para isso, diz Anne, "é sempre tentar entender claramente as situações da perspectiva das outras pessoas".

Os pesquisadores, ao acompanhar os executivos seniores, descobriram que os mais bem-sucedidos não esperavam que as informações chegassem até eles, mas se afastavam para que pudessem entender o que fazer em seguida.[17] Por exemplo, eles checavam as notícias da manhã, passavam pelos escritórios de seus colegas para um rápido acompanhamento, andavam pelos corredores ou chão de fábrica, iam ao refeitório para tomar café ou almoçar com os colegas, participavam de reuniões informais e comemorações, de programas e conferências de treinamento, e assim por diante. Uma de suas principais preocupações "era ficar por dentro do que acontecia dentro e ao redor de [nossas] organizações". Eles ficavam vigilantes para garantir que não se encontrassem na posição de perguntar sobre o fato: "Como isso pôde acontecer sem que eu soubesse?"

Liderar circulando e fazendo perguntas não só permite que os líderes olhem para fora de suas experiências, mas também promove o diálogo externo e interno sobre como encontrar oportunidades inovadoras. Também influencia fortemente o orgulho e a lealdade que as pessoas sentem de suas organizações e sua disposição de dar esse passo extra para tornar seus projetos mais bem-sucedidos. Por exemplo, nossos dados revelam que quanto mais as pessoas observam que seu líder "procura ativamente formas inovadoras de melhorar o que fazemos", maior é a sensação de que fazem a diferença no trabalho que realizam.

Estudos sobre como o cérebro processa informações sugerem que para ver as coisas de maneira diferente e, portanto, criativamente, você precisa bombardear seu cérebro com coisas que nunca encontrou. Esse tipo de novidade é vital, de acordo com o neurocientista da Emory University, Gregory Berns, porque o cérebro, evoluindo para a eficiência, usa rotineiramente atalhos de percepção para economizar energia. Apenas forçando-se a libertar-se de pontos de vista preexistentes, você pode fazer seu cérebro recategorizar as informações. Ir além dos padrões habituais de pensamento é o ponto de partida para imaginar novas alternativas.[18]

Como a mente humana é surpreendentemente hábil em sustentar suas formas profundas de ver o mundo enquanto examina evidências contrárias, os pesquisadores da McKinsey & Company sugerem que a experiência pessoal direta é o antídoto: "Ver e experimentar algo em primeira mão pode abalar as pessoas de maneiras que discussões abstratas em mesas da sala de conferência não fazem. É, portanto, extremamente benéfico iniciar exercícios de construção de criatividade ou esforços de geração de ideias fora do escritório ao projetar experiências pessoais que confrontem diretamente as suposições implícitas ou explícitas dos participantes."[19] Entender o que acontece a seu redor não acontece simplesmente permanecendo sentado atrás de sua mesa no escritório.

Courtney Ballagh chegou a essa conclusão quando trabalhava como gerente assistente em uma loja de varejo, na qual a equipe de vendas tinha caído em uma rotina e não atingia as metas. No varejo, como em muitas organizações, as pessoas geralmente aderem a uma tática que funciona para elas até serem forçadas a mudá-la. A loja estava indo bem, ela contou:

> Até que um dia as táticas que usávamos para vender
> nosso produto se tornaram ineficientes. Ninguém
> conseguia pensar em ideias para trazer à mesa para
> mudar nosso estilo, então pedi a cada associado

que escolhesse duas ou três lojas no shopping para observar. Eu queria inspirar e desafiar a equipe fazendo com que eles prestassem muita atenção em como esses associados vendiam seus produtos e trouxessem novas ideias para compartilharem. Eles foram a toda parte, da Gap, uma marca mediana focada na satisfação do cliente, para a Louis Vuitton, uma varejista de artigos de luxo comissionada que é completamente voltada para fazer a venda. Quando todos voltaram e compartilharam as informações coletadas, puderam pensar fora da caixa e ver que o que fazia outras pessoas bem-sucedidas também poderia funcionar para eles. Essas novas técnicas de venda ajudaram a equipe a sair da rotina e voltar ao caminho certo.

Como Courtney continuou a explicar: "Se você só fala com quem está ao seu redor e não sai do seu caminho para ver novas perspectivas, nunca chegará a algo novo. Novas coisas são desafiadoras e emocionantes, e é preciso sair da sua zona de conforto para vê-las."

Os líderes entendem que a inovação exige mais escuta e maior comunicação do que o trabalho de rotina. Inovações bem-sucedidas não surgem do quinquagésimo segundo andar do prédio da sede ou dos departamentos administrativos da prefeitura. Você precisa estabelecer relações, fazer conexões e sair de sua realidade. A necessidade de ficar em contato com o mundo ao seu redor foi precisamente a experiência de Priya Saudagaran em uma empresa sem fins lucrativos implementando sistemas de purificação de água para áreas rurais dentro da Índia. Ela ficou angustiada ao saber de uma decisão da alta administração de suspender um sistema de tratamento específico, privando os moradores locais de acesso à água potável. Enquanto ela analisava a decisão financeira da empresa, Priya sentiu que não era consistente com a missão da empresa. Ela foi até seu supervisor e pediu a chance de conversar com os moradores diretamente para descobrir por que as pessoas não estavam comprando a água. Ela também começou a procurar fora das quatro paredes de sua organização, pesquisando como os concorrentes estavam lidando com situações de negócios semelhantes e conversando com outras organizações sem fins lucrativos análogas.

Priya saiu do escritório e entrou em campo, querendo "saber qual é o problema, em vez de seguir a forma tradicional de fechar um negócio, se não está indo bem por um longo período de tempo". Como resultado de suas descobertas e análises, eles acabaram tendo mais envolvimento da comunidade, ajustaram seu modelo de negócios e, em 12 meses, tornaram-se uma unidade lucrativa; posteriormente, esse modelo foi copiado em vários outros locais. Sua experiência é um testemunho da importância de ouvir e promover perspectivas diversas.

Ouça e Promova Diversas Perspectivas A demanda por mudança virá de dentro e de fora de sua organização. Se tudo estivesse funcionando perfeitamente, talvez não houvesse urgência alguma em fazer as coisas de maneira diferente. Mas a verdade é que se as aspirações se referem a obter algo ou ser melhor, algumas coisas têm que mudar, mesmo antes de serem destruídas. As práticas operacionais padrão (*standard operating practices* — SOPs) mantêm as coisas como estão, mas geralmente não são adequadas para lidar com turbulências, incertezas ou encargos para melhores resultados.

No início de sua carreira como analista financeiro do Wells Fargo Bank, Luis Zaveleta nos contou como o treinaram nos procedimentos operacionais padrão, que ele deveria seguir dentro do departamento. Alguns de seus deveres lidavam com relatórios diários, semanais e mensais, que eram adequados para o uso do SOP, "mas o resto de minhas tarefas envolvia mais pensamento criativo". Quando o número de tarefas desafiadoras aumentou, no entanto, ele achou mais difícil justificar o uso do SOP da empresa.

> À medida que ganhei experiência e desenvolvi
> mais habilidades gerenciais no trabalho, comecei
> a questionar a forma como o trabalho era feito.
> Comecei perguntando aos trabalhadores mais

experientes e ao meu gerente a razão por trás do uso do SOP para resolver todos os problemas dentro do departamento. Logo aprendi que o uso maciço de SOPs não era outro senão a falta de alternativas. Todos os funcionários nos últimos dez anos foram ensinados a fazer seu trabalho com o uso do SOP e ninguém pensou em atualizá-lo ou mesmo usar um método diferente para resolver um problema.

Quando um novo desafio se apresentava, Luis tinha que escolher entre seguir o mesmo SOP ineficiente ou questionar os processos estabelecidos pelos departamentos. Enquanto Luis sentia que "um líder precisa ser corajoso o suficiente para ir contra a maré a fim de melhorar um processo", também percebeu que os líderes precisavam conhecer as limitações de seus conhecimentos e estar abertos a explorar quaisquer ideias que chegassem até eles. Então, Luis entrevistou colegas de trabalho, gerentes de diferentes departamentos e alguns diretores para obter sua opinião. O melhor conselho, disse ele, veio de uma fonte improvável, um colega de trabalho que na época trabalhava como caixa de uma das agências locais. "Saber que as ideias podem vir de alguém permite que um líder nunca perca uma oportunidade de inovação", disse-nos Luis. "No meu exemplo, perguntei a todos da empresa sobre como superar meu desafio e fiquei aberto e receptivo às ideias de fora do meu departamento."

A receptividade a novas ideias, que Luis demonstrou, é uma habilidade necessária para os líderes adotarem se quiserem questionar o processo de forma eficaz. Você precisa entender que uma pessoa pode ter um ponto de vista válido sobre um problema, mas indivíduos de diferentes origens podem apresentar diversas visões sobre o mesmo problema. As informações e perspectivas extras podem ajudá-lo a formular respostas melhores e melhorar sistemas desatualizados. Líderes de sucesso precisam encorajar o compartilhamento de informações de todas as partes interessadas, ser receptivos a diferentes ideias, não importando a fonte, e usar o conhecimento coletivo para encontrar uma solução efetiva para qualquer desafio.

Os pesquisadores descobriram que, a menos que as pessoas encorajem ativamente a comunicação externa e busquem diversos pontos de vista, tendem a interagir com pessoas de fora cada vez menos, e novas ideias são cortadas. Pesquisas clássicas examinaram as relações entre o tempo que as pessoas trabalharam juntas em uma área específica do projeto e três tipos de comunicação oral interpessoal (intraprojeto, organizacional e comunicação profissional) em vários estágios da existência dos grupos. Elas também examinaram o desempenho técnico de cada grupo, medido por gerentes de departamento e diretores de laboratório.[20]

Eles descobriram que os grupos de alto desempenho tinham uma comunicação significativamente maior com pessoas fora de seus laboratórios, seja com unidades organizacionais, como marketing e manufatura, seja com associações profissionais externas. Curiosamente, os grupos que estiveram juntos por mais tempo relataram níveis de comunicação mais baixos nas três áreas. Eles "estavam significativamente mais isolados de fontes externas de novas ideias e avanços tecnológicos e de informações dentro de outras divisões organizacionais".[21] As equipes de vida longa se isolaram do tipo de informação que mais precisavam para criar novas ideias e, assim, reduziram seu desempenho ao longo do tempo. Eles estavam juntos há tanto tempo, ao que parece, que sentiam que não precisavam conversar com estranhos; estavam contentes em falar apenas uns com os outros.

Uma das razões pelas quais as pessoas muitas vezes têm medo de pedir conselhos e informações aos outros é porque percebem que isso significa, ou pelo menos implica, que elas são incompetentes, que não sabem algo que já deveriam saber. No entanto, estudos demonstraram que esse medo não tem propósito. As pessoas percebem aqueles que buscam conselhos como mais competentes do que os que não o fazem, e essa crença é ainda mais forte quando a tarefa é difícil do que quando é fácil.[22] Você pode melhorar a opinião das pessoas sobre sua competência, fazendo perguntas e buscando conselhos de pessoas que sabem o que estão falando. Por um lado, isso faz com que a outra pessoa se sinta reconhecida. Consequentemente, quando você tem um problema particularmente desconcertante, não hesite em falar sobre isso com alguém que tenha lidado com situações semelhantes. Há uma boa chance de eles pensarem mais em você depois.

Uma maneira de se abrir para novas informações é assumir várias perspectivas. O que você pode fazer para ter uma visão mais abrangente de suas atuais circunstâncias? Pesquisadores sugeriram três abordagens:[23]

- ▶ Entenda a perspectiva de alguém que o frustra ou irrita e considere o que essa pessoa pode lhe ensinar.

- ▶ Ouça o que outras pessoas têm a dizer; ou seja, ouça para aprender em vez de necessariamente para mudar sua perspectiva.

- ▶ Procure opiniões de pessoas além de sua zona de conforto, com quem você normalmente não conversa.

Fazer perguntas e buscar conselhos de outras pessoas naturalmente leva ao compartilhamento de conhecimento em toda a organização. Essa curiosidade também fortalece os relacionamentos interpessoais. É imperativo que você ouça o mundo exterior e faça boas perguntas. Você nunca sabe de onde virá uma grande ideia, o que significa que precisa adotar uma atitude de tratar cada trabalho como uma aventura.

Trate Todo Trabalho Como uma Aventura Quando pedimos às pessoas que nos informassem quem iniciou os projetos que selecionaram ao descrever suas experiências de superação em liderança, presumimos que a maioria se autonomearia. Não foi isso o que aconteceu. Alguém além do líder — geralmente o gerente imediato da pessoa — iniciou mais da metade dos casos. No começo, isso nos pegou de surpresa, até que percebemos que muito do trabalho que as pessoas fazem é atribuído a eles. Isso é apenas um fato da vida organizacional; poucos começam tudo do zero. Consequentemente, se o projeto foi autoiniciado ou atribuído não importa. O que faz a diferença é como os destinatários visualizam a atribuição. Eles poderiam ver isso como apenas mais um trabalho — uma tarefa para concluir — ou como uma aventura — uma possibilidade de fazer algo extraordinário acontecer. Líderes exemplares e despreocupados escolhem a aventura.

As coisas acontecem nas organizações e na vida das pessoas. Não é relevante se você encontra os desafios, ou eles o encontram. O importante são as escolhas que faz. O que é importante é o propósito que você encontra para desafiar a maneira como as coisas são. A questão é esta: quando a oportunidade bate, você está preparado? Você está pronto para abrir a porta, sair e buscar uma oportunidade? Quando Clay Alm assumiu um papel de liderança sênior em operações com a OneRent Inc., uma série de minicrises o confrontou. Em um ponto, ele ficou bastante frustrado com as respostas de seu colegas no departamento de vendas, que diziam que não havia problemas de ordem operacional. Clay percebeu que precisava abordar o problema de uma perspectiva diferente, a fim de chamar a atenção da equipe de vendas, e iniciou algumas estratégias. Clay disse-nos que ele "aprendeu que você provavelmente será rejeitado ao apresentar uma proposta para mudar o *status quo*, e provavelmente será assim mais de uma vez. No entanto, bons líderes não desistem quando confrontados com a adversidade; eles a enfrentam com soluções alternativas e não param de fornecer soluções adicionais até que seja superada".

Mesmo que esteja no seu emprego há anos, trate o hoje como se fosse seu primeiro dia. Pergunte a si mesmo: "Se eu estivesse começando esse trabalho, o que faria?" Comece a fazer essas coisas agora. Fique sempre atento às formas de melhorar sua organização. Identifique os projetos que sempre quis realizar, mas nunca fez. Peça aos membros de sua equipe para fazerem o mesmo.

Seja um aventureiro, um explorador. Onde na sua organização você não esteve? Onde nas comunidades a que serve você não foi? Faça um plano para explorar esses lugares. Faça uma viagem de campo para uma fábrica, depósito, centro de distribuição ou loja de varejo. Visite pessoas com uma função, em um departamento, em um local ou até mesmo em uma base de clientes que o intrigue.

Você não precisa estar no topo da organização para aprender o que acontece ao redor. Fique atento a novas ideias, onde quer que esteja. Se você for sério em promover a inovação e conseguir que outras pessoas ouçam pessoas de fora da unidade, faça da coleta de novas ideias uma prioridade pessoal. Incentive os outros a abrir os olhos e ouvidos para o mundo fora dos limites da organização. Colete ideias por meio de grupos voltados para questões sociais, conselhos consultivos, caixas de sugestões, reuniões no café da manhã, sessões de brainstorming, formulários de avaliação de clientes, compradores misteriosos, hóspedes misteriosos, visitas a concorrentes e afins. Salas de bate-papo online são ótimos locais para trocar ideias com aqueles que estão fora de sua área.

Colete ideias como parte de sua programação diária, semanal e mensal. Ligue para três consumidores ou clientes que não usam seus serviços há algum tempo ou que fizeram compras recentes e lhes pergunte por quê. Claro, há o e-mail, mas a voz humana é melhor para esse tipo de coisa. Trabalhe no balcão e pergunte às pessoas do que gostam e não gostam na sua organização. Faça compras na loja de um concorrente ou, melhor ainda, anonimamente compre um produto de sua organização e veja o que os vendedores da loja dizem sobre ele. Ligue para seu local de trabalho e ouça como as pessoas atendem às chamadas telefônicas e lidam com as perguntas. Certifique-se de dedicar pelo menos 25% de todas as reuniões semanais para ouvir ideias externas para melhorar processos e tecnologias e para desenvolver novos produtos e serviços. Não permita que as reuniões da equipe consistam apenas em relatórios de status sobre coisas rotineiras, diárias e internas. Convide clientes, fornecedores, pessoas de outros departamentos e outras pessoas de fora para suas reuniões para oferecer sugestões sobre como sua unidade pode melhorar. Mantenha seus ouvidos alertas, não importa onde esteja. Você nunca sabe onde ou quando pode encontrar novas ideias.

Esses métodos manterão seus olhos e ouvidos abertos a novas ideias. Permaneça receptivo e exponha-se a visualizações mais amplas. Esteja disposto a ouvir, considerar e aceitar ideias de fontes externas à empresa. Se você se voltar para o que acontece fora dos limites de sua organização, as ondas de mudança que surgirem não o surpreenderão.

TOME UMA ATITUDE
Busque Oportunidades

Líderes dedicados a fazer coisas extraordinárias acontecerem estão abertos a receber ideias de qualquer pessoa e de qualquer lugar. São hábeis em usar sua visão para examinar o panorama da tecnologia, política, economia, demografia, arte, religião e sociedade em busca de novas ideias. Estão preparados para procurar oportunidades para lidar com as mudanças constantes no ambiente de sua organização. Além disso, por serem proativos, não apenas seguem as ondas de transformações: criam as ondas que os outros seguem. Eles estão preparados para aproveitar a iniciativa e abordar as mudanças constantes no ambiente da organização.

Você não precisa mudar o histórico, mas precisa mudar o pensamento de sempre. Você tem que ser proativo, continuamente buscando e criando novas iniciativas. Fique atento a qualquer coisa que leve você ou seus colegas a uma falsa sensação de segurança. Mudança, inovação e liderança são quase sinônimos. Isso significa que seu foco é menos nas operações de rotina e muito mais no não testado e não experimentado. Tenha em mente que as ideias mais inovadoras muitas vezes não são suas nem de sua organização. Estão em outro lugar, e os melhores líderes olham ao redor para os lugares em que as ideias inovadoras se escondem. Eles fazem perguntas e buscam conselhos. Liderança exemplar requer ideais, não apenas ideias.

A busca pela mudança é uma aventura. Testa sua vontade e habilidade. É difícil, mas também é estimulante. A adversidade o apresenta a você mesmo. Para obter o melhor de si e dos outros, você deve entender o que dá significado e propósito ao seu trabalho.

Para Questionar o Processo, você deve *buscar oportunidades, tomando a iniciativa e olhando para fora, à procura de soluções e de melhorias inovadoras.* Isso significa que deve:

1. Fazer algo todos os dias para que você seja melhor do que era no dia anterior.

2. Procurar experiências de primeira mão fora de sua zona de conforto e de seu conjunto de habilidades.

3. Sempre perguntar: "O que há de novo? Quais são os próximos passos? O que é melhor?" não apenas para você, mas também para aqueles que estão ao seu redor.

4. Encontrar um propósito significativo para lidar com suas tarefas desafiadoras e mais difíceis.

5. Fazer perguntas, buscar conselhos e ouvir diversas perspectivas.

6. Ser aventureiro; não deixar que rotinas se tornem ciclos.

CAPÍTULO 8

Experimente e Arrisque

A PIVOTAL SOFTWARE VINHA EMPREGANDO metodologias ágeis em seu processo de desenvolvimento de software, mas raramente as usava em outras partes da organização. Depois de fazer um curso de treinamento sobre desenvolvimento ágil e princípios de lean startup [startup enxuta], Cathryn Meyer estava ansiosa para colocar os conceitos em prática. "Decidi adotar uma abordagem mais ágil e iterativa para um novo projeto que estava liderando", disse-nos ela.

Seu desafio era um projeto para padronizar os cargos em toda a empresa em uma estrutura simples e coerente. No passado, projetos semelhantes envolviam algumas pessoas de RH diagnosticando o problema, apresentando uma solução e, finalmente, empurrando-a para a organização. "Geralmente, a solução era desenvolvida em um vácuo", Cathryn lamentou, "e, se não fosse perfeita inicialmente, lamentável — seria tarde demais para mudanças".

> A abordagem lean que adotei para este projeto foi muito diferente. Envolveu a identificação do objetivo final e uma hipótese para alcançá-lo, conduzindo

> miniexperimentos para testar a hipótese e usando
> o feedback para aprender e iterar em uma solução.
> A equipe do projeto reconheceu desde o início que
> nenhum de nós conhecia a solução ideal para nosso
> problema. Projetamos experimentos para nos ajudar
> a procurar boas ideias em todos os lugares e reunir
> tantas possibilidades quanto pudéssemos.

Cathryn e sua equipe enviaram breves pesquisas aos funcionários para reunir opiniões e ideias. Eles conversaram individualmente com a equipe para investigar mais profundamente. Pesquisaram as melhores práticas externas. Eles chamaram um especialista em metodologias enxutas para obter feedback. "O resultado foi uma proposta com a qual nos sentimos confiantes", disse ela, "uma que passou por várias iterações com base no feedback obtido de várias fontes. Finalizamos a proposta sabendo que fizemos a melhor escolha possível com base nas informações que pudemos coletar". Por fim, a equipe de Cathryn obteve aprovação das partes interessadas necessárias devido ao processo minucioso e cuidadoso que haviam seguido.

Seu desafio seguinte foi implementar os novos cargos em toda a organização. Cathryn dividiu o processo de implementação em pequenos pedaços baseados na função de trabalho: "A implementação dos novos cargos, uma função de cada vez, foi uma maneira eficaz de progredir em relação ao nosso objetivo final, enquanto ganhamos mais apoio para nossa abordagem a cada marco de sucesso."

Aprender com seus experimentos nessas fases iniciais deu a Cathryn a inspiração para começar a simplificar e consolidar os tipos de funções, modernizando ainda mais a metodologia de cargos da empresa. "Essa sempre foi uma área que eu sabia que precisava de cuidado", disse-nos ela. "Depois de ganhar impulso com nossa proposta inicial, fiquei confiante para aproveitar a iniciativa e fazer as mudanças necessárias."

> No início do processo, muitas pessoas nos disseram
> que nossa tarefa era impossível e que nunca
> encontraríamos uma solução que atendesse às

> necessidades de todos. Aceitamos esse desafio
> com entusiasmo e nos recusamos a desistir,
> mesmo quando nossa pesquisa gerou resultados
> inconclusivos. Continuamos aprendendo,
> experimentando e ajustando até chegarmos à melhor
> solução. Agora sei que posso desafiar as convenções
> e liderar com confiança uma equipe através de uma
> nova maneira de fazer as coisas, mesmo diante de
> adversidades.

Para alcançar o extraordinário, você precisa estar disposto, como Cathryn, a fazer coisas que nunca foram feitas antes. Cada Experiência de Superação em Liderança fala sobre a necessidade de assumir riscos com ideias ousadas. Você não pode conseguir nada novo ou extraordinário fazendo as coisas do jeito que sempre fez. Você tem que testar estratégias não comprovadas. Tem que romper com as normas que o paralisam, aventurar-se além das limitações que geralmente impõe a si mesmo e aos outros, tentar coisas novas e arriscar.

Líderes devem dar um passo além. Não apenas precisam estar dispostos a testar ideias ousadas e assumir riscos calculados, mas também precisam fazer com que os outros se juntem a eles nessas aventuras, na incerteza. Uma coisa é partir sozinho para o desconhecido; outra totalmente diferente é fazer com que os outros o sigam na escuridão. A diferença entre um líder exemplar e um indivíduo que assume riscos é que os líderes criam as condições para que as pessoas *queiram* se juntar a eles na luta.

Líderes tornam o risco seguro, por mais paradoxal que pareça. Transformam experimentos em oportunidades de aprendizado. Eles não definem a ousadia com projetos arriscados e gigantescos. Na maioria das vezes, veem as mudanças pequenas, usando projetos piloto e ganhando motivação. A visão pode ser grande e distante, mas o caminho para alcançá-la é colocar um pé na frente do outro. Esses passos pequenos e visíveis são mais propensos a ganhar vitórias antecipadas e primeiros adeptos. Naturalmente, quando você experimenta, nem tudo funciona conforme o pretendido. Existem erros e falsos começos. Eles fazem parte do processo de inovação. O que é crucial, portanto, é que os líderes promovam aprendizado desenvolvendo essas experiências.

Líderes exemplares assumem o compromisso de *Experimentar e Arriscar*. Sabem que fazer coisas extraordinárias acontecerem requer

▶ **Engendrar pequenas vitórias**
▶ **Aprender com a experiência**

Esses tópicos essenciais ajudam os líderes a transformar o desafio em exploração, a incerteza em senso de aventura, o medo em solução e o risco em recompensa. Eles são o segredo para o progresso que se torna irrefreável.

Engendre Pequenas Vitórias

Há um provérbio africano que aconselha: "Nunca teste a profundidade da água com os dois pés." Um conselho sábio sempre que você tenta algo novo. Líderes devem sonhar grande, mas começar aos poucos. Considere o que Gary Jamieson, diretor executivo do Centro de Inovação do Vale do Silício da Comcast, contou-nos sobre um projeto no qual trabalhou enquanto atuava em uma empresa de rede multinacional:

> No início do projeto, havia essa crença geral de que ele nunca seria concluído. Foi importante provar para a equipe no início do projeto que poderia ser. Para tanto, estruturei o projeto para que os principais marcos iniciais tivessem resultados significativos e distintos, visíveis como conquistas claras em circunstâncias difíceis. Alcançar esses primeiros marcos deu aos membros da equipe confiança em sua capacidade de concluí-lo. Depois, assegurei que os marcos intermediários fossem anunciados como pequenas conquistas dentro do

projeto maior e demonstrassem os benefícios de
alcançá-los. Isso ajudou a construir não apenas
ânimo, mas também motivação.

Para levar as pessoas a fazer coisas que nunca foram feitas antes, você
progride de forma incremental, assim como Cathryn e Gary. Você segmenta a longa jornada em marcos. Move-se passo a passo, criando uma
sensação de impulso para frente ao gerar o que o professor emérito da
Universidade de Michigan, Karl Weick, chama de *pequenas vitórias*. Uma
pequena vitória é "um resultado concreto, completo e implementado de
importância moderada".[1] Identifica um lugar para começar. Pequenas
vitórias fazem o projeto parecer factível, isto é, dentro dos parâmetros
de habilidades e recursos existentes. Elas minimizam o custo de tentar
e reduzem os riscos de falhar. O que é empolgante nesse processo é que,
uma vez que as pessoas obtêm uma pequena vitória, ela movimenta forças
naturais que favorecem o progresso em detrimento dos contratempos.
Plantar uma árvore não impedirá o aquecimento global, mas plantar um
milhão de árvores pode fazer a diferença. É a primeira árvore que faz as
coisas começarem. Embora a fábrica "lúdica" do Google seja inspiradora, ambiciosa e angarie a maior parte da publicidade, o caminho menos
falado para muitas inovações do Google são pequenas conquistas — as
"momentâneas" substanciais, de curto prazo e incrementais que tornam
seus produtos melhores ano após ano.[2]

A Figura 8.1 mostra que a porcentagem de pessoas que concordam/
concordam fortemente que seu líder é eficaz aumenta drasticamente à medida em que observam aquele indivíduo utilizando o processo de pequenas
vitórias. A efetividade sobe de pouco menos de 19% na parte inferior da
escala para mais de 97% no topo da escala, um aumento de mais de cinco
vezes. Os principais fatores de engajamento para subordinados diretos
indicam sentimentos semelhantes. Por exemplo, quando seus líderes fre-
quentemente/quase sempre empregam um pequeno processo de vitória,
mais de 90% de seus subordinados diretos indicam que se sentem altamente
produtivos em seus trabalhos, seguros sobre o que se espera deles e eficazes
no atendimento às demandas de seus trabalhos.

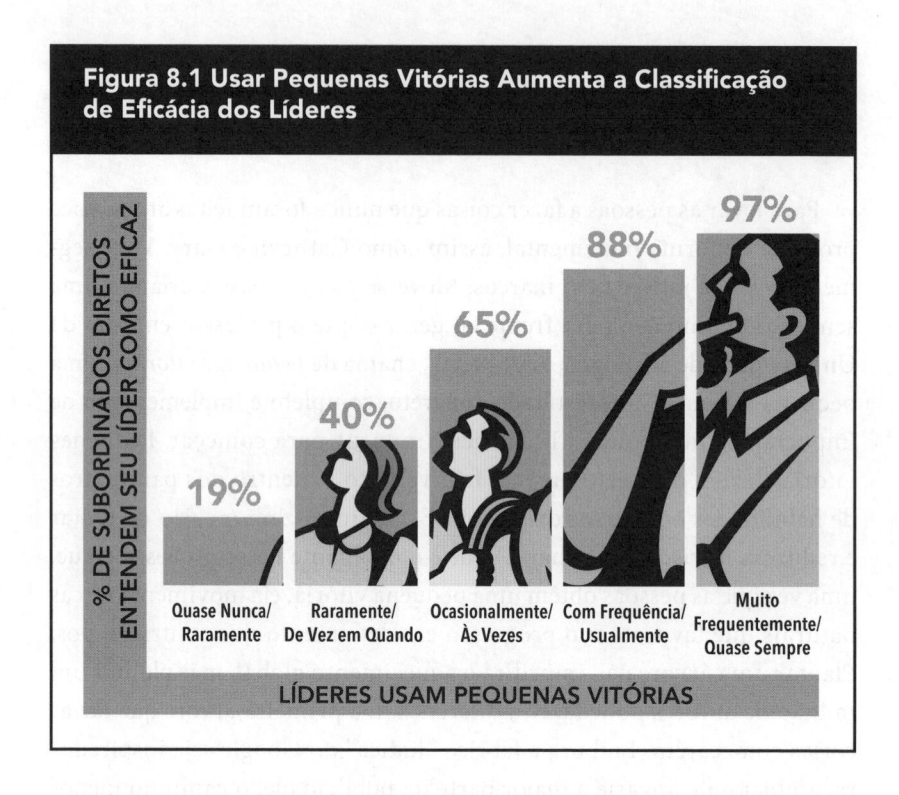

Figura 8.1 Usar Pequenas Vitórias Aumenta a Classificação de Eficácia dos Líderes

A comunidade científica sempre entendeu que grandes avanços resultam do trabalho de centenas de pesquisadores, pois inúmeras contribuições finalmente começam a somar-se a uma solução. Todas as "pequenas" melhorias tecnológicas, independentemente do setor, contribuíram para um aumento maior da produtividade organizacional do que todos os grandes inventores e suas invenções.[3] A prototipagem rápida, e abundante, leva produtos de alta qualidade mais rapidamente ao mercado.[4] Os estudos descobriram que as pessoas, através de múltiplas ocupações e disciplinas, são capazes de apresentar mais ideias do que inicialmente se acreditarem que são capazes.[5]

Por meio de extensas investigações sobre o que torna os trabalhadores do conhecimento eficazes, a professora da Harvard Business School, Teresa Amabile, e o pesquisador independente Steven Kramer descobriram que "as pessoas são mais criativas e produtivas quando suas vidas profissionais são otimistas — quando se sentem felizes, são intrinsecamente motivadas pelo trabalho em si e têm percepções positivas de seus colegas e organizações".[6] Esses sentimentos são desencadeados pelo apoio ao progresso no trabalho significativo: "Quando pensamos em progresso, geralmente imaginamos como é bom alcançar um objetivo de longo prazo ou experimentar um grande avanço. Essas grandes vitórias são ótimas, mas são relativamente raras. A boa notícia é que mesmo pequenas vitórias estimulam tremendamente a vida profissional interna."[7] Passos pequenos, incrementais e consistentes têm um impacto significativo na motivação das pessoas. Nossos dados mostram que há uma relação direta entre a medida em que os líderes "identificam marcos mensuráveis que mantêm os projetos em andamento" e a clareza em torno das expectativas de emprego relatadas por seus subordinados diretos, bem como seus níveis de motivação e comprometimento com o sucesso de sua organização.

Se as pessoas puderem ver que você pede a elas para fazerem algo que sejam capazes de fazer, terão alguma garantia de que podem ser bem-sucedidas na tarefa. Quando as pessoas não se sentem sobrecarregadas por uma tarefa, sua energia é direcionada para a realização do trabalho, em vez de se perguntar: "Como vamos resolver esse problema?" Ao encontrar todas as pequenas maneiras como as pessoas podem ter sucesso em fazer as coisas de maneira diferente, líderes exemplares fazem com que elas queiram se envolver e permanecer envolvidas.

Construa Resistência Psicológica   Os problemas apresentados de forma muito ampla ou expansiva podem parecer assustadores e sufocar a capacidade das pessoas de conceber o que podem fazer no futuro, mais ainda no presente. Os líderes enfrentam esse dilema porque querem que as pessoas alcancem grandes níveis sem ter medo de cair. Querem que as pessoas se sintam desafiadas, mas não sobrecarregadas; curiosas, mas não perdidas; empolgadas, mas não estressadas. Por exemplo, Kirstyn Cole, analista de operações da Intel, contou-nos sobre como estava "empolgada e ansiosa" ao assumir sua primeira responsabilidade de liderança significativa e ponderou que "ser líder significa ter medo às vezes". Ela disse que poderia ter acabado de entrar nesse trabalho e feito as mesmas coisas de sempre, ter medo de sacudir as estruturas ou de não querer dedicar tempo extra e trabalho árduo em prol de mudanças, mas percebeu que tinha a determinação, resistência e entusiasmo necessários para melhorar as coisas.

Os psicólogos descobriram que as pessoas que experimentam um alto grau de estresse e ainda conseguem enfrentá-lo de maneira positiva têm uma atitude distinta, que chamam de "resistência psicológica".[8] Sejam gerentes, empreendedores, estudantes, enfermeiros, advogados, soldados de combate ou presidiários, pessoas com alta resistência psicológica têm muito mais probabilidade de resistir a sérios desafios e se recuperar do fracasso do que aquelas com baixa resistência.[9] A resistência é uma qualidade que as pessoas podem aprender e os líderes, apoiar.

Existem três fatores-chave para construir a resistência psicológica: *compromisso, controle* e *desafio*. Para transformar a adversidade em vantagem, primeiro você precisa se comprometer com o que está acontecendo. Tem que se envolver, se engajar e ser curioso. Você não pode se sentar e esperar que algo mágico aconteça. Também tem que assumir o controle de sua vida. Precisa fazer um esforço para influenciar as contingências. Mesmo que seja improvável que todas as suas tentativas sejam bem-sucedidas, você não pode mergulhar na passividade. Finalmente, precisa ver o desafio como uma oportunidade para aprender com experiências negativas e positivas.

Use a situação desafiadora que Della Dsouza enfrentou em sua transição do trabalho em TI, em uma baia, com pouca interação interpessoal, para outra empresa em que atuava nas vendas e interagia diretamente com os clientes. Esse novo emprego, disse-nos ela, foi uma mudança para um território desconhecido e exigiu que ela "pensasse fora da caixa".

> Havia três aspectos para esse desafio: eu estava em um lugar diferente, fora do meu próprio país, o inglês não era minha primeira língua e eu não tinha experiência anterior em vendas. Nas primeiras semanas, mal conseguia fazer uma venda por dia (o mínimo exigido eram quatro). Então defini um alvo para mim mesma, que eu tentaria aumentar esse número em pelo menos um a cada semana. Isso

significava ficar um pouco mais do que o necessário
para fechar as vendas. Tive que ter em mente o
quadro maior para alcançar a meta desejada. Tive
que focar pequenas vitórias e construir em cima elas.

Depois de um tempo, Della descobriu que estava mais confiante em lidar com os clientes. Seu número de vendas começou a subir. Definir esses pequenos marcos a ajudou a avançar, disse ela.

Logo, o número mínimo de vendas não me
preocupou tanto, pois me senti mais confiante
em cada venda, o que me estimulava para a seguinte.
A cada dia eu encontrava algo novo,
era uma curva de aprendizado constante. Ao
longo do ano, minhas habilidades nesse campo
melhoraram drasticamente. Da novata tímida e
sem noção, me tornei um representante de vendas
confiante. Precisei de persistência e coragem para
seguir em frente.

Della usou pequenas vitórias para se manter focada e motivada enquanto construía a resistência psicológica necessária para lidar com obstáculos e melhorar continuamente. Como sua experiência demonstra, a capacidade de lidar com a mudança e o estresse depende do seu ponto de vista. Para começar esse novo projeto, para dar o primeiro passo, você tem que acreditar que pode influenciar o resultado. Tem que estar curioso sobre o que está acontecendo e procurar maneiras de aprender cada passo do caminho. Com uma atitude resistente, você pode transformar eventos estressantes em oportunidades positivas de crescimento e renovação. Além do mais, pode ajudar sua equipe a se sentir da mesma maneira.

Segmente e Destaque o Progresso   Líderes como Della apreciam ter que dividir grandes problemas em ações pequenas e factíveis. Também sabem que, ao iniciar algo novo, têm que tentar muitas pequenas coisas antes de acertar. Nem toda inovação funciona, e a melhor maneira de garantir o sucesso é experimentar muitas ideias, não apenas uma ou duas maiores. Líderes exemplares ajudam os outros a ver como a segmentação da jornada em marcos mensuráveis os leva adiante e promove progresso contínuo.

A Dra. Geeta Ramakrishnan se uniu a um hospital privado líder em Nova Delhi (Índia), responsável por seu departamento de microbiologia, no qual não pôde deixar de notar que muitos processos atuais precisavam ser melhorados. Geeta sabia que mudar o sistema existente seria complicado e arriscado. Ela também sentiu que, se dividisse as mudanças necessárias em partes e as implementasse metodicamente, o risco poderia ser mitigado e os resultados positivos, alcançados. Antes de propor sua ideia, Geeta realizou uma pesquisa intensiva para verificar a praticidade de seu plano e investigou os processos seguidos em outros laboratórios de primeira linha de todo o país.

Ela fez uma lista de prioridades das possíveis mudanças, começando com os processos de testes manuais de seu departamento, que consumiam muito tempo e tinham altas taxas de erro. Ela convenceu o chefe do laboratório de que a compra do equipamento necessário para automatizar o processo de teste reduziria significativamente os custos de mão de obra, o tempo de retorno e as taxas de erro. Eles decidiram que seu departamento implementaria a mudança primeiro, e os resultados determinariam se ela seria expandida para todo o laboratório. A proposta apresentada à gerência do hospital incluía sua pesquisa detalhada sobre o investimento inicial em equipamentos, redução da força de trabalho, treinamento necessário para a equipe operar e monitorar as máquinas, realocação de técnicos de laboratório excedentes em outros departamentos, economia futura de tempo e custo e redução percentual erros que levassem à redução de responsabilidade. Não surpreendentemente, a gerência deu sinal verde e eles avançaram.[10]

Como é frequentemente o caso, Geeta viu que "grandes coisas são feitas a partir das pequenas", um refrão comum dos casos de Experiência de Superação em Liderança. Como quer que você chame seus experimentos — modelos de sites, estudos piloto, projetos de demonstração, testes de laboratório, experimentos de campo, testes de mercado — são métodos para experimentar muitas pequenas coisas a serviço de algo muito maior. Essas táticas geram continuamente inúmeras possibilidades para pequenas vitórias.

Experimentos são laboratórios para testar e aprender. Também são ótimos recursos visuais. Ao mostrar alguma "coisinha" que experimentou, você dá às pessoas uma sensação tangível de como é o sucesso, aumentando o moral e a confiança. Você ajuda as pessoas a entenderem como todas as pequenas vitórias possibilitam grandes resultados. Elas veem que é possível fazer algo a respeito do que poderiam ter percebido como um problema intratável.

Justina Wang, gerente-geral assistente do China Merchants Bank, contou-nos sobre uma experiência inicial de liderança na qual foi responsável pelo controle global de vendas de uma multinacional, em que descobriu alguns problemas em certos processos no exterior. Ela sabia que o sistema precisava mudar, mas não sabia necessariamente como, especialmente porque esse era um processo longo e complexo, dispersado por muitas divisões diferentes. Depois de pedir informações a todos na cadeia global e conversar, ela dividiu o problema em várias partes e decidiu testar uma ideia em uma subsidiária no exterior. Isso acabou funcionando muito bem e, posteriormente, foi rapidamente implementado em 30 filiais em seis continentes. Refletindo sobre sua experiência, Justina disse: "Nenhuma mudança pode ser feita em um salto. Muitas pequenas vitórias geram grandes sucessos."

Havia um "quadro de aprendizagem" implícito e frequentemente explícito colocado em torno das Experiências de Superação em Liderança. Líderes exemplares estão sempre perguntando: "O que podemos aprender?" quando as coisas não saem como o esperado. Na Figura 8.2, você vê como as classificações destacadas por subordinados diretos a respeito da eficácia de seu líder aumentam com o uso desse comportamento de liderança. Apenas fazer essa pergunta de forma moderada gera retornos significativos em avaliações de eficácia de subordinados.

Figura 8.2 Perguntar "O que Podemos Aprender?" Aumenta a Classificação de Eficácia do Líder

Embora exista uma tendência humana muito real de se concentrar no negativo, você precisa se concentrar no progresso — não na lacuna entre aspirações e realidade, mas no quanto você avançou. A negatividade pode se tornar rapidamente um desempenho caótico e contagioso, sufocante. Considere que existem influências externas que afetam a situação — muitas das quais você não controla. Reformule o resultado, enfatizando o que as pessoas realizam e aprendem no processo. Erros não resultam em aprendizado se as pessoas continuarem cometendo-os repetidas vezes. Líderes exemplares fazem o que é preciso para corrigir erros e usam o incidente como o momento ideal de aprendizado. Eles também garantem que o resto da equipe saiba que o progresso está sendo feito. Ao aprender com a experiência e se concentrar na positividade, os mesmos erros provavelmente não acontecerão novamente. Você e seus colegas estarão mais bem preparados para o próximo desafio ou oportunidade.

Líderes que enfatizam o lado positivo não apenas ajudam a si mesmos e seus colaboradores a aprender e ter sucesso em empreendimentos futuros. A pesquisa também mostra que as pessoas que conseguem manter uma perspectiva positiva são mais criativas e inovadoras porque não se envolvem em contratempos e decepções. Elas continuam abertas a novas possibilidades. Em um nível pessoal, têm taxas mais baixas de depressão e doenças cardiovasculares e, portanto, vivem mais.[11]

Líderes exemplares aceitam a realidade, mas não aceitam facilmente a derrota; nem se deixam consumir pela autopiedade e pela dor. Eles se reorganizam, reavaliam e se preparam para seguir em frente.[12] Inspiram os outros, compartilhando sua determinação para vencer as probabilidades. Veja o exemplo de Carolina Rojas Salcedo, gerente sênior de projetos da Hormigon Reforzado (Colômbia), que nos disse que seu líder mais admirado tinha uma atitude de "sim, é possível". "Embora essa perspectiva não faça com que os problemas desapareçam", disse ela, "ajudou a mim e aos outros a acreditar que o futuro será melhor. Além disso, esse pensamento positivo permite que você descubra um poder incrível das pessoas quando pensam dessa forma". Para transformar os contratempos em vantagens, você precisa ter uma visão positiva e comprometer-se a aprender com a experiência.

Aprenda com a Experiência

Ao desafiar o *status quo*, eventualmente você falhará. Mesmo que tenha clareza ao ver o desafio como uma oportunidade, como pode se concentrar ou como está impelido a ser bem-sucedido, haverá contratempos. Quando se envolve em algo novo e diferente, você comete erros. É disso que se trata a experimentação e, como os cientistas sabem muito bem, há muitas tentativas e erros envolvidos no teste de novos conceitos, métodos e práticas.

Os líderes mais eficazes, de acordo com seus subordinados diretos, como mostrado anteriormente na Figura 8.2, são aqueles que perguntam: "O que podemos aprender quando as coisas não saem como o esperado?"

em vez de apontar dedos ou atribuir culpa. Seus gerentes e colegas relatam essa mesma relação entre as percepções da eficácia do líder e o aprendizado da experiência. Além disso, o número de subordinados diretos que sente que a organização valoriza seu trabalho quando seu líder emprega esse comportamento de liderança é duas vezes maior do que quando relatam que seu líder raramente faz essa pergunta.

Reiteradamente, as pessoas em nossos estudos dizem-nos como os erros e fracassos têm sido cruciais para seu sucesso, tanto pessoal como profissionalmente. Sem erros, elas não saberiam o que podem ou não fazer (pelo menos no momento). Sem o fracasso ocasional, disseram os entrevistados, eles não teriam conseguido atingir suas aspirações. Pode parecer paradoxal, mas muitos corroboram o pensamento de que a qualidade geral do trabalho melhora quando as pessoas têm a chance de falhar. Essa foi precisamente a lição de um experimento que um professor de cerâmica realizou em sua sala de aula. No início do semestre, o professor dividiu os alunos em dois grupos. Ele disse ao primeiro que poderiam ganhar melhores notas produzindo mais jarros (por exemplo, 30 para um grupo B, 40 para um A), independentemente da qualidade. Ele disse ao segundo grupo que suas notas dependiam apenas da qualidade dos jarros que produziam. Não é de surpreender que os alunos do primeiro grupo acertassem em cheio, produzindo o maior número possível de jarros, enquanto o segundo grupo era bastante cuidadoso e deliberado na criação dos melhores jarros. A professora descobriu, para sua surpresa, que os alunos que faziam o maior número de jarros — aqueles classificados em quantidade, e não em qualidade — também eram os melhores. Descobriu-se que a prática de fazer muitos jarros resultava naturalmente em melhor qualidade; por exemplo, esses alunos ficaram mais familiarizados com os meandros do forno e com as várias posições de queima que afetavam a aparência de seus produtos.[13]

Nesse experimento, os alunos que mais falharam foram os que tiveram mais sucesso, o que é inteiramente consistente com outros estudos do processo de inovação. Por exemplo, um estudo de funcionários do programa de ônibus espaciais da NASA concluiu que eles aprenderam mais com seus fracassos do que com sucessos e mantiveram essas lições mais detalhadamente em projetos subsequentes.[14] Sucesso não gera sucesso, concluem os pesquisadores; sucesso gera falha. É o fracasso que gera sucesso. Naturalmente, o fracasso nunca é o objetivo de qualquer empreendimento. No entanto, o sucesso sempre requer um pouco de aprendizado e, por sua vez, o aprendizado sempre envolve erros, falhas e cálculos inconsistentes.

Seja um Aprendiz Ativo   Curiosos sobre a relação entre liderança e aprendizado, realizamos uma série de estudos para descobrir se a abrangência e a profundidade das táticas de aprendizagem afetavam o comportamento de liderança. Investigamos como os líderes engajados aprendiam, considerando que as pessoas têm várias preferências em termos da maneira de aprender. O que descobrimos foi que pessoas que são mais envolvidas no aprendizado, em contraponto às que são menos, fizeram maior uso das Cinco Práticas da Liderança Exemplar, independentemente de seu estilo de aprendizado preferido.[15] Líderes voltados para o aprendizado estão mais preparados para abraçar a ambiguidade, a complexidade e as mudanças de paradigma que acompanham a experimentação e a liderança.

Outros pesquisadores descobriram uma forte relação entre aprendizagem e eficácia de liderança. Ser capaz de refletir sobre suas experiências e, posteriormente, ajustar-se e envolver-se em novos comportamentos é o melhor preditor do sucesso futuro em novos e diferentes empregos de gerência.[16] Você precisa examinar seus valores e ações honestamente, buscar feedback, ter a mente aberta a sugestões e se sentir à vontade para experimentar novos comportamentos. Esse processo é bastante semelhante a uma experiência de aprendizado que o Coronel Scott "Scooter" Drennon compartilhou conosco sobre sua tarefa como comandante de uma força-tarefa médica no Aeródromo de Kandahar, no Afeganistão.

Logo no início de seu desenvolvimento, seu comandante de destacamento foi até ele com uma ideia que o pegou desprevenido: vamos desafiar o comandante do Hospital Cirúrgico da Marinha em Kandahar para um jogo de futebol com o Exército e a Marinha no mesmo dia de volta aos Estados Unidos. Antes de abraçar a ideia, Scooter fez uma pausa para refletir sobre os riscos e as oportunidades. Algumas pessoas podem não gostar de jogar um jogo de futebol no meio de um desenvolvimento de combate, por falta de foco apropriado na missão. Lesões podem afetar a equipe. Além disso, uma vez que a equipe do Hospital da Marinha superava em número seus análogos do Exército em pelo menos dois para um, havia uma boa chance de a equipe do Exército receber uma surra, o que poderia ser ruim para o moral. Depois de refletir sobre os prós e contras, Scooter decidiu que os riscos não eram apenas aceitáveis, mas sentia que os benefícios os superavam. Como ele explicou, "entendi que mesmo se perdêssemos o jogo, só deixar as tropas participarem, tirando suas mentes da missão, já seria algo bom". Ele lançou o desafio e sua contraparte da Marinha aceitou com entusiasmo.

A notícia sobre o jogo se espalhou rapidamente, e o que Scooter achou que seria uma pequena competição de rivalidade entre eles, que poucos notariam, começou a ganhar vida própria. Ele pensava que eles tinham passado despercebidos quando o escritório do Kandahar Morale, Welfare e Recreation ouviu falar sobre o jogo e se ofereceu para fornecer árbitros reais, além de locutores e um sistema de som para narrar o jogo e tocar o hino nacional. Como se isso não fosse visibilidade suficiente, a Rede de Forças Armadas (Armed Forces Network — AFN) visitou-os e disse que televisionaria a partida.

Quando o dia do jogo finalmente chegou, o espetáculo equivaleu a todo o alarde. O campo AstroTurf, no qual jogaram, ficava no meio do acampamento-base de Kandahar, em um lugar chamado Boardwalk, uma passagem circular elevada com lojas e restaurantes em volta do campo. Pessoas de todos os ramos dos serviços dos EUA, e parceiros de coalizão de vários países diferentes na base de coalizão conjunta, encheram o calçadão para ver os dois times jogando de maneira ferrenha um jogo de futebol genuinamente histórico. Quando o apito final tocou, o Exército havia superado a Marinha em 39–22.

O que Scooter aprendeu com essa experiência? No começo, ele nos disse: "Não vislumbrei totalmente o impacto que essa 'pequena vitória' no grande esquema das coisas teria na minha unidade."

> Quando cheguei para trabalhar no dia seguinte, e
> durante semanas e meses, não pude deixar de notar
> as atitudes positivas; todos sorriam, confiantes
> e orgulhosos, por fazerem parte da nossa Força-

Tarefa Médica. Também notei um desempenho de trabalho significativamente melhorado em todas as áreas e uma diminuição nas ações disciplinares. De fato, o moral de nossa unidade era tão alto que nossas tropas realmente pensaram que possuíam Kandahar Airfield! Como a cereja no topo do bolo, a AFN continuou repetindo as entrevistas vencedoras do time por meses após a vitória. Toda vez que nossas tropas começavam a sentir um pouco de saudades de casa, viam a vitória novamente na AFN e recuperavam seu espírito vencedor. Esse foi um presente que nunca paramos de receber.

Aprender é a habilidade mestra. Quando você se dedica totalmente ao aprendizado — quando se entrega de todo coração a experimentar, refletir, ler ou receber treinamento —, você experimenta a emoção de melhorar e o sabor do sucesso. Mais é mais quando se trata de aprender. É claro que os líderes exemplares abordam cada experiência nova e desconhecida com uma disposição para aprender, e uma apreciação da importância do aprendizado, bem como o reconhecimento de que o aprendizado inevitavelmente envolve cometer alguns erros.

Considere o que A. G. Lafley, presidente e CEO aposentado da Procter & Gamble, percebeu: "Acho que aprendi mais com meus fracassos do que com meus sucessos em todos os meus anos como CEO. Penso nas minhas falhas como um presente. A menos que você as veja dessa maneira, não aprenderá com o fracasso e não vai melhorar — nem a empresa."[17] Sua perspectiva é bem parecida com a do campeão de home runs do beisebol, Hank Aaron: "Meu lema era sempre continuar em movimento. Se eu tivesse caído, estivesse me sentindo mal ou com problemas fora do campo, a única coisa a fazer era continuar em movimento." O ponto de vista da autora de *Harry Potter*, J.K. Rowling, é o mesmo: "É impossível viver sem falhar em alguma coisa, a menos que você viva com tanta cautela que você também não viva, caso em que já fracassou."[18] Estudos de empreendedores descobrem que aqueles que tentaram, e posteriormente desistiram, o trabalho autônomo (ou a vida empreendedora) se saem melhor financeiramente em comparação a empregados assalariados que não tiveram essa experiência de "fracasso" como parte de seus portfólios de carreira.[19]

Você precisa dar atenção a essas lições. A história não o julgará duramente por seus fracassos se você aprender com eles, mas será cruel se você não tentar, se parar de se movimentar ou se viver com muita cautela. Aqueles que deixaram os legados mais duradouros são aqueles que cometeram erros e falharam, mas depois tentaram novamente. Essa tentativa final faz toda a diferença. Independentemente do setor, não há sucesso sem a possibilidade de falha.[20]

Construir sua capacidade de ser um aprendiz ativo começa com o que a professora de psicologia de Stanford Carol Dweck se refere como *mentalidade de crescimento,* que ela diz que "se baseia na crença de que suas qualidades básicas podem ser cultivadas através de seus esforços". Ela compara isso a uma *mentalidade fixa, sobre a* qual assume "que suas qualidades são esculpidas em pedra".[21] Indivíduos com mentalidade de crescimento acreditam que as pessoas podem aprender a ser líderes melhores. Aqueles com uma mentalidade fixa pensam que os líderes nascem, não são feitos, e que nenhuma quantidade de treinamento irá torná-lo melhor do que você naturalmente já é. Pesquisadores mostraram, por exemplo, que, ao trabalhar com problemas de negócios simulados, aqueles indivíduos com mentalidade fixa desistiram mais rapidamente e tiveram um desempenho pior do que aqueles com uma mentalidade de crescimento. O mesmo se aplica a crianças na escola, atletas em campo de jogo, professores em sala de aula e até parceiros em relacionamentos.[22] Mentalidades, e não conjuntos de habilidades, fazem a diferença crítica em assumir situações desafiadoras.

Para desenvolver uma mentalidade de crescimento e fomentá-la nos outros, você precisa abraçar os desafios que enfrenta. É aí que está o aprendizado. Quando se deparar com contratempos — e haverá muitos —, você terá que persistir. Você tem que perceber que o seu esforço e o dos outros é seu meio de ganhar mestria. Nem o talento cru nem a boa sorte o fazem se tornar o melhor; trabalho árduo é o que faz você chegar lá.[23] Peça feedback sobre como você age. Aprenda com as críticas construtivas que recebe dos outros. Veja o sucesso dos outros ao seu redor como inspiração, e não como ameaça. Quando acredita que pode aprender continuamente, você irá. Somente aqueles que acreditam que podem melhorar fazem um esforço para fazê-lo.

Crie um Clima para Aprender   O mais importante para promover o aprendizado e fomentar uma mentalidade de crescimento, de acordo com nossa pesquisa com 225 educadores, desenvolvedores e treinadores de liderança, é a confiança.[24] Para os líderes crescerem e prosperarem, as pessoas precisam confiar umas nas outras. Eles precisam se sentir seguros uns com os outros e acreditarem que podem ser abertos e honestos. Precisam apoiar o crescimento de cada pessoa, ter a proteção uns dos outros e estar presentes para levantar os outros quando tropeçam ou caem. Eles precisam ser capazes de colaborar e animar a todos. Precisam mostrar respeito pelas diferenças e estar abertos a pontos de vista e origens alternativos. Estudos de alto desempenho sugerem fortemente que as pessoas precisam de um ambiente de apoio para se tornarem as melhores possíveis. Pesquisadores descobriram que, quando existem relacionamentos de alta qualidade no local de trabalho, as pessoas se envolvem em mais comportamentos de aprendizagem.[25] Além disso, um clima que apoie a ação colaborativa será mais hospitaleiro para o desenvolvimento de líderes do que aquele que é competitivo internamente e foca a abordagem de um vencedor que tem todas as glórias e de promoção pessoal.

Phil Martens, ex-executivo-chefe da Novelis, observou que uma de suas primeiras lições de liderança foi sobre a importância da confiança.[26] Ser um microgestor, ele percebeu, não era o caminho para o sucesso:

> Você tem que se permitir e deixar que os outros
> cometam erros, desde que não sejam catastróficos.
> A coisa mais importante que posso fazer é criar uma
> estrada segura para operar e definir claramente
> quais são os amortecedores — um código de conduta
> ou a forma como tomamos decisões. Enquanto as
> pessoas estiverem dentro dos limites da rodovia,
> deixe-as ir o mais rápido que puderem. Mas se
> baterem em um para-choque puxe-as para dentro e
> lembre-as o que é o para-choque e por que ele está lá.

Em seu livro, *Como Ser Feliz no Meu Trabalho?: A Neurociência Explica o que Fazer para Transformar o Seu Ambiente de Trabalho Rumo à Autorrealização*, Ron Friedman confronta o mito de que "erros devem ser poucos" em grandes ambientes de trabalho. Ele observa que os melhores locais de trabalho têm mais, não menos, erros. A razão para isso é que as pessoas se sentem mais seguras e confiantes em assumir a responsabilidade pelos seus erros.[27] Os erros são o caminho para grandes ideias e inovação e, com o apoio de seu líder, as pessoas tornam-se preparadas para aprender (em vez de se prepararem para falhar), experimentar e se aventurar fora de suas zonas de conforto. Estudos constataram, por exemplo, ao olhar para o desempenho das unidades de enfermagem, que, de modo contraintuitivo, as unidades com melhores relacionamentos entre líderes e colegas de trabalho tiveram o maior número de erros (por exemplo, erros de tratamento medicamentoso). No entanto, não foi porque eram menos eficazes; em vez disso, nessas unidades, as pessoas estavam mais dispostas a reconhecer um erro quando acontecia e, em seguida, a descobrir como garantir que o mesmo erro nunca ocorresse novamente.[28]

Organizações que levam a sério a criação de um clima de aprendizagem fornecem uma variedade de oportunidades sistemáticas para o fazer. Isso inclui oportunidades formais e informais de desenvolvimento, como programas de aprendizado baseados em sala de aula, opções de aprendizado online e seminários externos, além de orientação e treinamento. Tarefas de trabalho rotativo ou projetos especiais também desafiam as pessoas a se desenvolverem. A consultora global Aon Hewitt relatou que 100% das principais empresas para o desenvolvimento de líderes têm "uma forte reputação de cultivar talentos internamente em toda a organização", em comparação com apenas 66% das outras.[29]

Além disso, as organizações que incentivam o aprendizado e a inovação fornecem tempo para trabalhar em projetos fora das responsabilidades formais. Tais ambientes alimentam a curiosidade, um requisito essencial para pensar fora da caixa. Estudos do Centro de Neurociências da Universidade da Califórnia, em Davis, revelam que ser curioso prepara o cérebro para o aprendizado. Isso torna o aprendizado uma experiência mais gratificante, estimulando os circuitos cerebrais associados à recompensa e ao prazer.[30]

Ter um forte senso de curiosidade sobre o que acontece ao seu redor é com frequência o antecedente para sentir e entender o que está por vir.

Brian Grazer é um dos produtores de filmes de maior sucesso de todos os tempos. Entre suas produções, estão muitos filmes populares dos últimos anos, incluindo *Apollo 13, Uma Mente Brilhante, Splash* e *Paternidade*. A que ele atribui seu sucesso fenomenal? Sua resposta: "A curiosidade foi a chave para meu sucesso, e também para minha felicidade", e ele acrescenta: "A curiosidade é o que dá energia e ideias a tudo o que faço... Para mim, a curiosidade infunde a tudo o que faço um senso de possibilidade."[31] Brian expressa sua curiosidade fazendo perguntas, o que, segundo ele, desencadeia pensamentos interessantes e constrói relacionamentos solidários.

Pense em como você pode ter o que Brian chama de "conversas de curiosidade" com pessoas dentro e fora de sua organização. Você pode começar com algo assim: "Sempre fui curioso sobre como você acabou sendo [qualquer que seja a posição ou profissão], e eu queria saber se estaria disposto a gastar 20 minutos conversando comigo sobre o que o levou a chegar aonde está — quais foram as principais viradas em sua carreira?"[32] Nessa conversa, você pode perguntar sobre um grande desafio que enfrentou em suas carreiras, por que fizeram algo de uma maneira particular, como lidaram com uma situação particularmente difícil ou como tiveram uma certa ideia. Não há um conjunto fixo de perguntas. Você precisa adaptá-las à pessoa e à situação, mas as perguntas, provocadas pela curiosidade e com um interesse subjacente no aprendizado, sempre iniciam a conversa. Preparar-se para fazer perguntas obriga você a pensar sobre o que gostaria de aprender.

Em seu livro *Stop Playing Safe, Forbes* [sem tradução no Brasil], a colunista Margie Warrell descreve como a criação de um clima propício ao aprendizado envolve ajudar as pessoas a pensar de forma realista sobre o que o risco significa para elas.[33] Ela observa como os avanços na tecnologia de imagens cerebrais provam que os cérebros das pessoas estão preparados para superestimar o risco, exagerar suas consequências e subestimar sua capacidade de lidar com ele. Assim, o medo sobre o que as pessoas não querem que aconteça conduz suas escolhas com mais frequência do que um compromisso com o que desejam. Ryan Diemer, gerente sênior de planejamento de mercadorias da Quidsi, corrobora a opinião de Margie a partir de sua própria experiência de superação em liderança: "Assumir riscos nunca é fácil e, às vezes, assusta." No entanto, ele percebe: "Assumir riscos é necessário porque requer que você e aqueles com quem trabalha desafiem não apenas seu trabalho, mas o modo como o realiza. Às vezes os riscos compensam e às vezes, não; mas o que é sempre verdade é que, se você não arriscar, não terá nenhum ganho."

As pessoas sabem que nem sempre acertam na primeira vez em que tentam alguma coisa e que aprender coisas novas pode ser um pouco assustador. Elas não querem se envergonhar na frente dos colegas ou parecer estúpidas na frente de seus gerentes. Para criar um clima de aprendizado, você tem que garantir que os outros tentem, sejam curiosos e façam perguntas, e fracassem com o objetivo final de poder aprender com suas experiências.

Fortalecer a Resiliência e a Persistência É preciso determinação e força para lidar com as adversidades da vida e da liderança. Você não pode deixar os contratempos o derrubem ou permitir que bloqueios de estradas atrapalhem seu caminho. Você não pode ficar excessivamente desanimado quando as coisas não saem conforme o planejado. Não pode desistir quando a resistência aumenta ou a competição se aperta. Nem pode deixar que outros projetos tentadores desviem seu interesse ou distraiam seu foco.

Essa perspectiva caracteriza Pat Williams, vice-presidente sênior da Associação Nacional de Basquete Orlando Magic.[34] Em seus quase 50 anos como executivo de esportes — desde a gestão de um time de beisebol da liga secundária até a cofundação de uma franquia de basquete de elite —, Pat teve seu quinhão de vitórias e derrotas. Uma lição que ele aprendeu desde cedo?

> Você não desperdiça esses tempos difíceis. Quando eles o atingem, e os contratempos e as decepções vêm, você é muito mais educável. Eu não estaria onde estou hoje se não tivesse aproveitado as decepções e os contratempos... Através desses contratempos, aprendi mais e fiz mais avanços do que nos tempos bons.

Estudante de liderança ao longo de sua carreira, Pat lembrou-nos de que os maiores líderes da história enfrentaram tremendos obstáculos. Ele disse que todos deveriam ter desistido cerca de 30 vezes. Contudo, não o fizeram. Segundo Pat, eles tinham:

> O que Walt Disney chamou de "stick-to-it-ivity" [persistência]. Eles todos lutaram em tempos terrivelmente difíceis, e a razão pela qual admiramos esses líderes é porque não desistiram. Liderança sempre, sempre, sempre repousa sobre o homem ou mulher que pode concluir.

Resiliência é a capacidade que Pat descreve — de se recuperar rapidamente de contratempos e continuar buscando uma visão do futuro —, semelhante ao que Angela Duckworth, professora de psicologia da Universidade da Pensilvânia, chama de *grit [persistência]*. Ela e seus colegas de pesquisa definem o grit de forma muito simples como "perseverança e paixão por objetivos de longo prazo" e relatam que "implica trabalhar ativamente em direção a desafios, mantendo esforço e interesse ao longo de anos apesar do fracasso, da adversidade e dos pontos de estagnação ao longo do caminho".[35] Mostrar coragem significa estabelecer metas, ser obcecado por uma ideia ou projeto, manter o foco, manter as coisas que demoram muito tempo para serem concluídas, superar contratempos e coisas do tipo. Em sua pesquisa empírica, seja com crianças na escola, cadetes nas forças armadas, profissionais com emprego formal, artistas, acadêmicos ou outros, há evidências convincentes de que as pessoas com maior grit são as mais propensas a alcançar resultados positivos. Quanto mais grit demonstrar, melhor será.[36]

Resiliência e coragem podem ser desenvolvidas e fortalecidas, bem como as mentalidades de crescimento. As pessoas que não desistem, segundo os pesquisadores, têm "o hábito de interpretar contratempos como temporários, pontuais e mutáveis".[37] Quando ocorre uma falha ou um revés, não fique obcecado em culpar a si mesmo ou às pessoas que trabalham no projeto. Em vez disso, considere as circunstâncias que contribuíram para o fracasso e transmita a crença de que essa situação específica provavelmente será temporária, e não permanente. Enfatize que a falha ou o recuo é um problema específico, e não genérico. Mesmo em tempos de grande estresse e de extrema adversidade, as pessoas resilientes continuam comprometidas em seguir em frente acreditando que o que aconteceu não será permanente e que podem fazer algo a respeito dos resultados.

Gere uma mentalidade de crescimento ao alcançar marcos e atingir o sucesso, atribuindo-os ao trabalho árduo e ao esforço dos indivíduos do grupo. Transmita a crença de que muitas outras vitórias estão à mão e esteja otimista de que a boa sorte estará com sua equipe por muito tempo. Reforce a resiliência, bem como atribua tarefas que são desafiadoras, mas dentro do nível de habilidade das pessoas, concentrando-se em recompensas, em vez de punições, e incentivando as pessoas a ver a mudança como cheia de possibilidades.[38]

Os casos de Experiência de Superação em Liderança envolveram mudanças e eventos estressantes na vida desses líderes, e quase todos os descreveram em termos consistentes com as condições de resistência psicológica, resiliência e determinação. Eles experimentaram comprometimento em vez de alienação, controle e não impotência, e desafiam em vez de ameaçar. Eles tinham paixão. Eles perseveraram. Eles não desistiram apesar dos fracassos e contratempos. Eles mostraram que, mesmo nos momentos mais difíceis, as pessoas podiam experimentar sentido e domínio. Eles podem superar grandes dificuldades, progredir e mudar a maneira como as coisas são.

TOME UMA ATITUDE

Experimente e Arrisque

A mudança é o trabalho dos líderes. É o que eles fazem. Eles estão sempre procurando maneiras de melhorar, crescer e inovar. Sabem que a maneira como as coisas são feitas hoje não levará as pessoas ao amanhã que imaginam, de modo que experimentem, consertem e se movam. Eles perguntam: "O que podemos experimentar e como podemos melhorar?"

No entanto, a mudança pode sobrecarregar, amedrontar e imobilizar algumas pessoas. Líderes exemplares acreditam, e fazem os outros acreditarem, que a mudança é um desafio que podem enfrentar com sucesso e que os indivíduos podem controlar sua vida e influenciar os resultados. Eles garantem que todos entendam claramente o significado e o propósito da mudança e criam um forte senso de comprometimento com a missão.

Usando pequenas vitórias para fazer as coisas seguirem na direção certa, eles dividem as tarefas e estabelecem metas de curto prazo. Adotar uma abordagem de pequenas apostas (por exemplo, configurar experimentos, testes beta, projetos piloto) faz com que as pessoas iniciem, tornem o progresso imaginável, construam um compromisso e criem motivação.

Sempre que você tenta coisas novas, grandes ou pequenas, algo acontece e, inevitavelmente, erros e até falhas também. Você nunca consegue acertar na primeira vez — e pode não ser na segunda ou terceira tentativas, e é por isso que os líderes exemplares criam um clima propício para o aprendizado. Isso significa não punir as pessoas pela experimentação e assumir riscos, e garantir que as pessoas se sintam seguras o suficiente para aprender com suas experiências e passar essas lições adiante. A verdade é que os melhores líderes são os melhores aprendizes. Você precisa de uma mentalidade de crescimento, acreditando que as melhorias acontecem quando todos se esforçam para aprender. Você também precisa criar um clima de aprendizado — no qual as pessoas se sintam confiáveis, sejam incentivadas a persistir apesar das probabilidades, compartilhem sucessos e fracassos, adotem a melhoria contínua como o modo rotineiro de fazer as coisas e tenham oportunidades de ver e interagir com modelos positivos de papéis.

(continua)

Para Questionar o Processo, você deve *experimentar e arriscar, engendrando constantemente pequenas vitórias e aprendendo com a experiência.* Isso significa que deve:

1. Criar oportunidades para pequenas vitórias, promovendo progresso significativo.

2. Definir metas e marcos adicionais, dividindo grandes projetos em etapas viáveis.

3. Manter as pessoas focadas no que podem controlar em seu trabalho e empenhar-se em suas vidas.

4. Permitir que as pessoas experimentem e assumam riscos, promovendo o aprendizado com a experiência, analisando os sucessos e os fracassos, capturando as lições aprendidas e disseminando-as amplamente.

5. Enfatizar como a realização pessoal resulta do constante desafio de melhorar.

6. Experimentar continuamente novas ideias através de pequenas apostas.

CAPACITE OS OUTROS PARA A AÇÃO

PRÁTICA 4

CAPACITE OS OUTROS PARA A AÇÃO

- Estimule a colaboração, promovendo a confiança e facilitando os relacionamentos.

- Fortaleça os outros, aumentando a autodeterminação e desenvolvendo competências.

CAPÍTULO 9

Estimule a Colaboração

"QUANDO DEI MEU PRIMEIRO PASSO no mundo corporativo", lembrou Poonam Jadhav, "tive uma excelente oportunidade de experimentar como o desempenho dependia do líder da equipe, criando um ambiente de colaboração e confiança, em que há um fluxo aberto de ideias e informações".

Embora fosse associada técnica da Citi Technology Services em Mumbai, Poonam trabalhou em turnos de seis meses com duas equipes atuando em um projeto em dois locais diferentes. Uma líder de equipe, disse-nos ela, não confiava em sua equipe. Ela microgerenciaria os esforços de todos os membros da equipe, mesmo que todos fossem engenheiros talentosos que conheciam bem seu trabalho. As pessoas estavam infelizes trabalhando sob sua liderança e não tiveram o melhor desempenho, explicou Poonam, porque a líder da equipe não os deixava tomar nenhuma decisão.

> Sempre que havia um problema ou alguma falha a ser corrigida, ela nunca permitia que os membros de sua equipe agissem sozinhos. Ela os instruiu a encaminhar cada problema para ela e inteirá-la para

que ela o resolvesse. Isso demandava muito tempo
para resolver um problema, já que ela precisava lidar
com considerações de 20 membros. Eles estavam
muito frustrados com seu estilo de trabalho, pois
não havia autonomia nem confiança.

A abordagem dessa líder dificultou a produtividade e o desempenho da equipe. Durante os intervalos, eles reclamavam de como ela desconfiava deles, minava o talento de todos e danificava o moral da equipe. De acordo com Poonam, essa líder quase nunca tinha qualquer interação pessoal com a equipe; toda a comunicação se dava via e-mail. "Não havia vínculo, confiança, motivação ou compromisso com os objetivos da equipe e da organização", disse ela.

Sua experiência na outra equipe foi totalmente diferente, explicou Poonam, porque essa líder confiava e respeitava os membros de sua equipe. A líder interagia com eles cara a cara e lhes dava autonomia para tomar as próprias decisões. Ela estimulava sua equipe a encontrar as soluções para os problemas que encontravam e a não se preocupar em cometer erros. Ela os ajudava a gerar soluções fazendo perguntas, melhorando assim seu pensamento crítico. Como resultado, disse Poonam, essa equipe corrigiu erros de software muito mais rapidamente do que a outra. Os membros da equipe podiam discutir abertamente seus problemas com sua líder e se sentiam à vontade para compartilhar com ela seus problemas profissionais e também pessoais. Ela ouvia atentamente suas preocupações e fornecia orientação útil. Suas ações construíram empatia e compreensão e, assim, criou-se um clima de confiança dentro da equipe. Por exemplo, quando qualquer membro da equipe estava de licença, observou Poonam, ficava disponível para trabalhar de casa ou de outro local remoto caso surgisse algum problema crítico relativo às suas tarefas. Todas as ações dela fortaleceram a equipe e ajudaram a produzir resultados extraordinários, diz Poonam.

Ela fortaleceu a autodeterminação dos membros
da equipe, dando-lhes a chance de usar seu melhor
julgamento na aplicação de seus conhecimentos
e habilidades. Ela lhes deu escolhas e amplitude

> para assumir responsabilidade pessoal. Ela
> promoveu responsabilidade e confiança. Sua
> equipe era autoconfiante, inovadora, responsável e
> comprometida com seu trabalho. Eles se superaram
> porque uma equipe competente e confiante tinha
> uma líder competente e confiante.

Como a experiência de Poonam demonstra, liderança é um relacionamento e como os líderes agem para facilitar a colaboração afeta o comportamento das pessoas.[1] Quando se trata de personalidades e líderes que admiram, as pessoas falam apaixonadamente sobre trabalho em equipe e cooperação como o caminho interpessoal para o sucesso, especialmente quando as condições são desafiadoras e urgentes. Líderes em todas as profissões e setores em todo o mundo reconhecem que "você não consegue fazer isso sozinho". Líderes exemplares entendem que, para criar um clima de colaboração, devem determinar o que o grupo precisa para realizar seu trabalho e direcionar a equipe em prol de um propósito comum e com respeito mútuo. Líderes fazem da confiança e do trabalho em equipe altas prioridades.

O desempenho extraordinário não é possível, a menos que exista um forte senso de criação e responsabilidade compartilhadas. Líderes exemplares assumem o compromisso da *Foster Collaboration* envolvendo estes fundamentos:

▶ *Promover a confiança*
▶ *Facilitar os relacionamentos*

A colaboração é uma competência crucial para alcançar e sustentar o alto desempenho. À medida que as organizações se tornam cada vez mais diversificadas e globalmente dispersas, as habilidades colaborativas são essenciais para navegar pelos interesses conflitantes e tensões naturais que surgem. Nossa pesquisa empírica mostra que os líderes que gastam mais tempo e energia desenvolvendo relacionamentos cooperativos entre as pessoas com quem trabalham são vistos por seus subordinados diretos como os mais eficazes e, por sua vez, têm os níveis mais altos de envolvimento de seus subordinados diretos. A confiança é necessária para criar colaboração e promover relacionamentos em que as pessoas trabalhem juntas de maneira cooperativa.

Promova a Confiança

A confiança é a questão crucial nos relacionamentos humanos. Sem confiança, você não pode liderar. Sem confiança, você não pode levar as pessoas a acreditar em você ou no outro. Sem confiança, não pode realizar coisas extraordinárias. Indivíduos incapazes de confiar nos outros deixam de se tornar líderes, precisamente porque não conseguem suportar depender de palavras e atos alheios. Eles acabam fazendo todo o trabalho sozinhos ou supervisionando o trabalho tão de perto que se tornam microgestores. Sua falta de confiança nos outros resulta na falta de confiança própria. Para construir e manter conexões sociais, a confiança deve ser distribuída e retribuída. A confiança não é apenas o que está em sua cabeça; é também o que está em seu coração.

Invista na Confiança Estudos demonstram que a confiança prevê fortemente o desempenho pessoal, da equipe e organizacional.[2] As pessoas que confiam são mais propensas a serem felizes e psicologicamente ajustadas do que aquelas que veem o mundo com desconfiança e suspeita.[3] As pessoas percebidas como confiantes são mais procuradas como amigas, escutadas com mais frequência e, posteriormente, mais influentes. Com base em 112 estudos, representando mais de 7.700 equipes, os pesquisadores descobriram que a medida em que os membros da equipe confiam uns nos outros fez uma diferença importante no desempenho da equipe.[4] Karen Twaronite, diretora global de diversidade e inclusão da Ernst & Young, concorda. A pesquisa da empresa com aproximadamente 9.800 funcionários em tempo integral no Brasil, China, Alemanha, Índia, México, Japão, Reino Unido e Estados Unidos concluiu que: "a confiança é a base para criar um local de trabalho em que os funcionários estejam engajados, produtivos e continuamente inovando."[5]

Além disso, empresas confiáveis superam significativamente suas contrapartes na conquista de metas-chave de negócios — incluindo lealdade e retenção de clientes, posição competitiva no mercado, comportamento e ações éticas, negócios e resultados financeiros previsíveis e crescimento do lucro.[6] Por exemplo, o desempenho do preço das ações de empresas públicas confiáveis é rotineiramente 1,8 vezes maior do que o S&P 500.[7] No Reino Unido, os contratos de terceirização que eram gerenciados com base na confiança, e não em acordos e penalidades específicas, mostraram adicionar 40% a mais de valor.[8] A variável "confiança" compreende dois terços dos critérios para a listagem da revista *Fortune* das 100 Melhores Empresas para Se Trabalhar, e essas empresas consistentemente superam seus pares em relação ao desempenho financeiro, junto à diminuição dos incidentes de absenteísmo, lesões no trabalho, rotatividade voluntária e assim por diante.[9] Além disso, quase dois terços das pessoas entrevistadas em todo o mundo indicaram que se recusaram a comprar de uma empresa na qual não confiavam.[10]

As situações de liderança mais eficazes são aquelas em que cada membro da equipe confia nos outros. Quando a confiança é a norma, as decisões são tomadas com eficiência e rapidez, a inovação é maior e a lucratividade aumenta. Em um exercício de simulação, vários grupos de executivos receberam fatos idênticos sobre uma difícil decisão de política de marketing de fabricação e, em seguida, pediram a um grupo que resolvesse um problema relacionado a essa informação. Metade dos grupos foi instruída a esperar um comportamento confiável ("Você aprendeu com suas experiências passadas que pode confiar nos outros membros da alta direção e pode expressar abertamente sentimentos e diferenças com eles"); a outra metade foi instruída a esperar um comportamento não confiável. Após 30 minutos de discussão, todos os membros da equipe completaram um breve questionário sobre suas experiências.[11]

Os que foram informados de que seus colegas de simulação eram confiáveis relataram que seus diálogos e decisões eram significativamente mais positivos do que os membros do grupo de baixa confiança, em cada fator medido. Os membros dos grupos de alta confiança foram mais abertos sobre os sentimentos, experimentaram maior clareza os problemas e objetivos fundamentais do grupo e procuraram mais por cursos alternativos de ação. Eles também relataram níveis mais altos de influência mútua nos resultados, satisfação com a reunião, motivação para implementar decisões e proximidade como equipe gerencial por causa da reunião.

Nos outros grupos, tentativas genuínas de ser aberto e honesto foram ignoradas ou distorcidas. Os gerentes que experimentaram a rejeição responderam em peso: "Que bando de frouxos. Eu estava tentando ser honesto com eles, mas eles não cooperaram. Se fosse do meu jeito, teria demitido o grupo todo." As respostas de sua equipe não foram menos hostis: "Eu estava cansado de trabalhar com você — e só ficamos juntos por dez minutos." Não surpreendentemente, mais de dois terços dos participantes dos grupos de baixa confiança disseram que considerariam seriamente procurar outra posição.[12]

Tenha em mente que isso foi uma *simulação*. Esses executivos da vida real responderam assim porque lhes tinha sido *falado* que não podiam confiar em seus colegas de simulação. Isso mostra que confiança, ou desconfiança, surge com mera sugestão — e em poucos minutos. Quando pediram, depois da simulação, para que pensassem sobre quais fatores poderiam ter explicado as diferenças entre os resultados e sentimentos relatados pelos vários grupos, nenhuma pessoa percebeu que a confiança tinha sido a variável determinante.

Quando você cria um clima de confiança, cria um ambiente que permite às pessoas contribuir livremente e inovar. Você nutre uma troca aberta de ideias e uma discussão honesta sobre problemas. Motiva as pessoas a ir além do cumprimento de protocolos e as inspira a alcançar o melhor de si mesmas. Você promove a crença de que as pessoas podem confiar em você para fazer o que é do melhor interesse de todos. Para obter esses tipos de resultados, é preciso apostar primeiro no jogo da confiança, ouvir e aprender com os outros, e compartilhar informações e recursos com os outros. A confiança vem primeiro; e, depois, em segundo.

Seja o Primeiro a Confiar Uma das principais lições aprendidas na Experiência de Superação em Liderança de Jacob Philpott, gerente do programa de cadeia de suprimentos da Google, foi que "para ganhar a confiança de alguém, você precisa ser capaz de lhe dar a sua". Ele explicou: "Se não pode confiar nos outros, você falhará em se tornar um líder exímio, porque não consegue depender de palavras e atos alheios. Você acabará fazendo todo o trabalho sozinho ou microgerindo o trabalho tão intensamente que seus seguidores o desprezarão." Ele nos contou sobre um exemplo de tal falha de um gerente com quem trabalhou em outra empresa:

> Quando esse gerente (AJ) começou, estava tão ansioso para provar à alta gerência que sua equipe poderia ter sucesso, que não confiava neles para fazer o trabalho sozinhos. Ele achava que havia muito em jogo naquele resultado para dar qualquer nível de autonomia a seus subordinados.
>
> AJ impunha suas técnicas e métodos a seus seguidores e, quando não obedeciam, ele literalmente se sentava a seu lado para mostrar exatamente o que queria que fosse feito. Isso acabou sendo o único trabalho a ser feito e a maior parte foi feita pelo próprio AJ, sentado na mesa de seus subordinados. Meus colegas não suportaram sua abordagem. Eles não tinham nenhum respeito ou confiança nele, e continuamente falavam mal dele pelas costas.

A abordagem de AJ é exatamente o oposto do que líderes exemplares fazem. Construir confiança é um processo que começa quando alguém (você ou a outra parte) está disposto a arriscar ser o primeiro a se abrir, mostrar vulnerabilidade e deixar o controle. Líderes fazem primeiro. Se você quer os altos níveis de desempenho que vêm com confiança e colaboração, precisa demonstrar sua confiança nos outros antes de pedir que confiem em você.

Começar é uma proposta assustadora. Você dá uma chance. Aposta que os outros não trairão sua confiança e que cuidarão bem das informações que você comunica, dos recursos que aloca e dos sentimentos que compartilha. Você arrisca que os outros não vão tirar vantagem de você e que pode confiar neles para fazer o que é certo. Isso requer considerável autoconfiança, mas a recompensa é enorme. A confiança é contagiante. Quando confia nos outros, eles ficam muito mais propensos a confiar em você. No entanto, se escolher não confiar, entenda que a desconfiança é igualmente contagiosa. Se você demonstrar desconfiança, os outros hesitarão em depositar sua confiança em você e em seus colegas. Cabe a você dar o exemplo e estar disposto a superar a necessidade de invulnerabilidade. Como Keni Thomas refletiu sobre sua experiência como um Ranger do Exército dos EUA: "A confiança não surge. É merecida."[13]

A autorrevelação é uma maneira de você ir primeiro. Deixar que os outros saibam no que você acredita, o que valoriza, ao que aspira, o que deseja e o que quer (e não quer) fazer revela informações sobre você mesmo. Você não pode ter certeza de que outras pessoas irão apreciar sua franqueza, concordar com suas aspirações ou interpretar suas palavras e ações da maneira que pretende. Mas uma vez que se abre, os outros são mais propensos a assumir um risco semelhante e trabalhar para o entendimento mútuo.

É exatamente isso que Masood Fakharzadeh, diretor administrativo da Semedsol Consulting, experimentou quando montou uma equipe de desenvolvimento de produtos offshore como parte de sua Experiência de Superação em Liderança. Masood reuniu essa equipe e, "desde cedo", disse, "pedi a todos que ajudassem. Eu disse a eles que era a primeira vez que eu conduzia um projeto do tipo e precisava de sua ajuda e experiência para torná-lo bem-sucedido. Eu queria mostrar a eles que tinha total confiança neles pedindo que me ajudassem". Sua demonstração de confiança neles, disse Masood, "resultou em pessoas se abrindo e compartilhando muitas informações. Isso os engajou totalmente e eles se apropriaram da ideia".

A confiança não pode ser forçada. Se alguém se recusar a compreendê-lo, vendo-o como não bem-intencionado ou incompetente, há pouco que possa fazer para mudar suas percepções e comportamento. No entanto, tenha em mente que confiar nos outros é a aposta mais segura para a maioria das pessoas na maioria das vezes. Os seres humanos são programados para confiar, e sem isso seriam incapazes de funcionar efetivamente no mundo.[14]

Preocupe-se com os Outros A preocupação que você demonstra com os outros é um dos sinais mais claros e inequívocos de sua confiabilidade. Quando os outros sabem que colocará seus interesses na frente dos próprios, não hesitarão em confiar em você.[15] No entanto, isso é algo que as pessoas precisam ver em suas ações — como ouvir, prestar atenção às suas ideias e preocupações, ajudá-lo a resolver seus problemas e estar abertas à influência delas. Quando você demonstra abertura para ideias e interesse nas preocupações das pessoas, elas ficam mais receptivas às suas.

Considere a relação que encontramos entre o grau em que os subordinados diretos indicam que seu líder ouve ativamente os diversos pontos de vista e como se sentem em relação a seu local de trabalho. Quase 100% dos subordinados diretos que concordam ou concordam fortemente que seu líder ouve ativamente se descrevem como tendo um "forte senso de espírito de equipe". Menos de um terço dos subordinados diretos experimentam um intenso espírito de equipe quando indicam que seu líder quase nunca, raramente ou mesmo dificilmente ouve. Os resultados de como os subordinados diretos avaliam seus níveis de motivação e produtividade também estão diretamente relacionados à mensuração da escuta ativa de seu líder.

A escuta ativa envolve mais do que simplesmente prestar atenção. Os melhores ouvintes, de acordo com um estudo envolvendo quase 3.500 participantes em um programa de desenvolvimento de habilidades de coaching, fizeram muito mais do que permanecer em silêncio enquanto a outra pessoa falava.[16] Eles demonstraram que ouviam ao fazer perguntas que "promoviam a descoberta e o insight". O ato de ouvir ativamente é como conversar. Requer mais do que apenas ouvir as palavras da outra pessoa. Significa estar engajado de uma forma que torna a conversa uma experiência positiva, fazendo com que a pessoa que ouve se sinta apoiada e valorizada. Manifestar apreço pelo ponto de vista único do outro demonstra respeito por ele e suas ideias. Ser sensível ao que os outros passam cria vínculos que facilitam a aceitação das orientações e dos conselhos uns dos outros. Os grandes ouvintes também tendem a oferecer sugestões e foram descritos como "trampolins", pois parece que rebatem e amplificam as ideias.[17]

Essas ações criam empatia e compreensão mútuas, e isso, por sua vez, gera confiança. Como Sinisa Ljujic, gerente global de suprimentos da Christie Digital Systems do Canadá, explicou: "Para o bem das pessoas que lidera, você precisa aceitar os outros como são. Somos todos humanos e precisamos tratar as pessoas respeitosamente. Ouço o que as pessoas têm a dizer para saber o que se passa em suas cabeças e corações. Só então posso trabalhar com elas para melhorar."[18] Que ele ouve e atende às necessidades dos outros é evidente a cada dia. Você vê isso quando ele incentiva as pessoas a resolver problemas por conta própria, em vez de tentar resolvê-los sozinho. Você vê isso quando ele chega cedo para cumprimentar todos e perguntar como estão. Você vê isso quando ele dedica tempo para treinar pessoas que estão assumindo novas funções e responsabilidades.

Demonstrar empatia ajuda muito na construção da confiança.[19] Meg Bear, vice-presidente do grupo Social Cloud da Oracle, chega a dizer: "A empatia é a habilidade crítica do século XXI."[20] A empatia pode não ser o que você esperaria ouvir de um executivo de tecnologia, mas se torna cada vez mais evidente que quanto mais a tecnologia automatiza empregos, mais valiosas são as habilidades de relacionamento para o trabalho de todos e, especialmente, para o trabalho dos líderes. Estudos revelam que os gerentes que demonstram mais empatia em relação aos subordinados diretos são vistos por seus gerentes como melhores.[21] Demonstrar interesse pelos outros, ser sensível a seus problemas e lhes transmitir compaixão aumenta a capacidade dos líderes e dos colaboradores de realizar seu trabalho. Roman Krznaric, com base em mais de dez anos de pesquisa, escreve em seu livro *Empatia: A Arte de Se Colocar no Lugar do Outro para Transformar o Mundo* que a empatia "não é apenas ver as coisas do ponto de vista de outra pessoa. É a pedra angular da liderança inteligente. A vantagem competitiva real do trabalhador humano será sua capacidade de criar relacionamentos, o que significa que a empatia contará mais do que a experiência".[22]

Considere como Mark Anderson, gerente financeiro da Apple, descreveu a empatia e a preocupação com os outros nas ações de seu novo diretor de vendas. Embora esse líder tivesse mais de 15 anos de experiência, Mark contou, desde o primeiro dia, que o diretor confiava na equipe ouvindo suas orientações e recomendações antes de começar.

> Essa pequena ação teve um impacto significativo
> em nossa visão a respeito dele, pois acreditamos
> que ele confiava em nossa análise e pontos de vista.
> Além disso, ele reservou um tempo para programar
> almoços conosco para conhecer quem éramos

enquanto indivíduos em vez de apenas falar sobre o trabalho. Essa ação resultou no desenvolvimento por parte de nossa equipe de um relacionamento pessoal com ele, porque ele mostrou preocupação com quem éramos como indivíduos. Essas ações iniciais despertaram nosso interesse por ele como líder, e começamos a ouvir seus pensamentos lentamente e a procurar seus conselhos com mais frequência por causa do forte relacionamento construído no começo.

Ações como essas, que mostram preocupação com os outros, estimulam a colaboração, porque, como Mark diz, "nós o víamos como um parceiro com o qual queríamos trabalhar, em vez de alguém que simplesmente emite ordens".

Líderes exemplares sabem que você precisa ver o mundo através dos olhos dos outros e ter certeza de considerar pontos de vista alternativos. Essa é exatamente a lição que Andy Cheng, gerente mundial de marketing de produtos da Apple, disse que compartilharia com os outros com base em sua experiência de superação em liderança: "A empatia é fundamental. Você tem que entender como os outros se sentem e determinar o que pode fazer para ajudar os outros a serem bem-sucedidos. Quero ser lembrado pela maneira como servi à minha equipe e não por ter sido servido." As relações que você constrói, diz Andy, "fazem toda a diferença". As pessoas têm que sentir que podem conversar livremente com você sobre seus desafios. Para que estejam abertas para compartilhar suas ideias, frustrações e sonhos com você, elas têm que acreditar que você será cuidadoso e construtivo em suas respostas. Têm que sentir que se importa com os interesses delas.

É interessante como essas mesmas habilidades de ouvir sem julgar estão nas pessoas chamadas de amigos — e todo relacionamento de liderança bem-sucedido tem algum elemento de amizade. Embora não se espere que você seja o melhor amigo de todos, os pesquisadores demonstraram, em vários cenários, que ter um amigo no trabalho e um relacionamento amigável com seu supervisor contribui significativamente para ambientes de trabalho saudáveis e produtivos.[23] Por exemplo, as pessoas que assumiram o papel de CEO em uma simulação de gerenciamento foram informadas se seu vice-presidente financeiro seria ou não um "amigo". A influência do vice-presidente era menos prontamente aceita quando não era amigo — embora em todos os casos a "informação" fornecida pelo indivíduo fosse adequada para resolver o problema da empresa.[24] Quando as pessoas acreditam que você considera os interesses delas — que se preocupa com elas —, é mais provável que estejam abertas à sua influência.

Compartilhar Conhecimento e Informações

A competência é um componente vital da credibilidade e da confiança em um líder. Como nossos estudos demonstraram, as pessoas querem saber que seus líderes são indivíduos que acreditam saber o que estão falando e fazendo. Uma maneira de demonstrar sua competência é compartilhar o que sabe e incentivar os outros a fazer o mesmo. Você pode transmitir suas percepções e conhecimento, compartilhar lições aprendidas com a experiência e conectar os membros da equipe a pessoas e recursos valiosos. Os líderes que desempenham esse papel de construtor de conhecimento definem o exemplo de como os membros da equipe devem se comportar uns com os outros. Como resultado, a confiança dos membros da equipe uns nos outros e no líder aumenta, junto de seu desempenho.[25]

Essa foi exatamente a abordagem de compensação que a consultora Cathryn Meyer aprendeu a adotar quando supervisionou sua primeira estagiária de verão na Pivotal Software. Ela montou uma série de dias de "trabalho sombreado" nos quais sua estagiária, Jenna, passava um dia inteiro acompanhando outros membros da equipe que tinham papéis muito diferentes dos de Cathryn. A intenção era expor Jenna a muitas facetas diferentes da organização de recursos humanos, aprimorando seu conhecimento das principais habilidades de cada função e como as várias funções se complementavam. Cathryn também realizou sessões regulares de feedback, nas quais dava feedback construtivo a Jenna e recebia indicações informativas de Jenna em troca. Ações como essas, diz Cathryn, "ajudaram a fortalecer nosso relacionamento e criaram confiança mútua entre nós".

O fato de que a confiança entre os membros da equipe aumenta quando as pessoas compartilham conhecimento e informações, e de que a melhoria do desempenho é uma consequência, ressalta a importância de os líderes se concentrarem nas necessidades de sua equipe. Se você demonstrar disposição de confiar nos outros com informações (pessoais e profissionais), os participantes estarão mais inclinados a superar quaisquer dúvidas que possam ter sobre o compartilhamento de informações. No entanto, se você demonstrar relutância em confiar e reter informações — ou se estiver excessivamente preocupado em proteger seu território e guardar as coisas para si mesmo —, sua confiança e seu desempenho cairão. Gerentes que criam ambientes de insegurança tendem a assumir posturas de autoproteção. São controladores e seguram firme as rédeas do poder. Aqueles que trabalham para esses gerentes provavelmente transmitirão a desconfiança retendo e distorcendo informações.[26] Isso reforça por que é tão importante começar quando se trata de compartilhar informações.

Facilite Relacionamentos

As pessoas trabalham juntas de maneira mais eficaz quando confiam umas nas outras. Pedir ajuda e compartilhar informações é natural. Definir um objetivo comum torna-se quase instintivo. Essas foram lições que Cristian Nuñez aprendeu com sua experiência como vice-gerente de desenvolvimento de negócios no Ultramar (Chile). O crescimento da empresa havia parado, e as margens estavam em declínio, principalmente porque as 18 agências razoavelmente autônomas espalhadas ao longo dos principais portos do país competiam ferozmente entre si. Além disso, o estilo gerencial destacado da matriz gerou desconfiança, resultando em ambos os lados pensarem que o outro não fazia o suficiente para melhorar a estrutura.

Cristian percebeu que as agências precisavam de melhores relacionamentos cooperativos, começando com mais comunicações em todos os níveis para promover objetivos comuns e cooperação entre as unidades. Tanto ele como seu supervisor foram a cada uma das instalações da agência visitar as pessoas envolvidas. "Aprendi", lembra Cristian, "o quanto os relacionamentos podem melhorar quando as pessoas se encontram cara a cara, mesmo que se falem ao telefone quase todos os dias. O poder e o efeito duradouro da interação direta dificilmente podem ser substituídos por outros meios de comunicação".

Posteriormente, eles reuniram representantes de cada uma das agências para falar sobre o problema e propor soluções. Eles rapidamente perceberam que havia uma necessidade de alinhar incentivos para favorecer uma maneira comum de fazer negócios, e projetaram um método de participação nos lucros para acordos colaborativos. Eles também concordaram em fazer com que todos os agentes participassem de reuniões telefônicas semanais, com a expectativa de que compartilhassem oportunidades de negócios — tanto nos próprios territórios quanto em outros. Com novos níveis de cooperação, as receitas seguiram uma trajetória ascendente.

Quando Divya Pari se juntou ao banco central da Índia, imediatamente apreciou como os relacionamentos são importantes. Divya estava inicialmente apreensiva; não tinha experiência bancária prévia e não estava familiarizada nem com a comunidade nem com a língua local. No entanto, ela nos disse: "Meus medos foram jogados de lado no primeiro dia", começando com os cumprimentos de sua nova gerente.

> Ela me parabenizou por ter conseguido o cargo e perguntou como eu estava me sentindo no novo posto e função, se o alojamento fornecido era confortável, sobre minhas aspirações, interesses etc. Ela assegurou que a língua não seria um problema e, de fato, meus colegas de trabalho se comunicavam em inglês enquanto falavam comigo. Ela compartilhou vários aspectos do trabalho da divisão e informações sobre questões críticas enfrentadas pela divisão. A interação amigável, o compartilhamento de informações, a preocupação com meus problemas e minha confortável transição para o novo papel na divisão geraram confiança e imediatamente me senti positiva e otimista em

relação ao meu trabalho. Isso também me ajudou a me tornar receptiva, o que gerou confiança com minha chefe.

A experiência de Divya ilustra que os líderes constroem um clima de confiança na equipe ao facilitar relacionamentos. Como nos disse: "Isso prova que mostrar preocupação com os problemas e aspirações das pessoas e ouvir atentamente gera confiança e estimula a colaboração."

Para colaborar, conforme documentado por Cristian e Divya, as pessoas precisam confiar e depender umas das outras. Têm que entender que precisam umas das outras para ter mais sucesso. Para criar condições nas quais as pessoas saibam que podem contar umas com as outras, um líder precisa desenvolver metas e papéis cooperativos, apoiar normas de reciprocidade, estruturar projetos para promover esforços conjuntos e incentivar interações cara a cara.

Desenvolva Metas e Papéis Cooperativos Seja no esporte ou na saúde, na educação ou na administração, seja no setor público ou no privado, para que uma equipe de pessoas tenha uma experiência positiva, elas devem ter metas comuns que forneçam uma razão específica para estarem juntas. Ninguém pode, sozinho, educar uma criança, construir um carro de qualidade, fazer um filme, criar uma experiência de hóspede de classe mundial, conectar um cliente à nuvem ou erradicar uma doença. O ingrediente mais importante em toda conquista coletiva é o objetivo comum. O propósito comum liga as pessoas a esforços cooperativos. Cria um senso de interdependência, uma condição na qual todos os participantes sabem que não podem ter sucesso, a menos que todos os demais tenham sucesso ou, pelo menos, que não possam ter sucesso, a menos que coordenem seus esforços. Sem a sensação de que "estamos todos juntos nisso" — que o sucesso de um depende do sucesso do outro — é praticamente impossível criar as condições para um trabalho em equipe positivo. Se você quer que indivíduos ou grupos trabalhem cooperativamente, precisa dar a eles uma boa razão para fazê-lo, como uma meta que só pode ser alcançada trabalhando em conjunto.

É exatamente isso que Sara Balducci, gerente de projetos de uma prestadora de serviços de gerenciamento de desempenho internacional, lembra sobre sua Experiência de Superação em Liderança. Depois que seu grupo foi reorganizado, ela foi promovida para liderar a divisão. Pouco depois, a divisão mais do que dobrou o número de funcionários. Com tantos novos cargos e novas pessoas, não era aparente como as atividades do dia a dia de cada pessoa desempenhavam um papel importante na organização como um todo. Sara não perdeu tempo em ligar para todos e explicar como cada um dos novos cargos administrativos apoiaria seu trabalho.

> Lembrei os agentes que eu sabia do quanto cada um deles era capaz, já que trabalhávamos juntos há algum tempo, e reiteramos o que eu já havia discutido com muitos deles: como aproveitaríamos os pontos fortes um do outro para continuar a oferecer um excelente serviço aos nossos clientes.
>
> Esse importante primeiro passo permitiu-me criar um clima de confiança e facilitar as relações com meu pessoal. Eu estava lhes mostrando que estava preocupada com eles e que tinha fé em suas habilidades. Essa ação estimulou a autoconfiança dos membros da equipe. E eu estava apoiando normas de reciprocidade, solicitando que os colegas contassem uns com os outros para alavancar os pontos fortes um do outro para que o trabalho fosse concluído com eficiência e qualidade.

Para ressaltar sua interconexão, Sara dividiu o trabalho da divisão em segmentos e designou pessoas para cada uma das seis equipes diferentes com base em suas áreas de especialização. Por exemplo, a Foreign Crew trabalhou com clientes que falavam e não falavam inglês fora dos Estados Unidos; a tripulação de expedição trabalhou com clientes que tinham dúvidas sobre todos os aspectos do envio; e uma equipe de reembolsos ajudou os clientes que precisavam devolver itens e receber crédito por eles. Para dar aos membros da equipe uma chance de demonstrar e desenvolver suas habilidades de liderança, Sara criou uma nova posição, chamada de Tripulação de Chumbo. Cada um garantiria que o trabalho fosse distribuído uniformemente entre os agentes, concluído no prazo e atendesse aos padrões de qualidade. Ela também canalizou informações vitais através deles para o resto da tripulação, e eles, por sua vez, seriam a ligação para a informação de sua equipe com ela. Essa estrutura reforçou a forma como eram uma equipe, precisando trabalhar juntos para atender melhor a seus clientes e concluir seu trabalho de maneira mais eficiente e eficaz.

Sara, como outros líderes que estudamos, percebeu que manter os indivíduos focados em um objetivo comum promove um senso de trabalho mais forte do que enfatizar os objetivos individuais. Para que a cooperação seja bem-sucedida, os papéis devem ser projetados de forma que as contribuições de cada pessoa sejam cumulativas e contribuam para o resultado. Os indivíduos devem entender claramente que, a menos que contribuam com o que puderem, a equipe falha. Para duas pessoas em um barco de pesca, não se pode dizer ao outro: "Seu lado do barco está afundando, mas o meu parece seguro."

Shubhagam Gupta, gerente de desenvolvimento de software da Oracle, contou-nos como tinha dois engenheiros muito capazes em sua equipe, mas que não trabalhavam muito bem juntos; cada um foi bastante crítico com o outro. Ele decidiu atribuí-los a um projeto comum, que eles precisavam entregar juntos. O que ele descobriu foi que "quando ambos trabalharam em um objetivo comum, construíram respeito mútuo, reconhecerem os pontos fortes um do outro e do quanto precisavam um do outro para se sobressair". Shubhagam percebeu que "os líderes precisam fornecer um propósito comum e derrubar barreiras e funções para promover a colaboração na equipe". Os dados mostram que as classificações gerais da eficácia dos líderes por seus subordinados diretos estão diretamente ligadas ao grau relativo a como são vistos no desenvolvimento de relacionamentos cooperativos entre as pessoas, conforme ilustrado na Figura 9.1.

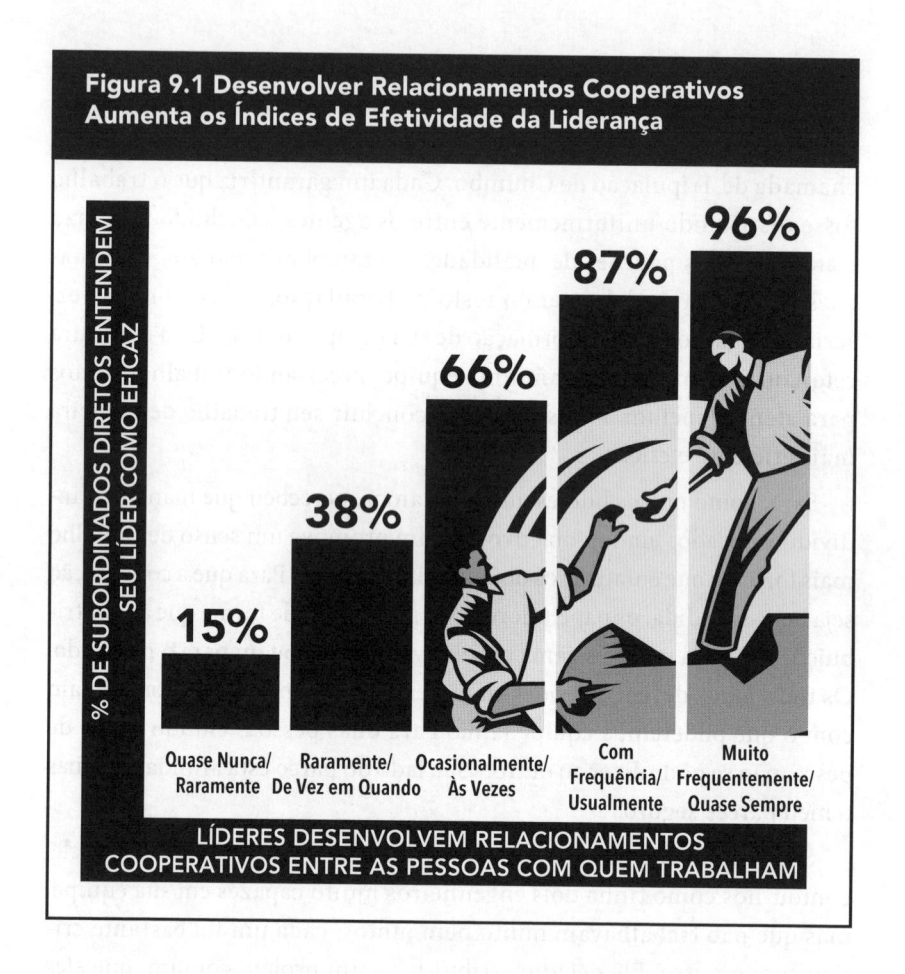

Figura 9.1 Desenvolver Relacionamentos Cooperativos Aumenta os Índices de Efetividade da Liderança

Apoie as Normas da Reciprocidade Em qualquer relacionamento efetivo de longo prazo, deve haver uma sensação de reciprocidade. Se um parceiro sempre coopera e o outro, não, aquele que se doa sentirá que o outro se aproveitou, enquanto esse se sentirá superior. Em tal clima, a cooperação é praticamente impossível. Robert Axelrod, cientista político da Universidade de Michigan e ganhador da Medalha Nacional da Ciência, demonstrou drasticamente o poder da reciprocidade em uma série de estudos envolvendo o paradigma do dilema do prisioneiro.[27] O dilema é o seguinte: duas partes (indivíduos ou grupos) enfrentam uma série de situações nas quais devem decidir se cooperam. Eles não sabem de antemão o que a outra parte fará. Existem duas estratégias básicas — cooperar ou competir — e quatro resultados possíveis baseados nas escolhas que os jogadores fazem: ganha-perde, perde-ganha, perde-perde e ganha-ganha.

O maior resultado *individual* vem quando o primeiro jogador escolhe uma estratégia não cooperativa e o segundo decide cooperar de boa-fé. Na abordagem "eu ganho, mas você perde", uma parte vence às custas da outra. Se ambas as partes escolherem não cooperar e tentar maximizar os resultados individuais, ambas perderão. Se ambas as partes optarem por cooperar, ambas vencerão, embora o pagamento individual de um movimento cooperativo a curto prazo seja menor do que de um competitivo.

Bob convidou cientistas de todo o mundo para apresentar suas estratégias para ganhar em uma simulação de computador deste teste de estratégias ganha-ganha versus ganha-perde. "Surpreendentemente", diz ele, "o vencedor usou a mais simples de todas as estratégias: cooperar no primeiro movimento e depois fazer o que o outro jogador fez no anterior. Essa estratégia foi bem-sucedida ao estimular a cooperação dos outros, não a competição".[28] Simplificando, as pessoas que retribuem têm maior probabilidade de sucesso do que aquelas que tentam maximizar a vantagem individual.

Os dilemas que são resolvidos com sucesso por essa estratégia não são de forma alguma restritos à pesquisa teórica. Dilemas semelhantes surgem a cada dia: que preço posso pagar se tentar maximizar meu ganho pessoal? Devo desistir um pouco por causa dos outros? Os outros se aproveitarão de mim se eu for cooperativo? A reciprocidade acaba sendo a abordagem mais bem-sucedida para tais decisões diárias, porque demonstra tanto a disposição de ser cooperativo quanto a falta de vontade de ser passado para trás. Como uma estratégia de longo prazo, a reciprocidade minimiza o risco de escalação: se as pessoas sabem que você responderá da mesma forma, por que teriam problemas? Se as pessoas souberem que você lhes retribuirá, sabem que a melhor maneira de lidar com você é cooperar e merecer sua cooperação.

A reciprocidade leva à previsibilidade e à estabilidade nos relacionamentos; em outras palavras, à confiança. É menos estressante trabalhar com os outros quando você entende como se comportarão em resposta — especialmente o próprio comportamento nas negociações e desentendimentos.[29] O professor de política pública de Harvard, Robert Putnam, explica: "A norma da reciprocidade generalizada é tão fundamental para a vida civilizada que todos os códigos morais proeminentes contêm algum equivalente da Regra de Ouro."[30] Trate as pessoas como você gostaria que o tratassem, e é provável que lhe retribuam muitas vezes. Depois de ajudar os outros a serem bem-sucedidos, reconhecer suas realizações e deixá-los brilhar, eles nunca se esquecerão disso. As *normas da reciprocidade* entram em jogo, e as pessoas ficam mais do que dispostas a retribuir o favor e fazer o que puderem para que você seja bem-sucedido. Independente de as recompensas da cooperação serem tangíveis ou intangíveis, quando as pessoas entendem que estarão em melhor situação cooperando, tendem a reconhecer a legitimidade dos interesses dos outros em um esforço para promover o próprio bem-estar.

Estruture Projetos para Promover o Esforço Conjunto   As pessoas são mais propensas a cooperar se as recompensas por trabalhar juntas forem maiores do que as associadas a trabalhar sozinhas. Muitas pessoas que crescem em países ocidentalizados, que enfatizam realizações individualistas ou competitivas, têm a ideia de que se sairão melhor se todos forem recompensados exclusivamente com base em suas realizações individuais. Elas estão erradas. Em um mundo que tenta fazer mais com menos, as estratégias competitivas perdem para estratégias que promovem a colaboração.[31]

A motivação para trabalhar com dedicação, tendo sempre em mente o objetivo comum, é reforçada quando é o resultado final que é recompensado, e não apenas os esforços individuais. A maioria dos planos de participação nos lucros, por exemplo, baseia-se no cumprimento dos objetivos da empresa, e não apenas nos de unidades ou departamentos independentes. Certamente, cada indivíduo dentro do grupo tem um papel distinto, mas em equipes de nível mundial, todos sabem que, se fizerem apenas suas partes isoladas, é pouco provável que atinjam o objetivo do grupo. Afinal, se você pudesse fazer sozinho, por que precisaria de uma equipe?

O comportamento cooperativo exige que os indivíduos compreendam que trabalhando juntos conseguirão realizar algo que ninguém pode fazer por conta própria. Andrew Zong, CEO da PHNIX em Guangzhou, China, colocou esse princípio em prática por meio do "modo de start-off" do negócio, através do qual novas filiais independentes são geradas sob a égide da matriz. Todo gerente ou funcionário que tenha uma boa ideia e um plano de negócios válido pode, potencialmente, criar uma nova startup. Cada startup é composta, liderada e até mesmo seus investimentos são feitos diretamente pelos funcionários da PHNIX, o que significa que compartilham tanto o risco quanto a recompensa da contínua expansão de mercado da PHNIX. A empresa-mãe fornece suporte inicial na forma de know-how, infraestrutura, escritórios e laboratórios, mas a empresa recém-financiada funciona como uma entidade independente, com os próprios acionistas. Os gerentes das novas startups têm plena autoridade para tomar decisões e, como proprietários, são totalmente responsáveis por suas escolhas. Após uma década, mais de dez empresas foram lançadas; nenhuma fechou. Eles ampliaram o portfólio de produtos da PHNIX ou serviram como integração reversa, produzindo componentes que fornecedores externos costumavam fornecer. O gerente-geral da Forth Zuo acredita que seu sucesso se resume a um sistema que transforma funcionários em parceiros de negócios por meio da estruturação de oportunidades para empresas interdependentes com objetivos que se sobrepõem. O sucesso de qualquer empreendimento se relaciona com o sucesso de todo o empreendimento.[32]

Adam Grant, professor da Wharton, argumenta em seu livro *Dar e Receber: Uma Abordagem Revolucionária sobre Sucesso, Generosidade e Influência* que as organizações cheias de "doadores" — aqueles que ajudam os outros — são consistentemente mais eficazes do que aqueles rotulados como "receptores". Saber o quanto de ajuda as pessoas estão dispostas a dar às outras, ao que parece, é um indicador altamente preciso da eficácia da equipe.[33]

Por exemplo, em uma série de estudos, as equipes foram recompensadas por terem um bom desempenho como um todo, levando os membros a trabalharem juntos como doadores, enquanto uma cultura de recebedores era estimulada em equipes nas quais as recompensas se destinavam ao indivíduo dentro de cada equipe com melhor desempenho. Enquanto as equipes competitivas terminavam suas tarefas mais rapidamente do que as cooperativas, eram menos precisas, porque os membros se ocupavam em criticar uns aos outros.[34]

Para aumentar a precisão das equipes competitivas, os pesquisadores fizeram com que concluíssem uma segunda tarefa sob a estrutura de recompensa cooperativa — isto é, recompensando toda a equipe pelo alto desempenho. O resultado dessa vez? A precisão não aumentou, e a velocidade diminuiu, porque as pessoas lutavam para passar da competição para a cooperação — isto é, mudar de uma atitude para outra. Parece que, uma vez que as pessoas entenderam seus colegas como concorrentes, não podiam confiar neles. Completar até mesmo uma única tarefa sob uma estrutura que recompensava a criação de mentalidades criadas de perdas e ganhos faz a estrutura persistir mesmo após sua remoção.

Os esforços conjuntos reforçam a importância de trabalhar de forma colaborativa e ajudar uns aos outros. Descobrir como tirar o máximo possível dos outros, enquanto contribui o mínimo, tem o efeito oposto. Você tem que ter certeza de que os benefícios de longo prazo dos esforços conjuntos são maiores do que os de curto prazo de trabalhar sozinho ou competir com os outros. Você precisa levar as pessoas a perceberem que, trabalhando juntas, elas podem concluir o projeto mais rápido do que pensando em quaisquer vitórias de curto prazo (ou individuais) resultantes de fazer as coisas individualmente, reclamando, culpando ou competindo com outras pessoas por recursos escassos.

Incentive Interações Cara a Cara e Duradouras As metas e os papéis do grupo, a identidade compartilhada, a reciprocidade e a promoção do esforço conjunto são essenciais para que a colaboração ocorra. Também são vitais as interações positivas cara a cara. As pessoas atuam como uma equipe coesa quando já tiveram algum tempo de contato umas com as outras. Isso é verdade não apenas localmente, mas também em relacionamentos distribuídos de forma global. Conhecer os outros em primeira mão é essencial para cultivar a confiança e a colaboração. E essa necessidade de comunicação cara a cara aumenta com a complexidade dos problemas.[35] Como Wilson Chu, gerente de produto principal da VMware, percebeu: "Até você ver o rosto de alguém, ele não é uma pessoa real para você."

É por isso que, ao gerenciar uma equipe de desenvolvimento offshore, Wilson pediu às pessoas que ligassem suas webcams para que todos pudessem se ver. Ele achava que essa prática deixava "cada um mais à vontade para expressar suas ideias porque tornava as interações mais pessoais — cada um de nós tinha mais do que apenas um nome; também tínhamos um rosto". É trabalho do líder, como observa Wilson, fornecer oportunidades frequentes e duradouras para que os membros da equipe se associem e se misturem entre disciplinas, departamentos e continentes. A tecnologia e as mídias sociais certamente melhoram as comunicações. Conexões virtuais são abundantes e, em uma economia global, nenhuma organização funcionaria se as pessoas tivessem que voar pelo mundo para trocar informações, tomar decisões ou resolver disputas. Dito isso, o toque de uma tecla, o clique de um mouse ou a troca de um vídeo não geram os mesmos resultados que uma conversa pessoalmente. Existem limites para a confiança virtual. A experiência em primeira mão com outro ser humano é apenas uma maneira mais confiável de criar identificação, aumentar adaptabilidade e reduzir mal-entendidos.[36]

A confiança virtual, como a realidade virtual, está a um passo da coisa real. Os seres humanos são animais sociais; é da natureza das pessoas querer interagir, e os bits e bytes ou as imagens pixeladas contribuem para uma base social muito frágil.[37] É certamente verdade que as relações de trabalho na economia global de hoje dependem cada vez mais de conexões eletrônicas, e muitos "ambientes" de trabalho são virtuais por natureza. No entanto, você tem que reconciliar a realidade das organizações virtuais com o conhecimento de que construir confiança depende de se conhecer profundamente. Além de confiar em e-mails, mensagens instantâneas, teleconferências e videoconferências, você precisa procurar outras tecnologias, como bicicleta, carro, trem e avião, para unir as pessoas.

As pessoas que esperam que suas interações sejam mais do que um único incidente, que acreditam que continuarão a interagir umas com as outras no futuro e que gostam de estar em um relacionamento têm maior probabilidade de cooperar no presente. Saber que você terá que lidar novamente com alguém amanhã, na próxima semana ou no ano seguinte garante que não se esqueça rapidamente de como vocês trataram uns aos outros. Relacionamentos duradouros tornam o impacto das ações de hoje nos negócios de amanhã muito mais pronunciado. Além disso, interações frequentes entre as pessoas promovem sentimentos positivos por parte de cada um para a outra parte. Incentivar as pessoas a fazer transferências entre postos de equipe garante a familiaridade com a cultura e as práticas de seus pares. Essa noção de interações duradouras parece excêntrica e anacrônica nesse ambiente econômico global, no qual a velocidade é uma vantagem competitiva e a lealdade não é mais uma virtude valorizada. Mas isso não faz a realidade desaparecer. Se você deseja maximizar sua eficácia de liderança, comece com a suposição de que estará interagindo de alguma forma com essa pessoa novamente no futuro, e que esse relacionamento será fundamental para o sucesso mútuo.

TOME UMA ATITUDE

Estimule a Colaboração

"Você não pode fazer isso sozinho" é o mantra de líderes exemplares — por boas razões. Você não pode fazer coisas extraordinárias acontecerem sozinho. É a colaboração que permite que corporações, comunidades e até mesmo salas de aula virtuais funcionem de maneira eficaz. Apoie a colaboração criando um clima de confiança e facilite relacionamentos de longo prazo efetivos entre seus colaboradores. Promova um sentimento de dependência mútua — a sensação de que todos no grupo sabem que precisam dos outros para serem bem-sucedidos. Sem essa sensação de "estamos todos juntos nisso", é impossível manter um trabalho de equipe eficaz, estimulando as pessoas a procurarem umas pelas outras e fazerem o que podem para tornar o time inteiro bem-sucedido.

A confiança é a força vital da colaboração. Para criar e sustentar as condições para conexões duradouras, você tem que confiar nos outros, eles têm que confiar em você e uns nos outros. Sem confiança, você não pode liderar ou fazer coisas extraordinárias acontecerem. Compartilhe informações e conhecimento deliberadamente com seus seguidores, mostre que você entende suas necessidades e interesses, abra mão de sua influência, faça uso inteligente de suas habilidades e conhecimentos e, acima de tudo, demonstre que confia neles antes de pedir que confiem em você.

O desafio de facilitar relacionamentos é garantir que as pessoas reconheçam o quanto precisam umas das outras para se sobressair — o quão, de fato, são interdependentes. Objetivos e papéis cooperativos contribuem para um senso de propósito coletivo, e o melhor incentivo para as pessoas trabalharem para alcançar objetivos comuns é o conhecimento que você e os outros irão retribuir, ajudando-as em troca. Ajuda gera ajuda, assim como confiança gera confiança. Apoiando normas de reciprocidade e estruturando projetos para recompensar esforços conjuntos, você permite que as pessoas entendam que cooperar é do seu interesse. Faça com que as pessoas se relacionem e incentivem as interações cara a cara com a maior frequência possível para reforçar a durabilidade dos relacionamentos

Líderes exemplares Estimulam a Colaboração *promovendo a confiança e facilitando os relacionamentos.* Isso significa que você deve:

1. Estender a confiança aos outros, mesmo que ainda não a tenham estendido a você.

2. Gastar tempo para conhecer seus colaboradores e descobrir o que os motiva.

3. Mostrar preocupação pelos problemas e aspirações que os outros têm.

4. Ouvir, ouvir e ouvir um pouco mais.

5. Estruturar os projetos para que haja um objetivo comum que exija cooperação, certificando-se de que as pessoas entendam como são interdependentes umas das outras.

6. Encontrar maneiras de reunir as pessoas cara a cara e aumentar a durabilidade de seu relacionamento.

CAPÍTULO 10

Fortaleça os Outros

CASEY MORK, ESTRATEGISTA DA CADEIA DE FORNECI-MENTO e consultor de transformação da DSV — Global Transport and Logistics, trabalhou com diversas organizações e testemunhou muitas vezes como as ações de um líder podem fomentar ou prejudicar a eficácia de uma equipe. Ele compartilhou uma experiência de transição de um novo gerente que assumiu as rédeas do anterior, que acreditava que era mais esperto do que todos os outros.

Desde o início, quando o novo gerente assumiu, ele compartilhou informações com a equipe de Casey, envolveu-os em discussões e deliberações, permitiu-lhes opinar sobre suas decisões e forneceu amplitude suficiente para criarem os próprios limites. Como resultado, Casey e sua equipe começaram a perceber que agora eram responsáveis por seu próprio sucesso e fracasso. Eles se tornaram mais autodeterminados, disse Casey.

> Nossa equipe de repente se sentiu muito mais
> poderosa por causa dessa transferência de decisões.

> Quando [o gerente] disse-nos que o projeto parecia fantástico, nos fez sentir como se *nós* tivéssemos criado algo, em vez de executarmos o plano de outra pessoa. Ele compartilhou seu poder conosco, o que levou a uma capacidade e um desejo maiores de pôr a mão na massa. Com mais oportunidades para sermos autodirigidos e tomarmos decisões concretas, começamos a ganhar esse incrível novo senso de competência e confiança — porque sabíamos que nosso sucesso e nosso fracasso dependiam de nós mesmos.

Relembrando essa experiência, Casey a associou a "uma amplitude real, e não a uma supervisão rigorosa, que fornece meios mais eficientes de colaboração". Transferência de energia para os membros do grupo, observou ele, "também transmite confiança, o que quase sempre levará a um resultado melhor". Casey percebeu que os líderes mais eficazes ajudam as pessoas a se sentirem e serem mais poderosas e capazes de fazer as coisas acontecerem por conta própria.

A experiência de Casey ilustra como os líderes exemplares assumem o compromisso de *Fortalecer os Outros*. Eles permitem que as pessoas se apropriem e se responsabilizem pelo sucesso de seus grupos, aumentando sua competência e sua confiança em suas habilidades, ouvindo suas ideias e agindo a respeito delas, envolvendo-as em decisões importantes e reconhecendo e dando crédito por suas contribuições.

Criar um clima no qual as pessoas estejam totalmente engajadas e se sintam no controle das próprias vidas está no cerne do fortalecimento dos outros. Líderes exemplares constroem um ambiente que desenvolve as habilidades das pessoas para executar uma tarefa e reforçar sua autoconfiança. Em um clima de competência e confiança, as pessoas não hesitam em se responsabilizar pessoalmente pelos resultados, sentem profundamente suas realizações e fazem tudo o que podem para que coisas extraordinárias aconteçam.

Para Fortalecer os Outros, líderes exemplares se envolvem em dois aspectos essenciais:

▶ *Aumentar a autodeterminação*
▶ *Desenvolver competências e a confiança*

Líderes aumentam significativamente a crença das pessoas em sua capacidade de fazer a diferença. Eles deixam de estar *no controle* para *ceder o controle* para os outros, tornando-se seu treinador. Eles ajudam os outros a aprender novas habilidades, desenvolver talentos existentes e fornecer suportes institucionais necessários para mudança e crescimento contínuos. Em última análise, os líderes transformam seus colaboradores em líderes.

Aumente a Autodeterminação

Os líderes aceitam e agem com base nesse paradoxo do poder: você se torna mais poderoso quando delega seu poder. Muito antes de *empoderamento* entrar no vocabulário convencional, líderes exemplares já entendiam como era importante que seus seguidores se sentissem fortes, capazes e eficazes. As pessoas que se sentem fracas, incompetentes e insignificantes terão um desempenho correspondente, insatisfatório; não estão engajadas, esperam fugir da organização, estão a um passo da frustração, até mesmo de uma mudança radical.

Indivíduos que não confiam em seu poder, independentemente de cargo ou posição organizacional, tendem a acumular os fragmentos da influência recebida. Gerentes sem poder tendem a adotar estilos mesquinhos e ditatoriais. A falta de poder também cria sistemas organizacionais nos quais as habilidades políticas são essenciais, e os modos preferidos de lidar com as diferenças interdepartamentais são "tirar da reta" e "passar a bola".[1]

Pedimos a milhares de pessoas nos últimos 30 anos que nos contassem sobre as próprias experiências de sentimentos de impotência e poder. Pense em ações ou situações que fizeram você se sentir impotente, fraco ou insignificante, como um peão no jogo de xadrez de outra pessoa. Eles são semelhantes ao que outros relataram?

Ações e Condições Representativas que Fazem as Pessoas *Se Sentirem Impotentes*

"Ninguém estava interessado, ouvia ou prestava atenção à minha opinião ou às minhas perguntas."

"Não tive nenhuma contribuição em uma decisão importante que afetou a maneira como fiz meu trabalho."

"Meu chefe discutiu comigo na frente dos meus colegas — chegou a me ofender."

"Minhas decisões não foram apoiadas, embora meu gerente tivesse dito que me apoiaria".

"Outros levaram o crédito pelo meu trabalho árduo e resultados."

"Informações essenciais ao meu trabalho foram omitidas, ou fui excluído do circuito de informações."

"Fui responsabilizado, mas não tinha autoridade para responsabilizar os outros."

Agora, pense em como é se sentir poderoso — forte, eficaz, como o criador da própria experiência. Suas lembranças são semelhantes às que os outros têm?

Ações e Condições Representativas
que Fazem as Pessoas *Se Sentirem Poderosas*

"Todas as informações e dados importantes foram compartilhados comigo."

"Eu era capaz de discutir sobre como lidaríamos com uma situação."

"Tomei decisões sobre os principais aspectos do projeto."

"A organização investiu recursos para me ajudar a aprender."

"A administração expressou publicamente ter uma grande confiança em minha capacidade."

"O supervisor disse aos outros sobre o ótimo trabalho que eu estava fazendo."

"Meu gerente aproveitou o tempo para me informar como eu estava e onde poderia melhorar."

Ao examinar o que as pessoas dizem sobre os tempos impotentes e poderosos, há uma mensagem clara e substancial: *sentir-se poderoso — sentir-se "capaz" — vem do profundo sentimento de estar no controle de sua vida.* Pessoas em todos os lugares compartilham essa necessidade fundamental. Quando você se sente capaz de determinar o próprio destino e acredita que pode mobilizar os recursos e apoio necessários para concluir uma tarefa, persistirá em seus esforços para cumpri-la. No entanto, quando se sente controlado pelos outros, quando acredita que não tem apoio ou recursos, naturalmente mostra pouco comprometimento com o sucesso.

Mesmo que dê conta, você ainda percebe o quanto mais com que poderia contribuir, se quisesse.

Ao fortalecer os outros, os líderes mostram que acreditam que as pessoas são inteligentes e capazes de descobrir as coisas. Como Ritesh Mehta, gerente de produtos e arquiteto corporativo da SAP Success Factors, lembra:

> Quando recebi um papel de liderança pela primeira vez, simplesmente o tratei como uma posição poderosa. Eu costumava seguir um estilo ditatorial e descobri que tinha dificuldade em ganhar a confiança da minha equipe; e via ressentimento em todos os lugares. Rapidamente percebi meu erro e comecei a ceder meu poder para meu time. Como resultado, minha equipe começou a confiar em minhas ações, os resultados da equipe nos proporcionaram alta visibilidade na organização e tive um apreço especial por ser a líder dessa equipe de alto desempenho.

Da mesma forma, Kinjal Shah, líder de engenharia de software da Quisk, vê a liderança como algo que "não diz respeito a ter mais poder", mas, diz ele, "a capacitar e capacitar outros ao seu redor para serem líderes. As pessoas se sentem mais fortalecidas quando têm poder de decisão, o que causa um impacto real". Em seu desenvolvimento de novos designs de software, espera-se que cada membro dê sua contribuição e, se um membro da equipe tiver dúvidas ou preocupações, serão abordados antes que se avance com o desenvolvimento. De acordo com Kinjal, isso serve a dois propósitos: "Como a contribuição de todos é considerada, eles se sentem fortalecidos, e todos estão cientes do que acontece em outras partes do sistema Quisk e têm uma palavra a dizer sobre como isso é desenvolvido". Como resultado, ele diz, "os membros da equipe se sentem mais responsáveis pelo sistema como um todo. E como as pessoas se sentem poderosas, ficam dispostas a assumir responsabilidades de liderança em outras partes da organização à medida que as oportunidades se apresentam".

Líderes exemplares, como Ritesh e Kinjal, delegam seu poder, reforçando a autodeterminação de seus colaboradores com base nos princípios centrais de escolha, amplitude e responsabilidade pessoal. Eles logo percebem que ações de liderança que aumentam o senso de autodeterminação, a autoconfiança e a eficácia pessoal dos outros os tornam mais poderosos e aumentam significativamente a energia e o comprometimento que disponibilizam.[2]

Ofereça Opções Liberdade é a capacidade de fazer escolhas. As pessoas que percebem que não têm nenhuma escolha sentem-se encurraladas e, como ratos em um labirinto, quando deixadas sem alternativas, tipicamente param de se mover e acabam se fechando. Ao dar aos funcionários autonomia genuína, os líderes podem reduzir a sensação de impotência e estresse que as pessoas sentem e aumentar sua disposição de exercer mais plenamente suas capacidades. Pesquisadores do Laboratório Delgado de Neurociências Sociais e Afetivas da Rutgers University relatam que a percepção de aumento de escolha por si só ativa circuitos relacionados à recompensa no cérebro, o que faz as pessoas se sentirem mais à vontade, aumentando sua disposição de experimentar e se aventurar fora de suas zonas de conforto.[3] Organizações de alto desempenho resultam de pessoas dispostas a trabalhar além de suas obrigações de trabalho, e isso ocorre porque elas têm liberdade e autonomia para fazer escolhas sobre o trabalho que fazem e como o fazem.

Em nossa pesquisa, perguntamos às pessoas sobre até que ponto seu líder "dá às pessoas uma grande liberdade e escolha ao decidir como realizar seu trabalho" e examinamos como esse comportamento de liderança afeta suas atitudes em relação ao local de trabalho. Veja os resultados na Figura 10.1 em relação ao orgulho que sentem em contar aos outros que trabalham para sua organização. Observe que menos de 1% dos subordinados diretos concorda fortemente que sente orgulho de dizer a outras pessoas que trabalha para a organização quando o líder "quase nunca ou raramente" oferece liberdade e escolha. Esse sentimento melhora muito pouco, mesmo quando o líder "com bastante frequência ou normalmente" se envolve nesse comportamento de liderança. A mudança drástica no orgulho ocorre (subindo para quase 80%) quando as pessoas relatam que seu líder fornece liberdade e escolha "muito frequentemente" para "quase sempre". A forma dessa curva é semelhante àquela produzida em relação a sentimentos de comprometimento, motivação e produtividade por meio de subordinados diretos em função de sentir liberdade e escolha ao decidir como realizar seu trabalho.

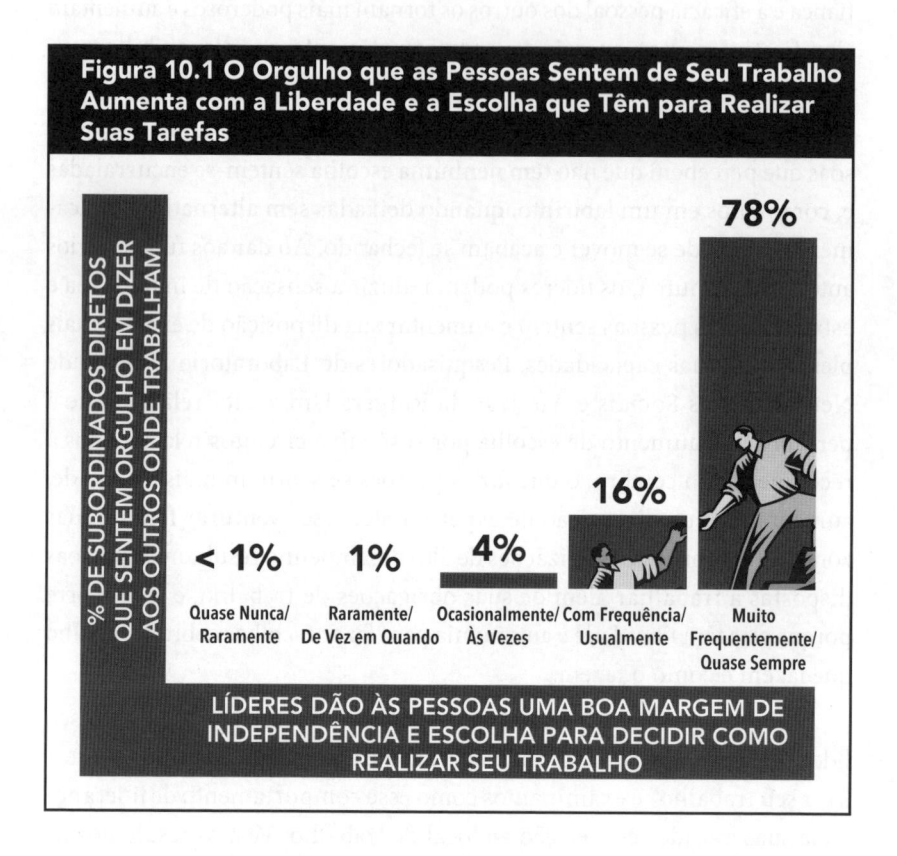

Figura 10.1 O Orgulho que as Pessoas Sentem de Seu Trabalho Aumenta com a Liberdade e a Escolha que Têm para Realizar Suas Tarefas

Como os subordinados diretos avaliam a eficácia geral de seu líder também está fortemente relacionado à frequência com que o líder dá às pessoas liberdade e escolha. Mais uma vez, o aumento na inclinação da curva é drástico. Apenas 20% dos subordinados diretos concordam ou concordam fortemente que seu líder é eficaz na extremidade inferior do *continuum*, e isso aumenta para quase 95% quando esse líder frequentemente ou quase sempre usa esse comportamento de liderança.

Tim Haun é quiroprático e personal trainer, afiliado há mais de 30 anos do Bay Club Santa Clara (Califórnia). Ele experimentou inúmeras mudanças na gerência sênior, e algumas funcionaram melhor que outras.[4] Ele relatou uma reestruturação que ressalta a importância de fornecer escolhas quando se espera alto desempenho em troca.

Uma das primeiras mudanças organizacionais foi o estabelecimento de metas mensais do grupo para o número de horas trabalhadas, o que deu aos instrutores a liberdade de definir metas individuais para si mesmos e assumir a responsabilidade de recrutar clientes para preencher esse número de horas. Os objetivos dos treinadores e o número real de horas que cada um trabalhava eram anunciados em reuniões mensais, e essa responsabilidade fazia com que todos se sentissem encarregados do próprio destino. Eles sentiam como se cada um administrasse seu próprio negócio dentro da organização maior, o que aumentava seu senso de controle e poder. Além disso, a empresa organizou oficinas de educação continuada, gratuitamente, em vários momentos durante o ano. Os treinadores poderiam optar por participar desses eventos ou não, mas a maioria deles participava.

O resultado, de acordo com Tim, não foi apenas um aumento no número total de horas faturáveis (e, portanto, de salários); maior liberdade e escolhas sobre vários aspectos das responsabilidades dos treinadores construíram seu compromisso e fomentaram a produtividade. Esse exemplo mostra como os líderes exercem uma autonomia guiada: estabelecem padrões e responsabilizam a todos pelos valores e visão comuns, ao mesmo tempo em que dão às pessoas a oportunidade de fazer escolhas sobre como irão implementá-las.

Você quer que as pessoas tomem iniciativa e sejam autodirigidas. Você quer que pensem por si mesmas e não perguntem continuamente aos outros: "O que devo fazer?" Você não pode desenvolver essa habilidade se disser às pessoas o que fazer e como o fazer. As pessoas não podem aprender a agir de forma independente, a menos que tenham algum grau de escolha. Se podem agir apenas de maneiras prescritas pela organização, como podem responder quando o cliente ou outro funcionário se comporta de maneiras que não estão no roteiro? Se tiverem que perguntar ao "chefe" o que fazer — mesmo que achem que sabem o que precisa ser feito e sintam que poderiam fazê-lo —, então, eles estarão atrasando a organização inteira. Além disso, se o chefe não souber, essa pessoa terá que perguntar ao seu gerente; e assim sucessivamente na hierarquia. A única maneira de criar uma organização eficiente e eficaz é dar às pessoas a chance de usar seu melhor julgamento na aplicação de seus conhecimentos e habilidades. Isso implica, é claro, que você as preparou para fazer essas escolhas e que as educou sobre os princípios orientadores da organização.

Dar escolhas às pessoas e deixá-las tomar decisões por conta própria faz com que seja bastante difícil culpar "a empresa" (ou gerência) quando as coisas não acontecem do jeito deles ou quando não gostam do jeito como as coisas vão. Afinal, se eles não gostam da maneira como algo é feito, podem fazer algo a respeito — e tomar a iniciativa é inevitavelmente uma das coisas que os líderes fazem. Ao fornecer opções, você permite que as pessoas se autoconduzam.

Estruture Trabalhos para Oferecer Amplitude   Se você quer níveis mais altos de desempenho e maior iniciativa de seus colaboradores, deve ser proativo em criar trabalhos que lhes permitam amplitude, um primo próximo da escolha. Para se sentirem no controle das próprias vidas profissionais, as pessoas precisam ser capazes de tomar atitudes não rotineiras, exercer julgamentos independentes e tomar decisões que afetem o modo como realizam seu trabalho, sem precisar verificar com outra pessoa.[5] Significa ser criativo e flexível — liberado de um conjunto padrão de regras, procedimentos ou cronogramas —, e a recompensa pode ser enorme.

Integrar as operações globais é um desafio para muitas empresas, e a experiência de Gyan Patra como gerente de desenvolvimento de software no Walmart.com não foi exceção. Gyan havia aprendido no início de sua carreira que a maioria dos problemas "relacionados à integração da equipe de *offshore* dificilmente são relativos à competência técnica". Sua própria pesquisa revelou que as melhores práticas de equipes de offshore de sucesso não eram diferentes das de qualquer equipe altamente bem-sucedida, por exemplo, garantir que todos tenham clareza sobre suas funções e responsabilidades e resultados claramente definidos, em que os colaboradores têm responsabilidade total. Como Gyan explicou:

Na fase de projeto, os membros da equipe offshore foram capazes de fazer o projeto completo e as próprias pesquisas, em vez de o coordenador no local vigiar a todos o tempo todo. Os membros da equipe offshore sentiram que tinham a liberdade de serem criativos e possuíam o produto que desenvolveram, bom ou ruim. Os desenvolvedores offshore sentiram que tinham a liberdade para desenvolverem o produto e puderam usar seus conjuntos de habilidades em um nível excelente. Eles pararam de apontar os dedos, e a cultura resultante promoveu um alto grau de responsabilização. Os membros da equipe offshore não se sentiam mais orientados. Agora, passavam mais tempo corrigindo problemas técnicos reais do que discutindo com o home office.

A responsividade surge, junto a esforços arbitrários adicionais, quando as pessoas têm a margem de manobra necessária para atender às necessidades do cliente (internas ou externas) e autoridade suficiente para agir de acordo com suas necessidades.

Há uma diferença fundamental entre estar em uma organização em que as pessoas são confiáveis e receber a liberdade para usar seu julgamento, e aquela em que as pessoas são vistas apenas como engrenagens em alguma máquina, nem confiáveis nem respeitadas por seu senso comum. É claro que pode haver uma certa dose de risco em dar às pessoas a liberdade de tomar decisões importantes, mas, ao fornecer um grau maior de confiança, também surge um grau maior de responsabilidade, resultando em níveis mais altos de satisfação e lucratividade. Pesquisadores mostraram, por exemplo, que ampliar a autonomia dos compradores sobre as decisões de aquisição aumenta sua eficácia, assim como descobrir que gerentes que evitam tomar decisões têm um impacto negativo no desempenho organizacional.[6]

Somente indivíduos e organizações adaptáveis irão prosperar no dinâmico ambiente global atual. Isso significa que você precisa apoiar mais e mais discrição individual para atender às demandas em constante mudança de consumidores, clientes, fornecedores e outras partes interessadas. Com o aumento da autonomia, surge uma maior capacidade de usar e expandir os talentos, o treinamento e a experiência. O resultado é um melhor desempenho.

Fomente a Responsabilização Se fizesse a seguinte pergunta às pessoas: "Você lava um carro alugado antes de devolver?" elas ririam e achariam que você deveria estar louco por perguntar. "Claro que não", dirão elas. Por quê? Porque não possuem o carro, estão apenas alugando-o; elas sabem que a locadora vai lavar o carro quando for devolvido. Pergunte a essas mesmas pessoas se lavam o próprio carro ou o levam para um lava-rápido local, e a maioria dirá: "Sim." Por quê? Porque é o carro delas; elas o possuem. Quando as pessoas sentem que possuem alguma coisa, que é delas, elas cuidam disso. No entanto, quando sentem que estão apenas alugando, são muito menos propensas a tratá-lo com o mesmo cuidado que teriam por algo próprio. As pessoas só não se esforçam para manter, proteger e responsabilizar-se por coisas que sentem que não possuem ou com as quais não têm nenhuma responsabilidade.

Quantas pessoas em sua organização diriam que não se responsabilizam por algo porque não é delas? Figurativamente falando, quantas diriam que não são responsáveis por "lavar o carro" — ou tomar precauções de segurança, consertar falhas de software, atender ao cliente de outra pessoa ou algo semelhante? Quantas apenas alugam seus espaços de trabalho? Para aqueles que se sentem assim, o efeito sobre seu envolvimento na organização é bastante negativo. Embora as pessoas não possuam seu trabalho no sentido formal ou legal da palavra, a pesquisa indica que, quando se sentem psicologicamente proprietárias, são significativamente mais propensas a se comprometer com suas organizações.[7] Líderes exemplares reconhecem que precisam criar esse senso de propriedade psicológica se quiserem fazer coisas extraordinárias acontecerem.

Justin Depenhart admitiu que quando se tornou gerente, não apreciou o quão importante era para promover a prestação de contas. Ele confessou:

> Muitas vezes eu dizia à minha equipe o que precisava
> ser feito e, em seguida, ficava basicamente vigiando,

para garantir que tudo seria feito corretamente. Pensei que estava fazendo um ótimo trabalho fornecendo suporte para minha equipe e valor para a empresa. Muitos dos membros da minha equipe eram inexperientes e, a princípio, gostavam desse estilo de liderança. No entanto, depois de ganhar alguma experiência, eles começaram a mostrar sua frustração com meu estilo. Percebi que não permitia que a equipe tivesse liberdade para realizar seus trabalhos e se desenvolver. Depois dos primeiros seis meses, percebi que precisava mudar meu comportamento.

Como líder de operações da fábrica da Owens Corning em Santa Clara (Califórnia) e líder técnico regional com suas fábricas de Toronto e Edmonton (Canadá), Justin percebeu que precisava se comportar de maneira diferente. Sua experiência lhe ensinou muitas coisas, "mas uma se destaca das outras", disse ele.

É uma declaração que faço para a equipe: "Quanto mais um líder desenvolve sua equipe, mais fortes são seus membros e melhores os resultados." No entanto, para desenvolver uma equipe, você precisa permitir que ela assuma novos desafios e riscos. Se você se concentrar apenas no resultado de hoje e não prestar atenção ao potencial de amanhã, você e sua equipe nunca crescerão.

Quando as pessoas assumem responsabilidade pessoal e são responsabilizadas por suas ações, seus colegas ficam muito mais inclinados a querer trabalhar com elas e mais motivados a cooperar, em geral. A responsabilidade individual é um elemento crítico de todo esforço colaborativo. Todo mundo tem que fazer sua parte para que um grupo funcione de maneira efetiva.

Ao liderar uma iniciativa de melhoria de processos para o Citibank Filipinas, Ana Aboitiz Delgado percebeu que teria que envolver muitas pessoas e se incumbir do sucesso do projeto. No entanto, dividir tarefas e atribuir responsabilidades era difícil para ela porque, explicou Ana, "eu tinha total responsabilidade pelo sucesso do projeto e não sabia como transmitir esse senso de compromisso aos membros da equipe, que não se reportavam diretamente a mim. Eu temia que eles falhassem, e isso refletiria em mim". Ela admitiu para sua equipe que não tinha muito conhecimento sobre os detalhes do processo de entrega de declarações do banco e reconheceu que eles tinham o conhecimento técnico. Como resultado, propôs que seu papel fosse fornecer orientação, treinamento em Six Sigma e suporte para eliminar obstáculos que a equipe pudesse encontrar ao longo do caminho. Assim como propôs seu papel, ela decidiu dar aos membros da equipe uma chance de identificar responsabilidades em que cada um que achava que agregaria mais valor com base em seus conhecimentos ou interesses. Dada a oportunidade de moldar seu papel no projeto, eles se envolveram mais. Imediatamente, começaram a debater em voz alta e interagir uns com os outros.

Ana compartilhou seu poder (nesse caso, conhecimento) com a equipe e a valorizou, destacando que eram eles os especialistas. Ela forneceu escolhas e a amplitude para assumir a responsabilidade, porque eles eram as partes interessadas no processo. Ela os tornou poderosos seguindo sua promessa de implementar no chão de operações as ideias que criaram. "Aprendi", disse Ana, "que, para estimular a prestação de contas, você precisa delegar autoridade e dar aos outros a chance de assumir responsabilidades. Ao confiar responsabilidade aos outros, você informa que acredita neles e que tem confiança de que podem fazer corretamente".

Ana entendeu algo muito fundamental sobre o fortalecimento dos outros: o poder de escolher depende da disposição de ser responsabilizado. Ela aprendeu que quanto mais liberdade de escolha as pessoas têm, mais responsabilidade pessoal devem assumir. Há também um bônus: quanto mais as pessoas acreditarem que todo mundo está assumindo a responsabilidade por sua parte do projeto — e tem competência para tal —, mais confiantes e cooperativas serão. As pessoas ficarão mais confiantes em fazer sua parte quando acreditarem que os outros farão a sua. Essa interconexão entre escolha e responsabilidade assume uma importância crescente em locais de trabalho virtualmente vinculados e globais. Outro benefício é que, enquanto outros assumem mais responsabilidade, os líderes podem gastar mais energia em outras áreas, aumentando suas esferas de influência e levando recursos adicionais de volta para suas unidades.

Alguns acreditam que as equipes e outros arranjos cooperativos minimizam a responsabilidade individual. Eles argumentam que, se as pessoas são encorajadas a trabalhar coletivamente, de alguma maneira, terão menos responsabilidade por suas ações do que se fossem encorajadas a competir ou fazer as coisas por conta própria. A evidência não corrobora esse ponto de vista.[8] É verdade que algumas pessoas se tornam párias sociais quando trabalham em grupos, diminuindo a velocidade, enquanto outros fazem o trabalho por elas. No entanto, isso não dura muito tempo, porque seus colegas rapidamente se cansam de carregar a carga extra. O indolente assume a responsabilidade ou a equipe pedirá sua remoção, desde que a equipe tenha objetivos e responsabilidades comuns.

Melhorar a autodeterminação significa dar às pessoas controle sobre suas vidas. Isso significa que você precisa lhes dar algo substancial para controlar e pelo que se responsabilizar. Aqui estão alguns exemplos sobre como promover a responsabilidade individual:

▶ Certifique-se de que todos, não importa a tarefa, tenham um cliente.

▶ Aumente substancialmente a atribuição de autoridade para todos os níveis.

▶ Remova ou reduza etapas de aprovação desnecessárias.

▶ Em geral, defina trabalhos (por exemplo, como projetos, não tarefas).

▶ Proporcione maior liberdade de acesso, vertical e horizontalmente, dentro e fora da organização.

Lembre-se de fornecer os recursos necessários — por exemplo, materiais, dinheiro, tempo, profissionais e informações — para as pessoas trabalharem de forma autônoma. Não há nada mais desempoderador do que ter muita responsabilidade por algo, mas não como dar conta disso. A maior esfera de influência das pessoas deve ser relevante para as preocupações prementes e a tecnologia central do negócio. Escolher a cor da tinta para os corredores pode ser um lugar para começar, mas é melhor dar às pessoas influência sobre questões mais substanciais dentro dos prazos. Por exemplo, se a qualidade é a principal prioridade, encontre maneiras de expandir a influência e a autonomia das pessoas sobre questões de controle de qualidade e melhorias de processo.

Promova Competência e Confiança

Escolha, amplitude e responsabilização estimulam o senso de poder e de controle das pessoas sobre suas vidas. No entanto, por mais que seja importante incentivar a autodeterminação, ela não é suficientes. Sem conhecimento, habilidades, informações e recursos para realizar um trabalho com técnica e sem se sentirem competentes para executar habilmente as escolhas necessárias, as pessoas se sentem sobrecarregadas e incapacitadas. Mesmo que tenham os recursos e as habilidades, pode haver momentos em que não têm confiança de que podem usá-los ou de que serão elas mantidas se as coisas não saírem tão bem quanto o esperado. Pode haver momentos em que elas simplesmente não têm autoconfiança para fazer o que sabem que precisam.

Desenvolver competência e construir confiança é essencial para cumprir as promessas da organização e manter a credibilidade dos líderes e membros da equipe. Para que coisas extraordinárias aconteçam, você deve investir no fortalecimento da capacidade e na determinação de todos na organização. Isso é especialmente importante em tempos de grande incerteza e mudança significativa.

Pense em uma ocasião em que o desafio enfrentado foi maior do que as habilidades que você tinha. Como se sentiu? Se é como a maioria das pessoas, você se sentiu ansioso, nervoso, assustado e assim por diante. Agora pense em um momento em que seu nível de habilidade foi maior que o nível de desafio no trabalho. Como você se sentiu? Entediado e apático, o mais provável. Você faz seu melhor trabalho quando está ansioso ou entediado? Claro que não. Você faz isso quando o desafio que enfrenta é apenas um pouco maior do que seu nível atual de habilidade. É quando você se sente instigado, mas não estressado.

As pessoas muitas vezes se referem a estar "no fluxo" quando sentem que agem sem esforço e com habilidade, apesar da dificuldade da experiência. Elas ficam confiantes de que suas habilidades correspondem ao nível de desafio da experiência, mesmo que ele seja um pouco exagerado. Mihaly Csikszentmihalyi, professor de psicologia da Claremont Graduate University, fundador e codiretor do Centro de Pesquisa de Qualidade de Vida, passou toda a sua carreira acadêmica estudando a relação entre desafio e habilidade em prol de um desempenho excelente. Ele descobriu que "quando grandes desafios são combinados com altas habilidades, então o profundo envolvimento que distingue a vida comum provavelmente ocorrerá".[9] A Figura 10.2 mostra uma ilustração gráfica dessa relação.

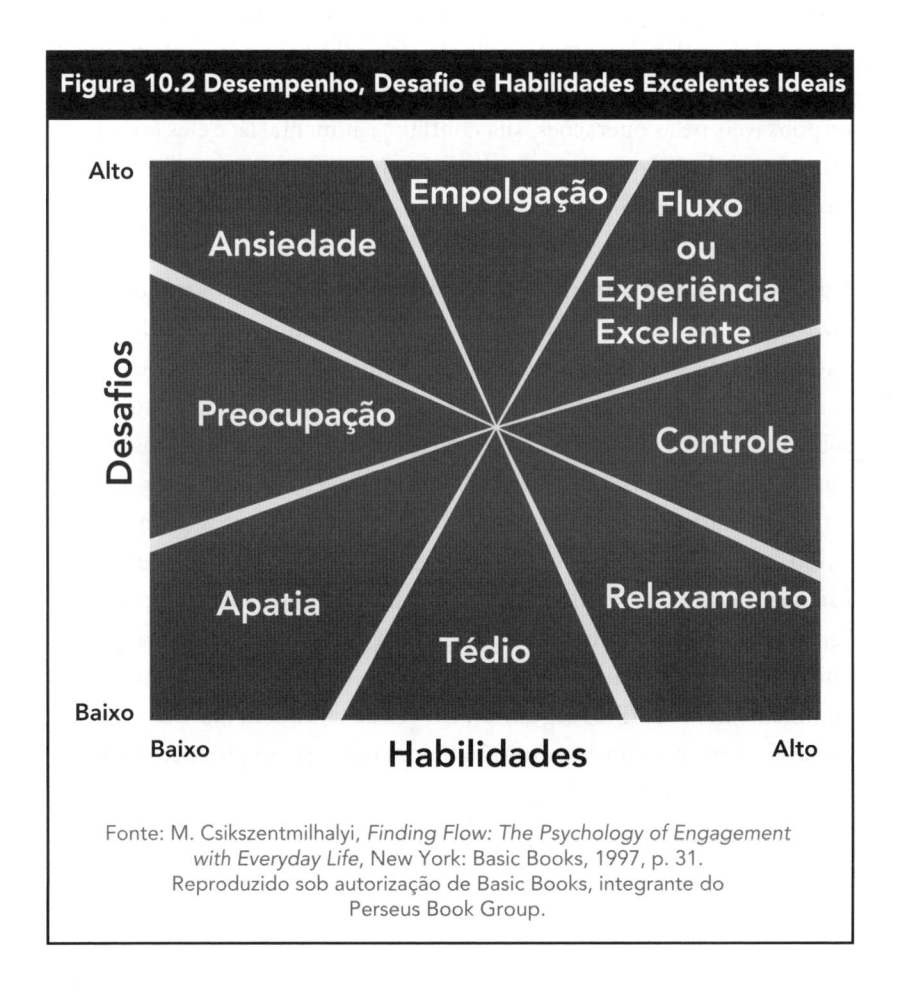

Figura 10.2 Desempenho, Desafio e Habilidades Excelentes Ideais

Fonte: M. Csikszentmilhalyi, *Finding Flow: The Psychology of Engagement with Everyday Life*, New York: Basic Books, 1997, p. 31. Reproduzido sob autorização de Basic Books, integrante do Perseus Book Group.

Embora o fluxo não seja possível em todas as tarefas para todas as situações, caracteriza desempenhos de pico. Líderes exemplares esforçam-se para criar as condições que tornam o fluxo possível. Isso significa que você precisa avaliar continuamente a capacidade de seus colaboradores para atuar no contexto dos desafios que eles enfrentam. Tal avaliação requer atenção à força de vontade e às habilidades de cada pessoa que lideram. Jeff Allison, diretor de operações da PW Enterprises, confrontou precisamente essa situação quando transferiu o centro de operações da empresa em Fargo, Dakota do Norte, para o centro de pesquisa e desenvolvimento em Santa Cruz, Califórnia. Essa mudança fez com que a equipe de operações da Fargo não tivesse mais interações diárias com ele e, como Jeff explicou, "eles tinham que aprender a confiar em si mesmos e uns nos outros, e se tornar mais independentes na solução de problemas por conta própria". Ele percebeu que "se eu desenvolvesse suas competências e os tornasse responsáveis pelas operações, sua confiança aumentaria, e eles fariam um ótimo trabalho". Ao tomar essas atitudes, Jeff intuitivamente fazia uso do paradigma do "fluxo".

Eduque e Compartilhe Informações As pessoas não podem fazer o que não sabem. Portanto, quando você aumenta a amplitude e a autonomia de seus colaboradores, também precisa aumentar os gastos com treinamento e desenvolvimento. Quando as pessoas não têm certeza sobre como executar tarefas críticas ou têm medo de cometer erros, podem relutar em exercer seu julgamento. "Garantir que os funcionários recebam o treinamento necessário e envolvê-los nas decisões que afetam seu trabalho cria competência e comprometimento", observam os pesquisadores Michael Burchell e Jennifer Robin, em seus estudos sobre empresas do "grande local de trabalho". Essas organizações "entendem que, à medida que o negócio continua a crescer, precisarão de funcionários que entrem facilmente nos trabalhos seguintes, em vez de fazer com que desenvolvam as habilidades necessárias, contratem externos ou simplesmente percam oportunidades de mercado".[10]

Na situação de Jeff Allison, ele levou cerca de um mês com a equipe da Fargo para elaborar uma lista de 20 a 30 problemas que resolvera no ano anterior; isso, em suas palavras, "garantiu que eles tivessem as competências essenciais para resolver tais problemas ou situações semelhantes no futuro". Por exemplo, Jeff perguntou se eles poderiam pensar em maneiras melhores de resolver o problema ou, melhor ainda, pensar em maneiras de evitar que acontecessem.

> Meu objetivo era envolvê-los ativamente na resolução de problemas e na proposição de ideias. Minha esperança era que quanto mais eles pensassem no processo, mais entenderiam o processo. As operações são o coração da empresa, e eu queria que o grupo confiasse em si e acreditasse que eles eram capazes de qualquer coisa. Eles precisavam saber que qualquer ideia que tivessem era valiosa para a empresa e que queríamos ouvi-las.

Uma vez que Jeff pôde vê-los desenvolvendo as competências essenciais e a confiança que vem com o conhecimento, levou o treinamento um passo adiante. Ele deu a cada funcionário um conjunto de problemas hipotéticos e os encarregou de descobrir como resolvê-los. Ele queria que eles usassem suas competências construídas a partir do treinamento para ajudar a instilar confiança, disse-nos.

> Através da resolução de problemas, eles poderiam usar suas habilidades e desenvolver novas ideias sobre como melhorar as operações. Uma vez que estivessem confiantes e tivessem resolvido o problema, eles ensinariam a equipe inteira a resolvê-lo. Esse exercício de treinamento acabou sendo a melhor atividade que eu poderia ter realizado, e fez muito mais para a equipe do que eu imaginava. Enquanto analisava os problemas com a equipe, outros membros estavam muito envolvidos, e você

podia ver sua confiança aumentar. Eles sabiam que podiam confiar uns nos outros e que eram capazes de resolver qualquer problema que surgisse em seu caminho.

Fortalecer os outros, como demonstra a experiência de Jeff, requer investimentos iniciais em projetos que desenvolvam as competências das pessoas e promovam sua confiança. Tais investimentos produzem lucros. Estudos mostram que as empresas que gastam valores acima da média em treinamento têm um retorno maior sobre o investimento do que as empresas que estão abaixo da média de gastos. As primeiras também desfrutam de níveis mais altos de envolvimento e comprometimento dos funcionários, melhores padrões de atendimento ao cliente, além de maior compreensão e alinhamento com visões e valores da empresa.[11] Além disso, estudos revelam que 40% dos funcionários que relatam receber treinamento ruim deixam suas posições no primeiro ano. A falta de treinamento e de desenvolvimento de habilidades foi o fator determinante citado em sua saída.[12]

O compartilhamento de informações é outra importante tática educacional, e lembre-se de que esse fator apareceu proeminentemente na lista do que fazia as pessoas se sentirem poderosas e, quando ausentes, fazia com que se sentissem impotentes. O autor e estrategista global do Vale do Silício, Nilofer Merchant, ecoa essa observação: "Todo mundo fica melhor quando sabe por que as decisões são tomadas com a maior precisão possível. Isso lhes confere uma compreensão do que é importante e fornece informações nas quais basear as transações constantemente feitas em todos os níveis. Quando as razões por trás das decisões não são compartilhadas, as decisões parecem arbitrárias e possivelmente egoístas."[13]

Para os líderes, desenvolver a competência e a confiança de seus colaboradores para que sejam mais qualificados, capazes e eficazes, e para que sejam os próprios líderes, reflete sua apreciação da verdade de que não podem obter nada de extraordinário sozinhos. Tornar as pessoas mais inteligentes é o trabalho de todos os líderes. No mundo de hoje, se seus colaboradores não crescem e aprendem com seus empregos, ficam propensos a sair e encontrar melhores oportunidades.

Organize o Trabalho para Desenvolver Competência e Domínio   As pessoas enfrentaram questões organizacionais críticas em seus estudos de caso sobre Experiências de Superação em Liderança. Embora pareça óbvio que as pessoas fazem o melhor quando o trabalho é essencial para o sucesso, esse princípio é muitas vezes perdido na programação rotineira do trabalho. Faça como líderes exemplares e organize tarefas para que as pessoas sintam que seu trabalho é relevante para as preocupações prementes do negócio. Além disso, garanta que as pessoas experimentem variedade em suas tarefas e tenham oportunidades de tomar decisões significativas sobre como seu trabalho é realizado. Encontre oportunidades para envolver sua equipe em forças-tarefa, comitês, equipes e grupos de solução de problemas que lidem com funções e questões críticas. Envolva-a em programas, reuniões e decisões que tenham impacto direto em seu desempenho no trabalho. Ações como essas constroem competência e promovem um senso de propriedade e responsabilidade.

Lembre-se de que seus funcionários não podem agir como proprietários e fornecer liderança se não tiverem uma compreensão fundamental de como a organização opera. Para compreender plenamente os problemas e tarefas organizacionais críticos, eles precisam ser capazes de responder a perguntas como: "Quem são nossos consumidores, clientes, fornecedores e partes interessadas mais valiosos? Como nos percebem? Como medimos esse êxito? "Qual tem sido nosso histórico nos últimos cinco anos?" "Que novos produtos ou serviços iniciaremos nos próximos seis meses?" Se seus colaboradores não puderem responder a questões críticas como essas, como podem trabalhar juntos para transformar valores compartilhados e propósitos comuns em realidade? Como podem saber como seu desempenho afeta outras equipes, unidades, divisões e, finalmente, o sucesso de toda a empresa ou empreendimento? Como podem se sentir muito fortes ou capazes se não souberem as respostas para as mesmas perguntas que todo "proprietário" ou CEO saberia?[14]

Penny Mayo é supervisora de contabilidade de uma agência do governo local que vem consolidando serviços. Como resultado, Penny teve que assumir mais responsabilidade e se viu lutando para deixar de lado algumas de suas tarefas ordinárias. Enquanto se empenhava em garantir que nenhum erro de folha de pagamento fosse cometido, também reconhecia que era uma tarefa demorada, que outras pessoas poderiam aprender a fazer. "O problema era eu, não a equipe", disse ela. "Várias pessoas eram boas candidatas para assumir essas responsabilidades. Ocorreu-me que, por não delegar, eu não demonstrava a confiança que realmente tinha em meu time." Ela finalmente percebeu que essa era uma oportunidade de colaborar e fortalecer outras pessoas, e construiu a propriedade em etapas. Primeiro, pediu um voluntário disposto a dominar a folha de pagamento; em seguida, ofereceu oportunidades de treinamento e coaching para esse indivíduo aprender e melhorar. Não demorou muito para que o novo profissional estivesse em plena atividade, assumindo a responsabilidade e a propriedade da função referente à folha de pagamento.[15]

Como Penny, os líderes exemplares analisam atentamente o que os colaboradores fazem em seus trabalhos e descobrem em que e como enriquecer suas tarefas e posições. Eles fornecem informações suficientes para que as pessoas sintam que têm a perspectiva dos proprietários na tomada de decisões, o que promove maior competência e aumenta sua autoconfiança.

Estimule a Autoconfiança Mesmo que as pessoas saibam como fazer alguma coisa, a falta de confiança pode detê-las. Fortalecer os outros é um passo essencial em um processo psicológico que afeta a necessidade intrínseca de autodeterminação. As pessoas têm uma necessidade interna de influenciar outras e os eventos cotidianos para experimentar algum senso de ordem e estabilidade em suas vidas. Sentir-se confiante de que podem lidar adequadamente com eventos, situações e pessoas as prepara para exercer a liderança. Sem autoconfiança o suficiente, as pessoas não têm convicção para enfrentar desafios difíceis. A falta de autoconfiança se manifesta em sentimentos de desamparo, impotência e insegurança. Ao construir a crença das pessoas em si mesmas, você ratifica sua força interior para avançar em terreno inexplorado, fazer escolhas difíceis e enfrentar a oposição e afins, porque elas passarão a acreditar em suas habilidades e capacidade de tomada de decisão.

A autoconfiança afeta o desempenho das pessoas. Em um estudo clássico, os pesquisadores disseram a um grupo de gerentes que a tomada de decisões era uma habilidade desenvolvida através da prática: quanto mais se trabalhava, mais capaz se tornava. No outro grupo, disseram aos gerentes que a tomada de decisões refletia sua aptidão intelectual básica: quanto maior a capacidade cognitiva subjacente, melhor sua capacidade de tomar decisões. Trabalhando com uma organização simulada, ambos os grupos de gerentes lidaram com uma série de ordens de produção, exigindo várias decisões de pessoal e o estabelecimento de diferentes metas de desempenho. Quando se depararam com padrões de desempenho exigentes, os gerentes que acreditavam que a tomada de decisões era uma habilidade adquirível continuaram a estabelecer metas desafiadoras para si próprios, usaram boas estratégias de solução de problemas e promoveram a produtividade organizacional. Suas contrapartes, que achavam que a capacidade de tomar decisões estava latente (ou seja, você a tem ou não), perderam a confiança em si mesmas ao longo do tempo, à medida que encontravam dificuldades. Eles diminuíram suas aspirações para a organização, sua resolução de problemas se deteriorou e a produtividade organizacional declinou.[16]

Em um conjunto de estudos relacionados, os pesquisadores disseram aos gerentes que as pessoas são facilmente mutáveis ou que "os hábitos de trabalho dos funcionários não são tão facilmente modificáveis, mesmo com uma boa orientação. Pequenas mudanças não necessariamente melhoram os resultados gerais". Os gerentes com a confiança de que poderiam influenciar os resultados organizacionais por meio de suas ações mantinham um nível mais alto de desempenho do que aqueles que achavam que poderiam fazer pouco para mudar as coisas.[17] Ainda outro estudo, envolvendo contadores novatos, descobriu que aqueles com maior autoconfiança foram classificados dez meses mais tarde por seus supervisores como tendo o melhor desempenho no trabalho. Seu nível de autoconfiança era um forte preditor de desempenho no trabalho do nível real de habilidade ou treinamento que haviam recebido antes de serem contratados.[18] Ao estender esses mesmos conceitos aos adolescentes, os pesquisadores descobriram que entre os competidores no campeonato nacional de hóquei em campo na Turquia, aqueles com maior autoconfiança eram os mais motivados, como evidenciado, por exemplo, por suas práticas intensivas.[19]

Esses estudos documentam o que a experiência ressalta: ter confiança e acreditar em sua capacidade de lidar com o trabalho, por mais difícil que seja, é essencial para promover e manter um esforço consistente. Ao comunicar aos participantes que você também acredita que podem ser bem-sucedidos, você os ajuda a se abrir e perseverar em circunstâncias desafiadoras.

Oriente   Embora seja verdade que líderes exemplares comuniquem sua confiança nos outros, você não pode simplesmente dizer às pessoas que elas podem fazer algo se realmente não puderem. Líderes precisam fornecer treinamento, porque ninguém nunca se tornou o melhor sem feedback construtivo, perguntas investigativas e ensino ativo por treinadores respeitados.[20] Entre os gerentes de vendas, por exemplo, desenvolver sua equipe é a competência mais frequentemente encontrada entre os que estão no topo de seu campo. Em um estudo de três anos sobre o impacto do treinamento, os alunos de alto aprimoramento tiveram quatro vezes mais chances de ter conversas de coaching com seus gerentes do que indivíduos que mostraram pouca ou nenhuma melhoria.[21] Em outras palavras, a melhoria não se trata apenas de treinamento; mas do coaching associado a ela. Você tem que estar disponível para oferecer conselhos e recomendações enquanto as pessoas aplicam o que aprenderam em situações reais.

Mark Soden, o principal treinador de desempenho do Harlequins, uma equipe da Premiership Rugby Union do Reino Unido, e facilitador sênior de uma empresa de consultoria de gestão, a Mission Performance, considera que "os treinadores precisam fortalecer o sonho de cada jogador". Ele vê o papel do treinador — que trabalha com atletas ou candidatos a líderes — como a transição de empurrar (os interesses do técnico), o que opera a partir de uma mentalidade fixa, para puxar (os interesses do jogador), o que gera uma mentalidade de crescimento.[22] As companhias de viagens descobriram que seus funcionários são oito vezes mais engajados quando seus líderes são avaliados como treinadores eficazes. Esses funcionários demonstram melhor capacidade, eficiência e comprometimento, e se sentem mais fortemente apoiados pela empresa.[23]

Abhijit Chitnis, gerente de excelência empresarial da Tata Consultancy Services, com sede na Índia, experimentou um treinamento eficaz e se beneficiou da diferença que fez em seu desenvolvimento. Ele recém-entrara no mundo corporativo quando enfrentou sua primeira tarefa de consultoria "realmente difícil". A pressão só aumentou quando ele foi escolhido para fazer a apresentação da proposta de solução para seu cliente. Como essa era sua primeira apresentação para o cliente diante de um público considerável e sênior, ele estava compreensivelmente tenso e ansioso. Abhijit disse que seu empresário, no entanto, o equiparou, disse que ele estava totalmente confiante em sua habilidade e na proposta, e treinou Abhijit para aproveitar a oportunidade. No momento da conclusão, ele disse a Abhijit durante um curto intervalo que estava indo muito bem, para não se preocupar, e que o cliente adorou a proposta. Essas ações, disse Abhijit, impulsionaram "minha confiança e terminei a apresentação com fortes aplausos". Refletindo sobre essa experiência, Abhijit considerou como "os líderes têm que treinar suas equipes e manter a motivação e a energia fluindo para que as pessoas atinjam seu pleno potencial".

Quando em seu auge, os líderes nunca tiram o controle dos outros. Eles deixam que seus colaboradores tomem decisões e assumam responsabilidade por elas. Quando os líderes treinam, educam, aumentam a autodeterminação e compartilham o poder, demonstram profunda confiança e respeito pelas habilidades dos outros. Quando os líderes ajudam os outros a crescer e se desenvolver, essa assistência é recíproca. As pessoas que se sentem capazes de influenciar seus líderes estão mais fortemente ligadas a eles líderes e mais comprometidas com o desempenho efetivo de suas responsabilidades. Eles controlam seus empregos. Bons treinadores entendem que fortalecer os outros requer atenção e acreditar que as pessoas são espertas o bastante para descobrir as coisas quando têm a oportunidade de fazer escolhas, fornecer apoio e oferecer feedback. O coaching expande as pessoas para o crescimento e desenvolvimento de suas capacidades, além de proporcionar oportunidades para aperfeiçoar e aprimorar suas habilidades em tarefas desafiadoras.

Bons treinadores também fazem boas perguntas. Essa prática é resumida no lema de Frances Hesselbein, ex-CEO das Girl Scouts dos EUA e presidente, fundadora e CEO do Francis Hesselbein Leadership Institute: "Pergunte, não conte." Ela aprendeu isso com o renomado guru da administração Peter Drucker, que observou: "O líder do futuro pergunta; o do passado fala."[24] Os benefícios de fazer perguntas são numerosos. Por um lado, dá aos outros o espaço para pensar e enquadrar as questões a partir de sua perspectiva. Em segundo lugar, fazer perguntas indica uma confiança subjacente nas habilidades das pessoas, mudando a responsabilidade, e tem o benefício de criar um envolvimento quase imediato para a solução. (Afinal, é ideia delas.) Fazer perguntas também coloca os líderes em uma posição de coaching, mais um papel de orientação, o que os libera para pensar mais livre e estrategicamente.

O sucesso de toda organização é uma responsabilidade comum. Como dissemos no Capítulo 9, você não pode fazer isso sozinho. Você precisa de uma equipe competente e confiante, e a equipe precisa de um técnico competente e confiante. Enquanto fizer parte, pense em conseguir um coach para você mesmo. Não há melhor maneira de estruturar o comportamento que você espera dos outros do que adotá-lo.

TOME UMA ATITUDE

Fortaleça os Outros

Fortalecer os outros é essencialmente o processo de transformá-los em líderes — tornando-os capazes de agir pela própria iniciativa. Crie um ciclo virtuoso estendendo mais poder e responsabilidade para os outros conforme respondem com sucesso. Os líderes fortalecem os outros quando possibilitam o exercício de escolhas e autonomia, quando projetam opções e alternativas para as formas como o trabalho e o serviço são conduzidos, e quando estimulam a responsabilidade e comprometimento que a ação acarreta.

Líderes desenvolvem a competência nos outros, bem como a confiança, para agir e se sobressair. Eles asseguram que os colaboradores tenham informações e dados necessários para entender como a organização opera, obtém resultados, ganha dinheiro e faz um bom trabalho. Eles investem na competência contínua das pessoas e as orientam sobre como colocar em prática o que sabem, expandindo suas capacidades e apoiando-as para fazerem mais do que imaginavam ser possível. Líderes exemplares usam perguntas para ajudar as pessoas a pensar por conta própria e orientam ativamente as pessoas sobre como fazer o seu melhor.

Para Capacitar os Outros para a Ação, você deve fortalecer os outros, aumentando a autodeterminação e desenvolvendo competências. Isso significa que deve:

1. Tomar atitudes que façam as pessoas se sentirem poderosas e no controle das contingências.

2. Proporcionar às pessoas oportunidades de fazer escolhas sobre como fazem seu trabalho e como servem a seus clientes.

3. Estruturar trabalhos para que as pessoas tenham oportunidades de usar seu julgamento, desenvolvendo maior competência e autoconfiança.

4. Encontrar um equilíbrio entre as habilidades das pessoas e os desafios associados a seu trabalho.

5. Demonstrar sua confiança nas capacidades dos colaboradores e pares.

6. Fazer perguntas; parar de dar respostas.

ANIME OS CORAÇÕES

PRÁTICA 5

ANIME OS CORAÇÕES

- Reconheça as contribuições, demonstrando apreço pela excelência individual.

- Celebre os valores e as vitórias, criando o espírito da comunidade.

CAPÍTULO 11

Reconheça as Contribuições

ANITA LIM, GERENTE de RH e Operações da Wavefront, diz que experimentou em primeira mão o impacto de um líder positivo em sua produtividade e satisfação. Ela também experimentou o quão exaustivo e miserável pode ser um ambiente sob a orientação de uma pessoa que não apoia aqueles que gerencia. Essa amplitude de experiências a tornou sensível para a importância de reconhecer e valorizar as pessoas, de modo que todas fiquem nos bastidores fazendo com que a organização alcance níveis mais altos.

Quando trabalhava em uma varejista têxtil de luxo, Anita nos disse, o gerente da loja "governava instilando medo nos membros da equipe, ameaçando nossos empregos se não atingíssemos as metas".

> Seu humor mudava diariamente, e foi particularmente pior quando tínhamos um desempenho abaixo do ideal no dia anterior.

Ela esperava que fôssemos a seu escritório todas as manhãs quando chegássemos e parássemos novamente antes de sairmos, para que pudesse acompanhar as horas que trabalhamos todos os dias. Esperava que respondêssemos a perguntas específicas, como "Quantas unidades do item x vendemos semana passada?" sem ter a oportunidade de fazer relatórios. Quando os negócios ficavam difíceis, ela deixava bem claro o quanto estava desapontada conosco e que precisávamos nos dedicar mais. Quando alcançávamos resultados, no entanto, recebíamos nada mais do que um sorriso amarelo, e nos dizia para fazer o mesmo no dia seguinte.

Em um mês, Anita conseguiu um aumento de vendas de dois dígitos em seu departamento, um evento raro para a loja. "Não recebi reconhecimento público por essa conquista", disse-nos ela, "nem meu gerente de loja nunca me parabenizou diretamente". Em vez disso, a gerente escreveu uma carta de agradecimento superficial e a deixou na caixa de correio de Anita. Na vez seguinte em que Anita falou com ela, não houve menção a sua realização. "Voltei ao trabalho, como sempre", disse Anita. "Isso colocou uma sombra na minha conquista e não me senti particularmente motivada a superar as expectativas de desempenho pela segunda vez. A abordagem dessa gerente desestimulou toda a equipe e resultou em uma taxa de rotatividade extremamente alta." Por fim, Anita decidiu que não podia mais tolerar o comportamento temperamental e distante da gerente e foi para outra empresa.

Compare essa experiência com a próxima de Anita, trabalhando como gerente de loja de uma cadeia nacional de cafeteria.

A nova chefe foi uma reviravolta completa em relação à anterior. Ela era calorosa, acolhedora e encorajava todos os membros da equipe. Acreditava que todos tínhamos potencial para fazer grandes

coisas e sempre esperava o melhor de nós. Ela
se certificava de reservar um tempo para sentar
conosco e nos orientar em relação a oportunidades
e fraquezas de negócios, para que pudéssemos lidar
melhor com os problemas em questão. Ela sabia o
que era estar no nosso lugar e entendia os desafios
que enfrentávamos diariamente.

Em vez de repreender a equipe quando eles
tinham resultados abaixo da média, a gerente
distrital oferecia métodos que havia usado no
passado para ajudar a superar os obstáculos.
Ela visitava os gerentes regularmente em suas
respectivas lojas e passava o dia inteiro com
eles, trabalhando ao lado dos lojistas em áreas
em que precisavam de ajuda adicional, ficando
"pessoalmente envolvida". Quando uma loja tinha
uma semana com ótimos resultados, ela aparecia
para parabenizar a equipe pessoalmente. Se não
pudesse fazer a viagem, ligava para dizer à equipe
como estava orgulhosa.

"Na nossa reunião de gerentes trimestrais", disse-nos Anita, "ela entregava
prêmios para os gerentes de loja que provassem ter superado suas metas".

Ela não baseou esses prêmios apenas em metas
de vendas — em vez disso, encontrou maneiras
de recompensar as pessoas por sair da caixa. Por
exemplo, houve prêmios para os que melhoraram, os
mais encorajadores e até mesmo os mais audaciosos.
Ao apresentar esses prêmios, ela os acompanhava
com um discurso personalizado para o destinatário
e destacava todas as conquistas que esse indivíduo
realizou em seu tempo com a empresa. Certa vez,
suas emoções chegaram ao extremo, e ela ficou com
os olhos marejados durante o discurso. Ver isso

me fez perceber o quanto ela se importava com os membros de sua equipe. Em vez de sentir inveja do meu colega de trabalho recebendo uma recompensa quando não recebi, fiquei feliz por fazer parte de uma equipe de alto calibre.

Como a gerente distrital criou um espírito de comunidade, Anita e seus colegas gerentes de loja estavam altamente motivados a fazer o melhor que podiam. Anita resumiu sua experiência assim: "Estar sob a liderança de um indivíduo que encontrou maneiras de se conectar pessoalmente com todos os membros de sua equipe me fez perceber o quanto você pode realizar como uma equipe quando está cercado de positividade e encorajamento a cada passo do caminho."

Como a gerente distrital de Anita, os líderes exemplares sabem como é importante se conectar com as pessoas ao redor, não desvalorizar ninguém e apreciar as pessoas tanto por quem são quanto pelo que fazem. Todos os líderes exemplares assumem o compromisso de *reconhecer as contribuições*. Eles fazem isso porque as pessoas precisam de encorajamento para funcionar melhor e continuar a persistir com o tempo, quando as horas são longas, o trabalho é difícil e a tarefa é assustadora. Atingir a linha de chegada de qualquer jornada exigente requer energia e comprometimento. As pessoas precisam de combustível emocional para reabastecer seus espíritos.

Para reconhecer as contribuições, você precisa utilizar estes dois elementos essenciais:

▶ *Espere o melhor*

▶ *Personalize o reconhecimento*

Ao colocar esses princípios essenciais em prática, você eleva o espírito das pessoas e desperta seu impulso interior para se esforçar. Você estimula seus esforços para alcançar níveis mais elevados de desempenho e aspirar a ser fiel às visões e valores da organização. Você ajuda as pessoas a encontrar coragem para fazer coisas que nunca fizeram antes.

Espere o Melhor

A crença nas habilidades das pessoas é essencial para fazer acontecer. Líderes exemplares obtêm alto desempenho porque acreditam firmemente nas habilidades de seus colaboradores para alcançar até mesmo os objetivos mais desafiadores. Isso porque as expectativas positivas influenciam profundamente não apenas as aspirações dos seus colaboradores; mas também, muitas vezes inconscientemente, como você se comporta em relação a eles. Você transmite suas crenças sobre as pessoas de maneiras que nem percebe. Emite dicas que dizem às pessoas "Sei que você pode fazer isso" ou "Não há como você conseguir". Não é possível alcançar o mais alto nível de desempenho até deixar as pessoas saberem com palavras e ações que você está confiante de que elas podem alcançá-lo.

Psicólogos sociais referem-se a isso como o "Efeito Pigmaleão", do mito grego de Pigmaleão, um escultor que esculpiu a estátua de uma linda mulher, apaixonou-se por ela e apelou à deusa Afrodite para lhe trazer à vida. Afrodite ouviu suas orações. Líderes desempenham papéis semelhantes ao de Pigmaleão no desenvolvimento de seus colaboradores. Peça às pessoas para descrever os melhores líderes que já tiveram, e elas sempre comentarão sobre as pessoas que trouxeram seu melhor à tona. Pesquisas sobre profecias autorrealizáveis fornecem ampla evidência de que as pessoas agem de maneira consistente com as expectativas dos outros.[1] Quando você espera que as pessoas falhem, elas provavelmente irão falhar. Se você espera que tenham sucesso, provavelmente terão. Como Sumaya Shakir, diretora de estratégia de TI da Amtrak, explicou em sua Experiência de Superação em Liderança: "Confiei nas habilidades da equipe. Eu sabia que eles eram capazes de atender às expectativas, e os conscientizei desse alto nível de confiança. Minha crença neles acabou se transformando em sua crença em si mesmos de serem capazes de alcançar coisas extraordinárias."

Líderes exemplares trazem outros à vida. Eles extraem o melhor de seus colaboradores e, se o potencial existe dentro de alguém, eles sempre encontram uma maneira de liberá-lo. Esses líderes melhoram drasticamente o desempenho dos outros porque se importam profundamente com eles e têm uma fé permanente em suas capacidades. Eles alimentam, apoiam e encorajam pessoas nas quais acreditam. Em uma série de estudos, psicólogos mostraram que, ao começar com a afirmação: "Estou lhe falando isso porque tenho expectativas muito altas e sei que você pode alcançá-las", o feedback que forneceram provou ser 40% mais efetivo na subsequente mudança de comportamentos direcionados.[2]

Os níveis de motivação, comprometimento, espírito de equipe e produtividade relatados pelos subordinados diretos se correlacionam significativamente com a medida em que seus líderes fazem questão de mostrar às pessoas como estão confiantes em suas habilidades. O que acontece, como mostra a Figura 11.1, em decorrência do grau em que os subordinados diretos confiam em seu líder se relaciona diretamente com a frequência com que observam o indivíduo compartilhando sua confiança nas habilidades das pessoas.

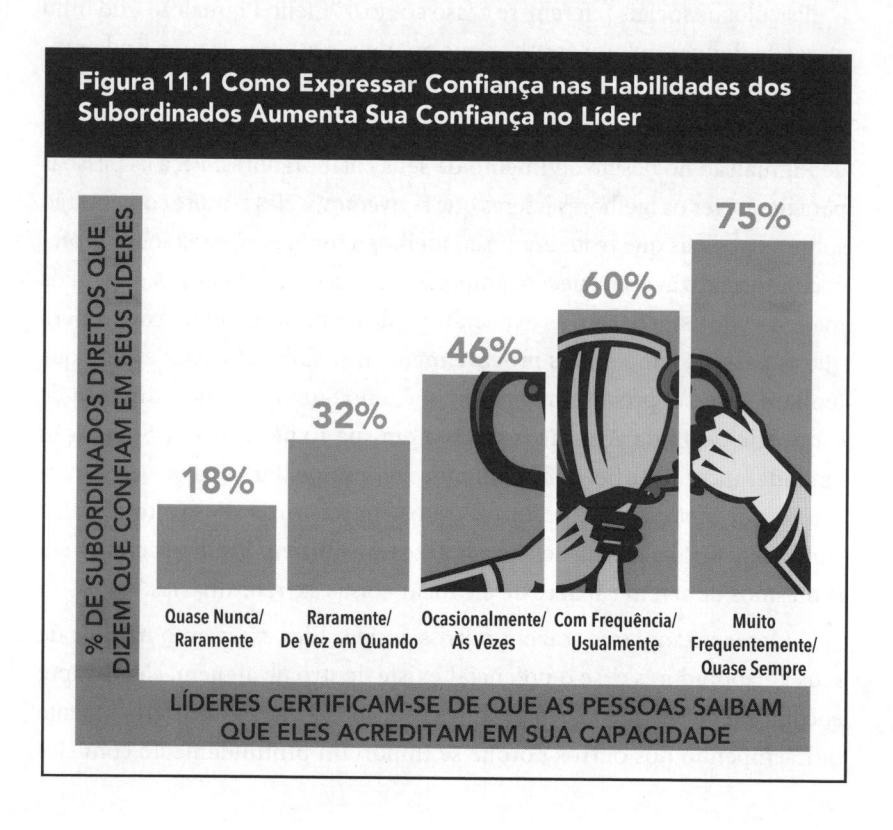

Figura 11.1 Como Expressar Confiança nas Habilidades dos Subordinados Aumenta Sua Confiança no Líder

% DE SUBORDINADOS DIRETOS QUE DIZEM QUE CONFIAM EM SEUS LÍDERES

75%

60%

46%

32%

18%

Quase Nunca/ Raramente | Raramente/ De Vez em Quando | Ocasionalmente/ Às Vezes | Com Frequência/ Usualmente | Muito Frequentemente/ Quase Sempre

LÍDERES CERTIFICAM-SE DE QUE AS PESSOAS SAIBAM QUE ELES ACREDITAM EM SUA CAPACIDADE

Mostre-lhes que Você Acredita   As expectativas positivas dos líderes não são superficiais.[3] Não significam apenas manter uma perspectiva positiva ou deixar os outros empolgados. As expectativas que você tem como líder fornecem a estrutura na qual as pessoas se encaixam em suas realidades. Moldam a maneira como você se comporta em relação aos outros e como eles se comportam a respeito de uma tarefa. Talvez você não consiga transformar uma estátua de mármore em uma pessoa real, mas pode extrair o maior potencial de seus seguidores.

Quando Barbara Wang se juntou a uma das maiores organizações em ascensão do setor social da China, as crenças e ações de seu líder a ajudaram a acreditar em si mesma. Poucos meses depois de ingressar na empresa, o gerente de Barbara atribuiu-lhe a responsabilidade pelo plano de negócios da organização, e ela nos disse: "Isso me assustou, porque eu vinha de um ambiente totalmente diferente, tendo trabalhado anteriormente em TI como analista de programa." Quando ela contou ao gerente que essa responsabilidade a deixava nervosa, ele disse que observara o modo como ela trabalhava nos últimos meses e que, se tivesse alguma dúvida, não lhe teria designado o projeto. "Sua crença em minhas habilidades e talentos foi o que me fez acreditar que eu poderia lidar com o projeto por conta própria, me fez psicologicamente mais forte e me motivou a seguir em frente com uma atitude positiva. Ele tirou o melhor de mim, esperando o melhor e me mostrando essa crença. Ele acreditava que eu já era uma vencedora."

O gerente agia em relação a Barbara como se ela fosse uma vencedora. Por exemplo, sempre que tinha algum pequeno problema ou dúvida, seu gerente era solidário e tranquilizador, respondendo suas perguntas e identificando métodos de melhoria. "Isso me fez sentir respeitada", disse-nos ela, e "me encorajou a fazer melhor, em vez de me aborrecer com o fato de que meu trabalho não estava à altura dos padrões que ele esperava".

Acreditar nos outros é uma força extraordinariamente poderosa na propulsão de um melhor desempenho. Se você quer que seus seguidores tenham uma atitude vitoriosa, precisa fazer o que o líder de Barbara fez: mostrar que você acredita que seus seguidores já são vencedores. Não é dar entender que serão vencedores algum dia; mas que o são agora! Quando acredita que as pessoas são vencedoras, você se comporta de maneiras que lhes comunicam que elas são exatamente isso — não apenas com suas palavras, mas também através do tom de voz, postura, gestos e expressões faciais. Não gritar, franzir a testa, ludibriar, tirar sarro, ou expô-las na frente dos outros. Em vez disso, significa ser amigável, positivo, solidário e encorajador. Ofereça reforço positivo, compartilhe muitas informações, ouça profundamente sua opinião, forneça recursos suficientes para realizar seu trabalho, atribua tarefas cada vez mais desafiadoras e dê seu apoio e assistência.

"Uso três centavos para me ajudar a praticar o incentivo", diz Ravi Gandhi, diretor financeiro da United Auto Credit Corporation.[4] Quando ele chega ao trabalho, coloca três centavos do lado esquerdo do computador e, durante o dia, diz: "Procuro oportunidades para reconhecer, agradecer e incentivar o bom trabalho que as pessoas ao meu redor estão fazendo." Depois de encorajar alguém, ele move um centavo do lado esquerdo do computador para o direito. Quando não está em sua mesa, ele coloca as moedas no bolso esquerdo e as move para o bolso direito enquanto incentiva as pessoas durante o dia. Esse pequeno lembrete, explica Ravi, "me mantém consciente do fato de que vivemos em um mundo no qual falta incentivo — estou apenas tentando fazer minha pequena parte para consertar isso — pelo menos com minha equipe de trabalho". Se Ravi chega ao final do dia com moedas no bolso esquerdo, liga para seus filhos e amigos no caminho de casa e lhes oferece algum incentivo!

Coloque-se nesta situação: se soubesse que alguém o iria avaliar, como você se comportaria? A sabedoria convencional sustenta que, assim que identificam o chefe, as pessoas demonstram seu melhor comportamento. Errado. Elas podem ter um comportamento diferente, mas normalmente não é seu melhor. Na verdade, pode ser o pior, porque ficam nervosas e tensas. Além disso, quando você sabe que as pessoas estão procurando problemas, é mais provável que os esconda do que os revele. As pessoas que trabalham para gerentes altamente controladores são mais propensas a guardar informações para si mesmas, ocultar a verdade e ser desonestas sobre o que está acontecendo. De modo contraintuitivo, como assinalamos no Capítulo 8, quando muitos erros são relatados nas organizações pode ser simplesmente porque as pessoas se sentem seguras para compartilhar problemas e obstáculos, obter a assistência necessária para resolvê-los e seguir adiante continuamente.

É um círculo virtuoso: você acredita nas habilidades de seus colaboradores; suas expectativas favoráveis fazem com que seja mais positivo em suas ações; e esses comportamentos encorajadores produzem melhores resultados, reforçando sua crença de que as pessoas são capazes. Outro círculo virtuoso começa quando as pessoas veem que são capazes de ter um desempenho extraordinário, então desenvolvem essa expectativa a respeito de si mesmas.

Seja Claro sobre Objetivos e Regras   Expectativas positivas são necessárias para gerar um alto desempenho, mas esse nível de desempenho não é sustentável, a menos que as pessoas tenham clareza sobre as regras básicas e os resultados esperados.[5] Quando você era criança, talvez tenha lido o livro de Lewis Carroll, *Alice no País das Maravilhas.* Você se lembra do jogo de críquete? Os flamingos eram os tacos; os soldados de cartas, os wickets e os ouriços, as bolas. Todos se moviam e as regras mudavam o tempo todo. Não havia como saber jogar o jogo ou o que era preciso para vencer. Você não precisa cair no buraco do coelho para saber como Alice se sentia.

Adam Harmon, M.D., é um cirurgião cardíaco que mostra que espera o melhor das pessoas por ser claro sobre objetivos e expectativas.[6] Ele reserva um tempo para conhecer pessoalmente seus pacientes e suas famílias, e explica o que eles podem esperar no que é, com frequência, uma experiência cirúrgica traumática. Ele faz o mesmo com sua equipe cardíaca. Espera o melhor deles, e demonstra da forma que um membro descreveu como "seu hábito de elogiar membros excepcionais da equipe, [o que] cria uma atmosfera em que todos melhoram seu desempenho, buscando ser o próximo a receber seu reconhecimento gracioso".

Para qualquer membro da equipe que não atua com altos padrões, Adam descreve claramente o que precisa fazer para melhorar. Ele leva isso um passo adiante, por exemplo, dizendo também ao membro que acabou de treinar: "Sei que você pode fazer isso porque você já o fez antes!" Ele assegura aos membros da equipe que podem fazer o trabalho e conecta seu desempenho ao resultado para o paciente, permitindo que os membros da equipe desenvolvam um vínculo emocional com seu trabalho. Ele constantemente concentra sua atenção no objetivo principal: "Quanto melhor fizermos, melhor o resultado para o paciente", diz ele à equipe. "Ele nos mostra como ser o melhor que podemos", disse um membro, "e adoramos trabalhar sob sua liderança".

Acreditar que as pessoas podem ter sucesso é apenas parte da equação. Se você quer que elas deem tudo de si, que coloquem seus corações e mentes em seu trabalho, você também deve certificar-se de que saibam o que devem fazer. Precisa esclarecer quais são os resultados esperados e que existem algumas normas consistentes sobre como o jogo é jogado e os pontos, pontuados.

Metas e valores fornecem às pessoas um conjunto de padrões em que concentrar seus esforços. As metas geralmente são de curto prazo, enquanto os valores (ou princípios) são mais duradouros. Valores e princípios servem como base para os objetivos. São seus padrões de excelência, suas mais altas aspirações e definem a arena na qual você deve definir metas e métricas. Valores medeiam o caminho da ação. Os objetivos liberam a energia.

O estado ideal — no trabalho, esportes e na vida em geral — costuma ser chamado de "fluxo". "Experiências de fluxo", como descritas no Capítulo 10, são aqueles momentos em que você sente puro prazer e facilidade no que faz. Para experimentar o fluxo, é preciso ter metas claras. Os objetivos o ajudam a se concentrar e evitar distrações. Objetivos dão às suas ações intenção e significado; eles oferecem um propósito para fazer o que faz. A ação sem objetivos, pelo menos em um contexto organizacional, é apenas um trabalho ocupado. É um desperdício de tempo e energia preciosos.

Mas o que as metas têm a ver com reconhecimento? O que têm a ver com Animar os Corações? Objetivos dão contexto de reconhecimento. Dão às pessoas algo pelo que lutar, algo importante para alcançar — por exemplo, chegar primeiro, quebrar um recorde, estabelecer um novo padrão de excelência. Os objetivos aumentam o significado do reconhecimento porque ele é o objetivo para algo que uma pessoa faz ou exemplifica. Embora seja vital afirmar o valor de cada um de seus colaboradores, o reconhecimento é mais significativo quando você recompensa comportamentos apropriados e realiza algo que todos sabem ser altamente desejável.

Os objetivos concentram a atenção das pessoas em valores e padrões comuns. Eles ajudam as pessoas a manter os olhos na visão. Ajudam a mantê-las no caminho certo. As metas permitem que as pessoas escolham os tipos de ações que precisam tomar, saibam quando estão progredindo e vejam quando precisam corrigir o curso. Eles ajudam as pessoas a colocar o telefone no modo não perturbe, organizar seu tempo de forma adequada e concentrar sua atenção no que é mais importante.

O estabelecimento de metas também confere confiança à pessoa. Quer você perceba ou não, os objetivos atuam no que as pessoas pensam sobre si mesmas. Como o professor da Universidade de Claremont, Mihaly Csikszentmihalyi, aponta: "São os objetivos que perseguimos que moldarão e determinarão o tipo de eu que devemos nos tornar... Sem um conjunto consistente de metas, é difícil desenvolver um eu coerente."[7]

Compartilhe e Busque Feedback   As pessoas precisam saber se estão progredindo em direção ao objetivo ou simplesmente perdendo tempo. Sua motivação para realizar uma tarefa aumenta somente quando têm um objetivo desafiador *e* recebem feedback sobre seu progresso.[8] Objetivos sem feedback, ou feedback sem objetivos, têm pouco efeito sobre a motivação e disposição das pessoas para colocar um esforço arbitrário na tarefa. Um estudo global, com mais de 1.000 organizações em mais de 150 países, descobriu que mais de um terço de todos os funcionários tinham que esperar mais de três meses para obter feedback de seu gerente; quase dois terços gostariam de receber mais feedback de seus colegas.[9]

Enquanto gerente sênior da WL Butler Construction, Eddie Tai era responsável pelo recrutamento, treinamento, desenvolvimento de carreira, promoção e retenção de engenheiros de projeto e estagiários. Eddie ressalta que "dar feedback regular ajuda as pessoas a se autocorrigir e entender seu respectivo papel no quadro maior. Definir metas sem feedback sobre conquistas e desempenho em relação a essas metas é algo tristemente incompleto". E o que seus seguidores dizem sobre isso? Um deles nos disse: "Receber feedback é a coisa mais importante no meu crescimento, porque, sem saber onde estou, como posso planejar para onde preciso ir?" Ela continuou: "Também gosto de receber feedback quando cometo um erro porque o anoto e tento melhorar para a próxima vez. Sem cometer erros, é difícil aprender e, sem um colega que aponte seus erros, eles podem às vezes ser negligenciados e não corrigidos."

O feedback está no centro de qualquer processo de aprendizagem. Por exemplo, considere o que acontece com a autoconfiança sem feedback. Em um estudo, pesquisadores disseram às pessoas que seus esforços seriam comparados com o quão bem centenas de outras pessoas foram na mesma tarefa. Subsequentemente receberam elogios, críticas ou nenhum feedback sobre seu desempenho. Aqueles que não ouviram nada sobre como foram sofreram um golpe em sua autoconfiança tanto quanto os criticados. Somente aqueles que receberam feedback positivo melhoraram seu desempenho.[10] Não dizer nada sobre o desempenho de uma pessoa não ajuda ninguém — nem quem executa, nem o líder, nem a organização. As pessoas têm fome de feedback. Elas preferem saber como estão se saindo, e não receber notícia alguma tem o mesmo impacto negativo que uma ruim. Na verdade, as pessoas realmente prefeririam ouvir más notícias em vez de nenhuma. Como disse um dos membros do Eddie Tai: "Receber feedback lapida as habilidades das pessoas. Acredito que quanto mais você souber sobre seu desempenho e como está indo, melhor. Isso me permite saber em que preciso me concentrar."

A aprendizagem não acontece sem feedback — é a única maneira de você saber se está chegando perto de seu objetivo e o executando corretamente. O feedback pode ser embaraçoso, até doloroso. Embora a maioria das pessoas perceba racionalmente que o feedback é um componente necessário da autorreflexão e do crescimento, muitas vezes relutam em se abrir para ele. Elas querem mais parecer boas do que realmente melhorar! Pesquisadores ressaltam consistentemente que o desenvolvimento de expertise ou domínio requer um feedback construtivo, mesmo crítico.[11]

A esse respeito, Adam Grant, professor da Wharton, sugere "parar de servir o sanduíche de feedback", uma técnica tradicional de dar feedback, em que você coloca uma fatia de elogio nas partes superior e inferior, e insere a crítica como recheio. Os dados, argumenta ele, mostram que o "sanduíche de feedback não tem um gosto tão bom quanto parece", e ele oferece várias sugestões para torná-lo mais construtivo. Primeiro, explique por que você está dando o feedback. As pessoas estão mais abertas a críticas quando acreditam que têm a intenção de ajudá-las e mostram que se importam pessoalmente. Em segundo lugar, como o feedback negativo pode fazer as pessoas se sentirem inferiores, ele recomenda nivelar o campo de jogo ao compartilhar como o feedback foi útil em sua carreira. Terceiro, pergunte se a pessoa quer feedback, porque, uma vez que se apropriar dessa decisão, será menos defensiva com relação ao que você tem a oferecer.[12] O feedback estruturado dessa maneira ajuda muito a transformar o feedback em orientação, que é o que a maioria das pessoas deseja.[13]

O feedback e a orientação são vitais para todo sistema autocorretivo e essenciais para o crescimento e desenvolvimento dos líderes. No entanto, descobrimos em nossa pesquisa que buscar feedback não é tão fácil para os líderes. No *Leadership Practices Inventory* — nossa ferramenta de avaliação de liderança completa — a afirmativa na qual os líderes relatam envolvimento com menos frequência é "pedir feedback sobre como minhas ações afetam o desempenho de outras pessoas". Em outras palavras, o comportamento que os líderes e seus colaboradores consideram ser o mais desconfortável é o que mais permite que os líderes saibam como estão indo! Como você pode aprender muito se não estiver disposto a descobrir mais sobre como suas ações afetam o comportamento e o desempenho das pessoas ao redor? A resposta curta é "você não pode". É seu trabalho como líder continuar perguntando aos outros: "Como estou indo?" Se você não perguntar, provavelmente não lhe dirão.

A abertura para o feedback, especialmente o negativo, é característica dos melhores alunos, e é algo que todos os líderes, especialmente os aspirantes, precisam cultivar. Permanecendo aberta ao feedback, Hilary Hall, diretora de marketing estratégico e tecnologia da Cargill, disse-nos que essa foi a lição fundamental de sua Experiência de Superação em Liderança. "Pode ser uma experiência sofrível e embaraçosa", disse ela, "admitir que há partes de nós que não são lisonjeiras, mas é um componente necessário de autorreflexão e crescimento". Ela percebeu como "tornar-se um grande líder requer prática e disposição para se ver com um olhar crítico".

Quando os líderes fornecem um claro senso de direção e feedback ao longo do caminho, encorajam as pessoas a entrar e fazer o melhor possível. As informações sobre metas e o progresso em direção a elas influenciam fortemente as habilidades das pessoas de aprender e alcançar, e também se aplicam aos próprios líderes.[14] O encorajamento é mais pessoal e positivo do que outras formas de feedback, e é mais provável que ele realize algo que outras formas não conseguem: fortalecer a confiança entre os líderes e seus colaboradores. Incentivo, nesse sentido, é a forma mais alta de feedback.

Personalize o Reconhecimento

Uma das queixas mais comuns sobre o reconhecimento é que muitas vezes é altamente previsível, corriqueiro e impessoal. Uma abordagem única para o reconhecimento parece falsa, forçada e impensada. O reconhecimento burocrático e rotineiro, junto com a maioria dos sistemas de incentivo, não deixa ninguém muito empolgado. Com o tempo, ele pode até aumentar o cinismo e prejudicar a credibilidade. Além disso, as declarações generalizadas de encorajamento não geram um efeito significativo porque ninguém está muito certo sobre a quem os comentários são direcionados ou para quais ações específicas.

Nathalie McNeil, diretora de RH na Austrália para a Novartis, afirma que personalizar o reconhecimento é precisamente o que o torna genuíno. Essa genuinidade vem de realmente conhecer pessoas em um nível pessoal e sinceramente se importar com elas. "Se não consegue reconhecer algo específico", diz ela, "você não está prestando atenção. E bons líderes prestam atenção. Eles conhecem seu povo. Quando você realmente conhece alguém, não apenas reconhece-o pelas coisas que fez, mas também o faz de uma maneira que ele valoriza, porque é relevante para as coisas com as quais ele se importa". Na Yum! Brands, a maior empresa de restaurantes do mundo em termos de unidades, exige-se que cada prêmio de reconhecimento seja pessoal — ele deve conter uma mensagem manuscrita.[15]

Para ser capaz de fornecer o tipo apropriado de reconhecimento, os líderes precisam aprender sobre as motivações de cada colaborador. Luis Zavaleta, gerente corporativo do Wells Fargo, lembra-se de um gerente para quem ele trabalhava que simplesmente não estava interessado em conhecer as pessoas de sua equipe. Como resultado, Luis explicou, aquele gerente dependia exclusivamente de meios financeiros para o encorajamento, o que teve o efeito oposto do que ele, sem dúvida, pretendia.

> A maioria dos membros da equipe viu a recompensa financeira que recebemos de nosso gerente com indiferença. Receberíamos bônus anônimos anexados aos nossos contracheques, sem qualquer aviso ou conhecimento de onde vieram ou de qual foi a razão por trás da recompensa. A falta de reconhecimento imediato pelo nosso trabalho deixou as pessoas insatisfeitas com a administração. A falta de feedback tornou a maioria dos membros incapaz de determinar se fazia um bom trabalho, o que diminuiu ainda mais o moral e a produtividade.

Como o gerente não estava interessado em aprender sobre as metas ou necessidades de seus seguidores, Luis nos disse: "Essa falta de cuidado levou a uma diminuição nos níveis de satisfação e permanência."

Quando as pessoas nos falam sobre seu "reconhecimento mais significativo", relatam consistentemente que ele foi *pessoal*. Elas dizem que isso é especial. Você ganha muito mais emoção quando faz reconhecimentos e fornece recompensas pessoais. É por isso que é tão importante que os líderes prestem atenção ao que cada indivíduo gosta e não gosta. Alexey Astafev, vice-diretor do Departamento de Cooperação Internacional da Russian Railways, observou: "Para incentivar as pessoas a fazer o melhor possível, você deve ser capaz de reconhecer suas conquistas e fazê-las sentirem-se confiáveis e valorizadas. Tem que ser pessoal, preciso e visível. Mesmo que seja uma grande recompensa, se você não convencer — ou acertar — será brevemente esquecido sem alcançar o propósito de conseguir o melhor das pessoas." Doug Conant, enquanto trabalhava para melhorar drasticamente o desempenho da Campbell Soup Company, gastava até uma hora por dia escaneando seus e-mails e a intranet da empresa em busca de notícias de funcionários que "faziam a diferença". Ele estima que tenha escrito pelo menos dez notas por dia, mais de 30 mil notas para funcionários em todos os níveis, durante seu mandato de dez anos como CEO. Ele diz: "Eu me certifiquei de que as anotações fossem um passo além das saudações gratuitas e estivessem focadas em celebrar as contribuições."[16]

Conheça os Colaboradores Como uma das treinadoras da equipe de desenvolvimento do time feminino associado ao San Jose Earthquakes, Major League Soccer, Stephanie Sorg reconheceu que muitas de suas ações eram "sem querer, insignificantes e repetitivas, e, como resultado, minhas jogadoras não se sentiam apreciadas ou completamente motivadas". Ela nos disse: "Eu precisava priorizar a chama individual de cada pessoa para promover uma atmosfera saudável que estimulasse a melhoria."

Stephanie começou a prestar mais atenção às necessidades das jogadores e menos aos fundamentos do jogo, dedicando mais tempo para reconhecer seus esforços e se encontrar com cada indivíduo, para expressar sua satisfação a respeito de sua dedicação. Ela teve que se aproximar das jogadoras para que pudesse comentar sobre coisas específicas que faziam, bem como expressar genuinamente seu compromisso e interesse por elas. Por exemplo, Stephanie fez um esforço especial para chamar uma das jogadoras após uma simulação e comentar seus esforços exemplares.

> Observei como era óbvio que ela abraçou completamente o exercício do treino e apontou as decisões táticas que fez que a ajudaram a concluir a tarefa com o melhor de sua capacidade. Além de me encontrar com essa jogadora, eu também me esforçava para parar os treinos quando o grupo fizesse uma excelente jogada para apontar as colegas específicas que possibilitaram o sucesso. Depois de alguns treinos e jogos, comecei a notar uma diferença na forma como algumas jogadoras me olhavam e interagiam comigo. Quando ofereci feedback, vi as meninas darem toda sua atenção para mim e até mesmo forneceram feedback visual sobre terem entendido e apreciado minhas considerações.

Como a história de Stephanie ilustra, para tornar o reconhecimento pessoalmente significativo, primeiro você precisa conhecer seus seguidores. Se for personalizar o reconhecimento para fazer com que ele se sinta genuinamente especial, você terá que olhar além dos diagramas e papéis organizacionais em que as pessoas atuam e ver a pessoa dentro deles. Você precisa conhecer quem são seus colaboradores, como se sentem e o que pensam. Precisa andar repetidamente pelos corredores e andares das fábricas, reunir-se regularmente com pequenos grupos e, muitas vezes, pegar a estrada para visitas a associados, fornecedores-chave e clientes. Prestar atenção, personalizar o reconhecimento e valorizar de maneira criativa e ativa os outros aumenta sua confiança em você. Esse tipo de relacionamento é ainda mais crítico, pois as forças de trabalho estão se tornando cada vez mais globais e diversificadas. Se os outros souberem que você realmente se importa com eles, é mais provável que se importem com você. Mostrar que se importa é uma maneira importante de superar as diferenças culturais.

Como a proximidade é o melhor prognóstico para saber se duas pessoas vão falar uma com a outra, você tem que se aproximar das pessoas para descobrir o que as motiva, do que gostam e não gostam, e que tipos de reconhecimento apreciam muito. Ainda assim, o mito gerencial diz que os líderes não devem se aproximar demais de seus seguidores, que não podem ser amigos das pessoas no trabalho.[17] Vamos deixar esse mito de lado.

Durante um período de cinco anos, os pesquisadores observaram grupos de amigos e conhecidos (pessoas que se conheciam apenas vagamente) realizarem tarefas de habilidades motoras e tomada de decisão. Os resultados foram inequívocos. Os grupos compostos por amigos completaram, em média, mais de três vezes mais projetos do que os formados por conhecidos. Quanto às tarefas de tomada de decisão, grupos de amigos foram 20% mais eficazes do que de conhecidos.[18] Há uma advertência importante, no entanto. Os amigos devem estar fortemente comprometidos com os objetivos do grupo. Se não, podem não fazer o melhor. É precisamente por isso que dissemos anteriormente que é necessário que os líderes sejam claros sobre os padrões e criem uma condição de objetivos e valores comuns. Quando se trata de desempenho, o compromisso com os padrões e as boas relações entre as pessoas caminham juntos. Além disso, os funcionários que relatam ter um relacionamento amigável com seu gerente estão duas vezes e meia mais satisfeitos com seu trabalho.[19] As pessoas estão mais dispostas a seguir alguém que sentem que sabem quem são e do que precisam. Sentir uma conexão com os outros motiva as pessoas a se esforçarem mais pela simples razão de que elas não gostam de desapontar ou decepcionar indivíduos que consideram amigos. As pessoas também permanecem por mais tempo em suas empresas quando sentem que têm amigos no ambiente de trabalho.

Seja Criativo sobre Incentivos Você não pode ser um disco arranhado quando se trata de reconhecer e apreciar os outros, elogiando as pessoas da mesma forma repetidas vezes. Certificar-se de reconhecer as pessoas criativamente por suas contribuições é essencial para as avaliações de eficácia dos líderes e para o modo como as pessoas se sentem em relação ao local de trabalho. Por exemplo, menos de 8% dos relatórios diretos concorda fortemente que seus líderes são eficazes quando *quase nunca* se certificam de que as pessoas são reconhecidas de forma criativa. Compare essa porcentagem com os mais de 82% que classificam seu líder como efetivo quando observam o envolvimento individual *quase sempre* com esse comportamento de liderança. Os níveis de comprometimento e motivação são mais de duas vezes maiores entre os subordinados nos dois extremos do *continuum* sobre esse comportamento de liderança.

Donna Wilson mostrou criatividade em seus esforços para personalizar o reconhecimento. Como vice-presidente e gerente-geral da estação KJRH, afiliada da NBC em Tulsa, Oklahoma, ela concluiu que, se pegasse US$300 do próprio dinheiro e gastasse em esforços de reconhecimento, provavelmente não tocaria tantas pessoas. Em vez disso, ela dividiu esse dinheiro entre 15 pessoas e pediu *a elas* para gastá-lo ao longo de um mês para animar os corações dos outros.[20]

Donna acreditava que isso seria muito divertido — e, com certeza, era. Alguns davam cartões pré-pagos de combustível aos fotógrafos (para aliviar o fardo do aumento nos preços), compravam cartões do iTunes para o pessoal de TI (com uma música que tivesse a ver com a pessoa, em vez de algo genérico) ou levavam alguém para almoçar. Alguns davam lembranças incomuns a pessoas de fora do departamento. Um exemplo foi o prêmio "Big Fish" — um peixe gigante de plástico pendurado no cubículo do "agente principal" de vendas a cada mês. Foi criativo, divertido e um caminho para o reconhecimento durar muito tempo após o mês ter passado.

Como a experiência de Donna ressalta, os líderes não precisam depender exclusivamente do sistema formal de recompensas da organização, que oferece apenas um leque limitado de opções. Afinal, promoções e aumentos são recursos escassos. Não cometa o erro de assumir que os indivíduos respondem apenas ao dinheiro. Embora os aumentos salariais e os bônus sejam certamente valorizados, as necessidades individuais de apreciação e recompensas vão além do dinheiro. Recompensas espontâneas e inesperadas são geralmente mais significativas do que as previsíveis e formais.

As recompensas são mais eficazes quando são altamente específicas e dadas logo após o comportamento apropriado. Uma das consequências mais importantes de ser um líder é que você pode observar pessoalmente as pessoas fazendo as coisas certas e depois recompensá-las no local ou na próxima reunião pública. "A forma de reconhecimento que tem a influência mais positiva, e que deve ser usada com mais frequência, é o reconhecimento imediato", afirma Sonia Clark, diretora de recursos humanos do Oportun. "Quando algo realmente fantástico acontece, comento imediatamente, para qualquer um que esteja perto ouvir."

Biswajit Sahoo, gerente de análise do Walmart Global eCommerce, admite que foi inicialmente escolhido para elogiar um membro da equipe, supondo que isso o tornaria complacente. Ele disse que muitas vezes esperou até a conclusão de uma tarefa antes de fornecer qualquer feedback positivo. Tendo refletido sobre o impacto de receber encorajamento positivo por si mesmo, Biswajit agora afirma que passa adiante "instantaneamente o feedback sobre um trabalho bem-feito. Percebo que mesmo pouca apreciação positiva dada imediatamente tem muito mais significado do que dar esse feedback em um momento posterior. Nas reuniões de status semanais de nossa equipe, aproveito a oportunidade para reconhecer o bom trabalho realizado por qualquer integrante. Isso também incentiva outros membros da equipe a reconhecerem o trabalho uns dos outros abertamente". Em muitas organizações, o intervalo de tempo entre o desempenho e o reconhecimento costuma ser muito longo para ser significativo. É difícil lembrar muito o que você fez quando o feedback acontece muitos meses depois.

Embora seja verdade que o dinheiro pode fazer com que as pessoas realizem um trabalho, isso não as leva a fazê-lo de forma particularmente notável.[21] Suas opções também são bastante limitadas se você confiar exclusivamente no sistema de recompensas formal da organização. A verdade é que as pessoas respondem a todos os tipos de reconhecimento e recompensas informais, o que é a beleza de ser criativo e os personalizar. Vimos pessoas distribuindo girafas de pelúcia, cartazes de zebra com listras de arco-íris, canecas com fotos da equipe, maçãs de cristal, passeios de carros clássicos e centenas de outras manifestações criativas de apreciação. Vimos o reconhecimento feito verbal e não verbalmente, elaborada e modestamente. Não há limites para gentileza e consideração.[22]

É importante entender que o reconhecimento genuíno não precisa incluir nada tangível. Líderes exemplares fazem amplo uso de recompensas intrínsecas — embutidas no próprio trabalho, incluindo fatores como senso de realização, uma chance de ser criativo e o desafio do trabalho —, todas diretamente ligadas ao esforço de um indivíduo. Essas recompensas são muito mais importantes do que benefícios salariais e indiretos para melhorar satisfação no trabalho, comprometimento, retenção e desempenho.[23]

Tudo se resume em ser atencioso. As técnicas que você usa são menos importantes do que sua genuína expressão de cuidado. As pessoas apreciam saber que você tem os melhores interesses no coração, e estão mais preocupadas com o que estão fazendo como resultado. Quando você realmente se importa, até mesmo os menores gestos acarretam grandes recompensas.

Simplesmente Agradeça   Não há pessoas suficientes usando a mais poderosa, e barata, recompensa em uma única palavra: "Obrigado." Isto é, na verdade, precisamente o que encontraram no Sullivan and Cromwell, um dos mais antigos e respeitados escritórios de advocacia dos Estados Unidos. Durante anos, eles notaram que perdiam rotineiramente associados de alto valor do primeiro ano recrutados nas melhores faculdades de direito, então conduziram uma pesquisa para descobrir por quê. O que encontraram foi um choque: não foi por causa do dinheiro, das horas ou do trabalho. Foi porque os jovens advogados não se sentiram apreciados pelos parceiros. Consequentemente, a firma instituiu uma política muito simples: cada sócio era obrigado a dizer "Por favor" e "Obrigado" sempre que fazia um pedido. Em um ano, o desgaste foi revertido, e o Sullivan and Cromwell foi eleito o melhor escritório de advocacia para se trabalhar pela revista *American Lawyer*.[24] Pesquisas revelam que a clara maioria das pessoas (81%) indica que estaria mais disposta a trabalhar mais se tivesse um gerente apreciativo, e 70% relatam que se sentiriam melhor em relação a si mesmas e a seus esforços se o gerente agradecesse com mais regularidade.[25]

Na TFE Hotels, uma provedora líder de acomodações na Austrália, Nova Zelândia e Europa, a CEO Rachel Argaman é bastante enfática em dizer que "as pessoas querem fazer parte de um ambiente de trabalho encorajador, no qual o que fazem faz a diferença e é reconhecido".[26] Líderes, ela acredita, devem se certificar de que as pessoas vejam a diferença que elas fazem, e uma maneira, diz ela, é simples: "Agradecer as pessoas permite que saibam o que os líderes acham que são os principais gatilhos que impulsionam o desempenho." Por exemplo, Rachel escreve uma nota pessoal sobre a carta de bônus anual de cada pessoa, uma tarefa que leva mais de quatro dias inteiros. Para cada funcionário, ela faz referência a um evento, ação ou comportamento específico no qual tenha feito a diferença e, em seguida, escreve: "Estou dizendo obrigado." Ao descrever o que a manteve passando por uma situação particularmente difícil, uma associada da TFE disse que eram "as anotações pessoais manuscritas", que ela recebeu de Rachel, que a ajudaram a continuar. "Essas notas manuscritas foram o que me mantiveram aqui."

Há poucas necessidades básicas mais importantes do que ser notado, reconhecido e apreciado por seus esforços. Cumprimentos pessoais estão no topo dos mais poderosos motivadores não financeiros identificados pelos funcionários.[27] Realizações extraordinárias florescem mais prontamente em climas marcados com um alto volume de comentários apreciativos. Pesquisas mostram que o reconhecimento de desempenho afeta significativamente o engajamento dos funcionários a uma taxa de mais de dois para um. A mesma pesquisa constata que os funcionários que recebem forte reconhecimento são mais inovadores, gerando duas vezes o número de ideias por mês em comparação àqueles que recebem um reconhecimento fraco.[28]

Em nossos estudos, os subordinados diretos que classificaram seus líderes acima da média no comportamento de liderança relativo a "elogiar as pessoas por um trabalho bem-feito" mostraram-se significativamente mais orgulhosos, motivados e comprometidos com o sucesso da organização do que os subordinados diretos com classificação abaixo da média no mesmo comportamento. Pesquisadores descobriram que os membros das equipes de melhor desempenho fornecem de três até seis vezes o número de comentários positivos para cada negativo que fazem. Equipes de desempenho mediano têm em média duas vezes mais comentários positivos em relação aos negativos, mas a média para as equipes de baixo desempenho é quase três comentários *negativos* para cada positivo.[29]

Vale sempre a pena reconhecer o trabalho e as contribuições de alguém. Com muita frequência, as pessoas se esquecem de estender a mão, sorrir ou simplesmente agradecer. As pessoas naturalmente se sentem um pouco frustradas e pouco valorizadas quando o gerente ou um colega as negligencia. Às vezes, eles as ignoram porque estão sob a pressão dos prazos, e a obrigação de respeitar os prazos se sobrepõe a expressar gratidão. No entanto, é fundamental que você fique por mais um minuto para agradecer. Olivia Lai lembrou que, ao gerenciar a equipe de atendimento ao cliente na Kimberly-Clark, realmente importava para seus seguidores que ela dissesse "Obrigada" e "Realmente agradeço sua ajuda". "Você devia ver o sorriso que isso gera", diz ela. "Isso lhes dá uma sensação calorosa, sabendo que seu trabalho foi bem recebido e reconhecido pelos outros." Olivia entende que, para os líderes, não se trata apenas de alcançar resultados financeiros e cumprir objetivos anuais. Refere-se também à criação de uma equipe vencedora através da confiança e de uma conexão pessoal. Inclui também um simples tapinha nas costas, um aperto de mão, um sorriso e um "obrigado pelo seu trabalho árduo".

Expressar seus agradecimentos também tem outro benefício, mais pessoal. Robert Emmons, professor de psicologia da Universidade da Califórnia, em Davis, descobriu que as pessoas que praticam a gratidão, comparadas àquelas que não o fazem, são mais saudáveis, otimistas, positivas e capazes de lidar com o estresse. Elas também são mais alertas, energizadas, resilientes, dispostas a oferecer apoio aos outros, mais generosas e propensas a progredir no que tange às metas importantes.[30] De uma perspectiva semelhante, David Novak, como cofundador e ex-diretor executivo da Yum! Brands, observou que o caminho para o sucesso não era comida saborosa, excelente serviço, menus inovadores e valor; mas estava no poder do reconhecimento. "O importante a se entender sobre o reconhecimento", defende ele, "é que é simplesmente bom para as pessoas — *todas as pessoas* — não importa quem sejam, o que façam ou de onde venham."[31]

A questão maravilhosa sobre expressar gratidão e reconhecimento é que não é difícil de fazer, e você não precisa estar em um pedestal hierárquico para assumir essas posturas. Custam-lhe quase nada e, no entanto, pagam dividendos diários. Você não pode desejar um investimento melhor do que esse.

TOME UMA ATITUDE
Reconheça as Contribuições

Líderes exemplares têm expectativas positivas sobre si mesmos e seus seguidores. Eles esperam o melhor das pessoas e criam profecias autorrealizáveis sobre como pessoas comuns podem produzir ações e resultados extraordinários. Objetivos e padrões de líderes exemplares são inequívocos, ajudando as pessoas a se concentrarem no que precisam fazer. Eles fornecem feedback e reforço claros. Ao fazer isso, estimulam, reacendem e concentram as energias e motivação das pessoas.

Líderes exemplares reconhecem e recompensam o que os indivíduos fazem para contribuir com a visão e os valores. Expressam seu apreço muito além dos limites dos sistemas formais da organização. Gostam de ser espontâneos e criativos em sua forma de agradecer. A personalização do reconhecimento exige saber o que é apropriado, individual e culturalmente. Embora reconhecer os esforços de alguém seja desconfortável ou embaraçoso no início, começa por estabelecer uma ligação pessoal com cada pessoa. Aprenda com pequenos atos, e muitas vezes casuais, de apreciação o que funciona para cada um dos seus colaboradores e a melhor forma de personalizar o reconhecimento.

Para Animar os Corações, você deve *reconhecer as contribuições, demonstrando apreço pela excelência individual.* Isso significa que deve:

(continua)

1. Manter altas expectativas sobre o que indivíduos e equipes podem realizar.

2. Comunicar suas expectativas positivas de forma clara e regular.

3. Criar um ambiente que torne confortável compartilhar feedback.

4. Descobrir os tipos de incentivo que fazem mais diferença. Não assuma que você sabe. Pergunte. Aproveite o tempo para questionar e observar.

5. Ser criativo quando se trata de reconhecimento. Seja espontâneo. Divirta-se.

6. Fazer com que dizer "obrigado" seja uma parte natural do seu comportamento cotidiano.

CAPÍTULO 12

Celebre os Valores
e as Vitórias

"A VIDA É MUITO CURTA PARA SER INFELIZ", diz Charles Ambelang. "Você quer ter uma experiência de trabalho que lhe permita se envolver com os outros, compartilhar uma risada, ver o humor em uma situação e agradecer às pessoas por fazer um bom trabalho."[1] Oficialmente, Charlie é vice-presidente assistente de recursos humanos da Universidade de Santa Clara. Extraoficialmente, é diretor do RH — diretor-chefe de encorajamento.

Quando Charlie assumiu o comando do grupo de trabalho de RH, o departamento estava desmoralizado e receoso. A equipe estava acostumada a um ambiente em que havia pouco reconhecimento do sucesso, aliado a graves consequências pelo fracasso. Como um de seus seguidores nos disse: "A equipe de RH precisava de alguém para apreciar nossos esforços individuais e coletivos. Charlie concentrou-se em encorajar todos a serem membros da equipe e trabalhar em prol de um compromisso coletivo com valores e serviços profundamente arraigados à comunidade do campus."

Charlie regularmente encoraja os membros do departamento, convencendo-os de que acredita neles e confia que serão bem-sucedidos. Charlie também faz coisas loucas e animadas para celebrar as conquistas da equipe, como ir ao supermercado local e comprar caixas de picolés e sorvetes. Ele retorna ao escritório com seu espólio de generosidade, esvazia o carrinho de correspondência para o carregar de doces e, em seguida, toca música de caminhão de sorvete em seu smartphone enquanto passeia pelo escritório, oferecendo a todos um clima animado.

Charlie organiza passeios comemorativos para a equipe, como uma noite de "RH no cinema". Quando um filme blockbuster recente foi lançado, comprou ingressos suficientes para que cada membro da equipe de RH pudesse chamar um familiar ou amigo para ir junto assistir ao filme e depois jantar discutindo o que viram e como se aplicaria ao trabalho. Ele organiza passeios anuais nas sextas-feiras à noite para jogos locais de beisebol da liga menor para a equipe de RH e suas famílias. "É uma maneira divertida e relaxante de encerrar a semana e dedicar tempo para conhecer mais sobre nossos colegas de equipe e suas famílias", disse outro de seus seguidores. Depois, há os conselhos pessoais de Charlie, como sua maneira de expressar gratidão pelo trabalho da equipe. Por exemplo, em um recente "Employee Appreciation Day" [Dia de Valorização do Funcionário], Charlie escreveu mais de 30 bilhetes de agradecimento para os funcionários e estagiários e distribuiu pequenos brinquedos personalizados que selecionara como um lembrete de como estimava cada indivíduo.

Charlie levou o RH de um grupo de trabalho que estava com medo de dizer ou fazer qualquer coisa fora dos canais normais para uma equipe que trabalha bem em conjunto e apoia um ao outro. Como indivíduos e equipes de trabalho, todos são capacitados e incentivados a inovar e oferecer ideias e, depois, a dedicar um tempo para celebrar as realizações individuais e da equipe. Há mais coesão e cooperação entre as equipes do que antes. Veja como um colaborador resumiu a abordagem de Charlie:

> Como Diretor-chefe de Encorajamento do RH,
> Charlie mostrou-nos que todos contribuímos
> para o sucesso de toda a equipe, e ele regular e
> reiteradamente surge com maneiras agradáveis

e únicas para nos manter totalmente engajados e fazendo um ótimo trabalho. Ele tem talento para tornar o trabalho gratificante e divertido!

As ações de Charlie Ambelang e a experiência do departamento de RH confirmam nossa pesquisa. O desempenho melhora quando os líderes honram publicamente aqueles que se sobressaíram e foram um exemplo para os outros, quando demonstram que "estamos todos juntos nisso" e quando fazem do ambiente de trabalho um lugar no qual as pessoas querem estar e permanecer. É por isso que os líderes exemplares assumem o compromisso de *celebrar os valores e as vitórias* dominando estes fundamentos:

▶ *Criar o espírito da comunidade*
▶ *Estar pessoalmente envolvido*

Quando os líderes reúnem pessoas, satisfazem-se em sucessos coletivos e demonstram diretamente sua gratidão, reforçam a essência da comunidade. Estar pessoalmente envolvido deixa claro que todos estão comprometidos em fazer coisas extraordinárias acontecerem.

Crie o Espírito da Comunidade

Muitas organizações operam como se as reuniões sociais fossem um incômodo. Elas não são. Os seres humanos são animais sociais — feitos para se conectar com os outros.[2] As pessoas são destinadas a fazer coisas juntas, formar comunidades e, desse modo, demonstrar um vínculo mútuo.

Quando as conexões sociais são fortes e numerosas, há mais confiança, reciprocidade, fluxo de informações, ação coletiva e felicidade — e, a propósito, mais riqueza.[3] Algumas das empresas de maior crescimento e sucesso nos dias de hoje são evidência da necessidade de conexão social. Facebook, WhatsApp, QQ, WeChat, QZone, Instagram, Twitter e Skype são apenas alguns dos sites de redes sociais com mais de 100 milhões de usuários.[4] Pesquisadores descobriram que "os usuários de sites de redes sociais têm mais amigos, e mais amigos íntimos," do que os não usuários.[5] O capital social é uma fonte significativa de sucesso e felicidade, assim como o capital físico e intelectual.

Celebrações corporativas estão entre as melhores maneiras de capitalizar a necessidade de se conectar, socializar e criar um sentimento de comunidade. Pesquisas sobre celebrações corporativas descobriram que elas "infundem a vida com paixão e propósito... Unem as pessoas e nos conectam a valores e mitos compartilhados. Cerimônias e rituais criam comunidade, fundindo almas individuais com o espírito corporativo. Quando tudo vai bem, essas ocasiões nos permitem deleitar-nos em nossa glória. Quando os tempos são difíceis, as cerimônias nos unem, despertando a esperança e a fé de que tempos melhores virão".[6] A diferença nos níveis de orgulho, motivação e comprometimento entre os funcionários que encontramos é grande — quase 25% — entre as pessoas que relatam que seus gerentes *sempre* encontram maneiras de celebrar realizações e aquelas cujos gerentes *raramente* fazem isso. Com as celebrações, os líderes criam um senso de espírito de equipe, tanto construindo quanto mantendo o apoio social necessário para prosperar, especialmente em momentos estressantes e incertos.

Às vezes, as celebrações podem ser elaboradas, mas, com mais frequência, tratam de conectar ações e eventos cotidianos aos valores da organização e às realizações da equipe. Líderes exemplares raramente deixam passar uma oportunidade para se certificarem de que os colaboradores saibam por que estão lá e como devem agir a serviço desse propósito. Por exemplo, Kurt Richarz, vice-presidente executivo de vendas da Seagate Technology, faz conferências telefônicas mensais regulares com toda a organização de vendas para chamar a atenção das pessoas que receberam "ovações em pé".[7] Esse programa é muito simples: os colegas nomeiam outros preenchendo um breve formulário, que destaca suas contribuições ou uma conquista. Chamadas de vendas mensais apresentam a foto do destinatário e um resumo das realizações, e Kurt reserva tempo para destacar e parabenizar os "esforços heroicos" das pessoas no apoio à organização de vendas. Depois, Kurt volta para agradecer aos que escolheram, porque, afinal de contas, ele diz, essas pessoas estão todas muito ocupadas, e ele aprecia que reservem um tempo para fazer isso. Esse reconhecimento público, entusiasmado e sincero faz muito para que tanto os receptores quanto os espectadores sintam que são valorizados e construam uma comunidade positiva e capacitadora. Ações como essas são especialmente importantes nos dias de hoje, enquanto sete em cada dez norte-americanos desejam receber mais reconhecimento, 83% admitem prontamente que poderiam fazer mais para reconhecer os outros.[8]

Seja para honrar uma conquista individual, em grupo ou organizacional, seja para incentivar o aprendizado da equipe e a construção de relacionamentos, comemorações, cerimônias e eventos similares oferece aos líderes a oportunidade perfeita de comunicar e reforçar explicitamente as ações e comportamentos que são importantes na percepção de valores e objetivos comuns. Líderes exemplares sabem que promover uma cultura de celebração alimenta o senso de unidade essencial para reter e motivar a força de trabalho atual. Além disso, quem quer trabalhar em um lugar entediante que nem lembra nem celebra nada? David Campbell, um ex-membro sênior do Centro de Liderança Criativa, disse bem:

> Um líder que ignora ou impede as cerimônias organizacionais e as considera frívolas ou "não rentáveis" está ignorando os ritmos da história e nosso condicionamento coletivo. [Celebrações] são os sinais de pontuação que dão sentido à passagem do tempo; sem elas não há começos nem fins. A vida se torna uma série interminável de quartas-feiras.[9]

Celebre as Conquistas em Público   Como observado no Capítulo 11, o reconhecimento individual aumenta o senso de valor do receptor e melhora seu desempenho. As celebrações públicas também têm esse efeito e acrescentam outros benefícios duradouros para indivíduos e organizações que o reconhecimento individual privado não atinge.

Por um lado, os eventos públicos são uma oportunidade para destacar exemplos reais do que significa demonstrar que "fazemos o que dizemos que faremos". Quando o holofote brilha sobre certas pessoas e outras contam histórias sobre o que fizeram, elas se tornam modelos. Representam visivelmente como a organização gostaria que todos se comportassem e demonstram concretamente que é possível o fazer. Celebrações públicas de realização também constroem compromisso, tanto entre os indivíduos reconhecidos como entre os que estão na plateia. Quando você se comunica com os indivíduos, "continua com o bom trabalho, é apreciado", também está dizendo ao grupo maior: "Aqui estão pessoas como você, que são exemplos do que defendemos e acreditamos. Você consegue fazer isso. Você também pode fazer uma contribuição significativa para o nosso sucesso."

Os dados mostram que a medida em que os líderes reconhecem publicamente as pessoas que exemplificam o compromisso com valores compartilhados correlaciona-se significativamente com o grau em que sentem que a organização valoriza seu trabalho e que fazem a diferença. A experiência de Raymond Yu ressalta essa descoberta. Ray é gerente da equipe de engenharia de introdução de novos produtos da Intuitive Surgical, e sua divisão é responsável por instrumentos grampeadores cirúrgicos. Ele achou que seria apropriado, criativo e divertido apresentar um grampeador de papel vermelho como prêmio. Ele tomou a iniciativa de pedir um grampeador vermelho e uma vitrine. Em uma reunião semanal da equipe, Ray anunciou o Prêmio Red Stapler [grampeador vermelho] e falou sobre o que significava: "Expliquei que esse era um meio de promover a expressão e a comunicação de valores; reconhecer os pares que demonstraram valores que admiramos."

Tanto o gerente quanto a equipe adoraram o conceito, a ponto de sugerir que abrisse o prêmio para outros departamentos dentro da unidade de negócios de grampeador. Na reunião mensal de revisão de fabricação de grampeador, um grande fórum público, Ray novamente explicou o prêmio Red Stapler:

> O Prêmio Red Stapler é um mecanismo para
> apreciar e reconhecer os colegas, incentivar
> comportamentos que modelam valores comuns
> e promover a comunicação. Para o concedente, é
> uma declaração de "Esses são os meus valores, e

é assim que vejo os seus". Mostra o apoio público às contribuições que estão sendo feitas. Um mês depois de receber o Prêmio Red Stapler, o recebedor o passará adiante, reconhecendo o trabalho de alguém.

Não é a gerência que determina quais devem ser seus valores a partir de algum DOP [procedimento operacional do departamento]. Isto é para você e por você. Diz respeito ao que você quer, o que valoriza e por que está aqui.

E, assim, para este mês, quero dar o Red Stapler a Sunny Ranu por tomar a iniciativa no tocante a ferramentas de análise de dados usando motores de busca modernos, mesmo que o grupo interno esteja indo em outra direção. Demonstra propriedade e coragem para fazer o que é melhor para a empresa, não para ser um espectador; e fazer o que é certo, e não simplesmente aceitar o que os outros decidiram.

Sunny então subiu ao palco para receber o prêmio. Ele não apenas mostrou a ferramenta de análise de dados que havia criado, como também agradeceu a muitas outras pessoas da organização que o ajudaram nesse projeto de trabalhos. O público, disse Ray, "ficou impressionado com o que aconteceu".

O Red Stapler foi um prêmio criativo, que contornou as limitações dos esquemas de reconhecimento corporativo existentes. Isso significava mais para os membros da equipe, de acordo com Ray, do que qualquer prêmio monetário da empresa: "Depois de ter concedido o Red Stapler, Sunny disse ao grupo reunido que recebê-lo significava mais para ele porque vinha de um colega e não de um superior através de um processo de aprovação. Foi real, sincero e de coração."

Cerimônias públicas, como a que Ray descreveu, servem como um lembrete coletivo de por que as pessoas permanecem com uma organização e com os valores e visões que compartilham. Ao tornar as comemorações uma parte pública da vida organizacional, os líderes criam um senso de comunidade. O processo de construção da comunidade ajuda a garantir que as pessoas sintam que pertencem a algo maior que elas mesmas e que estão trabalhando juntas em uma causa comum. Celebrações servem para fortalecer o vínculo de trabalho em equipe e confiança.

Algumas pessoas relutam em reconhecer as outras em público, temendo que isso cause ciúmes ou ressentimento. Esqueça esses medos. Todas as equipes vencedoras têm MVPs (Most Valuable Players — Agentes Principais), geralmente selecionados por seus companheiros de equipe. Celebrações públicas são oportunidades significativas para reforçar os valores compartilhados e reconhecer os indivíduos por suas contribuições. Elas lhe dão uma chance de agradecer a indivíduos específicos pelo excelente desempenho e lembrar a todos exatamente o que a organização representa e o significado do trabalho ou serviço que oferece.

Recompensas privadas podem funcionar bem para motivar os indivíduos, mas têm pouco impacto na equipe. Pesquisadores mostraram que as pessoas tendem a perceber o humor e as atitudes daqueles que as rodeiam, o que se chama "contágio emocional", muitas vezes de maneiras que não percebem conscientemente.[10] Circuitos no cérebro são ativados quando as pessoas veem os outros agindo de uma certa maneira; é como se elas próprias tivessem agido. Observar outra pessoa pode afetar o cérebro de maneiras que espelham a experiência direta.[11]

Para gerar energia e comprometimento em toda a comunidade para a causa comum, você precisa celebrar os sucessos em público. Cerimônias e celebrações são oportunidades para construir grupos mais saudáveis, para permitir que os membros da organização conheçam e se preocupem uns com os outros. Além disso, como observou Brian Dalton, gerente de finanças da Rocket Fuel, "cria-se uma expectativa de que tudo o mais seja feito nesse nível ou acima". É por isso que ele percebeu que, ao "reconhecer publicamente alguém por fazer um bom trabalho, você ajuda a estabelecer um padrão do que é considerado bom. Você quer que o destinatário do elogio se sinta valorizado e reconhecido por suas contribuições, mas também quer celebrar publicamente esses valores e vitórias para que outros possam vê-los e reproduzi-los".

Ofereça Apoio Social   As relações de apoio no trabalho — relacionamentos caracterizados por uma crença genuína e pela defesa dos interesses alheios — são essenciais para manter a vitalidade pessoal e organizacional.[12] As pessoas que não gostam das pessoas com quem trabalham não fazem seu melhor ou permanecem por pouco tempo. Considere o que estudos descobriram sobre as diferenças entre os desempenhos de tarefas de grupos de amigos versus conhecidos. Em grupos compostos por conhecidos, os indivíduos preferem trabalhar sozinhos e falar com os outros no grupo somente quando necessário. Consequentemente, relutam em procurar ajuda ou apontar erros cometidos por outras pessoas. Grupos formados por amigos, por outro lado, conversam uns com os outros desde o começo do projeto. Avaliam as ideias de maneira mais crítica, dão feedback oportuno quando os outros estão se desviando do curso e oferecem incentivo positivo aos colegas de equipe a cada passo do caminho.[13] Ter um senso de conexão com os colegas de trabalho promove maior responsabilidade, engajamento e compromisso com a organização.

Funcionários com um melhor amigo no trabalho são sete vezes mais propensos a se envolver totalmente em seu trabalho do que aqueles que não relatam tais amizades.[14] Estudos longitudinais, nos Estados Unidos e na Europa, também revelam que as pessoas que fazem uso do apoio social têm renda mais alta comparadas àquelas que não exploram o poder dos vínculos sociais. Isso foi verdade tanto dois como nove anos após o período de referência do estudo.[15] Na falta de apoio social, os indivíduos ignoravam regularmente as oportunidades de cooperação, desconfiando de outras pessoas e seus motivos. Estudos envolvendo mais de três milhões de pessoas em todo o mundo mostram que o isolamento social é pior para a saúde das pessoas do que obesidade, tabagismo ou alcoolismo.[16]

Nossos dados mostram que as pessoas se sentem conectadas e experimentam um forte senso de espírito de equipe quando seus líderes fornecem muito apreço e apoio por suas contribuições. Por sua vez, essas mesmas pessoas relatam sentir-se altamente valorizadas e acreditam firmemente que seu trabalho é significativo e faz a diferença. Esses sentimentos se traduzem em pessoas dispostas a dar o passo extra para atender aos desafios e demandas organizacionais. Engajar-se nesse comportamento de liderança também gera avaliações favoráveis do líder a partir de seus subordinados diretos. A Figura 12.1 mostra essas relações graficamente.

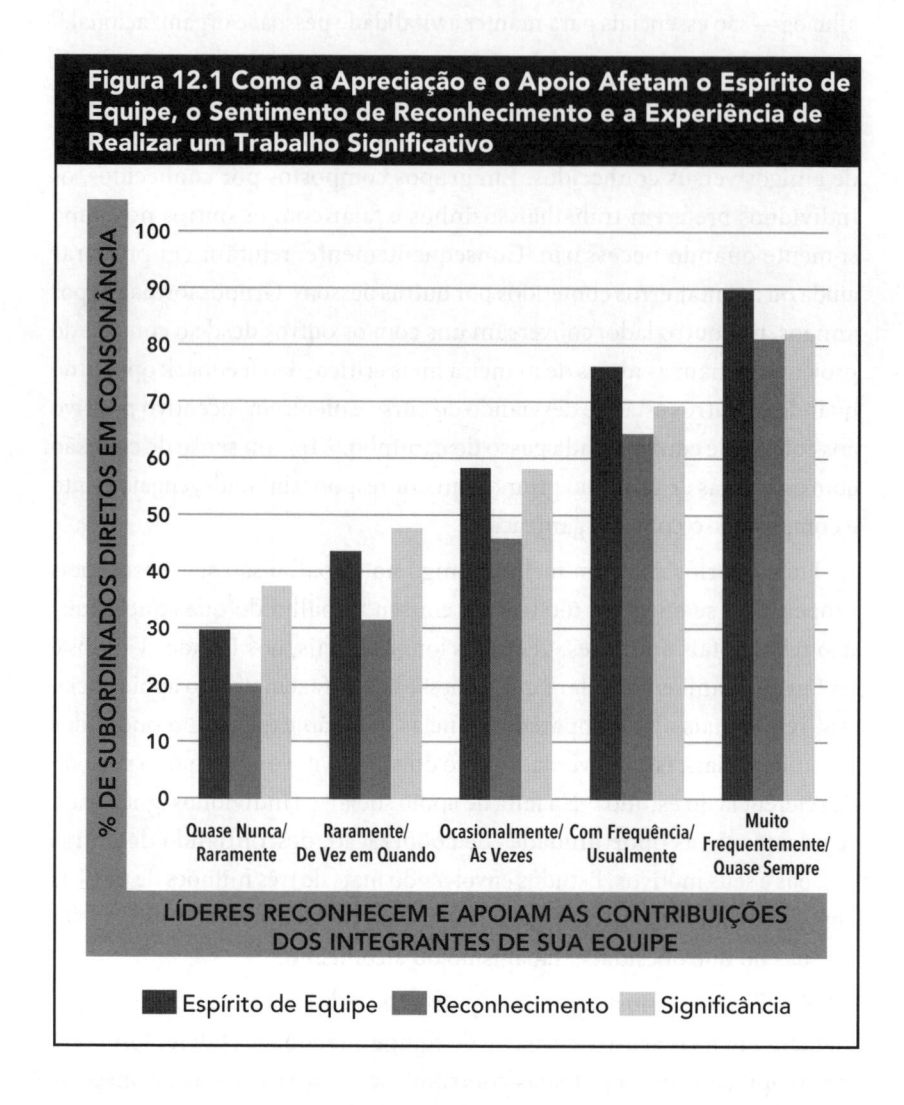

Figura 12.1 Como a Apreciação e o Apoio Afetam o Espírito de Equipe, o Sentimento de Reconhecimento e a Experiência de Realizar um Trabalho Significativo

Essas descobertas são adequadamente ilustradas pelo que Ferhat Zor nos contou sobre sua experiência trabalhando em um projeto de gerenciamento de desempenho com a Borusan Logistics, na Turquia. O gerente de armazém da Tuzla analisou o desempenho das várias unidades operacionais em suas reuniões mensais e apontou que elas precisavam apoiar e ajudar umas às outras. Essas reuniões sempre terminavam com a celebração de qualquer conquista do grupo como um todo. Depois de concluir com sucesso um projeto muito desafiador, a empresa parabenizou cada funcionário organizando uma festa surpresa "espontânea", na qual, observou Ferhat, "a felicidade e o orgulho eram evidentes". Muitas fotografias foram feitas, que depois foram compartilhadas na web e no boletim informativo da empresa, "com o objetivo de", disse Ferhat, "mostrar que cada pessoa tem uma contribuição importante e que cada uma fazer o seu melhor torna a empresa um sucesso".

Pesquisas em uma ampla variedade de disciplinas demonstram consistentemente que esse tipo de apoio social aumenta a produtividade, o bem-estar psicológico e até mesmo a saúde física.[17] O apoio social não apenas melhora o bem-estar, mas também protege contra doenças, particularmente durante períodos de alto estresse. Essa descoberta é verdadeira, independentemente da idade, sexo ou grupo étnico de um indivíduo. Por exemplo, mesmo após o ajuste para fatores como tabagismo e histórico de doenças graves, pessoas com poucos contatos próximos tinham de duas a três vezes mais chances de morrer em uma idade mais jovem do que aquelas que tinham amigos para procurar regularmente.[18]

O apoio social também é vital para um desempenho excepcional. Considere o que os pesquisadores descobriram ao analisar os discursos feitos pelos jogadores de beisebol quando ingressaram no National Baseball Hall of Fame. Como atletas de elite, eles alcançaram o maior reconhecimento em um campo que exigia habilidades físicas superiores. No entanto, para quase dois terços deles, suas palavras de apreciação não se relacionavam tanto a assistência técnica ou treino, mas a apoio emocional e amizade.[19]

O que é verdade em casa, na comunidade e nos esportes é também verdadeiro no trabalho. Pesquisadores descobriram que pessoas que indicam ter um melhor amigo no local de trabalho, comparadas àquelas que não o fazem, "têm uma probabilidade significativamente maior de envolver os clientes, fazer mais em menos tempo, divertir-se mais no trabalho, ter um local de trabalho seguro, menos acidentes, inovar e compartilhar ideias, sentir-se informado e saber que sua opinião conta".[20] Os amigos não são bons apenas para sua saúde, mas também para os negócios. E há muitas perspectivas de fortalecimento desses relacionamentos, porque menos de uma em cada cinco pessoas indica que elas trabalham para organizações que oferecem oportunidades de desenvolver amizades em seus locais de trabalho.[21]

Nossos arquivos estão cheios de experiências de superação em liderança, nos quais fortes conexões humanas produziram resultados espetaculares. Quando as pessoas sentem um forte senso de afiliação e apego a seus colegas, têm muito mais probabilidade de ter uma maior sensação de bem-estar pessoal, de se sentirem mais comprometidas com a organização e de apresentarem desempenhos melhores. Quando as pessoas se sentem distantes e desapegadas, é improvável que realizem muita coisa.[22] Quando estão pessoalmente envolvidas com a tarefa e se sentem conectadas com seus colegas, as pessoas podem realizar feitos extraordinários.

Os líderes entendem que as celebrações fornecem evidências concretas de que os indivíduos não estão sozinhos em seus esforços, que outras pessoas se importam com eles e que podem contar com os outros. As celebrações reforçam o fato de que as pessoas precisam umas das outras e de que é preciso um grupo de indivíduos com um propósito comum trabalhando juntos em uma atmosfera de confiança e colaboração para realizar coisas extraordinárias. Ao tornar as conquistas públicas, os líderes constroem uma cultura na qual as pessoas sabem que suas ações e decisões não estão sendo tomadas como banais. Eles veem que suas contribuições são reconhecidas, apreciadas e valorizadas. "Celebrações públicas na minha experiência", explicou Andrea Berardo, ex-gerente de projetos técnicos da Alstom (Suíça), "são cruciais para a autoestima dos funcionários e essenciais para construir o senso de comunidade que permite que as pessoas se vejam como parte de uma equipe". Além disso, ele aponta: "Eventos públicos são ocasiões perfeitas para reiterar valores compartilhados e objetivos comuns."

Divirtam-se Juntos A diversão não é um luxo no trabalho. Cada Experiência de Superação em Liderança foi uma combinação de trabalho árduo *e* diversão. Na verdade, a maioria das pessoas concordou que, sem o divertimento e o prazer que experimentavam interagindo com os outros membros da equipe, não seriam capazes de sustentar o nível de intensidade e o trabalho árduo necessário para fazer o melhor possível. As pessoas se sentem melhor sobre o trabalho que estão fazendo quando apreciam as pessoas com quem trabalham.[23] Uma importante lição de liderança que Shawn McKenna, cofundador e diretor de uma cadeia de restaurantes de estilo norte-americano na Rússia, compartilhou conosco: "Certifique-se de que você e a equipe estão se divertindo."

Da mesma forma, Mike Sawyer, vice-presidente de marketing da PerimeterX, explicou que sua experiência de superação em liderança envolvia assegurar que sua equipe se divertisse sem consumir muito tempo além do horário de trabalho. Um exemplo foi mudar o caráter das reuniões de planejamento de todo o departamento. "Montamos uma área de reunião informal no departamento de marketing", explicou Mike, "com sofás, televisão e outras coisas, que permitiam que as reuniões rotineiras e extraordinárias parecessem mais um ambiente amigável. Essa área estava no meio de onde todos se sentavam, por isso, mesmo que poucas pessoas estivessem reunidas, isso permitia que todos soubessem o que estava acontecendo, e eles podiam se juntar livremente aos outros se quisessem. Também organizamos jantares 'divertidos' em grupo, semestralmente, para celebrar marcos para incentivar a camaradagem, assim como para recompensar o progresso".

A diversão sustenta a produtividade, criando o que os pesquisadores chamam de "bem-estar subjetivo". Além disso, nem tudo diz respeito a festas, jogos, festividades e risos. Wayne Tam, planejador financeiro certificado e diretor da Generation Wealth & Investments, descreveu um ex-gerente como alguém que realmente se divertia ao dissecar códigos de computador complexos ou traduzir processos de negócios em especificações funcionais. Wayne disse que essas tarefas podem ser bastante difíceis, mas seu gerente "sempre foi positivo, incentivou nossas habilidades para que enfrentássemos esses desafios com a mesma atitude que ele e nos mostrou como se divertir com este trabalho". Wayne continuou, dizendo: "Aprendi que, embora você seja pago para fazer um trabalho, é melhor poder aproveitar o que faz e se divertir."

Pesquisas demonstram que se divertir aumenta as habilidades de resolução de problemas das pessoas. Elas ficam mais criativas e produtivas, o que gera menor rotatividade, maior moral e uma estrutura mais forte. Por exemplo, o Great Place to Work Institute pede anualmente a dezenas de milhares de funcionários que avaliem suas experiências por meio de fatores do ambiente de trabalho, incluindo: "Este é um lugar divertido para se trabalhar." Na *Fortune*, na lista das 100 Melhores Empresas para Trabalhar, que o Great Place to Work Institute produz, os funcionários das melhores organizações responderam esmagadoramente — em média, 81% — que trabalham em um ambiente "divertido".[24] "O riso", diz Robert Provine, neurocientista da Universidade de Maryland e autor de *Laughter: A Scientific Investigation* [sem tradução no Brasil], "não se refere essencialmente ao humor, mas a relações sociais. De fato, os benefícios do riso para a saúde resultam do apoio social que ele estimula."[25]

Líderes definem o tom. Quando demonstram abertamente a alegria e a paixão que têm por suas organizações, seus membros da equipe, seus clientes e até mesmo seus desafios, enviam uma mensagem muito poderosa para os outros de que é perfeitamente aceitável que as pessoas façam demonstrações públicas descontraídas. Eles sabem que nas organizações de hoje o trabalho é exigente e, consequentemente, as pessoas precisam ter uma sensação de bem-estar pessoal para sustentar seu compromisso. Funciona para todos quando os líderes demonstram entusiasmo e empolgação pelo trabalho realizado. Como Jeanette Chickles, diretora de operações de telecomunicações da Polaris Wireless, compartilhou ao relacionar sua Experiência de Superação em Liderança:

> Gosto de me divertir no trabalho. Como você gasta tantas horas de sua vida no trabalho, deveria gostar dele! Seja sério e trabalhe com dedicação, mas encontre maneiras de celebrar as realizações e ficar um pouco despreocupado quando as coisas são realmente intensas. Se sua equipe está aproveitando o trabalho que faz e se sentindo reconhecida por seu esforço, é mais provável que se esforce quando você mais precisar.

O que você prega e o que celebra devem ser um e o mesmo. Caso contrário, o evento será inconsistente e falso — e sua credibilidade será prejudicada. Qualquer celebração deve ser uma expressão honesta de compromisso com os valores fundamentais e o trabalho árduo e a dedicação das pessoas que viveram os valores. Produções elaboradas que não têm sinceridade são mais entretenimento do que encorajamento. A autenticidade faz celebrações conscientes e divertidas.

Envolva-se

Começamos nossa discussão de liderança exemplar com o Modele o Estilo, e fizemos um círculo completo. Se quer que os outros acreditem em algo e se comportem de acordo com essas crenças, você deve dar o exemplo, estando pessoalmente envolvido. Você tem que praticar o que prega. Se quer construir e manter uma cultura de excelência e distinção, deve estar pessoalmente envolvido em celebrar as ações que contribuem e sustentam a cultura.

Mushfiq Rahman, gerente de contratos na Austrália para a ALS Industrial, percebeu uma diferença imediata no desempenho quando "passei algum tempo com todos individualmente e agradeci pessoalmente por sua contribuição. As pessoas se sentiam agradecidas por eu estar passando muito tempo com elas e tentando genuinamente entender suas preocupações". Quando se trata de enviar uma mensagem para toda a organização, nada comunica mais claramente do que o que os líderes fazem. Mostrando direta e visivelmente aos outros que está lá para animá-los, você envia um sinal positivo. Quando define o exemplo, como Mushfiq, que diz: "Por aqui dizemos obrigado, mostramos apreço e nos divertimos", outros seguirão sua liderança. A organização desenvolverá uma cultura de celebração e reconhecimento. Todos se tornam líderes, todos dão o exemplo e todos aproveitam o tempo para celebrar os valores e as vitórias. Quando isso acontece, as organizações desenvolvem uma reputação de ser um ótimo lugar para trabalhar.

Caso haja qualquer dúvida de que estar pessoalmente envolvido em celebrações tenha um impacto sobre os outros ou na avaliação de sua liderança, veja o que encontramos constantemente em nossa pesquisa. Subordinados que indicam seus líderes *quase sempre* se envolvem pessoalmente no reconhecimento de pessoas e comemoram as conquistas consistentemente se classificam 20% melhor do que seus colegas em diversas variáveis de engajamento, como motivação, orgulho e produtividade. Essa lacuna cresce drasticamente entre 40% e 50% quando se compara à primeira com os líderes vistos como *ocasionalmente* (ou menos) pessoalmente envolvido. O relato das pessoas sobre sentir-se valorizadas por seus líderes — e como avaliam a confiabilidade e eficácia deles — liga-se diretamente a quanto seu líder se envolve pessoalmente no reconhecimento e na celebração das realizações.

Onde quer que você encontre uma cultura forte construída em torno de valores sólidos, também encontrará inúmeros exemplos de líderes que vivem seus valores. Beth Taute, enquanto analista financeira do Citibank, observou como sua gerente (Jo) estava pessoalmente envolvida em demonstrar apreço. Jo faria pequenas coisas, como levar a equipe para um almoço surpresa ou deixar membros da equipe irem embora cedo, se soubesse que teriam algo especial acontecendo à noite. Ela permite que os membros da equipe com filhos cheguem atrasados ou saiam cedo em ocasiões especiais, como aniversários. Ela espalhava pequenos presentes bobos com piadas escondidas ou frases motivacionais nas mesas de todos. Estar pessoalmente envolvida nesse nível resultou na equipe de Jo, de acordo com Beth, "ser completamente dedicada a ela. Ela era uma inspiração, e isso significava que eles trabalhariam até todas as horas para garantir que o projeto fosse concluído".

Por causa de seu envolvimento pessoal, a equipe de Jo queria mostrar que eles faziam jus a sua confiança e credibilidade em suas habilidades e dedicação. De acordo com Beth: "Jo tinha relações tão íntimas com um grupo variado de indivíduos que sabia como fazer com que cada pessoa desempenhasse papéis além de sua zona de conforto e permanecesse dedicada à causa. Ela fez chegar ao trabalho e ficar lá até tarde parecer divertido, e não um trabalho árduo."

A lição dessa experiência para todo aspirante a líder exemplar, na visão de Beth, é que você "precisa estar envolvido e conectado com o que está acontecendo e que o melhor reconhecimento é contínuo, inesperado e imprevisível." Ela continuou: "Ter feito um ótimo trabalho e ser reconhecido pela Jo era mais valorizado que qualquer outro reconhecimento desejado pelos membros da equipe." A dedicação e o envolvimento pessoal dão aos líderes o respeito e a confiança de suas equipes. É o que cria credibilidade, lealdade e uma força de trabalho engajada e produtiva.

Mostre que Você Se Importa As pessoas não se importam com o quanto você sabe até saberem o quanto se importa com elas. Em outras palavras, elas acreditam que você quer garantir que estejam seguras e protegidas, sintam-se apoiadas e valorizadas, que você quer que sejam bem-sucedidas, aprendendo e crescendo e que não pediria a elas que fizessem algo pelo qual pudessem ser prejudicadas ou feridas intencionalmente. Demonstrar isso é simples. Por exemplo, Jane Binger, responsável pelo desenvolvimento de liderança e educação durante anos no Hospital Infantil Lucile Packard, da Universidade de Stanford, descobriu que a maioria dos funcionários administrativos e médicos apenas desejava gestos simples, mostrando que ela e outras pessoas se importavam com o que faziam. Isso geralmente tomava a forma de uma nota pessoal ou e-mail, um comentário durante uma reunião ou no corredor, ou apenas uma rápida parada no escritório. "Eles querem saber que eu os valorizo. Que acho que fazem um ótimo trabalho. Que não estou tomando eles ou suas contribuições como banais. Isso não requer grandes atos exagerados", disse Jane. Empiricamente, encontramos uma relação forte e positiva entre o grau em que um líder "elogiou as pessoas por um trabalho bem-feito" e as respostas favoráveis de seus subordinados diretos à declaração: "As pessoas que fazem parte do grupo de trabalho dessa pessoa sentem que a organização valoriza seu trabalho."

Mostrar a alguém que você se importa faz com que sinta que deseja o melhor para eles. A forma como os subordinados diretos respondem a uma pergunta sobre a extensão em que seu líder tem "os melhores interesses em relação às pessoas no trabalho" se relaciona diretamente com seu nível de espírito de equipe e orgulho. Também está diretamente relacionado a quão favoravelmente avaliam a eficácia do líder e a probabilidade de que recomendem esse indivíduo a um amigo como um bom líder. Quando a equipe executiva do banco australiano Macquarie Bank decidiu fechar sua operação de hipoteca nos Estados Unidos, Peter Maher, então chefe do grupo de serviços bancários e financeiros, poderia ter dado as notícias via e-mail ou até mesmo através de um gerente de nível inferior.[26] Peter percebeu que a melhor coisa que podia fazer para mostrar que se importava era ser completamente honesto e direto durante todo o processo e tratar sua equipe com respeito e inteligência.

Ele voou para a Flórida e sentou-se com cerca de 100 funcionários para dar a notícia pessoalmente. Peter fala da experiência: "Foi como você fez, não o que fez. Eu deliberadamente sentei em uma cadeira na frente das pessoas e apenas falei sobre o que estava acontecendo." Ele admitiu que "foi uma conversa realmente dolorosa", mas ele acreditava que a melhor coisa que poderia fazer era "ser verdadeiro" com eles. "Acabei lhes contando tudo o que acontecia. Foi interessante que alguns deles depois, embora desapontados, me contaram como apreciaram a honestidade na maneira como a decisão foi comunicada." As pessoas percebidas por seus colegas como atenciosas, mostra a pesquisa, são mais propensas a serem procuradas para aconselhamento e vistas como líderes, e isso, por sua vez, resulta em níveis mais altos de desempenho.[27] Por outro lado, as pessoas indicam que, quando sentem que são tratadas de forma indiferente no trabalho (por exemplo, rudemente por um colega), respondem deliberadamente diminuindo seu esforço ou a qualidade de seu trabalho.[28]

Aparecer para dar más notícias pessoalmente, como Peter fez, é uma maneira importante de demonstrar que você se importa. Representa ser *visível* nas tarefas do dia a dia. Isso não apenas demonstra que você se importa, mas também o torna mais real, genuíno, acessível e humano. Participar de reuniões importantes, visitar clientes, percorrer as fábricas ou centros de serviços, comparecer nos laboratórios, fazer apresentações em reuniões da associação, participar de eventos organizacionais (mesmo quando não estiverem no programa), recrutar em universidades locais, realizar discussões em mesas-redondas, falar com analistas ou simplesmente parar nas baias de seus seguidores para dizer oi — todas essas atitudes são exemplos que mostram às pessoas que você está interessado nelas, no trabalho que realizam e nas contribuições que fazem. Estar onde estão ajuda a manter contato, literal e figurativamente, com o que está acontecendo. Isso mostra que você fala sobre valores que você e seus seguidores compartilham.

Espalhe Histórias Envolver-se pessoalmente em mostrar que se importam dá aos líderes a oportunidade de encontrar e transmitir histórias que colocam um rosto humano nos valores. Os exemplos em primeira pessoa são sempre mais poderosos e marcantes do que os de terceiros. É essa diferença crucial entre "vi por mim mesmo" e alguém me contou isso". Você precisa estar constantemente atento para o que está sendo feito bem, de modo que permita que a pessoa saiba que deve manter o bom trabalho e possa contar aos outros sobre isso. Dessa forma, você fornece "relatos próximos e pessoais" do que significa colocar em prática valores e aspirações comuns. No processo, você cria modelos organizacionais aos quais todos se relacionam. Você coloca o comportamento em um contexto real. Os valores se tornam mais do que simplesmente regras; ganham vida. Através das histórias que conta, você ilustra de maneira dramática e memorável como as pessoas devem agir e tomar decisões.

Depois de estudar os profissionais em situações de vida e morte, o psicólogo cognitivo Gary Klein concluiu que as histórias são o método mais poderoso para extrair e disseminar o conhecimento.[29] A razão para isso é que as histórias, por sua natureza, são formas públicas de comunicação. Contar histórias é como as pessoas transmitem lições de geração a geração, cultura a cultura. O professor de psicologia de Emory, Drew Westen argumenta que "as histórias que nossos líderes nos contam são importantes, provavelmente quase tanto quanto as que nossos pais nos contavam quando crianças, porque nos orientam para o que é, e o que poderia e deveria ser, às visões de mundo que possuem e aos valores que consideram sagrados."[30] Além disso, as histórias são feitas sob medida para celebrações. Na verdade, você pode pensar em histórias como celebrações — celebrações de aventura e realização, de coragem e perseverança, de ser fiel a valores e crenças profundamente arraigados.

Os líderes encontram inúmeras maneiras de perpetuar histórias importantes; por exemplo, publicar um exemplo no boletim informativo ou relatório anual da empresa, citar uma história em uma cerimônia pública ou fazer um vídeo e transmiti-lo na rede de televisão interna ou nas mídias sociais. Os líderes destacam alguém que viveu um valor organizacional e fornece aos outros na organização um exemplo que podem imitar.

Líderes que contam histórias de encorajamento sobre o bom trabalho dos outros têm subordinados que se sentem pessoalmente valorizados e acreditam que seus líderes extraem o melhor dos talentos e das habilidades das pessoas. A medida em que as pessoas dariam uma forte recomendação de seu líder a um colega se relaciona diretamente com a frequência com que ele conta histórias de encorajamento sobre o bom trabalho dos outros. Os líderes classificados entre os 20% mais bem-sucedidos nesse comportamento de liderança são de quatro a cinco vezes mais recomendados do que seus equivalentes nos 20% menos bem-sucedidos no mesmo comportamento de liderança. Dustin Schaefer, gerente regional de contas da Flexera Software, contou-nos como ficou surpreso durante uma ligação quando seu vice-presidente de vendas mundiais o reconheceu e contou uma história sobre como Dustin substituiu um concorrente de primeira linha. O vice-presidente deu uma visão geral bastante descritiva de como Dustin trabalhou com a equipe executiva para criar incerteza suficiente com sua decisão recente e com a implementação atual, que arranharam a solução do concorrente no meio do processo. O vice-presidente passou a caracterizar as lições dessa experiência — a moral da história — e como a equipe poderia usar as lições desse sucesso para criar mais vitórias no mercado. "Ele conectou minha vitória", diz Dustin, "de uma forma que mostrou que foi uma vitória coletiva para a empresa. Ele conseguiu que outros se reunissem por trás da minha história, no que era um grupo de vendas competitivo, e percebessem que todos podemos celebrar juntos, aprendendo e crescendo com o sucesso uns dos outros. Ele também conectou meus resultados aos valores e realizações de nossa empresa".

A história de Dustin ressoou em seus colegas, e, após a ligação, vários deles que não haviam se envolvido muito com Dustin no passado o procuraram e pediram mais informações sobre sua experiência. Diz Dustin: "Descobri que estávamos compartilhando e trocando mais informações do que fizemos no passado. Isso ajudou a fortalecer nosso senso de relacionamento e comunidade em direção a um objetivo comum."

Ao contar histórias, você alcança de maneira mais eficaz os objetivos de ensinar, mobilizar e motivar do que faria por meio de pontos em uma apresentação do PowerPoint ou tuítes em um dispositivo móvel. Ouvir e entender as histórias contadas pelos líderes faz mais para informar as pessoas sobre os valores e a cultura de uma organização do que as políticas da empresa ou o manual do funcionário. Histórias bem contadas são muito mais eficazes para alcançar as emoções das pessoas e atraí-las. Fazem a mensagem perdurar. Elas simulam a experiência de realmente estar presente e dão às pessoas uma maneira atraente de aprender o que é mais importante sobre a experiência. Reforçar histórias através de celebrações aprofunda as conexões.

Faça das Celebrações Parte da Vida Empresarial Você precisa colocar celebrações no calendário. Esses eventos programados servem como oportunidades para reunir as pessoas para que você possa mostrar a elas que fazem parte da visão mais ampla e de um destino comparti-lhado. São formas altamente visíveis para você afirmar valores comuns, registrar um progresso significativo e criar um senso de comunidade.

Você provavelmente já agenda aniversários e feriados. Também deve fazer isso pelos marcos significativos na vida de sua equipe e organização. Dar-lhes uma data, hora e local mostra a todos que es-sas coisas são importantes. Também cria um senso de antecipação. Agendar celebrações não exclui eventos espontâneos; significa apenas que certas ocasiões são de tal importância que todos precisam prestar atenção especial a elas.

Na organização de celebrações, primeiro você precisa decidir quais valores organizacionais, eventos de importância histórica ou sucessos únicos são de tal importância que mereçam um ritual, cerimônia ou festa especial. Talvez você queira honrar o grupo ou a equipe de pes-soas que criaram as inovações revolucionárias do ano, elogiar aqueles que deram um atendimento extraordinário ao cliente ou agradecer às famílias de seus seguidores pelo apoio. Seja o que for que deseje co-memorar, é preciso formalizar, anunciar e informar às pessoas como podem participar. No mínimo, você deve ter pelo menos uma celebração a cada ano que envolva todos, embora não necessariamente na mesma filial, e que chame a atenção para cada um dos valores centrais de sua organização.

Os líderes fazem das celebrações uma parte da vida da organização, como for possível. Pense no que pode funcionar para sua organização. Aqui estão alguns exemplos que o professor Terrence Deal, da Universidade do Sul da

Califórnia, e o psicólogo clínico da comunidade M. K. Key, fornecem em seu livro *Corporate Celebration* [sem tradução no Brasil]:[31]

▶ *Celebrações cíclicas* (por exemplo, temas sazonais, principais marcos e aniversários corporativos)

▶ *Cerimônias de reconhecimento* (por exemplo, aplausos públicos e reconhecimentos por um trabalho bem-feito)

▶ *Celebrações do triunfo* (ocasiões especiais para destacar as realizações coletivas, por exemplo, lançar um novo produto ou estratégia e abrir um novo escritório, fábrica ou loja)

▶ *Rituais para conforto e desapego* (por exemplo, perda de um contrato, demissões de funcionários e morte de um colega)

▶ *Transições pessoais* (por exemplo, entradas e saídas)

▶ *Altruísmo no local de trabalho* (por exemplo, fazer o bem para os outros e promover a mudança social)

▶ *Jogos* (por exemplo, jogos e eventos esportivos)

No Zeno Group há muitas celebrações durante o ano, como as sextas-feiras e outras confraternizações e reconhecimentos informais. Eles têm uma festa anual de Ano-Novo todo dia 30 de junho, o final do ano fiscal da empresa. Nesse dia, todos os escritórios se conectam por teleconferência. Eles estouram champanhe e fazem um brinde virtual. O CEO Barby Siegel se comunica com todos através de teleconferência, reflete sobre o que realizaram e fala sobre o que está por vir no futuro. Depois, todos os escritórios continuam as próprias celebrações.

Claro, as celebrações não têm que tratar de uma única conquista ou de uma única pessoa. Justin Brocato, gerente sênior de operações de marketing da Cisco Systems, contou-nos sobre o impacto que um banquete anual de premiação teve em uma de suas antigas empresas:

> Foi uma maneira maravilhosa de celebrar nossas
> conquistas e espalhar esse senso de comunidade.
> Outras pessoas significativas foram encorajadas

> a comparecer, por isso foi uma boa maneira de
> conhecer pessoas fora de um ambiente de escritório
> e construir melhor os relacionamentos existentes.
> Foi também o fórum perfeito para reconhecer
> publicamente todas as contribuições da equipe e
> refletir sobre o que havíamos realizado.

Ao refletir mais sobre essa experiência, Justin se perguntou: "E se a administração tivesse acabado de enviar um e-mail para anunciar e parabenizar os vencedores?" Ele concluiu que as pessoas teriam apreciado isso, mas não haveria graça em comparação ao rugido de aplausos e assobios quando alguém sobe ao palco para receber seu prêmio e ouve seu gerente dizer a essa pessoa e a uma plateia cheia de seus colegas por que suas conquistas são dignas de reconhecimento. "Celebrar em público é muito mais memorável", percebeu Justin, "e o impacto que isso tem no destinatário e na equipe é mais duradouro. As pessoas ficam energizadas e, de repente, têm um senso de compromisso renovado para o ano seguinte."

Seja para honrar uma conquista individual, em grupo ou organizacional, seja para incentivar o aprendizado da equipe e a construção de relacionamentos, comemorações, cerimônias e eventos similares, oferecem aos líderes a oportunidade perfeita de comunicar e reforçar explicitamente as ações e comportamentos que são importantes na percepção de valores e objetivos comuns. Líderes exemplares sabem que promover uma cultura de celebração alimenta o senso de unidade essencial para reter e motivar a força de trabalho atual. As comemorações, mostram os dados, afetam significativamente a maneira como as pessoas se sentem em relação à organização e ao líder. Quanto mais as pessoas relatam que seu líder encontra maneiras de celebrar as realizações, mais eficazes se sentem em atingir seus objetivos, e mais avaliam a eficácia geral de seu líder.

Não há escassez de oportunidades para unir as pessoas para celebrar os valores e as vitórias de sua organização. Nos bons ou nos maus momentos, reunir-se para reconhecer aqueles que contribuíram e as ações que levaram ao sucesso indicam a todos que seus esforços fizeram a diferença. Sua energia, se entusiasmo e seu bem-estar — e os deles — serão ainda maiores.

TOME UMA ATITUDE
Celebre os Valores
e as Vitórias

Celebrar juntos reforça o fato de que o desempenho extraordinário é o resultado dos esforços de muitas pessoas. Divulgar e ostentar publicamente as conquistas cria senso de comunidade e sustenta o espírito de equipe. Ao basear as celebrações em ações congruentes aos valores fundamentais e alcançar marcos críticos, os líderes reforçam e mantêm o foco das pessoas.

A interação social aumenta o comprometimento dos indivíduos com os padrões do grupo e tem um efeito profundo em seu bem-estar. Quando as pessoas são convidadas a ir além de suas zonas de conforto, o apoio e encorajamento de seus colegas aumenta sua resistência aos possíveis efeitos debilitantes do estresse. Certifique-se de que as pessoas não consideram sua organização como o local em que "a diversão acaba".

Os líderes dão o exemplo, estando pessoalmente envolvidos em celebração e reconhecimento, demonstrando que animar os corações é algo que todos devem fazer. Contar histórias sobre indivíduos que realizaram esforços excepcionais e alcançaram sucessos fenomenais oferece oportunidades para os líderes mostrarem exemplos a serem imitados pelos outros. As histórias tornam as experiências das pessoas inesquecíveis, muitas vezes profundas, de maneiras que não haviam imaginado, e servem como um marcador para comportamentos futuros. Fazer conexões pessoais com pessoas em uma cultura de celebração também constrói e sustenta a credibilidade. Reduz a demarcação nós–eles entre líderes e colaboradores. Acrescentar vitalidade e um sincero senso de apreciação ao local de trabalho é essencial.

Para Animar os Corações, você deve *celebrar os valores e as vitórias, criando o espírito da comunidade.* Isso significa que deve:

1. Encontrar e criar ocasiões para reunir as pessoas para celebrar publicamente as realizações.

2. Adotar atitudes que demonstrem que você "toma conta das pessoas" e assegurar que se sintam "parte do todo".

3. Divertir-se em uma parte do seu ambiente de trabalho — ria e divirta-se com os outros.

4. Envolver-se pessoalmente em tantos reconhecimentos e celebrações quanto possível. Mostrar cuidado por estarem presentes nos tempos difíceis.

5. Nunca deixar passar uma oportunidade de relatar publicamente histórias verdadeiras sobre como as pessoas em sua organização ficaram acima e além da obrigação.

6. Registrar celebrações e procurar, também, oportunidades espontâneas de vincular valores comuns a vitórias.

CAPÍTULO 13

Liderança É o Negócio de Todos

AO LONGO DESTE LIVRO contamos histórias de pessoas comuns que fizeram coisas extraordinárias acontecerem. Elas estão em todo lugar do mundo, são de todas as faixas etárias e estilos de vida. Representam uma ampla variedade de organizações, públicas e privadas, governamentais e não governamentais, de alta e baixa tecnologia, pequenas e grandes, educacionais e profissionais. Provavelmente você não ouviu falar deles. Eles não são figuras públicas, celebridades ou megaestrelas. São pessoas que podem morar ao lado ou trabalhar na baia em frente. São pessoas como você.

Nós nos concentramos em líderes todos os dias porque a liderança não se refere a posição ou título. Não diz respeito a poder organizacional ou autoridade. Não trata de celebridades ou riqueza. Não se relaciona à família em que nasceu. Não se trata de estar no topo da organização, como CEO, presidente, gerente ou primeiro-ministro. E, *definitivamente*, liderança não representa ser algum tipo de herói. Liderança trata de relacionamentos, credibilidade, paixão e convicção e, finalmente, do que você *faz*.

Você não precisa *receber* a liderança de alguém. Não precisa *concebê-la* a partir de um cargo. Só tem que *percebê-la dentro de você*. E dentro de você está o potencial de levar os outros a lugares aos quais nunca foram. Mas antes que possa liderá-los, tem que acreditar que pode ter um impacto positivo sobre os outros. É preciso acreditar que seus valores são dignos e que o que faz importa. Você tem que acreditar que suas palavras podem inspirar e suas ações, mover os outros. Além disso, tem que ser capaz de convencer os outros de que o mesmo é verdadeiro para eles. Nesses tempos turbulentos, o mundo precisa de mais pessoas que acreditam que podem fazer a diferença e que estão dispostas a agir de acordo com essa crença. Como Natraj Iyer, gerente de produtos do eBay, disse:

> Muitas vezes pensamos em liderança como algo amplo e grandioso; mas, com base em minhas experiências, acho que a liderança real está em toda parte e nos momentos diários. Todos temos várias oportunidades em nosso cotidiano para aproveitarmos o momento e sermos os líderes que podemos ser. Todos e cada um de nós têm a opção de ser esse líder.

Neste exato momento, a liderança está em você e onde você está. A questão é: o que você vai fazer para colocá-la em prática?

Liderança Exemplar É Localizada

Há muito tempo, temos perguntado a pessoas de todas as idades e origens sobre as pessoas em suas vidas que são modelos para a liderança — não líderes históricos bem conhecidos, mas com os quais tiveram experiências pessoais. Pedimos a elas que identifiquem a pessoa que selecionariam como seu modelo de liderança mais importante e escolham de uma lista de oito possíveis categorias.[1] Seu modelo é um líder empresarial; comunitário ou religioso; artista; membro da família; líder político; atleta; professor ou treinador; ou outro/nenhum/não tem certeza? Pense em quem você escolheria antes de ver os resultados da Tabela 13.1.

Tabela 13.1 Quem São os Modelos de Liderança?

| | Categoria de Função Idade do Entrevistado | |
Categoria dos Modelos	18-30 Anos	Mais de 30 Anos
Membro da Família	40%	46%
Professor ou Treinador	26%	14%
Líder Comunitário ou Religioso	11%	8%
Líder Corporativo	7%	23%
Líder Político	4%	4%
Atleta Profissional	3%	0%
Estrela de Cinema / Artista em Geral	2%	0%
Nenhum / Não Opinou / Outro	7%	4%

Independentemente da idade, quando pensam sobre suas vidas e selecionam seus modelos de liderança mais importantes, as pessoas são mais propensas a escolher um membro da família do que qualquer outra pessoa. Em segundo lugar, para os entrevistados com 30 anos ou menos, vem o professor ou treinador. Para as pessoas com mais de 30, o líder de negócios é o número dois; e, depois de sondar ainda mais, as pessoas dizem que "líder de negócios" realmente significa um indivíduo que era um supervisor imediato que essencialmente servia como professor e treinador no local de trabalho.

O que você percebe sobre os principais grupos da lista? Quem são essas pessoas? O mais provável é que perceba que são pessoas que você conhece bem e que o conhecem bem. São os líderes de que está mais próximo e que estão mais próximos de você. São aqueles com quem você tem contato mais frequente. Liderança exemplar é localizada.

Esse achado tem implicações extremamente importantes. Como pai, professor ou treinador, *você* é a pessoa que dá o exemplo da liderança para os jovens. Não são artistas de hip-hop, estrelas de cinema, atletas profissionais ou outros que são notícia nas redes sociais que lhes inspiram liderança. *Você* é o exemplo no qual mais provavelmente vão procurar características de como um líder responde a situações competitivas, lida com crises e perdas ou resolve dilemas éticos. Não é outra pessoa. É você!

Os dados também revelam que, se você é gerente de uma organização, para *seus* subordinados diretos, *você é o principal* líder nela. *Você* é seu professor e orientador, e está mais propenso do que qualquer outra pessoa na organização a influenciar seu desejo de permanecer ou sair, a trajetória de suas carreiras, seu comportamento ético, capacidade de ter seu melhor desempenho, impulso para impressionar os clientes e motivação para compartilhar a visão e os valores da organização.

Não há como escapar. Você está ciente agora de que, independentemente do título ou posição, seja em casa, na escola, na comunidade, seja no local de trabalho, deve assumir a responsabilidade pela qualidade da liderança que as pessoas ao seu redor observam e recebem. Você é responsável pela liderança que demonstra. Você define um exemplo, goste ou não, intencional ou não. A decisão consciente que deve tomar diz respeito a quão bom é um líder e o modelo que quer seguir. As pessoas o observam, independentemente de você saber disso ou não. Você tem impacto sobre elas, independentemente de ter a intenção ou não.

Todos — e isso literalmente significa toda pessoa — são potencialmente um modelo para alguém, e isso significa que *a liderança deve ser o negócio de todos*. O teste mais duradouro de sua eficácia de liderança é a medida em que produz e desenvolve as habilidades de liderança dos outros, não apenas pessoais. Você tem a capacidade de libertar o líder dentro de todos.

Questões Exemplares de Liderança

Debi Coleman foi uma das primeiras líderes que entrevistamos sobre as Experiências de Superação em Liderança e a primeira líder que citamos na edição original do livro *O desafio da liderança*. Naquela época, Debi era vice-presidente mundial de fabricação da Apple. Quando conversamos com ela recentemente como sócia-gerente da SmartForest, uma empresa de capital de risco, ela nos disse que sua perspectiva de liderança não mudou ao longo dos anos em relação ao que ela dissera: "Acho que pessoas boas merecem uma boa liderança. As pessoas que administro merecem a melhor liderança do mundo."

Debi expressa os sentimentos de todos os líderes exemplares. Eles se esforçam imensamente para oferecer a melhor liderança do mundo porque acreditam firmemente que as pessoas o merecem. O mais provável é que seja exatamente isso o que você queira de seus líderes e que seus seguidores esperem de você: nada menos que o melhor. Sem dúvida, você está lendo este livro pelo mesmo motivo!

O compromisso de Debi com questões exemplares de liderança importa. O seu, também. Isso é importante porque a boa liderança cria ótimos ambientes de trabalho. Uma liderança não tão boa cria ambientes de trabalho não tão bons. Você sabe disso pela própria experiência. Sabemos disso porque continuamos a encontrar evidências de que a liderança tem um impacto significativo nos níveis de engajamento das pessoas e em seu desempenho. Você viu dados para isso em cada capítulo. Vamos dar uma olhada em mais um estudo que ressalta esse ponto.

Pedimos a milhares de pessoas que pensassem sobre o pior e o melhor líder com quem já trabalharam. Posteriormente, colocamos a seguinte questão: Qual é a porcentagem, de 1 a 100, de talentos (técnicas e habilidades, mais tempo e energia) que você diria que usou com cada um desses líderes? A Figura 13.1 mostra os resultados.

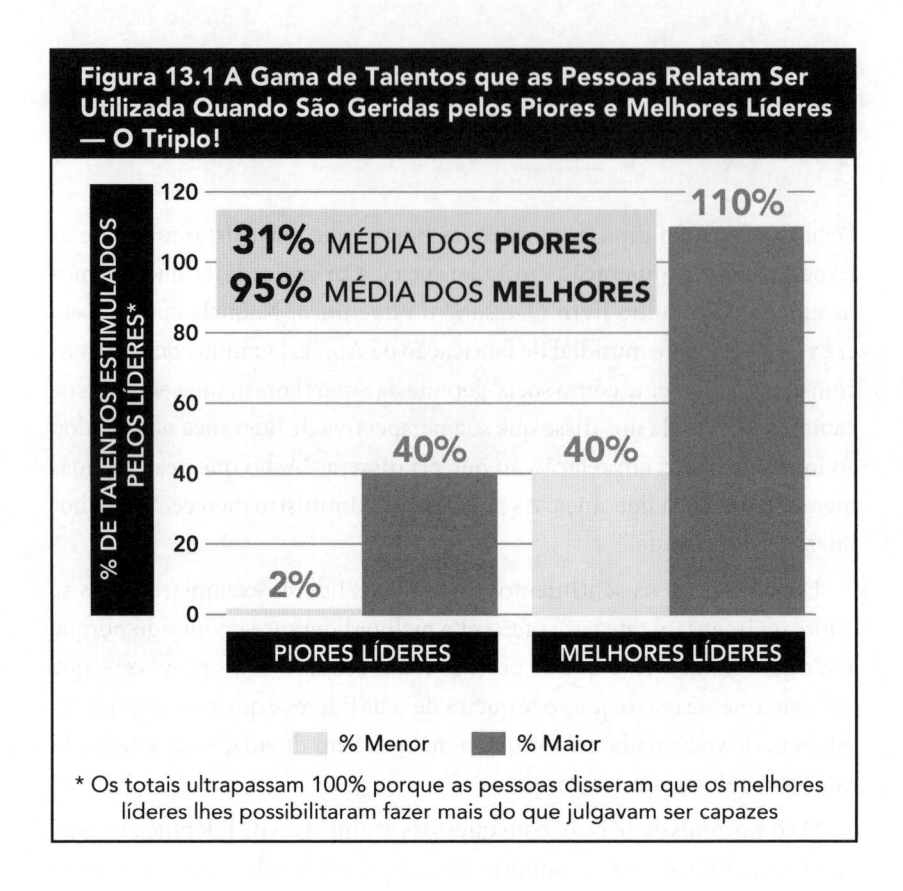

Figura 13.1 A Gama de Talentos que as Pessoas Relatam Ser Utilizada Quando São Geridas pelos Piores e Melhores Líderes — O Triplo!

31% MÉDIA DOS **PIORES**
95% MÉDIA DOS **MELHORES**

PIORES LÍDERES · MELHORES LÍDERES

% Menor · % Maior

* Os totais ultrapassam 100% porque as pessoas disseram que os melhores líderes lhes possibilitaram fazer mais do que julgavam ser capazes

Quando as pessoas pensam sobre sua experiência com os *piores* líderes, o percentual de talentos utilizados normalmente varia entre 2% e 40%, com uma média de 31%. Em outras palavras, as pessoas relatam que gastaram menos de um terço de seus talentos disponíveis em suas experiências com seus piores líderes. Muitos continuaram a trabalhar arduamente, mas poucos colocaram tudo do que eram capazes em seu trabalho. Reuniões demissionais revelam um fenômeno semelhante: as pessoas não deixam as empresas, mas o relacionamento com seu gerente. Pesquisas mostram que uma em cada duas pessoas em algum momento de sua carreira deixou o emprego para fugir de seu gerente.[2]

Essa triste realidade está em nítido contraste com o que as pessoas relatam quando pensam sobre sua experiência com seus melhores líderes. Esses líderes extraem um mínimo de 40% de seu talento e observam que *mínimo* era o *topo* com os *piores* líderes. De fato, muitos afirmam que seus melhores líderes conseguiram mais de 100% de seu talento! Você sabe que é matematicamente impossível obter mais de 100% do talento de um indivíduo, e ainda assim as pessoas balançam a cabeça e dizem: "Não, esse líder realmente me fez fazer mais do que eu pensava que era capaz ou mesmo possível. O percentual *médio* de talentos das pessoas utilizado pelos melhores líderes é de impressionantes 95%.

A diferença no desempenho das pessoas com os piores e melhores líderes é enorme. Os melhores líderes extraem mais de três vezes a quantidade de talento, energia e motivação de seus funcionários em comparação com seus colegas do outro lado do espectro.

Esses dados, e outras evidências apresentadas ao longo deste livro, confirmam que *a liderança faz a diferença*. Essa diferença pode ser negativa ou positiva, mas importa. A liderança impacta o comprometimento das pessoas, sua disposição para fazer um esforço extra, tomar iniciativa, responsabilizar-se e agir além do normal. Líderes ruins têm um efeito negativo sobre esses comportamentos, e líderes exemplares têm exatamente o efeito oposto. Que tipo de diferença você quer alcançar com sua liderança? A escolha é sua.

Estamos confiantes de que você quer se tornar o melhor líder possível — não apenas para o próprio bem, mas também para o bem dos outros e para o sucesso dos empreendimentos que busca. Afinal, é improvável que esteja lendo este livro sem ter tais aspirações. Como você pode aprender a liderar melhor do que faz agora?

Aprender a Liderar Requer Prática

Quase toda vez que fazemos um discurso ou ministramos um workshop, alguém pergunta: "Os líderes nascem ou são feitos?" Sempre que nos fazem essa pergunta, nossa resposta, sempre oferecida com um sorriso, é a seguinte: "Nunca conhecemos um líder que não tenha nascido. Também nunca encontramos um contador, artista, atleta, engenheiro, advogado, médico, escritor ou zoólogo que não tenha nascido. Todos nascemos. Isso é um dado."

Você pode estar pensando: "Bem, isso não é justo. Essa é uma resposta difícil. Todo mundo nasceu." Esse é precisamente o nosso ponto. Cada um de nós nasce e cada um de nós tem o material necessário para se tornar um líder — inclusive você. O que você deveria estar se perguntando não é: "Nasci para ser líder?" Ao se tornar um líder melhor, a pergunta mais meticulosa e significativa que você deve fazer é: "Posso me tornar um líder melhor amanhã do que sou hoje?" Para essa pergunta, nossa resposta é um ressonante: "SIM!"

Vamos falar mais diretamente. Liderança não é uma qualidade mística que poucas pessoas têm e a maioria, não. Liderança não é preordenada. Não é um gene ou característica. Não há provas concretas para sustentar a afirmação de que a liderança está impressa no DNA de apenas alguns indivíduos, e que todos os outros perderam e estão condenados a ser ignorantes.

Reunimos dados de avaliação de milhões de pessoas em todo o mundo. Podemos lhe dizer, sem sombra de dúvida, que existem líderes em todas as profissões, tipos de organização, religiões e países, de jovens a idosos, homens e mulheres. É um mito que a liderança não pode ser aprendida — que você a tem ou não. Existe potencial de liderança em todos os lugares que procurarmos. Como Ian McCamey, produtor sênior de conteúdo do portfólio de produtos OZO da Nokia Technologies, comentou: "Ao examinar os comportamentos nos quais todos os líderes se envolvem, o conceito de liderança torna-se uma habilidade alcançável, em vez de um poder misterioso."

Liderança é um *padrão observável de práticas e comportamentos*, e *um conjunto definível de técnicas e habilidades*. E qualquer habilidade pode ser aprendida, fortalecida, aperfeiçoada e aprimorada, dada a motivação e o desejo, juntamente com prática, feedback, modelos e coaching. Quando acompanhamos o progresso de pessoas que participam de programas de desenvolvimento de liderança, por exemplo, a pesquisa demonstra que elas melhoram com o tempo.[3] Elas aprendem a ser líderes melhores.

Aqui está o problema. A liderança pode ser aprendida; no entanto, nem todo mundo quer aprendê-la, e nem todos que a aprendem a dominam. Por quê? Porque tornar-se o melhor requer uma forte crença de que você pode aprender e crescer, uma intensa aspiração para se destacar, determinação de se desafiar constantemente, reconhecimento de que você deve envolver o apoio dos outros e devoção a praticar deliberadamente. Além disso, os melhores líderes percebem que não importa quão bons sejam, sempre podem ser ainda melhores e estão abertos a aprender como fazê-lo.[4]

Isso é música para Don Schalk. Don atuou como diretor executivo de várias empresas em sua carreira e agora faz parte do corpo docente da Alvernia University (Reading, Pensilvânia). Ele compartilhou conosco uma experiência pessoal que exemplifica o ponto de que os melhores agentes sempre se esforçam para melhorar. Don era um jogador de beisebol altamente qualificado, e relatou como seu treinador e mentor colegiado, Dick Rockwell, dizia regularmente a ele e a seus colegas jogadores: "O treino começa às 15h e termina às 17h. Se isso é tudo que você faz, não vamos ganhar e você não vai jogar." A mensagem era clara. Começar a jogar na equipe exigia mais do que aparecer apenas para duas horas de treino por dia. Ganhar jogos significava que todos da equipe tinham que fazer mais, não apenas um deles. Essa é a atitude dos campeões e se aplica tanto à liderança quanto ao atletismo. Se quer se tornar exemplar, você tem que treinar arduamente e fazer um esforço extra para praticar e aprimorar suas habilidades. Como diz a máxima popular: *O trabalho árduo supera o talento quando o talento não consegue trabalhar arduamente.*

O professor da Universidade Estadual da Flórida, e notável autoridade em perícia, K. Anders Ericsson fez a mesma consideração quando disse:

> Até que a maioria das pessoas reconheça que o treinamento e o esforço contínuos são um pré-requisito para alcançar níveis de desempenho especializados, continuarão a atribuir incorretamente menos realizações à falta de dons naturais e, assim, deixarão de atingir o próprio potencial.[5]

Anders e seus pares descobriram, ao longo das décadas de pesquisas, que o talento bruto não é tudo que existe para se tornar um ótimo profissional. Não importa se for em esportes, música, medicina, programação de computadores, matemática ou outras áreas. O talento não é a chave que abre a excelência.

Incrivelmente, altos QIs também não caracterizam os grandes profissionais. Às vezes, profissionais de nível mundial são realmente brilhantes, mas, em muitos casos, possuem inteligência mediana. Da mesma forma, anos de experiência não necessariamente garantem o alto desempenho de um profissional, muito menos o melhor. E, por mais surpreendente que pareça, às vezes mais anos de experiência podem significar um pior desempenho em comparação àqueles recém-formados em uma especialidade, porque as pessoas podem ficar presas a antigos paradigmas, que não são mais relevantes.

Você deve ter paixão pelo aprendizado para se tornar o melhor líder possível. O que realmente diferencia os profissionais excelentes dos bons é a devoção por praticar *deliberadamente*. Praticar *deliberadamente* não significa se envolver em qualquer atividade. Em vez disso, significa se envolver em experiências criadas especificamente para melhorar seu desempenho. *Criadas* é a ideia-chave, o que significa que existe uma metodologia e um objetivo muito específico. Em segundo lugar, a prática não é um evento isolado. Engajar-se em uma experiência de aprendizado criada apenas uma ou duas vezes não é suficiente. Isso tem que ser feito repetidamente, e de novo, até que se torne automático, e isso requer horas de repetição.

Outra característica importante da prática deliberada é a disponibilidade para feedback. Sem saber como você está, é difícil avaliar se está chegando perto de seu objetivo e se está agindo corretamente. Embora possa chegar a um momento em que você é realizado o suficiente para avaliar seu desempenho, precisará de um treinador, mentor ou outro agente externo para ajudar a analisar sua prática.

Além disso, sejamos realistas, a prática deliberada não é muito divertida. O que motiva os melhores profissionais durante as extenuantes sessões de treino frequentes não é o prazer que têm nessa atividade, mas o entendimento de que estão melhorando e se aproximando de seu sonho de desempenho superior, e isso é importante.

Por fim, não há como evitar o fato de que a prática leva tempo. Você pode estar familiarizado com a noção popularizada de que são necessárias "10 mil horas de treino" se quiser se tornar especialista,[6] mas a verdade é que não há um número específico. Você tem que considerar o tempo, mas não é preciso muito apego ao número de horas necessárias. Para alguns, levará mais de 10 mil horas para dominar a arte da liderança; para outros, será menos. O que é verdade para todos os campeões, no entanto, é que a maestria é uma busca vitalícia.

A maneira mais significativa e importante para você se tornar um líder exemplar é tronar a aprendizagem da liderança um hábito diário. Aprendizagem de liderança não é algo que você adiciona à sua agenda já ocupada quando vai organizá-la. Não é algo que se faz em um final de semana ou uma vez por mês, em um retiro. Não é algo que é cortado do calendário quando os tempos estão difíceis. É algo que você faz automática e instintivamente, como suas outras prioridades importantes do dia. É algo que acontece rotineiramente, como verificar seu e-mail, enviar mensagens de texto a um colega ou participar de uma reunião. É algo considerado essencial para seu sucesso pessoal. Assim como o exercício físico, você deve praticar diariamente para entrar e ficar em forma. O momento "ahá" para Tommy Baldacci, sócio de vendas da Rhumbix, foi quando ele percebeu a importância da prática diária:

> Tive que aprender como ser líder antes de poder
> ser um. Tive que tomar a decisão de que seria líder.
> Depois que decidi o que queria e o tornei parte de
> todo pensamento do meu dia, isso começou a me
> consumir. Todas as ações que tomei contribuíram
> para o objetivo de ser líder. Isso é o mesmo em todos
> os caminhos para ser bem-sucedido. Você tem que
> tomar uma decisão, e a prática de liderança fará o
> esforço consciente.

Contrastes e Contradições

Em nossa pesquisa, aprendemos que, ao dar seu melhor, os melhores líderes Modelam o Estilo, Inspiram uma Visão Comum, Questionam o Processo, Capacitam os Outros para a Ação e Animam os Corações. E descobrimos que os líderes que mais frequentemente se envolvem nas Cinco Práticas de Liderança têm uma probabilidade significativamente maior de obter resultados extraordinários do que os que não fazem muito uso dessas práticas.

Mas há um problema. *Você pode aprender a fazer tudo isso perfeitamente e ainda ser demitido!* Talvez devêssemos ter dito isso mais cedo, mas sem dúvida você já imaginava. Não há absolutamente nenhuma maneira de dizermos que qualquer uma dessas práticas de liderança sempre funcionará o tempo todo com todas as pessoas. Sabemos com certeza que há uma probabilidade muito maior de que o façam, mas não há garantia absoluta ou dinheiro de volta. E se alguém já está na sua frente e afirma que tem *a* teoria de três, cinco, sete ou nove fatores de resultados e recompensas 100% garantidos, pegue sua carteira e corra. Não há um tipo de programa de perda de peso rápida para a liderança.

Ainda há outro problema. Qualquer prática de liderança *pode* se tornar destrutiva. Virtudes podem se tornar vícios. Há um ponto em que cada uma das Cinco Práticas de Liderança, levadas ao extremo, pode levá-lo ao erro.

Sabemos que encontrar sua voz e dar o exemplo é essencial para a credibilidade e a realização. Mas uma obsessão em ser visto como um modelo pode levá-lo a ser excessivamente focado nos próprios valores e em sua maneira de agir. Isso pode fazer com que você desconsidere os pontos de vista dos outros e se feche para comentários. Pode empurrá-lo para o isolamento por medo de perder a privacidade ou ser "descoberto". Também pode fazer com que você se preocupe mais com aparências do que com a substância.

Ser visionário e comunicar uma visão clara e compartilhada do futuro é o que diferencia os líderes de outras pessoas confiáveis. No entanto, um foco restrito em uma visão do futuro pode cegá-lo para outras possibilidades, assim como para as realidades do presente. Isso faz com que você perca as excitantes possibilidades que estão fora de seu campo de visão ou com que permaneça um pouco demais com tecnologias antigas, desgastadas e desatualizadas. Explorar seus poderes de inspirar faz com que os outros se entreguem a suas vontades. Sua própria energia, entusiasmo e charme podem ser tão magnéticos a ponto de fazer os outros pararem de pensar por si mesmos e concordarem irracionalmente com sua perspectiva.

Questionar o processo é essencial para promover a inovação e a mudança progressiva. Tomar iniciativas e assumir riscos é necessário para aprendizagem e melhoria contínuas. No entanto, leve isso a extremos e você criará turbulências desnecessárias, confusão e paranoia. As rotinas são importantes, e se você raramente parar o suficiente para dar às pessoas uma oportunidade de ganhar confiança e competência, elas perderão a motivação para tentar coisas novas. Mudar simplesmente pela mudança pode ser tão desmoralizante quanto a complacência.

Colaboração e trabalho em equipe são essenciais para realizar coisas extraordinárias no mundo hiperativo de hoje. A inovação depende de um alto grau de confiança, e as pessoas devem ter uma sensação de controle nas próprias vidas se quiserem realizar grandes feitos. No entanto, um excesso de confiança na colaboração e na credibilidade pode refletir a tentativa de evitar abordar questões críticas ou fornecer feedback negativo. Pode ser uma maneira de *não* assumir o controle quando a situação exigir. Delegar poder e responsabilidade pode se tornar uma maneira de jogar muito nos outros, quando eles não estão totalmente preparados para lidar com isso, e fugir de sua responsabilidade.

Sabemos que as pessoas têm um desempenho mais alto quando são incentivadas. O reconhecimento pessoal e a celebração do grupo criam o espírito e o ímpeto que o levam adiante, mesmo durante os desafios mais difíceis. Ao mesmo tempo, preocupar-se constantemente com quem deve ser reconhecido e quando deve haver celebrações pode nos transformar em menestréis gregários. Você pode perder de vista a missão e qualquer senso de urgência, porque está se divertindo muito. Você pode se tornar tão consumido por todas as vantagens e prazeres a ponto de esquecer o propósito de tudo isso.

Muito mais insidiosa do que esses problemas potenciais, no entanto, é a atração perigosa da arrogância. É divertido ser líder, gratificante ter influência e estimulante ter dezenas de pessoas aplaudindo cada palavra sua. De muitas maneiras sutis demais, é fácil ser seduzido pelo poder e importância. Todos os líderes do mal foram infectados com a doença da arrogância, ficando inflamados com um senso exagerado de si mesmos e perseguindo os próprios fins sinistros. Como você evita isso?

A humildade é o antídoto para a arrogância. Você pode evitar o orgulho excessivo somente quando reconhecer que é humano e precisa da ajuda de outras pessoas. Líderes exemplares sabem que "não podem fazer sozinhos" e agem em consonância. Eles não têm o orgulho e o fingimento demonstrados por muitos líderes que têm sucesso a curto prazo, mas deixam para trás uma organização fraca que não consegue sobreviver depois de sua partida. Eles permanecem interessados nas ideias dos outros, aprendendo sobre assuntos para os quais ainda não têm as respostas. São resilientes e demonstram vontade de experimentar. Eles apreciam as lições aprendidas com a experiência, incluindo as decepções. Com humor discreto, escuta profunda dos que estão à sua volta e crédito generoso e sincero aos outros, líderes humildes alcançam níveis cada vez mais altos de desempenho.

A palavra *humano* e a palavra *humilde* derivam do latim *humus,* que significa terra. Ser humano e humilde é ser pé no chão, com suas raízes firmemente presas à terra. Não é interessante quando você sobe na hierarquia e muitas vezes sobe para um andar mais alto do prédio, ficando cada vez mais longe do chão? É de admirar que quanto mais alto seja, mais difícil é manter seu equilíbrio?[7]

Você deve ter coragem para ser humano e humilde.[8] É preciso muita coragem para admitir que nem sempre você está certo, que nem sempre é possível antecipar todas as possibilidades, que não pode projetar todo o futuro, que não pode resolver todos os problemas, que não pode controlar cada variável, que você não é sempre agradável, que comete erros e que é, em uma palavra, humano. É preciso coragem para admitir todas essas coisas para os outros, mas pode ser preciso ainda mais coragem para admiti-las para si mesmo. Se encontrar humildade para fazer isso, convide os outros para uma conversa corajosa. Quando baixa sua guarda e se abre para os outros, você os convida a se juntar a você na criação de algo que sozinho não poderia fazer. Quando você se torna mais modesto e despretensioso, outros têm a chance de se tornar visíveis e notados.

Nada na pesquisa sugere que os líderes devam ser perfeitos. Líderes não são santos. Eles são seres humanos, cheios de defeitos e falhas, como todos. Eles cometem erros. Talvez o melhor conselho para todos os aspirantes a líderes seja permanecer humilde e despretensioso — permanecer sempre aberto a aprender mais sobre si mesmo e sobre o mundo ao redor.

Primeiro, Lidere Você Mesmo

O instrumento da liderança é o eu, e o domínio da arte da liderança vem do domínio do eu. Engenheiros têm computadores; pintores, telas e pincéis; músicos, instrumentos. Líderes só têm eles mesmos. Tornar-se o melhor líder que você pode ser significa tornar-se o melhor eu possível. Portanto, o desenvolvimento da liderança é fundamentalmente o autodesenvolvimento.

O autodesenvolvimento não trata do preenchimento de um monte de novas informações ou da experimentação da última técnica. Diz respeito a liderar o que já está em sua alma. Libertar o líder dentro de você. E começa olhando para dentro.

Quanto melhor você se conhecer, melhor compreenderá as mensagens muitas vezes incompreensíveis e conflitantes que recebe diariamente. Faça isso, faça aquilo. Apoie isso, apoie aquilo. Decida isso, decida aquilo. Mude isso, mude aquilo. Você precisa de orientação interna para navegar pela turbulência no ambiente altamente incerto do hoje.

Brian Alink, que apresentamos no primeiro capítulo deste livro, disse-nos que, para crescer como líder, era extremamente importante entender melhor a si mesmo. Ele chegou a essa conclusão enquanto liderava a função de operações do cliente para as transações de financiamento de automóveis da Capital One. Para conhecer os membros de sua grande e diversificada equipe, Brian criou "lanches e bate-papos", nos quais de oito a dez associados de várias áreas se reuniam em um ambiente informal para falar sobre suas maiores paixões fora do trabalho. Brian ouviu algumas histórias pessoais fascinantes. Os encontros informais também lhe deram a chance de começar a contar a própria história.

Refletindo sobre suas primeiras experiências de vida, durante as quais sua família enfrentou dificuldades financeiras e se mudou para um trailer de viagem, Brian conseguiu um caminho para uma liderança exemplar:

> Meu forte impulso para o sucesso nasceu deitado durante a noite no trailer do acampamento de K.O.A., prometendo a mim mesmo que ainda sonharia grande, trabalharia com afinco e vorazmente aprenderia a realizar grandes coisas para cuidar da minha família algum dia. Pouco a pouco, comecei a compartilhar minha história pessoal com grupos de associados com os quais me encontrei, apenas para mostrar um pouco de mim mesmo. A resposta foi incrivelmente favorável. Acho que todo mundo tem desafios em suas vidas que são realmente difíceis. E são esses momentos, são aqueles momentos difíceis, que moldam quem eles são e o que os motiva.

Essas experiências ajudaram Brian a perceber que "a liderança vem do coração e de um lugar genuíno, ao ser vulnerável e levar todo o seu eu para o trabalho".

Levar todo o seu eu para o trabalho requer o tipo de autodescoberta na qual Brian se envolveu. É preciso rever sua vida para entender as experiências que moldaram você e os valores que essas experiências lhe ensinaram. Ao continuar sua jornada em direção à liderança exemplar, você deve discutir algumas questões difíceis:

▶ Quais foram os momentos principais da minha vida e o que me motivou a alcançá-los?

▶ Quais são os valores que devem orientar minhas decisões e ações?

▶ O que preciso fazer para melhorar minhas habilidades para levar essa equipe ou organização adiante?

▶ Em que acho que a organização precisa ser mais bem gerida nos próximos dez anos?

▶ O que me dá coragem para continuar diante da incerteza e adversidade?

▶ Quão sólidas são as minhas relações com meus colaboradores? Quão confiável sou?

▶ O que posso fazer para manter a esperança viva — nos outros e em mim mesmo?

Embora não seja uma lista exaustiva, todos os líderes exemplares lutaram com questões como essas. Essa busca pessoal é essencial para o desenvolvimento de líderes. Você não pode liderar os outros até que tenha se guiado pela primeira vez em uma jornada de autodescoberta. Pesquisas descobriram que tirar um tempo todos os dias — mesmo que de dez a quinze minutos — para refletir sobre o que você aprendeu com suas experiências melhora significativamente seu desempenho subsequente.[9]

Se você quer se tornar o líder que aspira a ser, deve dedicar um tempo para retroceder e refletir sobre seu passado, presente, futuro e descobrir suas paixões.

Liderar É Pôr em Prática

Aprender sobre você e sobre liderança, no entanto, não é o mesmo que liderar. Decidir ser um líder exemplar não é o mesmo que *ser*. Liderar é pôr em prática. Você precisa fazer da liderança um hábito diário. Precisa fazer algo todos os dias para aprender mais sobre liderança, e precisa colocar essas lições em prática todos os dias.

Sergey Nikiforov, diretor sênior de vendas da Persistence Systems, ponderou sobre esse desafio, explicando-nos que a pergunta "Por onde começo a me tornar um líder melhor?" o incomodava há algum tempo. Sergey supunha que tinha que fazer algo grandioso e ambicioso para demonstrar que era um líder, mas então lhe ocorreu.

> Descobri que, todos os dias, tive a oportunidade
> de fazer uma pequena diferença. Eu poderia ter

treinado alguém melhor, ter escutado melhor, ter sido mais positivo em relação às pessoas, ter dito "Obrigado" com mais frequência, eu poderia ter... a lista continua indefinidamente.

No começo, fiquei um pouco sobrecarregado com a descoberta de quantas oportunidades eu tinha em um único dia para atuar como um líder melhor. Mas, quando comecei a colocar essas ideias em prática, fiquei agradavelmente surpreso com a melhora que consegui fazer sendo mais consciente e intencional sobre atuar como líder.

Sergey está certo sobre esse ponto. Cada dia oferece inúmeras chances para fazer a diferença. A chance pode surgir em uma conversa privada com um relatório direto ou em uma reunião com os colegas. Pode surgir à mesa de jantar da família. Pode acontecer quando você está falando em uma conferência sobre o futuro do seu negócio, quando está ouvindo um amigo falar sobre um conflito atual com um colega ou como resultado de pedir feedback de um consumidor, cliente ou parceiro.

A liderança está no momento. Há muitos momentos todos os dias em que você pode escolher liderar. Cada dia você pode escolher fazer a diferença. Cada um desses momentos oferece a perspectiva de contribuir para um legado duradouro.

Lembre-se do Segredo para o Sucesso na Vida

Há uma lição final sobre liderança que gostaríamos de compartilhar. É o segredo do líder para o sucesso na vida.

Quando começamos nosso estudo sobre os melhores líderes, tivemos a sorte de cruzar com o então major-general do Exército dos EUA, John H. Stanford. Sabíamos que ele tivera uma infância pobre, que foi reprovado na sexta série, mas se formou na Penn State University com uma bolsa de estudos da ROTC, que sobreviveu a várias viagens militares na Coreia e no Vietnã, que era altamente condecorado e que a lealdade de suas tropas foi extraordinária. John liderou o Comando de Gerenciamento de Tráfego Militar para o Exército dos EUA durante a Guerra do Golfo. Quando se aposentou do exército, tornou-se gerente do condado de Fulton County, na Geórgia, quando Atlanta se preparava para sediar as Olimpíadas de 1996. John tornou-se, então, superintendente do sistema escolar público de Seattle, o que provocou uma revolução na educação pública, antes de seu falecimento prematuro provocado pela leucemia.

Tudo o que aprendemos sobre o serviço público de John foi impressionante, mas sua resposta a uma de nossas perguntas da entrevista influenciou significativamente nossa própria noção da liderança. Perguntamos a John como ele desenvolveria líderes, seja nas universidades, nas Forças Armadas, no governo, no setor sem fins lucrativos, seja em negócios privados. Ele respondeu:

> Quando me fazem essa pergunta, digo que tenho o segredo do sucesso na vida. O segredo para o sucesso é ficar apaixonado. Permanecer apaixonado lhe dá o fogo para inflamar outras pessoas, enxergar dentro delas e ter um desejo maior de fazer as coisas do que as outras pessoas. Uma pessoa que não está apaixonada realmente não sente o tipo de entusiasmo que a faz progredir, liderar os outros e alcançar objetivos. Não conheço nenhuma outra centelha, qualquer outra coisa na vida, que seja mais estimulante, e um sentimento mais positivo, do que a paixão.

"Ficar apaixonado" não era a resposta que esperávamos — pelo menos não quando começamos nosso estudo de liderança. Mas depois de estudar liderança por mais de 30 anos, através de milhares de entrevistas e análises de casos, somos constantemente lembrados de quantos líderes usam a palavra *amor* livremente ao falar sobre as próprias motivações para liderar. Como nos contou Anna Blackburn, que apresentamos no Capítulo 1, sobre sua carreira na Beaverbrooks, em que começou na produção e se tornou CEO: "Encontre algo que você ama. Quando realmente ama o que faz, você se sobressai e se sai bem."

De todas as coisas que sustentam um líder ao longo do tempo, o amor é a mais duradoura. É difícil imaginar líderes se levantando dia após dia, dedicando longas horas e trabalho árduo para fazer coisas extraordinárias acontecerem sem ter o coração deles nisso. O segredo mais bem guardado dos líderes de sucesso é o amor: permanecer apaixonado pela liderança, pelas pessoas que fazem o trabalho, pelo que as organizações oferecem e por aqueles que honram a organização usando seus produtos e serviços.

Liderança não é um assunto da mente. É um assunto da alma.

NOTAS

Capítulo 1
Quando os Líderes Estão em Sua Melhor Forma

1. Salvo indicação em contrário, todas as citações são de entrevistas pessoais, de estudos de caso da Personal-Best Leadership Experience, ou reflexões de liderança escritas pelos líderes que as responderam. Os títulos e afiliações dos líderes citados podem ser diferentes hoje do que eram no momento de seu estudo de caso ou da publicação desta edição. Em algumas situações, quando nos foi solicitado que não usasse seus nomes verdadeiros, utilizamos pseudônimos para facilitar a discussão. Todos os outros detalhes dos exemplos são de experiências *reais* dos *entrevistados*.

2. Somos gratos a Steve Coats por fornecer esse exemplo, expandido em outras entrevistas.

3. Somos gratos a Natalie Loeb por fornecer esse exemplo, expandido em outras entrevistas.

4. Mais informações sobre os mitos que impedem as pessoas de se desenvolverem plenamente como líderes são encontradas em JM Kouzes e BZ Posner, *Liderança de Aprendizagem: Os Cinco Fundamentos para Se Tornar um Líder Exemplar* (Rio de Janeiro: Alta Books, 2017).

5. Somos gratos a Valarie Willis por fornecer esse exemplo.

6. Somos gratos a Valarie Willis por fornecer esse exemplo.

7. Somos gratos a Joseph Hines por fornecer esse exemplo.

8. Mais informações sobre a metodologia e as descobertas da pesquisa são encontradas em BZ Posner, "Bringing the Rigor of Research to the Art of Leadership: Evidence Behind The Five Practices of Exemplary Leadership and the LPI: Leadership Practices Inventory", http://www.leadershipchallenge.com/Research-section-Our-Authors-Research-Detail/bringing-the-rigor-of-research-to-the-art-of-leadership.aspx.

9. Posner, "Bringing the Rigor", e JM Kouzes e BZ Posner, *LPI: Leadership Practices Inventory,* 4ª ed. (San Francisco: The Leadership Challenge — A Wiley Brand, 2012), http://www.leadershipchallenge.com/professionals-section-lpi.aspx.

10. R. Roi, *Leadership Practices, Corporate Culture, and Company Financial Performance: 2005 Study Results* (Palo Alto, CA: Crawford and Associates International, 2006), http://www.hr.com/en?s=ldYUsXbBU1qzkTZI&t=/documentManager/sfdoc.file.supply&fileID=1168032065880. Para uma lista de centenas de artigos acadêmicos que examinam como as Cinco Práticas afetam o engajamento e o desempenho, consulte Posner, "Bringing the Rigor".

Capítulo 2
Credibilidade É a Base da Liderança

1. Para uma discussão mais aprofundada sobre a relação de liderança, o que as pessoas procuram em seus líderes e as ações que os líderes precisam tomar para fortalecer esse relacionamento, veja JM Kouzes e BZ Posner, *Credibility: How Leaders Gain and Lose It, Why People Demand It* (San Francisco: Jossey-Bass, 2011).

2. Para obter mais informações sobre os estudos originais, consulte BZ Posner e WH Schmidt, "Values and the American Manager: An

Update", *California Management Review* 26, nº. 3 (1984): 202–216; e
BZ Posner e WH Schmidt, "Values and Expectations of Federal Service
Executives", *Public Administration Review* 46, nº. 5 (1986): 447–454.

3. H. Wang, KS Law, R. D. Hackett, D. Wang e Z. X. Chan, "Leader-
Member Exchange as a Mediator of the Relationship Between
Transformational Leadership and Followers' Performance and
Organizational Citizenship Behavior", *Academy of Management
Journal* 48 (2005): 420-432. Veja também B. Artz, AH Goodall e AJ
Oswald (29 de dezembro de 2016), "If Your Boss Could Do Your Job,
You're More Likely to Be Happy at Work", *Harvard Business Review,*
Reimpressão H03DTB, https://hbr.org/2016/12/if-your-boss-could-
do-your-job-youre-mais-likely-to-be-happy-at-work; e B. Artz, AH
Goodall e AJ Oswald, "Boss Competence and Worker Well-being",
ILR Review, 16 de maio de 2016, http://journals.sagepub.com/doi/
abs/10.1177/0019793916650451?ai=1gvoi&mi=3ricys&af=R.

4. S. J. Lopez, *Making Hope Happen: Create the Future You Want for
Yourself and Others* (Nova York: Atria Books, 2013), 61. Veja também
J. E. Bono e R. Ilies, "Charisma, Positive Emotions, and Mood
Contagion", *The Leadership Quarterly* 17 (2006): 317–334.

5. Edelman, *2017 Edelman Trust Barometer: Global Report,* http://www.
edelman.com/trust2017/.

6. O estudo clássico sobre credibilidade remonta a C. I. Hovland, I. L.
Janis e H. H. Kelley, *Communication and Persuasion* (New Haven,
CT: Yale University Press, 1953); os primeiros estudos estatísticas
incluem J. C. McCroskey, "Scales for the Measurement of Ethos", *Speech
Monographs* 33 (1966): 65–72; e D. K. Berlo, J. B. Lemert e R. J. Mertz,
"Dimensions for Evaluating the Acceptability of Message Sources",
Public Opinion Quarterly (1969): 563–576 [conteúdos em inglês]. Uma
perspectiva contemporânea é fornecida por R. Cialdini, *Influência: A
Psicologia da Persuasão* (Nova York: HarperCollins, 2007).

7. B. Z. Posner e J. M. Kouzes, "Relating Leadership and Credibility"
Psychological Reports 63 (1988): 527–530.

8. P. J. Sweeney, V. Thompson e H. Blanton, "Trust and Influence in
Combat: An Interdependence Model" *Journal of Applied Social
Psychology* 39, nº. 1 (2009): 235–264.

9. F. F. Reichheld com T. Teal, *The Loyalty Effect: The Hidden Force Behind Growth, Profits, and Lasting Value* (Boston: Harvard Business School Press, 1996), 1.

10. F. F. Reichheld, *Loyalty Rules: How Today's Leaders Build Lasting Relationships* (Boston: Harvard Business School Press, 2001), 6. Veja também J. Kaufman, R. Markey, S. D. Burton e D. Azzarello, "Who's Responsible for Employee Engagement? Line Supervisors, Not HR, Must Lead the Charge", *Bain Brief* (2013), http://www.bain.com/publications/articles/whos-responsible-for-employee-engagement.aspx.

Capítulo 3
Esclareça os Valores

1. Como citado em A. Bryant, "Want to Know Me? Just Read My User Manual", *New York Times,* 30 de março de 2013.

2. G. Colvin, "Great Job! Or How Yum Brands Uses Recognition to Build Teams and Get Results", *Fortune,* 13 de agosto de 2013, 62–66.

3. F. Kiel *Return on Character: The Real Reason Leaders and Their Companies Win* (Boston, MA: Harvard Business Press, 2015).

4. M. Rokeach, *The Nature of Human Values* (Nova York: Free Press, 1973), 5.

5. L. Legault, T. Al-Khindi e M. Inzlicht, "Preserving Integrity in the Face of Performance Threat: Self-Affirmation Enhances Neurophysiological Responsiveness to Errors", *Psychological Science* 23, n°. 12 (2012): 1455–1460.

6. B. Swain, *What Made Me Who I Am* (Franklin, TN: Post Hill Press, 2016).

7. B. Z. Posner e W. H. Schmidt, "Values Congruence and Differences Between the Interplay of Personal and Organizational Value Systems", *Journal of Business Ethics* 12 (1992): 171–177. Veja também B. Z. Posner, "Another Look at the Impact of Personal and Organizational Values Congruency", *Journal of Business Ethics* 97, n°. 4 (2010): 535–541.

8. Posner, "Another Look".

9. S. Houle e K. Campbell, "What High-Quality Job Candidates Look for in a Company", *Gallup Business Journal,* 4 de janeiro de 2016, http://www.gallup.com/businessjournal/187964/high-quality-job-candidates-look-company.aspx.

10. N. Dvorak e B. Nelson, "Few Employees Believe in Their Company's Values", *Gallup Business Journal,* 13 de setembro de 2016, http://www.gallup.com/businessjournal/195491/few-employees-believecompany-values.aspx.

11. Por exemplo, veja S. A. Sackmann, "Culture and Performance", em N. Ashkanasy, C. Wilderom e M. Peterson (eds.), *The Handbook of Organizational Culture and Climate,* 2ª ed. (Thousand Oaks, CA: Sage Publications, 2011), 188–224; A. S. Boyce, L. R. G. Nieminen, M. A. Gillespie, A. M. Ryan e D. R. Denison (2015), "Which Comes First, Organizational Culture or Performance? A Longitudinal Study of Causal Priority with Automobile Dealerships", *Journal of Organizational Behavior* 36, nº. 3 (2015): 339–359; G. Caesens, G. Marique, D. Hanin e F. Stinglhamber, "The Relationship Between Perceived Organizational Support and Proactive Behaviour Directed Towards the Organization", *European Journal of Work and Organizational Psychology* 25, nº. 3 (2016): 398–411; e C. M. Gartenberg, A. Prat e G. Serafeim, "Corporate Purpose and Financial Performance", Columbia Business School Research Paper nº. 16–69, 30 de junho de 2016. Disponível no SSRN: https://ssrn.com/abstract=2840005.

12. Como citado em A. Carr, "The Inside Story of Starbucks's Race Together Campaign, No Foam", *Fast Company,* 15 de junho de 2015, http://www.fastcompany.com/3046890/the-inside-story-of-starbuckss-racetogether-campaign-no-foam.

13. Veja, por exemplo, A. Rhoads e N. Shepherdson, *Built on Values: Creating an Enviable Culture that Outperforms the Competition* (San Francisco: Jossey-Bass, 2011); R. C. Roi, "Leadership, Corporate Culture and Financial Performance", (tese de doutorado, Univejasidade de São Francisco, 2006); S. Lee, S. J. Yoon, S. Kim e J. W. Kang, "The Integrated Effects of Market-Oriented Culture and Marketing Strategy on Firm Performance", *Journal of Strategic Marketing* 14 (2006): 245–261; e T. M. Gunaraja1, D. Venkatramaraju e G. Brindha, "Impact of Organizational Culture in Public Sectors", *International Journal of Science and Research* 4, nº. 10 (2015): 400–402.

14. Veja, por exemplo, B. Z. Posner, W. H. Schmidt e J. M. Kouzes, "Shared Values Make a Difference: An Empirical Test of Corporate Culture", *Human Resource Management* 24, nº. 3 (1985): 293–310; B. Z. Posner, W. A. Randolph e W. H. Schmidt, "Managerial Values Across Functions: A Source of Organizational Problems", *Group & Organization Management* 12, nº. 4 (1987): 373–385; B. Z. Posner e W. H. Schmidt, "Demographic Characteristics and Shared Values", *International Journal of Value-Based Management* 5, nº. 1 (1992): 77–87; B. Z. Posner, "Person-Organization Values Congruence: No Support for Individual Differences as a Moderating Influence", *Human Relations* 45, nº. 2 (1992): 351–361; e B. Z. Posner e R. I. Westwood, "A Cross-Cultural Investigation of the Shared Values Relationship", *International Journal of Value-Based Management* 11, nº. 4 (1995): 1–10.

15. Somos gratos a Bo Cogbill e Jo Bell por compartilharem esse exemplo.

16. T. Hsieh, "What You Should—and Shouldn't—Take from Us", *Inc.* De julho a agosto de 2014, 96.

17. B. Z. Posner, "Values and the American Manager: A Three-Decade Perspective", *Journal of Business Ethics* 91, nº. 4 (2010): 457–465.

18. R. A. Stevenson, "Clarifying Behavioral Expectations Associated with Espoused Organizational Values", (tese de doutorado, Fielding Institute, 1995).

Capítulo 4
Dê o Exemplo

1. T. Yaffe e R. Kark, "Leading by Example: The Case of Leader OCB" *Journal of Applied Psychology* 96, nº. 4 (julho de 2011): 806–826.

2. T. Simons, H. Leroy, V. Collewaert e S. Masschelein, "How Leader Alignment of Words and Deeds Affects Followers: A Meta-Analysis of Behavioral Integrity Research", *Journal of Business Ethics* 132 (2014): 831–844; M. Palanski e F. J. Yammarino, "Impact of Behavioral Integrity on Follower Job Performance: A Three-Study Examination", *Leadership Quarterly* 22 (2011): 765–786; H. Leroy, M. Palanski e T. Simons, "How Being True to the Self Helps Leadership Walk the Talk: Authentic Leader and Leader Behavioral Integrity as Drivejas

of Follower Affective Organizational Commitment and Work Role Performance", *Journal of Business Ethics* 107 (2012): 255–264.

3. J. Michel, "Great Leadership Isn't About You", *Harvard Business Review* 22 de agosto de 2014.

4. E. Schein, *Organizational Culture and Leadership*, 4ª. ed. (San Francisco: Jossey-Bass, 2010).

5. Somos gratos a Michael Bunting por compartilhar esse exemplo.

6. S. Zuboff, *In the Age of the Smart Machine: The Future of Work and Power* (Nova York: Basic Books, 1988).

7. K. Allen, *Hidden Agenda: A Proven Way to Win Business and Create a Following.* (Brookline, MA: Bibliomotion, 2012).

8. G. Hamel, "Moon Shots for Management", *Harvard Business Review,* Fevereiro de 2009, 91.

9. A. Newberg e M. R. Waldman, *Words Can Change Your Brain: 12 Convejasation Strategies to Build Trust, Resolve Conflict, and Increase Intimacy* (Nova York: Penguin, 2012), 7.

10. D. Stone e S. Heen, *Thanks for the Feedback: The Science and Art of Receiving Feedback Well* (Nova York: Penguin, 2015).

11. F. Gino, "Research: We Drop People Who Give Us Critical Feedback", *Harvard Business Review,* 16 de setembro de 2016, https://hbr. org/2016/09/research-we-drop-people-who-give-us-critical-feedback. Veja também P. Green, F. Gino e B. Staats, "Shopping for Confirmation: How Threatening Feedback Leads People to Reshape Their Social Networks" (documento de trabalho, Harvard Business School, 2016).

12. Somos gratos a Michael Bunting por compartilhar esse exemplo.

13. R. W. Eichinger, M. M. Lombardo e D. Ulrich, *100 Things You Need to Know: Best Practices for Managers and HR* (Minneapolis, MN: Lominger, 2004), 492.

14. Somos gratos a Missy Makanui por compartilhar esse exemplo.

15. Somos gratos a Sakshi Gambhir por compartilhar esse exemplo.

16. S. Callahan, *Putting Stories to Work: Mastering Business Storytelling* (Melbourne: Pepperberg Press, 2016). Para saber mais sobre a pesquisa sobre a fisiologia de por que as histórias são tão persuasivas, veja J. A. Barraza, V. Alexander, L. E. Beavin, E. T. Terris e P. J. Zak, "The Heart

of the Story: Peripheral Physiology During Narrative Exposure Predicts Charitable Giving", *Biological Psychology* 105 (2015): 138–143.

17. Como citado em D. Schawbel, "How to Use Storytelling as a Leadership Tool", *Forbes,* 13 de abril de 2012, https://www.forbes.com/sites/danschawbel/2012/08/13/how-to-usestorytelling-as-a-leadership-tool/2/?ss=businessrenegades#e9708e3789e3. Para saber mais sobre como escreveja, contar e usar histórias para transmitir importantes lições organizacionais, veja P. Smith, *Lead with a Story: A Guide to Crafting Business Narratives that Captivate, Convince, and Inspire* (Nova York: AMACOM, 2012).

18. S. Denning, *The Springboard: How Storytelling Ignites Action in Knowledge-Era Organizations* (Boston: Butterworth-Heinemann, 2001), xiii. Para algumas das melhores maneiras de contar e usar histórias para comunicar visão e valores, veja S. Denning, *The Secret Language of Leadership: How Leaders Inspire Action Through Narrative* (San Francisco: Jossey-Bass, 2007).

19. Veja, por exemplo, C. Wortmann, *What's Your Story Using Stories to Ignite Performance and Be More Successful* (Chicago: Kaplan, 2006); H. Monarth, "The Irresistible Power of Storytelling as a Strategic Business Tool", *Harvard Business Review,* 11 de março de 2014, https://hbr.org/2014/03/the-irresistible-power-of-storytelling-as-a-strategic-business-tool; P. J. Zak, "Why Your Brain Loves Good Storytelling", *Harvard Business Review,* 28 de outubro de 2014, https://hbr.org/2014/10/why-your-brain-loves-good-storytelling; e S. R. Martin, "Stories About Values and Valuable Stories: A Field Experiment of the Power of Narratives to Shape Newcomers' Actions", *Academy of Management Journal* 59, n°. 5 (2016): 1707–1724.

20. Como citado em "Lou Gerstner on Corporate Reinvention and Values", *McKinsey Quarterly,* setembro de 2014, http://www.mckinsey.com/global-themes/leadership/lou-gerstner-on-corporate-reinvention-and-values.

21. Para um modelo detalhado que você pode usar para criar e reforçar uma cultura baseada em valores compartilhados, veja A. Rhoades, *Built on Values: Creating a Culture That Outperforms the Competition* (San Francisco: Jossey-Bass, 2011).

Capítulo 5
Veja o Futuro

1. D. Gilbert, *Stumbling on Happiness* (Nova York: Knopf, 2006), 5–6.

2. G. Klein, *The Sources of Power: How People Make Decisions* (Cambridge, MA: MIT Press, 1998).

3. AM Hayashi, "When to Trust Your Gut", *Harvard Business Review,* fevereiro de 2001, 59–65.

4. E. Partridge, *A Short Etymological Dictionary of Modern English* (Nova York: Macmillan, 1977), 359, 742.

5. P. Schuster, *The Power of Your Past: The Art of Recalling, Recasting, and Reclaiming* (San Francisco: Berret-Koehler, 2011).

6. Conforme citado por E. Florian, "The Best Advice I Eveja Got", *Fortune,* 6 de fevereiro de 2012, 14.

7. Veja J. T. Seaman Jr. e G. D. Smith, "Your Company's History as a Leadership Tool", *Harvard Business Review,* dezembro de 2012.

8. M. D. Watkins, *The First 90 Days: Proven Strategies for Getting Up to Speed Faster and Smarter, Updated and Expanded* (Boston, MA: Harvard Business School Press, 2013).

9. C. M. Tan, *Search Inside Yourself: The Unexpected Path to Achieving Success, Happiness (and World Peace)* (Nova York: HarperCollins, 2014); e M. Bunting, *The Mindful Leader: 7 Practices for Transforming Your Leadership, Your Organisation, and Your Life* (Hoboken, NJ: John Wiley & Sons, 2016).

10. G. Hamel, *Leading the Revolution* (Boston: Harvard Business School Press, 2000), 128.

11. E. Jaques, *Requisite Organization: The CEO's Guide to Creative Structure and Leadership,* 2ª. ed. rev. (Arlington, VA: Cason Hall, 2006), pp. 15–32.

12. Somos gratos a Terence Young e Tom Pearce por compartilharem esse exemplo.

13. Veja, por exemplo, P. Thoms, *Driven by Time: Time Orientation and Leadership* (Westport, CT: Praeger Publishers, 2004); N. Halevy, Y. Berson e A. D. Galinsky, "The Mainstream Is Not Electable: When

Vision Triumphs Oveja Representativeness in Leader Emergence and Effectiveness", *Personality and Social Psychology Bulletin* 37, nº. 7 (2011): 893–904; D. P. Moynihan, S. K. Pandey e B. E. Wright, "Setting the Table: How Transformational Leadership Fosters Performance Information Use", *Journal of Public Administration Research and Theory* 22, nº. 1 (2012): 143–164; W. Zhang, H. Wang e C. L. Pearce, "Consideration for Future Consequences as an Antecedent of Transformational Leadership Behavior: The Moderating Effects of Perceived Dynamic Work Environment", *The Leadership Quarterly* 25, nº. 2 (2013): 329–343; e S. Sokoll, "The Relationship Between GLOBE's Future Orientation Cultural Dimension and Servant Leadership Endorsement", *Emerging Leadership Journeys* 4, nº. 1 (2011): 141–153.

14. D. S. Yeager, M. D. Henderson, D. Paunesku, G. M. Walton, S. D'Mello, B. J. Spitzer e A. L. Duckworth, "Boring but Important: A Self-Transcendent Purpose for Learning Fosters Academic Self-Regulation", *Journal of Personal and Social Psychology* 107, nº. 4 (2014): 559–580.

15. B. D. Rosso, K. H. Dekas, A. Wrzesniewski, "On the Meaning of Work: A Theoretical Integration and Review", *Research in Organizational Behavior* 30 (2010): 91–127. Também: R. F. Baumeister, K. D. Vohs, J. Aaker e E. N. Garbinsky, "Some Key Differences Between a Happy Life and a Meaningful Life", *Journal of Positive Psychology* 8, nº. 6 (2013): 505–516; e E. E. Smith e J. L. Aaker, "Millennial Searchers", *The New York Times Sunday Review*, 30 de novembro de 2013, http://www.nytimes.com/2013/12/01/opinion/sunday/millennialsearchers.html?_r=0.

16. Deloitte, "Culture of Purpose: A Business Imperative. 2013 Core Beliefs and Culture Survey", http://www2.deloitte.com/content/dam/Deloitte/us/Documents/about-deloitte/us-leadership-2013-core-beliefs-culture-survey-051613.pdf.

17. J. M. Kouzes e B. Z. Posner, "To Lead, Create a Shared Vision", *Harvard Business Review*, janeiro de 2009, 20–21.

18. 1J. Selby, *Listening with Empathy: Creating Genuine Connections with Customers and Colleagues* (Charlottesville, VA: Hampton Roads, 2007); D. Patnaik, *Wired to Care: How Companies Prosper When They Create Widespread Empathy* (Upper Saddle Riveja, NJ: FT Press, 2009).

19. B. L. Kaye e S. Jordan-Evans, *Love 'em or Lose 'em: Getting Good People to Stay* 5ª. ed. (São Francisco: Berret-Koehler, 2014).

20. Veja, por exemplo: S. E. Humphrey, J. D. Nahrgang e F. P. Morgeson, "Integrating Motivational, Social, and Contextual Design Features: A Meta-Analytic Summary and Theoretical Extension of the Work Design Literature", *Journal of Applied Psychology*, 90, nº. 5 (2007): 1332–1356; D. Ulrich e W. Ulrich, *The Why of Work: How Great Leaders Build Abundant Organizations That Win* (Nova York: McGraw-Hill, 2010); D. Pontefract, *The Purpose Effect: Building Meaning in Yourself, Your Role, and Your Organization* (Boise, ID: Elevate Publishing, 2016); e Univejasum, "Millennials: Understanding a Misunderstood Generation", 2015, http://univejasumglobal.com/millennials.

21. C. M. Christensen, J. Allworth e K. Dillon, *How Will You Measure Your Life?* (Nova York: HarperBusiness, 2012).

22. P. J. Palmer, *Let Your Life Speak* (San Francisco: Jossey-Bass, 2000); D. Zohar e I. Marshall, *Spiritual Capital* (San Francisco: Berret-Koehler, 2004); R. Barrett, *Building a Values-Driven Organization* (Burlington, MA: Butterworth-Heinemann, 2006); D. Pink, *Drive: The Surprising Truth About What Motivates Us* (Nova York: Rivejahead Books, 2009); e R. J. Leider, *The Power of Purpose: Find Meaning, Live Longer, Better* (Oakland, CA: Berrett-Koehler, 2015).

23. Deloitte, "Culture of Purpose: A Business Imperative—2013 Core Beliefs and Culture Survey", http://www2.deloitte.com/content/dam/Deloitte/us/Documents/about-deloitte/us-leadership-2013-core-beliefs-culture-survey-051613.pdf.

24. J. J. Deal e A. Levenson, *What Millennials Want from Work: How to Maximize Engagement in Today's Workforce* (Nova York: McGraw-Hill, 2016).

25. Como citado em B. Wolfe, "Can Higher Purpose Help Your Team Survive and Thrive?", *Greater Good*, 10 de março de 2015, http://greatergood.berkeley.edu/article/item/can_higher_purpose_help_your_team_survive_and_thrive.

26. S. Coats, "Leadership on the Riveja", 1º de agosto de 2016, http://i-lead.com/uncategorized/2036/.

27. N. Doshi e L. McGregor, *Primed to Perform: How to Build the Highest Performing Cultures Through the Science of Total Motivation* (Nova York: HarperBusiness, 2015), xiii.

28. S. L. Lopez, *Making Hope Happen: Create the Future You Want for Yourself and Others* (Nova York: Atria Books, 2013).

Capítulo 6
Arregimente Outras Pessoas

1. Somos gratos a Michael Bunting por compartilhar esse exemplo.

2. De maneira semelhante, Simon Sinek fala sobre como as pessoas podem se inspirar começando com o "porquê". Veja S. Sinek, *Start with Why: How Great Leaders Inspire Evejayone to Take Action* (Nova York: Portfolio, 2010).

3. R. M. Spence, *It's Not What You Sell, It's What You Stand For: Why Evejay Extraordinary Business Is Driven by Purpose* (Nova York: Portfolio, 2010); D. Ulrich e W. Ulrich, *The Why of Work: How Great Leaders Build Abundant Organizations That Win* (Nova York: McGraw-Hill, 2010); B. D. Rosso, K. H. Dekas e A. Wrzesniewski, "On the Meaning of Work: A Theoretical Integration and Review", *Research in Organizational Behavior* 31 (2011): 91–127; D. Ariely, *Payoff: The Hidden Logic That Shapes Our Motivations* (Nova York: Simon & Schuster, 2016); e A. M. Carton, "'I'm Not Mopping the Floors—I'm Putting a Man on the Moon': How NASA Leaders Enhanced the Meaningfulness of Work by Changing the Meaning of Work", *Administrative Science Quarterly* (no prelo).

4. 2016 Purpose Workforce Index, "Purpose at Work: The Largest Global Study on the Role of Purpose in the Workforce", https://cdn.imperative.com/media/public/Global_Purpose_Index_2016.pdf.

5. R. F. Baumeister, K. D. Vohs, J. L. Aaker e E. N. Garbinsky, "Some Key Differences Between a Happy Life and a Meaningful Life", *Journal of Positive Psychology* 8, nº 6 (2013), 505–516.

6. E. E. Smith e J. L. Aaker, "Millennial Searchers", *New York Times,* 30 de novembro de 2013, http://nyti.ms/1dHVKid; e 2016 Purpose Workforce Index, "Purpose at Work".

7. J. Newton e J. Davis, "Three Secrets of Organizational Success", *Strategy+Business*, Edição 76 (outono de 2014).

8. D. Hall, *Jump Start Your Business Brain: Win More, Lose Less, and Make More Money with Your New Products, Services, Sales and Advejatising.* (Cincinnati: Clerisy Books, 2005), 126.

9. O orgulho é uma das cinco dimensões de um ótimo ambiente de trabalho, e pontuar alto nessa variável qualifica uma empresa como uma das 100 Best Companies to Work For [100 Melhores Empresas para Trabalhar], na *Fortune* (M. Burchell e J. Robin, *The Great Workplace: How to Build It, How to Keep It, and Why It Matters* [San Francisco: Jossey-Bass, 2011], 127–154). O orgulho também tem sido postulado como uma motivação intrínseca primária (por exemplo, J. Tracy, *Take Pride: Why the Deadliest Sin Holds the Secret to Human Success* [Nova York: Houghton Mifflin Harcourt, 2016]).

10. "'I Have a Dream' Leads Top 100 Speeches of the Century", comunicado de imprensa da Univejasidade de Wisconsin, 15 de dezembro de 1999, http://www.americanrhetoric.com/top100speechesall.html. Veja também S. E. Lucas e M. J. Medhurst, *Words of a Century: The Top 100 American Speeches, 1900–1999* (Nova York: Oxford University Press, 2008).

11. A vejasão em áudio do discurso "I Have a Dream" pode ser baixada na Amazon.com: https://www.amazon.com/Have-Dream-Americas-Greatest-Speeches/dp/B005BYUSA2/ref=sr_1_3?s=dmusic&ie=UTF8 &qid=1488093384&sr=1-3-mp3-albums-bar-strip-0&keywords= eu + tenho + um + sonho.

12. A. M. Carton, "People Remember What You Say When You Paint a Picture", *Harvard Business Review*, 12 de junho de 2015, https://hbr. org/2015/06/employees-perform-better-when-they-can-literally-see-what-youre-saying.

13. A. M. Carton, C. Murphy e J. R. Clark. "A (Blurry) Vision of the Future: How Leader Rhetoric About Ultimate Goals Influences Performance", *Academy of Management Journal* 57, nº. 6 (2014): 1544-1570.

14. J. Geary, *I Is an Other: The Secret Life of Metaphor and How It Shapes the Way We See the World* (Nova York: HarperCollins, 2011), 5.

15. 1V. Lieberman, S. M. Samuels e L. Ross, "The Name of the Game: Predictive Power of Reputations Vejasus Situational Labels in Determining Prisoner's Dilemma Game Moves", *Personality and Social Psychology Bulletin* 30 (2004): 1175–1185. Veja também Y.

Benkler, "The Unselfish Gene", *Harvard Business Review*, de julho a agosto de 2011, 78.

16. C. Heath e D. Heath, *Made to Stick: Why Some Ideas Survive and Others Die* (Nova York: Random House, 2007).

17. Somos gratos a Tom Pearce e Renee Harness por compartilhar esse exemplo.

18. D. T. Hsu, B. J. Sanford, K. K. Meyers, T. M. Love, K. E. Hazlett, H. Wang, L. Ni, S. J. Walker, B. J. Mickey, S. T. Korycinski, R. A. Koeppe, J. K. Crocker, S. A. Langenecker e J-K. Zubieta, "Response of the μ-Opioid System to Social Rejection and Acceptance", *Molecular Psychiatry* 18 (2013): 1211–1217; veja também D. Goleman, *Social Intelligence: The New Science of Human Relationships* (Nova York: Bantam, 2006).

19. B. L. Fredrickson, *Positivity: Groundbreaking Research Reveals How to Embrace the Hidden Strengths of Positive Emotions, Ovejacome Negativity, and Thrive* (Nova York: Crown, 2008).

20. H. S. Friedman, L. M. Prince, R. E. Riggio e M. R. DiMatteo, "Understanding and Assessing Nonvejabal Expressiveness: The Affective Communication Test", *Journal of Personality and Social Psychology* 39, n°. 2 (1980): 333–351; J. Conger, *Winning 'em Oveja: A New Model for Management in the Age of Persuasion* (Nova York: Simon & Schuster, 1998); D. Goleman, R. Boyatzis e A. McKee, *Primal Leadership: Realizing the Power of Emotional Intelligence* (Boston: Harvard Business School Press, 2002); J. Conger, "Charismatic Leadership", em M. G. Rumsey (ed.) *The Oxford Handbook of Leadership* (Nova York: Oxford University Press, 2013), 376–391; e G. A. Sparks, "Charismatic Leadership: Findings of an Exploratory Investigation of the Techniques of Influence", *Journal of Behaviorial Studies in Business* 7 (2014): 1–11.

21. J. L. McGaugh, *Memory and Emotion* (Nova York: Columbia University Press, 2003), 90. Veja também R. Maxwell e R. Dickman, *The Elements of Persuasion: Use Storytelling to Pitch Better Ideas, Sell Faster, & Win More Business* (Nova York: HarperCollins, 2007), especialmente "Sticky Stories: Memory, Emotions and Markets", 122–150.

22. McGaugh, *Memory and Emotion*, 93.

23. McGaugh, *Memory and Emotion*.

24. D. A. Small, G. Loewenstein e P. Slovic. "Sympathy and Callousness: The Impact of Deliberative Thought on Donations to Identifiable and Statistical Victims", *Organizational Behavior and Human Decision Processes* 102 (2007): 143–153.

25. Somos gratos a John Wang por compartilhar esse exemplo. Para mais informações, consulte J. Udell, "An Unforgettable Lesson", http://blog. jonudell.net/2010/10/27/an-unforgettable-lesson/.

26. C. Heath e D. Heath, *Switch: How to Change Things When Change Is Hard* (Nova York: Broadway Books, 2010), 101–123.

27. Para mais informações sobre introversão e liderança, veja S. Cain, *Quiet: The Power of Introvejats in a World That Can't Stop Talking* (Nova York: Broadway Books, 2013).

Capítulo 7
Busque Oportunidades

1. R. M. Kanter, *The Change Masters: Innovation for Productivity in the American Corporation* (Nova York: Simon & Schuster, 1983).

2. W. Berger, *A More Beautiful Question* (Nova York: Bloomsbury, 2014).

3. J. M. Crant e T. S. Bateman, "Charismatic Leadership Viewed from Above: The Impact of Proactive Personality", *Journal of Organizational Behavior* 21, nº. 1 (2000): 63–75, e M. Spitzmuller, H-P. Sin, M. Howe e S. Fatimah, "Investigating the Uniqueness and Usefulness of Proactive Personality in Organizational Research: A Meta-Analytic Review", *Human Performance* 28, nº. 4 (2015): 351–379.

4. T. S. Bateman e J. M. Crant, "The Proactive Component of Organizational Behavior: Measures and Correlates", *Journal of Organizational Behavior* 14 (1993): 103–118; T-Y. Kim, A. H. Y. Hon e J. M. Crant, "Proactive Personality, Employee Creativity, and Newcomer Outcomes: A Longitudinal Study", *Journal of Business and Psychology* 24, nº. 1 (2009): 93–103; N. Li, J. Liang e J. M. Crant, "The Role of Proactive Personality in Job Satisfaction and Organizational Citizenship Behavior: A Relational Perspective", *Journal of Applied Psychology* 95, nº. 2 (2010): 395–404.

5. Veja, por exemplo, J. A. Thompson, "Proactive Personality and
    Job Performance: A Social Capital Perspective", *Journal of Applied
    Psychology* 90, n°. 5 (2005): 1011–1017. Veja também S. E. Seibert
    e M. L. Braimer, "What Do Proactive People Do? A Longitudinal
    Model Linking Proactive Personality and Career Success", *Personnel
    Psychology* 54 (2001): 845–875; D. J. Brown, R. T. Cober, K. Kane,
    P. E. Levy e J. Shalhoop, "Proactive Personality and the Successful
    Job Search: A Field Investigation of College Graduates", *Journal of
    Applied Psychology* 91, n°. 3 (2006): 717–726; C-H. Wu, Y. Want e W.
    H. Mobley, "Understanding Leaders' Proactivity from a Goal-Process
    View and Multisource Ratings", em W. H. Mobley, M. Li e Y. Wang
    (eds.), *Advances in Global Leadership,* Vol. 7 (Bingley, UK: Emerald
    Group Publishing, 2012); e V. P. Prabhu, S. J. McGuire, E. A. Drost,
    and K. K. Kwong, "Proactive Personality and Entrepreneurial Intent: Is
    Entrepreneurial Self-Efficacy a Mediator or Moderator?", *International
    Journal of Entrepreneurial Behavior and Research* 18, n°. 5 (2012):
    559–586.

6. B. Z. Posner e J. W. Harder, "The Proactive Personality, Leadership,
    Gender and National Culture" (documento apresentado à Conferência
    da Western Academy of Management, Santa Fé, Novo México, abril
    de 2002).

7. H. Schultz e D. J. Yang, *Pour Your Heart into It* (Nova York: Hachette,
    1999), 205–210.

8. Angela Duckworth, *Grit: The Power of Passion and Perseverance* (Nova
    York: Scribner, 2016).

9. Victor Frankl fornece exemplos dramáticos de como as pessoas lidam
    com seus desafios interiores. Veja V. E. Frankl, *Man's Search for
    Meaning: An Introduction to Logotherapy* (Nova York: Touchstone,
    1984; originalmente publicado em 1946).

10. Veja, por exemplo, D. Ariely, *Previsivelmente Irracional: Como as
    situações do dia a dia influenciam as nossas decisões* (Rio de Janeiro:
    Alta Books, 2017); "LSE: When Performance-Related Pay Backfires",
    Financial, 25 de junho de 2009; e F. Ederer e G. Manso, "Is Pay for
    Performance Detrimental to Innovation?", *Management Science* 59, n°.
    7 (2013): 1496-1513.

11. E. L. Deci com R. Flaste, *Why We Do What We Do: Understanding Self-Motivation* (Nova York: Penguin, 1995). Veja também K. W. Thomas, *Motivation at Work: What Really Drives Employee Engagement* 2ª ed. (San Francisco: Berret-Koehler, 2009) e D. Pink, *Drive: The Surprising Truth About What Motivates You* (Nova York: Rivejahead Press, 2011).

12. A. Blum, *Annapurna: A Woman's Place* (Berkeley, CA: Counterpoint Press, 2015), 3.

13. P. LaBarre, "How to Make It to the Top", *Fast Company*, setembro de 1998, 72.

14. Veja, por exemplo, J. Ettlie, *Managing Innovation*, 2ª ed. (Abingdon, Reino Unido: Taylor & Francis, 2006); S. Johnson, *Where Good Ideas Come From: The Natural History of Innovation* (Nova York: Rivejahead, 2010); E. Ries, *The Lean Startup: How Constant Innovation Creates Radically Successful Businesses* (Nova York: Penguin Group, 2011); T. Davila, M. J. Epstein e R. Shelton, *Making Innovation Work: How to Manage It, Measure It, and Profit from It* ed. atualizado (Upper Saddle Riveja, NJ: FT Press, 2012); S. Kelman, "Innovation in Government Can Come from Anywhere", FCW blog, 20 de setembro de 2016, https://fcw.com/blogs/lectern/2016/09/kelman-micro-innovation-pianos.aspx; e I. Asimov, "How Do People Get New Ideas?", *MIT Technology Review*, 20 de outubro de 2014, https://www.technologyreview.com/s/531911/isaac-asimov-asks-how-do-people-get-new-ideas/.

15. IBM, *Expanding the Innovation Horizons: The Global CEO Study 2006* (Somers, NY: IBM Global Services, 2006).

16. Somos gratos a Justin Ludwig por compartilhar esse exemplo.

17. 1D. Nicolini, M. Korica e K. Ruddle, "Staying in the Know," *Sloan Management Review* 56, no. 4 (verão de 2015): 57–65.

18. 1G. Berns, *Iconoclast: A Neuroscientist Reveals How to Think Differently* (Cambridge, MA: Harvard Business School Press, 2008).

19. 1M. M. Capozzi, R. Dye e A. Howe, "Sparking Creativity in Teams: An Executive's Guide", *McKinsey Quarterly*, abril de 2011.

20. R. Katz, "The Influence of Group Longevity: High Performance Research Teams", *Wharton Magazine* 6, no. 3 (1982): 28-34; e R. Katz e T. J. Allen, "Investigating the Not Invented Here (NIH) Syndrome: A Look at the Performance, Tenure, and Communication Patterns of 50 R&D Project Groups", em M. L. Tushman e W. L. Moore (eds.),

Readings in the Management of Innovation, 2ª ed. (Cambridge, MA: Ballinger, 1988), 293-309.

21. Katz, "The Influence of Group Longevity", 31.

22. 2A. W. Brooks, F. Gino e M. E. Schweitzer, "The Influence of Group Longevity mart People Ask for (My) Advice: Seeking Advice Boosts Perceptions of Competence", *Management Science* 61, no. 6 (junho de 2015): 1421-1435.

23. 2Z. Achi e J. G. Berger, "Delighting in the Possible", *McKinsey Quarterly*, março de 2016, 5.

Capítulo 8
Experimente e Arrisque

1. K. E. Weick, "Small Wins: Redefining the Scale of Social Problems", *American Psychologist* 39, nº. 1 (1984): 43.

2. L. A. Barroso, "The Roofshot Manifesto", 13 de julho de 2016, https://rework.withgoogle.com/blog/the-roofshot-manifesto/?utm_source=newsletter&utm_medium=email&utm_campaign=august_newsletter.

3. P. Sims, *Little Bets: How Breakthrough Ideas Emerge from Small Discoveries* (Nova York: Free Press, 2011), 141–152.

4. K. M. Eisenstadt e B. N. Tabrizi, "Accelerating Adaptive Processes: Product Innovation in the Global Computer Industry", *Administrative Science Quarterly* 40 (1995): 84–10; e E. Williams e A. R. Shaffer, "The Defense Innovation Initiative: The Importance of Capability Prototyping", *Joint Force Quarterly* (2015, 2º trimestre): 34–43.

5. B. J. Lucas e L. Nordgren, "People Underestimate the Value of Persistence for Creative Performance", *Journal of Personality and Social Psychology* 109, nº. 2 (2015): 232–243.

6. T. A. Amabile e S. J. Kramer, "O Poder das Pequenas Vitórias", *Harvard Business Review*, maio de 2011, 73; veja também seu livro *The Progress Principle: Using Small Wins to Ignite Joy, Engagement, and Creativity at Work* (Boston: Harvard Business Review Press, 2011).

7. Amabile e Kramer, "Power of Small Wins", 75.

8. Veja S. R. Maddi, *Hardiness: Turning Stressful Circumstances into Resilient Growth* (Nova York: Springer, 2013).

9. Por exemplo, veja P. T. Bartone, "Resilience Under Military Operational Stress: Can Leaders Influence Hardiness?", *Military Psychology* 18 (2006): S141–S148; P. T. Bartone, R. R. Roland, J. J. Picano, and T. J. Williams, "Psychological Hardiness Predicts Success in US Army Special Forces Candidates", *International Journal of Selection and Assessment* 16, n°. 1 (2008): 78–81; R. A. Bruce e R. F. Sinclair, "Exploring the Psychological Hardiness of Entrepreneurs", *Frontiers of Entrepreneurship Research* 29, n°. 6 (2009): 5; P. T. Bartone, "Social and Organizational Influences on Psychological Hardiness: How Leaders Can Increase Stress Resilience", *Security Informatics* 1 (2012): 1–10; B. Hasanvand, M. Khaledian e A. R. Merati, "The Relationship Between Psychological Hardiness and Attachment Styles with the University Student's Creativity", *European Journal of Experimental Biology* 3, n°. 3 (2013): 656–660; e A. M. Sandvik, A. L. Hansena, S. W. Hystada, B. H. Johnsena e P. T. Barton, "Psychopathy, Anxiety, and Resiliency— Psychological Hardiness as a Mediator of the Psychopathy-Anxiety Relationship in a Prison Setting", *Personality and Individual Differences* 72 (2015): 30–34.

10. Somos gratos a Sharada Ramakrishnan por compartilhar esse exemplo.

11. B. L. Frederickson, *Positivity: Groundbreaking Research Reveals How to Embrace the Hidden Strengths of Positive Emotions Over Negativity, and Thrive* (Nova York: Crown, 2009); A. Sood, *A Mayo Clinic Guide to Stress-Free Living* (Boston: Da Capo Press, 2013); e KS Cameron e GM Spreitzer (eds.), *The Oxford Handbook of Positive Organizational Scholarship* (Nova York: Oxford University Press, 2013).

12. J. M. Kouzes e B. Z. Posner, *Turning Adversity into Opportunity* (San Francisco, CA: The Leadership Challenge — A Wiley Brand, 2014).

13. D. Bayles e T. Orland, *Art and Fear: Observations on the Perils (and Rewards) of Artmaking* (Eugene, OR: Image Continuum Press, 2001).

14. P. M. Madsen, "Failing to Learn? The Effects of Failure and Success on Organizational Learning in the Global Orbital Launch Vehicle Industry", *Academy of Management Journal* 53, n°. 3 (2010): 451–476. Estudos de aprendizagem organizacional chegam a conclusões semelhantes; por exemplo: R. Khannal, I. Guler e A. Nerkar, "Fail

Often, Fail Big, and Fail Fast? Learning from Small Failures and R&D Performance in the Pharmaceutical Industry", *Academy of Management Journal* 59, nº. 2 (2016): 436–459.

15. L. M. Brown e B. Z. Posner, "Exploring the Relationship Between Learning and Leadership", *Leadership & Organization Development Journal,* maio de 2001, 274–280. Veja também J. M. Kouzes e B. Z. Posner, *The Truth About Leadership: The No-Fads, Heart-of-the-Matter Facts You Need to Know* (San Francisco: Jossey-Bass, 2010), 119–135.

16. R. W. Eichinger, M. M. Lombardo e D. Ulrich, *100 Things You Need to Know: Best Practices for Managers and HR* (Minneapolis, MN: Lominger, 2004), 492.

17. A. G. Lafley, "I Think of Failure as a Gift", *Harvard Business Review,* abril de 2011, 89.

18. J. K. Rowling, *Vidas muito boas: Os benefícios do fracasso e a importância da imaginação* (Rio de Janeiro: Rocco, 2017), 34.

19. G. Manso, "Experimentation and the Returns to Entrepreneurship", *Review of Financial Studies* 29, nº. 9 (2016): 2319–2340.

20. P. J. Schoemaker e R. E. Cunther, "The Wisdom of Deliberate Mistakes", *Harvard Business Review,* junho de 2006, 108–115. *Harvard Business Review* dedicou toda a edição de abril de 2011 a uma discussão sobre o fracasso e seu papel nos negócios, http://hbr.org/archive-toc/BR1104?convejasationId=1855599.

21. 2C. S. Dweck, *Mindset: The New Psychology of Success* (Nova York: Random House, 2006), 6–7. Veja também C. Dweck, "Carol Dweck Revisits the 'Growth Mindset'", *Education Week,* 22 de setembro de 2016, http://www.edweek.org/ew/articles/2015/09/23/carol-dweck-revisits-the-growth-mindset.html.

22. 2A. Bandura e R. E. Wood, "Effects of Perceived Controllability and Performance Standards on Self-Regulation of Complex Decision Making", *Journal of Personality and Social Psychology* 56 (1989): 805–814. Veja também Dweck, *Mindset.*

23. 2A. Ericsson e R. Pool, *Peak: Secrets from the New Science of Expertise* (Nova York: Houghton Mifflin Harcourt, 2016).

24. Essa pesquisa foi realizada no 8º Annual The Leadership Challenge Forum [Fórum Anual de Desafio de Liderança] (Nashville, TN), em 18 de junho de 2015.

25. 2A. Carmeli, D. Brueller e J. E. Dutton, "Learning Behaviours in the Workplace: The Role of High-Quality Interpersonal Relationships and Psychological Safety", *Systems Research and Behavioral Science Systems Research* 26 (2009): 81–98.

26. Como citado em A. Bryant, "Make Sure the Compass Points True North", *New York Times,* 27 de outubro de 2013, Seção de Negócios, 2.

27. 2R. Friedman, *The Best Place to Work: The Art and Science of Creating an Extraordinary Workplace* (Nova York: Penguin, 2014).

28. 2Edmondson, "Learning from Mistakes is Easier Said Than Done: Group and Organizational Influences on the Detection and Correction of Human Error", *Journal of Applied Behavioral Science* 32 nº. 1 (1996): 5–28. Veja também A. Edmondson e S. S. Reynolds, *Building the Future: Big Teaming for Audacious Innovation* (Oakland, CA: Berrett-Koehler, 2016).

29. *Aon Hewitt Top Companies for Leaders: Research Highlights 2015* (n.d.). Retirado de http://www.aon.com/human-capital-consulting/thought-leadership/leadership/aon-hewitt-top-companies-for-leaders-study-background-research-initiatives.jsp.

30. M. J. Guber, B. D. Gelman e C. Ranganath, "States of Curiosity Modulate Hippocampus-Dependent Learning via the Dopaminergic Circuit", *Neuron* 84, n'. 2 (2014): 486–496.

31. B. Grazer e C. Fishman, *A Curious Mind: The Secret to a Bigger Life* (Nova York: Simon & Schuster, 2015), xii.

32. Grazer e Fishman, *Curious Mind,* 260.

33. M. Warrell, *Stop Playing Safe* (Melbourne: John Wiley & Sons, 2013), 232.

34. Como esse exemplo vem da nossa entrevista, você pode aprender muito mais sobre sua perspectiva em P. Williams com J. Denney, *Leadership Excellence: The Seven Sides of Leadership for the 21st Century* (Uhrichsville, OH: Barbour Books, 2012).

35. A. L. Duckworth, C. Peterson, M. D. Matthews e D. R. Kelly, "Grit: Perseverance and Passion for Long-Term Goals", *Journal of Personality and Social Psychology* 92, nº. 6 (2007): 1087–1101.

36. A. Duckworth, *Grit: : The Power of Passion and Perseverance* (Nova York: Simon & Schuster, 2016).

37. M. E. P. Seligman, "Building Resilience", *Harvard Business Review*, abril de 2011, 101–106 [p. 102]. Para uma discussão mais completa sobre esse assunto, veja M. E. P. Seligman, *Flourish: A Visionary New Understanding of Happiness and Well-Being* (Nova York: Free Press, 2011).

38. S. R. Maddi e D. M. Khoshaba, *Resilience at Work: How to Succeed No Matter What Life Throws at You* (Nova York: MJF Books, 2005); M. E. P. Seligman, *Learned Optimism: How to Change Your Mind and Your Life* (Nova York: Random House, 2006); J. D. Margolis e P.G. Stoltz, "How to Bounce Back from Adversity", *Harvard Business Review*, de janeiro a fevereiro de 2010, 86–92; e A. Graham, K. Cuthbert e K. Sloan, *Lemonade: The Leader's Guide to Resilience at Work* (n.p.: Vejaitae Press, 2012).

Capítulo 9
Estimule a Colaboração

1. Usamos *cooperar* e *colaborar* como sinônimos. Suas definições léxicas são muito semelhantes. No *Merriam-Webster Unabridged* dicionário online, a primeira definição de *cooperar* é: "Agir ou trabalhar com outro ou outros em prol de um objetivo comum: operar em conjunto." (http://unabridged.merriam-webster.com/unabridged/cooperate). A primeira definição de *colaborar* é: "Trabalhar em conjunto com os outros ou juntos, especialmente em um esforço intelectual." (http://unabridged.merriam-webster.com/unabridged/collaborate).

2. K. T. Dirks, "Trust in Leadership and Team Performance: Evidence from NCAA Basketball", *Journal of Applied Psychology* 85, nº. 6 (2000): 1004–1012; J. A. Colquitt e S. C. Salam, "Foster Trust Through Ability, Benevolence, and Integrity", em J. Locke (ed.), *Handbook of Principles of Organizational Behavior: Indispensable Knowledge for Evidence-Based Management* (2ª. ed.) (Hoboken, NJ: John Wiley & Sons, 2009), 389–404; R. S. Sloyman and J. D. Ludema, "That's Not How I See It: How Trust in the Organization, Leadership, Process, and Outcome Influence Individual Responses to Organizational Change", *Organizational Change and Development* 18 (2010): 233–276; M. Mach, S. Dolan e S. Tzafrir, "The Differential Effect of Team Members' Trust

on Team Performance: The Mediation Role of Team Cohesion", *Journal of Occupational and Organizational Psychology* 83, n°. 3 (2010): 771–794; R. F. Hurley, *The Decision to Trust: How Leaders Create High-Trust Organizations* (San Francisco: Jossey-Bass, 2012); e S. Brown, D. Gray, J. McHardy e K. Taylor, "Employee Trust and Workplace Performance", *Journal of Economic Behavior & Organization* 116 (2015): 361–378.

3. K. M. Newman, "Why Cynicism Can Hold You Back," Greater Good, 11 de junho de 2015, http://greatergood.berkeley.edu/article/item/why_cynicism_can_hold_you_back. Veja também G. D. Grace e T. Schill, "Social Support and Coping Style Differences in Subjects High and Low in Interpersonal Trust", *Psychological Reports* 59 (1986): 584–586; M. B. Gurtman, "Trust, Distrust, and Interpersonal Problems: A Circumplex Analysis", *Journal of Personality and Social Psychology* 62 (1992): 989–1002; e O. Stavrova e D. Ehlebracht, "Cynical Beliefs About Human Nature and Income: Longitudinal and Cross-Cultural Analyses", *Journal of Personality and Social Psychology* 110, n°. 1 (2016): 116–132.

4. B. A. De-Jong, KT Dirks e N. Gillespie, "Trust and Team Performance: A Meta-analysis of Main Effects, Moderators, and Covariates", *Journal of Applied Psychology* 101, n°. 8 (2016): 1134–1150.

5. K. Twaronite, "A Global Survey on the Ambiguous State of Employee Trust", *Harvard Business Review,* 22 de julho de 2016.

6. A. Atkins, *Building Workplace Trust* (Boston e San Francisco: Interaction Associates, 2014) e O. Faleye e E. A. Trahan, "Labor-Friendly Corporate Practices: Is What Is Good for Employees Good for Stakeholders?", *Journal of Business Ethics* 101, n°. 1 (2011): 1–27.

7. B. B. Kimmel, "Leaders Wake Up! Trust Is a Hard Asset", 6 de junho de 2016, http://www.trustacrossamerica.com/blog/?cat=400; B. B. Kimmel, "The State of Trust in Corporate America: 2016 Report", http://www.trustacrossamerica.com/blog/?p=3282.

8. L. P. Willcocks e S. Cullen, *The Power of Relationships: The Outsourcing Enterprise,* 2. Logica in association with the London School of Economics, Londres, Reino Unido. https://www.researchgate.net/publication/270573256_The_Outsourcing_Enterprise_The_Power_of_Relationships.

9. M. Burchell e J. Robin, *No Excuses: How You Can Turn Any Workplace into a Great One* (São Francisco: Jossey-Bass, 2013), 5.

10. Edelman, 2017 Edelman Trust Barometer: Relatório Global, http://www.edelman.com/trust2017/.

11. W. R. Boss, "Trust and Managerial Problem Solving Revisited", *Group & Organization Studies* 3, n⁰. 3 (1978): 331–342.

12. Boss, "Trust and Managerial Problem Solving Revisited", 338.

13. K. Thomas, "Get It On! What It Means to Lead the Way" (apresentado no 9⁰ Annual The Leadership Challenge Forum [Fórum Anual do Desafio de Liderança], Nashville, TN, 16 de junho de 2016).

14. P. Zak, *The Science of Creating High-Performance Organizations* (Nova York: AMACOM, 2017); F. Fukuyama, *Trust: The Social Virtues and the Creation of Prosperity* (Nova York: Free Press, 1996); e Y. Benkler, "The Unselfish Gene", *Harvard Business Review*, de julho a agosto de 2011, 77–75.

15. P. S. Shockley-Zalabak, S. Morreale e M. Hackman, *Building the High-Trust Organization: Strategies for Supporting Five Key Dimensions of Trust* (San Francisco: Jossey-Bass, 2010).

16. J. Zenger e J. Folkman, "What Great Listeners Actually Do", *Harvard Business Review,* 14 de julho de 2016.

17. Ibid.

18. Somos gratos a Kelly Ann McKnight por compartilhar esse exemplo.

19. M. Mortensen e T. Neeley, "Reflected Knowledge and Trust in Global Collaboration", *Management Science* 58, n⁰. 12 (dezembro de 2012): 2207–2224; E. J. Wilson III, "Empathy Is Still Lacking in the Leaders Who Need It Most", *Harvard Business Review,* 21 de setembro de 2015, https://hbr.org/2015/09/empathy-is-still-lacking-in-the-leaders-who-need-it-most; e S. Sinek, *Leaders Eat Last: Why Some Teams Pull Together and Others Don't* (Nova York: Penguin, 2014).

20. Como citado por G. Colvin, *Humans Are Underrated: What High Achievers Know That Machines Never Will* (Nova York: Portfolio/Penguin, 2015), 73.

21. 2R. S. Wellins e E. Sinar, "The Hard Science Behind Soft Skills", *Chief Learning Officer,* maio de 2016; W. A. Gentry, T. J. Weber e G. Sadri, *Empathy in the Workplace: A Tool for Effective Leadership* (Greensboro, NC: Center for Creative Leadership, 2007), http://insights.ccl.org/wp-content/uploads/2015/04/EmpathyInTheWorkplace.pdf; e G. Whitelaw,

The Zen Leader: 10 Ways to Go from Barely Managing to Leading Fearlessly (Pompton Plains, NJ: Career Press, 2012).

22. 2R. Krznaric, *Empathy: Why It Matters, and How to Get It* (Nova York: Perigee Random House, 2015).

23. 2T. Rath, *Vital Friends: The People You Can't Afford to Live Without* (Nova York: Gallup Press, 2006).

24. 2D. E. Zand, "Trust and Managerial Problem Solving", *Administrative Science Quarterly* 117, no. 2 (1972), e J. W. Driscoll, "Trust and Participation in Organizational Decision Making as Predictors of Satisfaction", *Academy of Management Journal* 21, no. 1 (1978): 44-56.

25. 2P. Lee, N. Gillespie, L. Mann e A. Vestindo "Leadership and Trust: Their Effect on Knowledge Sharing and Team Performance", *Management Learning* 41, nº. 4 (2010): 473–491.

26. 2C. A. O'Reilly e K. H. Roberts, "Information Filtration in Organizations: Three Experiments", *Organizational Behavior and Human Performance* 11 (1974); P. J. Sweeney, "Do Soldiers Reevaluate Trust in Their Leaders Prior to Combat Operations?", *Military Psychology* 22, supl. 1 (2010): S70–S88; e O. Özer, Y. Zheng e Y. Ren, "Trust, Trustworthiness, and Information Sharing in Supply Chains Bridging China and the United States", *Management Science* 60, nº. 10 (2014): 2435–460.

27. R. Axelrod, *The Evolution of Cooperation: Revised Edition* (Nova York: Basic Books, 2006).

28. Ibid., 20, 190.

29. R. B. Cialdini, "Harnessing the Science of Persuasion", *Harvard Business Review,* Outubro de 2001, 72-79; J. K. Butler Jr., "Behaviors, Trust, and Goal Achievement in a Win-Win Negotiating Role Play", *Group & Organization Management* 20, nº. 4 (1995): 486–501; R. B. Cialdini, *Influence: Science and Practice,* 5ª ed. (Boston: Pearson/Allyn & Bacon, 2009), 19–51; e A. Grant, *Give and Take: Why Helping Others Drives Our Success* (Nova York: Penguin Group 2013).

30. R. Putnam, *Bowling Alone: The Collapse and Revival of American Community* (Nova York: Touchstone by Simon & Schuster, 2001), 134.

31. H. Ibarra e Mt. T. Hansen, "Are You a Collaborative Leader?" *Harvard Business Review,* de julho a agosto de 2011, 69–74; "Secrets of Greatness: Teamwork!", *Fortune,* 21 de junho de 2006, 64–152; A. M.

Brandenburger and B. J. Nalebuff, *Co-Opetition: A Revolution Mindset That Combines Competition and Cooperation: The Game Theory Strategy That's Changing the Game of Business* (New York: Currency, 1997); P. Hallinger e R. H. Heck, "Leadership for Learning: Does Collaborative Leadership Make a Difference in School Improvement?", *Educational Management Administration & Leadership* 38, no. 6 (2010): 654–678; W. C. Kim e R. Mauborgne, *Blue Ocean Strategy, Expanded Edition: How to Create Uncontested Market Space and Make the Competition Irrelevant* (Boston: Harvard Business School Publishing, 2015); e D. Tjosvold e M. M. Tjosvold, *Building the Team Organization: How to Open Minds, Resolve Conflict, and Ensure Cooperation* (Nova York: Palgrave Macmillan 2015).

32. Somos gratos a Michael Janis e Andrea Berardo por compartilharem esse exemplo.

33. A. Grant, *Give and Take*.

34. M. D. Johnson, J. R. Hollenbeck, S. E. Humphrey, D. R. Ilgen, D. Jundt e C. J. Meyer, "Cutthroat Cooperation: Asymmetrical Adaptation to Changes in Team Reward Structures", *Academy of Management Journal* 49, nº. 1 (2006): 103–119.

35. M. Mortesen e T. Neeley, "Reflected Knowledge" e A. Van de Ven, A. L. Delbecq e R. J. Koenig, "Determinants of Coordination Modes Within Organizations", *American Sociological Review* 41, nº. 2 (1976): 322–338.

36. D. Cohen e L. Prusak, *In Good Company: How Social Capital Makes Organizations Work* (Boston: Harvard Business School Press, 2001), 20; e B. J. Jones, *Social Capital in America: Counting Buried Treasure* (Nova York: Routledge, 2011).

37. 3D. Brooks, *The Social Animal: Hidden Sources of Love, Character, and Achievement* (Nova York: Random House, 2011).

Capítulo 10
Fortaleça os Outros

1. R. M. Kanter, *The Change Masters: Innovation for Productivity in the American Corporation* (Nova York: Simon & Schuster, 1983); R. B. Cialdini, *Influence: The Psychology of Persuasion*, ed. rev. (Nova York:

William Morrow, 2006); e J. A. Simpson, A. K. Farrell, MM Orina e A. J. Rothman, "Power and Social Influence in Relationships", em M. Mikulincer e P. R. Shaver (eds.), *APA Handbook of Personality and Social Psychology: Volume 3 Interpersonal Relations* (Washington, DC: American Psychological Association, 2015), pp. 393–420.

2. A. Bandura, *Self-Efficacy: The Exercise of Control* (Nova York: Freeman, 1997); C. M. Shea e J. M. Howell, "Charismatic Leadership and Task Feedback: A Laboratory Study of Their Effects on Self-Efficacy and Task Performance", *Leadership Quarterly* 10, n°. 3 (1999): 375396; M. J. McCormick, J. Tanguma e A. S. Lopez-Forment, "Extending Self-Efficacy Theory to Leadership: A Review and Empirical Test", *Journal of Leadership Education* 1, n°. 2 (2002): 34–49; D. L. Feltz, S. F. Short e P. J. Sullivan, *Self-Efficacy in Sport* (Champaign, IL: Human Kinetics, 2007); J. Hagel e J. S. Brown, "Do You Have a Growth Mindset?", *Harvard Business School Blog,* 23 de novembro de 2010, http://blogs. hbr.org/bigshift/2010/11/do-you-have-a-growth-mindset.html; F. C. Lunenburg, "Self-Efficacy in the Workplace: Implications for Motivation and Performance," *International Journal of Management, Business, and Administration* 14, n°. 1 (2011): 1–6; e J. E. Maddux, "Self-Efficacy: The Power of Believing You Can", em S. J. Lopez e C. B. Synder (eds.), *The Oxford Handbook of Positive Psychology,* 2ª ed. (Nova York: Oxford University Press, 2011), 335–344.

3. M. R. Delgado, "Reward-Related Responses in the Human Striatum", *Annals of the Nova York Academy of Science* 1104 (2007): 70–88; D. S. Fareri, L. N. Martin e M. R. Delgado, "Reward-Related Processing in the Human Brain: Developmental Considerations", *Development & Psychopathology* 20, no. 4 (2008): 1191–1211; M. R. Delgado, M. M. Carson e E. A. Phelps, "Regulating the Expectation of Reward", *Nature Neuroscience* 11, n°. 8 (2008): 880–881; M. R. Delgado e J. G. Dilmore, "Social and Emotional Influences on Decision-Making and the Brian", *Minnesota Journal of Law, Science & Technology* 9, n°. 2 (2008): 899–912; e B. W. Balleine, M. R. Delgado, e O. Hikosaka, "The Role of Dorsal Striatum in Reward and Decision-Making", *Journal of Neuroscience* 27 (2007): 8159–8160.

4. Somos gratos a Nicole Matouk por compartilhar esse exemplo.

5. A. Wrzeniewski e J. Dutton, "Crafting a Job: Revisioning Employees as Active Crafters of Their Work", *Academy of Management Review* 26, n°.

2 (2001): 179–201; e M. S. Christian, A. S. Garza e J. E. Slaugher, "Work Engagement: A Quantitative Review and Test of Its Relations with Task and Conceptual Performance," *Personnel Psychology* 64 (2011): 89–136.

6. D. Coviello, A. Guglielmo e G. Spagnolo, "The Effect of Discretion on Procurement Performance", *Management Science* (2017), disponível online em http://pubsonline.informs.org/doi/abs/10.1287/mnsc.2016.2628.

7. M. G. Mayhew, N. M. Ashkanasay, T. Bramble e J. Gardner, "A Study of the Antecedents and Consequences of Psychological Ownership in Organizational Settings", *The Journal of Social Psychology* 147, nº. 5 (2007): 477–500; H. Peng e J. Pierce, "Job- and Organization-Based Psychological Ownership: Relationship and Outcomes," *Journal of Managerial Psychology* 30, nº. 2 (2015): 151–168; e R. B. Bullock, "The Development of Job-Based Psychological Ownership" (tese de doutorado não publicada, Seattle Pacific University, 2015).

8. A psicologia evolucionária demonstra que, nos ecossistemas, a colaboração é o que ajuda as espécies a sobreviver em vez de ser extintas; o grupo acaba erradicando comportamentos ruins ou ineficientes. Veja R. Wright, *The Moral Animal: Why We Are the Way We Are: The New Science of Evolutionary Psychology* (Nova York: Vintage, 1995) e A. Fields, *Altruistically Inclined? The Behavioral Sciences, Evolutionary Theory, and the Origins of Reciprocity* (Ann Arbor, MI: University of Michigan Press, 2004).

9. M. Csikszentmilhalyi, *Finding Flow: The Psychology of Engagement with Everyday Life* (Nova York: Basic Books, 1997), 30; veja também M. Csikszentmihalyi, *Finding Flow: The Power of Optimal Experience* (Nova York: HarperCollins, 2008).

10. M. Burchell e J. Robin, *The Great Workplace: How to Build It, How to Keep It, and Why It Matters* (São Francisco: Jossey-Bass, 2011), 66.

11. L. J. Bassi e M. E. Van Buren, "The 1998 ASTD State of the Industry Report," *Training & Development*, janeiro de 1998: 21+; B. Sugrue e R. J. Rivera, *2005 State of the Industry Report* (Alexandria, VA: ASTD Press, 2005); e E. Rizkalla, "Not Investing in Employee Training Is Risky Business", *The Huffington Post*, 30 de agosto de 2014, http://www.huffingtonpost.com/emad-rizkalla/not-investing-in-employee_b_5545222.html.

12. "Employee Training Is Worth the Investment", 11 de maio de 2016, https://www.go2hr.ca/articles/employee-training-worth-investment.

13. N. Merchant, *The New How: Creating Business Solutions Through Collaborative Strategy* (San Francisco: O'Reilly Media, 2010), 63.

14. A. Bryant, *The Corner Office: Indispensable and Unexpected Lessons from CEOs on How to Lead and Succeed* (Nova York: Times Books, 2011).

15. Somos gratos a Beth High por compartilhar esse exemplo.

16. R. E. Wood e A. Bandura, "Impact of Conceptions of Ability on Self-Regulatory Mechanisms and Complex Decision Making", *Journal of Personality and Social Psychology* 56 (1989): 407–415.

17. A. Bandura e R. E. Wood, "Effects of Perceived Controllability and Performance Standards on Self-Regulation of Complex Decision Making", *Journal of Personality and Social Psychology* 56 (1989): 805–814.

18. A. M. Saks, "Longitudinal Field Investigation of the Moderating and Mediating Effects of Self-Efficacy on the Relationship Between Training and Newcomer Adjustment", *Journal of Applied Psychology* 80 (1995): 211–225.

19. H. Sari, S. Ekici, F. Soyer e E. Eskiller, "Does Self-Confidence Link to Motivation? A Study in Field Hockey Athletes", *Journal of Human Sport & Exercise* 10, nº. 1 (2015): 24–35.

20. J. M. Kouzes e B. Z. Posner, *Learning Leadership: The Five Fundamentals of Becoming an Exemplary Leader* (São Francisco: The Leadership Challenge — A Wiley Brand, 2016).

21. P. Leone, "Take Your ROI to Level 6," *Training Industry Quarterly,* primavera de 2008, 14-18, http://www.cedma-europe.org/newsletter%20articles/TrainingOutsourcing/Take%20Your%20ROI%20to%20Level%206%20(Apr%2008).pdf.

22. M. Soden, "Leadership in the Moment—Lessons from Elite Rugby" (apresentação no 6º Annual The Leadership Challenge Forum [Fórum Anual do Desafio de Liderança], Scottsdale, AZ, 26 de julho de 2013).

23. F. Colon e D. Clifford, "Measuring Enabling Others to Act: The Travelers Coaching Questionnaire" (apresentação no 8º Annual The

Leadership Challenge Forum San Francisco [Fórum Anual do Desafio de Liderança de São Francisco], CA: 18 de junho de 2015).

24. 2F. Hesselbein, "Bright Future", *Leader to Leader*, n°. 60 (primavera de 2011): 4.

Capítulo 11
Reconheça as Contribuições

1. S. Madon, J. Willard, M. Guyll e K. C. Scherr, "Self-Fulfilling Prophecies: Mechanisms, Power, and Links to Social Problems", *Social and Personality Psychology Compass* 5, n°. 8 (2011): 578–90; D. Eden, "Self-Fulfilling Prophecy and the Pygmalion Effect in Management", em R. W. Griffin (ed.), *Oxford Bibliographies in Management* (Nova York: Oxford University Press, 2014); e D. Eden, "Self-Fulfilling Prophecy: The Pygmalion Effect", em S. G. Rogelberg (ed.), *Encyclopedia of Industrial and Organizational Psychology*, 2ª ed. (Thousand Oaks, CA: SAGE Publications, 2016), 711–712.

2. D. S. Yeager, V. Purdie-Vaughns, J. Garcia, N. Apfel, P. Brzustoski, A. Master, W. T. Hessert, M. E. Williams e G. L. Cohen, "Breaking the Cycle of Mistrust: Wide Interventions to Provide Critical Feedback Across the Racial Divide," *Journal of Experimental Psychology* 143, n°. 2 (2014): 804–824.

3. D. Whitney e A. Trosten-Bloom, *The Power of Appreciative Inquiry: A Practical Guide to Positive Change* 2ª. ed. (San Francisco: Berret-Koehler, 2010); M. E. Seligman, *Flourish: A Visionary New Understanding of Happiness and Well-Being* (Nova York: Free Press, 2011); e A. Gostick e C. Elton, *All In: How the Best Managers Create a Culture of Belief and Drive Big Results* (Nova York: Free Press, 2012).

4. Somos gratos a Tom Pearce por compartilhar esse exemplo.

5. H. G. Halvorson, *Succeed: How We Can Reach Our Goals* (Nova York: Hudson Street Press, 2010).

6. Somos gratos a Cris Wedekind por compartilhar esse exemplo.

7. M. Csikszentmihalyi, *Finding Flow: The Psychology of Engagement with Everyday Life* (Nova York: Basic Books, 1997), 23.

8. J. E. Sawyer, W. R. Latham, R. D. Pritchard e W. R. Bennett Jr., "Analysis of Work Group Productivity in an Applied Setting: Application of a Time Series Panel Design", *Personnel Psychology* 52 (1999): 927–967; A. Gostick e C. Elton, *Managing with Carrots: Using Recognition to Attract and Retain the Best People* (Layton, UT: Gibbs Smith, 2001); e A. Fishbach e S. R. Finkelstein, "How Feedback Influences Persistence, Disengagement, and Change in Goal Pursuit", em H. Aarts e A. J. Elliot (eds.), *Goal-Directed Behavior* (Nova York: Psychology Press, 2012), 203–230.

9. J. Shriar, "The State of Employee Engagement in 2016", 1º de novembro de 2016, https://www.officevibe.com/blog/employee-engagement-2016.

10. P. A. McCarty, "Effects of Feedback on the Self-Confidence of Men and Women", *Academy of Management Journal* 20 (1986): 840–847. Veja também Halvorson, *Succeed,* e Fishbach e Finkelstein, "How Feedback Influences".

11. K. A. Ericsson, M. J. Prietula e E. T. Cokely, "The Making of an Expert", *Harvard Business Review*, de julho a agosto de 2007, 114–121.

12. A. Grant, "Stop Serving the Feedback Sandwich", https://medium.com/@AdamMGrant/stop-serving-the-feedback-sandwich-bc1202686f4e#.fa0jxbczp.

13. K. Scott, primeira revisão, "Radical Candor: The Surprising Secret to Being a Good Boss", http://firstround.com/review/radical-candor-the-surprising-secret-to-being-a-good-boss/, acessado em 13 de junho de 2016.

14. J. M. Kouzes e B. Z. Posner, *The Truth About Leadership: The No-Fads, Heart-of-the-Matter Facts You Need to Know* (San Francisco: Jossey-Bass, 2010), especialmente a Truth Nine [nona].

15. G. Colvin, "Great Job! Or How YUM Brands Uses Recognition to Build Teams and Get Results", *Fortune,* 12 de agosto de 2013, 62–66.

16. D. Conant, "This 1 Thing Is the Key to Leadership Success", 4 de agosto de 2016, www.linkedin.com/pulse/1-thing-key-leadership-success-douglas-conant.

17. J. M. Kouzes e B. Z. Posner, *A Leader's Legacy* (San Francisco: Jossey-Bass, 2006), especialmente o Capítulo 7, "Leaders *Should* Want to Be Liked", 56–61.

18. J. A. Ross, "Does Friendship Improve Job Performance?", *Harvard Business Review*, de março a abril de 1977, 8–9; K. A. Jehn e P. P. Shah, "Interpersonal Relationships and Task Performance: An Examination of Mediating Processes in Friendship and Acquaintance Groups", *Journal of Personality and Social Psychology* 72, nº. 4 (1997): 775–790; e D. H. Francis e W. R. Sandberg, "Friendship within Entrepreneurial Teams and Its Association with Team and Venture Performance", *Entrepreneurship: Theory and Practice* 25, nº. 2 (inverno 2000): 5–15.

19. T. Rath, *Vital Friends: The People You Cannot Afford to Live Without* (Nova York: Gallup Press, 2006).

20. Somos gratos a Steve Coats por compartilhar esse exemplo.

21. J. Pfeffer e R. I. Sutton, *Hard Facts, Dangerous Half-Truths, and Total Nonsense: Profiting from Evidence-Based Management* (Boston: Harvard Business School Publishing, 2006).

22. E. Harvey, *180 Ways to Walk the Recognition Talk* (Dallas: Walk the Talk Company, 2000); B. Nelson, *1501 Ways to Reward Employees* (Nova York: Workman, 2012); L. Yerkes, *Fun Works: Creative Places Where People Love to Work* (San Francisco: Berret-Koehler, 2007); C. Ventrice, *Make Their Day! Employee Recognition That Works* 2ª ed. (San Francisco: Berret-Koehler, 2009); J. W. Umlas, *Grateful Leadership: Using the Power of Acknowledgment to Engage All Your People and Achieve Superior Results* (Nova York: McGraw-Hill, 2013); e B. Kaye e S. Jordan-Evans, *Love 'em or Lose 'em: Getting Good People to Stay,* 5ª ed. (São Francisco: Berret-Koehler, 2014).

23. K. Thomas, *Intrinsic Motivation at Work: What Really Drives Employee Engagement* 2a ed. (San Francisco: Berret-Koehler, 2009); A. B. Thompson, "The Intangible Things Employees Want from Employers", *Harvard Business Review,* 3 de dezembro de 2015, https://hbr.org/2015/12/the-intangible-things-employees-want-from-employers; T. Smith, "5 Things People Who Love Their Jobs Have in Common", *Fast Company,* 3 de novembro de 2015, https://www.fastcompany.com/3052985/5-things-people-who-love-their-jobs-have-in-common; e J. Stringer, "7 Common Misconceptions Employers Have About Employees", National Business Research Institute, https://www.nbrii.com/employee-survey-white-papers/7-common-misconceptions-employers-have-about-their-employees/.

24. L. K. Thaler e R. Koval, *The Power of Small: Why Little Things Make All the Difference* (Nova York: Broadway Books, 2009), 36–37.

25. Somos gratos a Michael Bunting por compartilhar esse exemplo.

26. J. Kaplan, *The Gratitude Diaries: How a Year Looking at the Bright Side Can Transform Your Life* (Nova York: Penguin Publishing Group, 2016).

27. A. M. Grant e F. Gino, "A Little Thanks Goes a Long Way: Explaining Why Gratitude Expressions Motivate Prosocial Behavior', *Journal of Personality and Social Psychology* 98, nº. 6 (junho de 2010): 946–955.

28. *The ROI of Effective Recognition*, O. C. Tanner Institute, 2014, www.octanner.com/content/dam/oc-tanner/documents/white-papers/OC-Tanner_Effective-Recognition-White-Paper.pdf. Veja também C. Chen e Y. Chen, P. Hsu e E. J. Podolski, "Be Nice to Your Innovators: Employee Treatment and Corporate Innovation Performance," *Journal of Corporate Finance,* 7 de junho de 2016. Disponível no SSRN: https://ssrn.com/abstract=2461021 ou http://dx.doi.org/10.2139/ssrn.2461021.

29. M. Losada e E. Heaphy, "The Role of Positivity and Connectivity in the Performance of Business Teams: A Nonlinear Dynamics Model," *American Behavioral Scientist* 47, nº. 6 (2004): 740-765. Veja também T. Rath e D. O. Clifton, *How Full Is Your Bucket? Positive Strategies for Work and Life* (Nova York: Gallup Press, 2004) e B. Fredrickson, *Positivity: To-Notch Research Reveals the 3-to-1 Ratio That Will Change Your Life* (Nova York: Three Rivejas Press, 2009).

30. R. A. Emmons, *Thanks! How Practicing Gratitude Makes You Happier* (Nova York: Houghton Mifflin Harcourt, 2008). Veja também N. Lesowitz, *Living Life as a Thank You: The Transformative Power of Daily Gratitude* (Nova York: Metro Books, 2009).

31. D. Novak, *O Great One! A Little Story About the Awesome Power of Recognition* (Nova York: Penguin, 2016), xiii.

Capítulo 12
Celebre os Valores e as Vitórias

1. Somos gratos a Cheryl Johnson por compartilhar esse exemplo.

2. Veja D. Brooks, *The Social Animal: The Hidden Sources of Love, Character, and Achievement* (Nova York: Random House, 2011).

3. W. Baker, *Achieving Success Through Social Capital: Tapping the Hidden Resources in Your Personal and Business Networks* (San Francisco: Jossey-Bass, 2000); R. Putnam, *Bowling Alone: The Collapse and Revival of American Community* (Nova York: Touchstone, 2001); e W. Bolander, C. B. Satornino, D. E. Hughes e G. R. Ferris, "Social Networks Within Sales Organizations: Their Development and Importance for Salesperson Performance", *Journal of Marketing* 79, n°. 6 (2015): 1–16.

4. Fonte: "List of Social Networking Websites [Lista de Sites de Redes Sociais]", *Wikipédia,* http://en.wikipedia.org/wiki/List_of_social_networking_websites.

5. K. N. Hampton, L. S. Goulet, L. Rainie e K. Purcell, "Social Networking Sites and Our Lives", *Pew Internet & American Life Project,* 16 de junho de 2011, http://pewinternet.org/Reports/2011/Technology-and-social-networks.aspx.

6. T. Deal e M. K. Key, *Corporate Celebration: Play, Purpose, and Profit at Work* (San Francisco: Berrett-Koehler, 1998), 5.

7. Somos gratos a Alex Jukl por compartilhar esse exemplo.

8. Como citado por D. Novak, "What I've Learned After 20 Years on the Job", 20 de maio de 2016, http://www.cnbc.com/2016/05/20/yum-chair-what-ive-learned-after-20-years-on-the-job-commentary.html.

9. D. Campbell, *If I'm in Charge Here, Why Is Everybody Laughing?* (Greensboro, NC: Center for Creative Leadership, 1984), 64.

10. C. von Scheve e M. Salmela, *Collective Emotions: Perspectives from Psychology, Philosophy, and Sociology* (Oxford, UK: Oxford University Press, 2014).

11. A. Olsson e E. A. Phelps, "Social Learning of Fear", *Nature Neuroscience* 10, n°. 9 (2007): 1095–1102.

12. J. S. Mulbert, "Social Networks, Social Circles, and Job Satisfaction", *Work & Occupations* 18, n°. 4 (1991): 415–430; K. J. Fenlason e T. A. Beehr, "Social Support and Occupational Stress: Effects of Talking to Others", *Journal of Organizational Behavior* 15, n°. 2 (1994): 157–175; H. A. Tindle, Y. Chang, L. H. Kuller, J. E. Manson, J. G. Robinson, M. C. Rosal, G. J. Siegle e K. A. Matthews, "Optimism, Cynical Hostility, and Incident Coronary Heart Disease and Mortality in the Women's Health Initiative", *Circulation* 120, n°. 8 (2009): 656–662; e V. Dagenais-Desmarais, J. Forest, S. Girouard, and L. Crevier-Braud,

"The Importance of Need-Supportive Relationships for Motivation and Psychological Health at Work", em N. Weinstein (ed.), *Human Motivation and Interpersonal Relationships: Theory, Research, and Applications* (Nova York: Springer Science+Business Media, 2014), 263–297.

13. R. Friedman, *The Best Place to Work: The Art and Science of Creating an Extraordinary Workplace* (Nova York: Penguin Random House, 2014).

14. Gallup, *State of the American Workplace 2014*, www.gallup.com/services/178514/state-american-workplace.aspx.

15. O. Stavrova e D. Ehlebracht, "Cynical Beliefs About Human Nature and Income: Longitudinal and Cross-Cultural Analyses", *Journal of Personality and Social Psychology* 110, n°. 1: 116–132.

16. J. Holt-Lunstad, T. B. Smith, M. Baker, T. Harris e D. Stephenson, "Loneliness and Social Isolation as Risk Factors for Mortality: A Meta-Analytic Review", *Perspectives on Psychological Science* 10, n°. 2 (março de 2015): 227–237.

17. S. Achor, *The Happiness Advantage: The Seven Principles of Positive Psychology that Fuel Success and Performance at Work* (Nova York: Crown, 2010).

18. J. Holt-Lunstad, T. B. Smith e J. B. Layton, "Social Relationships and Mortality Risk: A Meta-Analytic Review", *PLoS Medicine* 7, n°. 7 (2010), e D. Umberson e J. K. Montez, "Social Relationships and Health: A Flashpoint for Health Policy", *Journal of Health and Social Behavior* 51, n°. 1 (2010 suppl): S54–S66.

19. R. D. Cotton, Y. Shen e R. Livne-Tarandach, "On Becoming Extraordinary: The Content and Structure of the Developmental Networks of Major League Baseball Hall of Famers", *Academy of Management Journal* 54, n°. 1 (2011): 15-46.

20. T. Rath, *Vital Friends: The People You Can't Afford to Live Without* (Nova York: Gallup Press, 2006), 52. Veja também T. Rath e J. Harter, *Well Being: The Five Essential Elements* (Nova York: Gallup Press, 2010) e R. Wagner e JK Harter, *12: The Elements of Great Managing* (Nova York: Simon & Schuster, 2006).

21. Rath, *Vital Friends*, 51.

22. R. F. Baumeister e M. R. Leary, "The Need to Belong: Desire for Interpersonal Attachment as a Fundamental Human Motivation,"

Psychological Bulletin 117 (1995): 497–529; D. G. Myers, "The Funds, Friends, and Faith of Happy People", *American Psychologist* 55, nº. 1 (2000): 56-67; S. Crabtree, "Getting Personal in the Workplace: Are Negative Relationships Squelching Productivity in Your Company?", *Gallup Management Journal,* 10 de junho de 2004, http://www.gallup.com/businessjournal/11956/getting-personal-workplace.aspx; J. Baek-Kyoo e S. Park, "Career Satisfaction, Organizational Commitment, and Turnover Intention", *Leadership & Organization Development Journal,* 31 (2010), 482–500; e, O. Zeynep, "Managing Emotions in the Workplace: Its Mediating Effect on the Relationship Between Organizational Trust and Occupational Stress", *International Business Research* 6 (2013): 81–88.

23. M. Csikszentmihalyi, *Finding Flow: The Psychology of Engagement with Everyday Life* (Nova York: Basic Books, 1998); D. Gilbert, *Stumbling on Happiness* (Nova York: Knopf, 2006); Rath, *Vital Friends;* e S. Achor, *Happiness Advantage: The Seven Principles that Fuel Success and Performance at Work* (Nova York: Crown Business, 2010).

24. A. Gostick e S. Christopher, *The Levity Effect: Why It Pays to Lighten Up* (Hoboken, NJ: John Wiley & Sons, 2008).

25. R. Provine, *Laughter: A Scientific Investigation* (Nova York: Penguin, 2001).

26. Somos gratos a Michael Bunting por compartilhar esse exemplo.

27. C. L. Porath, A. Gerbasi e S. L. Schorch, "The Effects of Civility on Advice, Leadership, and Performance", *Journal of Applied Psychology* 100, nº. 5 (2015); veja também C. L. Porath e A. Gerbasi, "Does Civility Pay?" *Organizational Dynamics* 44 (2015): 281–286.

28. D. Keltner, "Managing Yourself: Don't Let Power Corrupt You", *Harvard Business Review,* outubro de 2016.

29. G. Klein, *The Power of Intuition: How to Use Your Gut Feelings to Make Better Decisions at Work* (Nova York: Crown Business, 2004) e G. Klein, *Seeing What Others Don't: The Remarkable Ways We Gain Insights* (Nova York: Penguin, 2013).

30. D. Westen, *The Political Brain: The Role of Emotion in Deciding the Fate of the Nation* (Nova York: Public Affairs, 2008), 28.

31. Deal e Key, *Corporate Celebration,* 28.

Capítulo 13
Liderança É o Negócio de Todos

1. Aliados Públicos conduziram essa pesquisa em 1998, para 18 a 32 anos. Adaptamos a pesquisa e a administramos em uma faixa etária mais ampla nas últimas duas décadas.

2. J. Harter e A. Adkins, "What Great Managers Do to Engage Employees", *Harvard Business Review,* abril de 2015.

3. B. Z. Posner, , "A Longitudinal Study Examining Changes in Students' Leadership Behavior", *Journal of College Student Development,* 50, n°. 5 (2009): 551–563.

4. Para uma discussão aprofundada sobre o aprendizado de liderança, veja: J. M. Kouzes e B. Z. Posner, *Learning Leadership: The Five Fundamentals of Becoming an Exemplary Leader* (São Francisco: O desafio da liderança — A Wiley Brand, 2016).

5. K. A. Ericsson, "The Influence of Experience and Deliberate Practice on the Development of Superior Expert Performance", em K. A. Ericsson, N. Charness, P. J. Feltovich e R. R. Hoffman (eds.), *The Cambridge Handbook of Expertise and Expert Performance* (Nova York: Cambridge University Press, 2006), 699.

6. Ericsson (2006) publicou pela primeira vez essa pesquisa e Malcolm Gladwell popularizou a regra das 10 mil horas (M. Gladwell, *Outliers: The Story of Success* [Nova York: Little Brown, 2008]). Veja também G. Colvin, *Talent Is Overrated: What Really Separates World-Class Performers from Everybody Else* (Nova York: Portfolio, 2008).

7. J. Collins, *Good to Great: Why Some Companies Make the Leap... and Others Don't* (Nova York: HarperBusiness, 2001), 17–40; AL Delbecq, "The Spiritual Challenges of Power: Humility and Love as Offsets to Leadership Hubris," *Journal of Management, Spirituality & Religion* 3, n°. 1–2 (2006): 141–154; F. Kofman, *Conscious Business: How to Build Value Through Values* (Boulder, CO: Sounds True, 2006); H. M. Kraemer, *From Values to Action: The Four Principles of Value-Based Leadership* (San Francisco: Jossey-Bass, 2011), 59–76; B. P. Owens e D. R. Hackman, "How Does Leader Humility Influence Team Performance? Exploring the Mechanisms of Contagion and Collective

Promotion Focus", *Academy of Management Journal* 59, nº. 3 (2016): 1088–1111; A. Y. Ou, D. A. Waldman e S. J. Peterson, "Do Humble CEOs Matter? An Examination of CEO Humility and Firm Outcomes," *Journal of Management* 42 (2015); e A. Y. Ou, A. S. Tsui, A. J. Kinicki, D. A. Waldman, Z. Xiao e L. J. Song, "Humble Chief Executive Officers Connections to Top Management Team Integration and Middle Managers' Responses", *Administrative Science Quarterly* 59, nº. 1 (2014): 34–72.

8. J. M. Kouzes e B. Z. Posner, *A Leader's Legacy* (San Francisco: Jossey-Bass, 2006).

9. G. Di Stefano, F. Gino, GP Pisano e B. R. Staats, "Making Experience Count: The Role of Reflection in Individual Learning", 14 de junho de 2016, *Harvard Business School NOM Unit Working Paper Nº. 14 - 093;* Business School Technology and Operations Management Unit Working Paper Nº. 14–093; HEC Paris Research Paper No. SPE-2016–1181. Disponível no SSRN: http://www.hbs.edu/faculty/ Publication%20Files/14-093_defe8327-eeb6-40c3-aafe-26194181cfd2. pdf e E. J. McNulty, "Ritual Questions Help Inform Effective Leaders", *Strategy+Business,* 22 de agosto de 2016, http://www.strategy-business. com/blog/Ritual-Questions-Help-Inform-Effective-Leaders?gko=6c369.

AGRADECIMENTOS

VOCÊ NÃO PODE FAZER SOZINHO. Nada significativo acontece sem dedicação, contribuições e apoio de outros. Foi uma lição que aprendemos no primeiro dia de nossa exploração da liderança exemplar e a reaprendemos a cada nova edição. É também uma lição que se aplica tanto à escrita quanto à liderança. Embora nossos dois nomes apareçam nas capas de nossos livros, não poderíamos ter produzido este, nem nenhum deles, sem o conhecimento técnico, a integridade profissional, o feedback honesto, o apoio gentil, o compromisso apaixonado e o incentivo generoso de muitas pessoas.

Nossas famílias são nossas companheiras constantes em todos os livros que escrevemos. Elas estiveram presentes nos altos e baixos, prazos apertados e longas horas, frustrações e alegrias. Elas foram nossas encorajadoras, líderes de torcida, treinadoras e professoras. Definitivamente não poderíamos ter feito isso sem elas. Somos eternamente gratos pela compreensão, amor e contribuições de Tae Kouzes e Jackie Schmidt-Posner, Nick Lopez, Amanda Posner e Darryl Collins. Nós os amamos.

Agradecemos aos que colaboraram em nossa pesquisa — que participaram de nossas aulas, workshops e seminários; que completaram nossos estudos de caso e que foram gentis em compartilhar os seus conosco. Eles são o coração e a alma deste livro. Suas histórias e exemplos trazem as estatísticas e práticas para a vida. Há mais de uma centena deles, e seus nomes são mencionados no texto deste livro e nas notas finais.

Somos gratos pelo profissionalismo e comprometimento de nossa equipe na John Wiley & Sons. Eles continuamente nos instigam a nos esforçarmos além do que pensávamos ser capazes a lidar com novas questões e atingir outros públicos. Queremos agradecer especialmente a nossa editora de desenvolvimento, Leslie Stephen, que trouxe clareza e foco à nossa redação, desafiou nosso pensamento e soube dissipar os obstáculos quando nos víamos sem saída. Sua habilidade e perícia são inigualáveis. Jeanenne Ray, nossa editora na Wiley, Shannon Vargo, editora associada, e Heather Brosius, assistente editorial, guiaram este livro desde a concepção até a produção. Seus conselhos e recomendações foram imensamente úteis para atender às necessidades e preocupações de nossos leitores. Obrigado a Carly Hounsome, gerente sênior de produção, e a Dawn Kilgore, editora sênior de produção, por ter magistralmente orientado a edição deste livro. Os exemplares simplesmente ficariam em caixas no depósito, nunca sendo notados, se não fosse pela equipe de marketing, e deixamos um obrigado especial para Michael Friedberg, gerente de marketing, e Laura Goldsberry, gerente de conteúdo, por sua criatividade, entusiasmo e foco. Agradecemos especialmente à equipe da Wiley's Workplace Learning Solutions (William Hull, diretor do The Leadership Challenge; Marisa Kelley, gerente de marca; Mandy Johnson, coordenadora de vendas; e Josh Carter, especialista em computação) pelo apoio contínuo e por liberar histórias e dados corporativos para entrar no livro.

Agradecemos aos milhões de pessoas em todo o mundo que leram nossos livros e usaram nossos materiais. Ouvimos quase todas as semanas como aplicam essas ideias — não apenas em seus locais de trabalho, mas em suas casas e com suas famílias, comunidades e círculos sociais. Vocês nos motivam e encorajam para continuar a fazer nossa parte na libertação do líder em cada pessoa. Vocês que fazem acontecer.

SOBRE OS AUTORES

JIM KOUZES E BARRY POSNER trabalham juntos há mais de 30 anos; estudam líderes, pesquisam liderança, conduzem seminários de desenvolvimento na área e atuam eles próprios como líderes em contextos variados. *O Desafio da Liderança* vendeu mais de 2,5 milhões de exemplares em todo o mundo e está disponível em mais de 22 idiomas. O livro conquistou inúmeros prêmios, como o Critics' Choice Award, dos editores de resenhas de livros, e o Book of the Year Award, de James A. Hamilton Hospital Administrators, foi considerado o Melhor Livro de Negócios do Ano e integra *The 100 Best Business Books of All Time [Os 100 Melhores Livros de Negócios de Todos os Tempos].*

Jim e Barry coescreveram dezenas de outros livros premiados sobre liderança, incluindo *Aprendendo a Liderar: Os cinco Fundamentos para se Tornar um Líder Exemplar; The Truth About Leadership: The No-Fads, Heart-of-the-Matter Facts You Need to Know; Credibilidade: O que os Líderes Devem Fazer para Conquistá-la e Evitar Sua Perda; Coração da Liderança: Os Sete Passos para Estimular Pessoas e Aumentar Resultados; Líder-Mestre: O Verdadeiro Líder Serve aos Outros e se Sacrifica por Eles; The Student Leadership Challenge; Extraordinary Leadership in Australia and New Zealand: The Five Practices That Create Great Workplaces* (com Michael Bunting); e *Making Extraordinary Things Happen in Asia: Applying The Five Practices of Exemplary Leadership.*

Eles também desenvolveram o altamente aclamado *Leadership Practices Inventory* [LPI — *Inventário de Práticas de Liderança*], um questionário completo para avaliar os comportamentos de liderança, que é um dos instrumentos de avaliação da liderança mais usados no mundo, juntamente com o *The Student LPI*. Mais de 800 teses e trabalhos acadêmicos se basearam no modelo As Cinco Práticas da Liderança Exemplar.

Entre as honras recebidas por Jim e Barry está o mais alto prêmio da Association for Talent Development, por sua contribuição significativa para aprendizagem e desempenho no local de trabalho. Além disso, eles foram nomeados educadores de gestão/liderança do ano pelo International Management Council; classificados pela revista *Leadership Excellence* entre os 20 primeiros dos 100 principais pensadores de liderança; incluídos entre os primeiros 50 maiores coaches dos Estados Unidos (de acordo com a *Coaching for Leadership*); classificados entre os 100 líderes mais confiáveis sobre comportamento empresarial pela Trust Across America; listados entre os pensadores mais influentes pela revista *HR* e inclusos no artigo da revista *Inc.* "Today's Top 50 Leadership Innovators Changing How We Lead" ["Os 50 Principais Inovadores de Liderança da Atualidade Mudam a Forma Como Lideramos"] e entre os 30 maiores gurus mundiais da liderança!

Jim e Barry são palestrantes em exercício e cada um deles coordenou inúmeros programas de desenvolvimento em empresas e sociedades de propósito específico ao redor o mundo. Entre elas: Alberta Health Services, Apple, Applied Materials, Australia Institute of Management, Australia Post, Bain Capital, Bank of America, Bose, Charles Schwab, Chevron, Cisco Systems, Clorox, Conference Board of Canada, Consumers Energy, Dow Chemical, Electronic Arts, FedEx, Genentech, Google, Gymboree, HP, IBM, Johnson and Johnson, Kaiser Foundation Health Plans and Hospitals, Korean Management Association, Intel, L.L. Bean, Lawrence Livermore National Labs, Lockheed Martin, Lucile Packard Children's Hospital, Merck, Monsanto, NetApp, Nationwide Insurance, Northrop Grumman, Novartis, Nvidia, Oracle, PayPal, Petronas, Pixar, Roche Bioscience, Telstra, Siemens, Smithsonian, St. Jude Children's Research Hospital, Texas Medical Center, 3M, TIAA-CREF, Toyota, United Way, Universal Orlando, USAA, Verizon, VISA, Vodafone, Walt Disney Company, Western Mining Corporation, e Westpac. Eles proferiram palestras em mais de 70 *campi* universitários.

* * *

Jim Kouzes é catedrático de administração com dedicação exclusiva da Leavey School of Business da Universidade de Santa Clara e palestra sobre liderança em todo o mundo. É um estudioso de liderança altamente respeitado e executivo experiente; o *Wall Street Journal* o citou como um dos 12 melhores educadores de executivos nos Estados Unidos. Em 2010, Jim recebeu o Thought Leadership Award, do Instructional Systems Association, o prêmio mais prestigiado oferecido pela Associação Comercial de Provedores de Treinamento e Desenvolvimento da Indústria. Foi nomeado entre os 100 líderes de pensamento em comportamento empresarial mais confiáveis pela Trust Across America, de 2010 a 2017, um dos premiados com o Lifetime Achievement Award em 2015 e selecionado pela Global Gurus como um dos 30 gurus da liderança em 2017. Jim foi homenageado como Golden Gavel, a mais alta honraria concedida pela Toastmasters International. Jim foi presidente e CEO da Tom Peters Company de 1988 à 2000 e anteriormente liderou o Centro de Desenvolvimento Executivo da Universidade de Santa Clara (1981–1988). Jim fundou o Centro Conjunto de Desenvolvimento de Serviços Humanos da Universidade Estadual de São José (1972–1980) e trabalhou na equipe da Escola de Serviço Social da Universidade do Texas. Sua carreira em treinamento e desenvolvimento começou em 1969, quando coordenou seminários para funcionários da Agência de Ação Comunitária e voluntários na Guerra contra a Pobreza. Após se formar pela Universidade Estadual de Michigan (bacharel com honras em ciência política), atuou como voluntário do Peace Corps (1967 –1969). Jim é contatado em jim@kouzes.com.

* * *

Barry Posner é acadêmico de liderança da Leavey School of Business da Universidade de Santa Clara, em que também foi reitor durante 12 anos. É professor honorário visitante da Universidade de Hong Kong de Ciência e Tecnologia, da Universidade Sabanci (Istambul) e da Universidade da Austrália Ocidental. Em Santa Clara, recebeu o Distinguished Faculty Award, o Extraordinary Faculty Award e diversas outras honrarias como professor e pesquisador. Mestre e teórico internacionalmente renomado, Barry é autor e coautor de mais de 100 pesquisas e artigos voltados para a prática. Atualmente, trabalha nos conselhos de revisão editorial do *Leadership & Organizational Development Journal* e do *International Journal* *of Servant-Leadership*, e recebeu o Outstanding Scholar Award for Career Achievement do *Journal of Management Inquiry*.

Barry é bacharel em ciências políticas pela Universidade da Califórnia, Santa Barbara; é mestre em administração pública pela Universidade Estadual de Ohio e doutor em comportamento organizacional e teoria administrativa pela Universidade de Massachusetts, Amherst. Tendo prestado consultoria a uma ampla variedade de organizações dos setores público e privado em todo o mundo, Barry também atua em nível estratégico em numerosas organizações comunitárias e profissionais. Atuou no conselho administrativo da Uplift Family Services, Global Women's Leadership Network, American Institute of Architects (AIA), SV Creates, Big Brothers/Big Sisters of Santa Clara County, Center for Excellence in Nonprofits, Junior Achievement of Silicon Valley and Monterey Bay, Public Allies, San Jose Repertory Theater, Sigma Phi Epsilon Fraternity, bem como em empresas de capital aberto e startups. Barry é contatado através do e-mail bposner@scu.edu.

ÍNDICE

  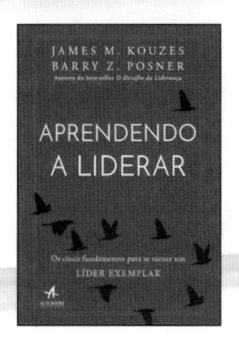 

ROTAPLAN
GRÁFICA E EDITORA LTDA
Rua Álvaro Seixas, 165
Engenho Novo - Rio de Janeiro
Tels.: (21) 2201-2089 / 8898
E-mail: rotaplanrio@gmail.com